État socio-sanitaire
des personnes âgées immigrées

Comité d'Orientation Scientifique

Coordination

EL MOUBARAKI Mohamed, Directeur de la publication et coordinateur du colloque

Les membres du comité d'orientation scientifique

MOHAMED Ahmed, Psychologue, enseignant
ALOUI Mohamed, Chef de service de psychiatrie Hôpital de Saint-Brieuc
ATTIAS-DONFUT Claudine, Directrice de recherche, centre E. Morin CNRS / EHESS
BAROU Jacques, Directeur de recherche Emérite, CNRS
BEN AMEUR Ali, Universitaire, formateur à Migrations Santé
BENSAAD Abel, Psychiatre, psychothérapeute
BERRETIMA Abdel-Halim, M. Conférences, sociologue, U. A-M Béjaïa, Algérie
CLAVEAU Annette, Médecin
DJARDEM Fafia, Psychiatre, psychanalyste
GALLOU Rémi, Chercheur à la CNAV
KLEICHE Abdessalam, Enseignant, Formateur à Migrations Santé
MALENFANT Chantal, Chercheure au CNRS
MALEWSKA PEYRE Hanna, Ancienne directrice de recherche et professeur de psychologie sociale
RIARD Emile-Henri, Pr. Emérite, C.A.R.E.F., U. de Picardie Jules Verne, France
ROVILLE-SAUSSE Françoise, Dr en anthropologie
TALLEYRAND Daniel, Pr de santé publique
ZITOUNI Mohamed, Psychiatre-psychanalyste

Comité d'organisation : l'équipe de Migrations Santé

Sous la direction de
Mohamed El Moubaraki et Émile-Henri Riard

État socio-sanitaire des personnes âgées immigrées

L'Harmattan

Migrations Santé est une association loi 1901. Elle contribue à la promotion de la santé des migrants, des réfugiés et de leurs familles et à leur intégration.

Ses actions sont soutenues par :

Migrations Santé
11 rue Sarrette 75014 Paris
Tél. 01 42 33 24 74 - Fax 01 42 33 29 73
contact@migrationsante.org - www.migrationsante.org

© L'Harmattan, 2016
5-7, rue de l'Ecole-Polytechnique, 75005 Paris

http://www.librairieharmattan.com
diffusion.harmattan@wanadoo.fr
harmattan1@wanadoo.fr

ISBN : 978-2-343-08441-1
EAN : 9782343084411

SOMMAIRE

Préface — 9
Mohamed EL MOUBARAKI, Directeur de Migrations Santé France

Ouverture du colloque — 13

Marisol TOURAINE, Ministre des Affaires sociales et de la Santé — 15

Denis JACQUAT, Député, Président de la Mission d'information sur les immigrés âgés — 17

Henry-Daniel TALLEYRAND, Président de Migrations Santé — 21

Présentation du colloque — 23
Mohamed EL MOUBARAKI, Directeur de Migrations Santé

Première partie — 25
**DONNEES SUR L'ETAT SOCIAL ET
SANITAIRE DES PERSONNES AGEES IMMIGREES**

Présentation, Emile-Henri RIARD, Vice-président de Migrations Santé — 27

Vieillissement et santé des immigrés en France — 29
Claudine ATTIAS-DONFUT

Migrations, vieillissement et logement : mise en évidence statistique d'une diversité de situations — 39
Christophe IMBERT

Politiques publiques d'accompagnement des migrantes vieillissantes à Paris et à Bruxelles — 51
Majda CHERKAOUI

Accès du public migrant âgé aux droits et à la santé en France et en Europe — 63
Sébastien BARILLER

Maladie d'Alzheimer et relations interculturelles en France et à l'étranger — 73
Laëtitia NGATCHA-RIBERT

Les états dépressifs chez les immigrés vieillissants : l'impact de l'environnement social et familial Jacques BAROU	83
Le corps de l'immigré : l'épreuve de l'accident du travail Abdel-Halim BERRETIMA	93
La mort des immigrés marocains en exil Jamal ELOUAFA	109
La sépulture des voyageurs d'Orient et mariage mixte : le personnage-frontière entre l'Orient et l'Occident au XIXème siècle Yassine CHAIB	123
Les Maghrébines face à la question du retour Fatima MOUHIEDDINE	135
Accès aux droits socio-sanitaires des femmes migrantes vieillissantes et lien social. Rafaël RICARDOU	143
Les pères migrants vieillissants. L'école face aux défis de la mondialisation Adeline SAROT	153

Deuxième partie — 167
PROTECTION - CADRE DE VIE - SANTE MENTALE
EXTRAITS DES ECHANGES ET DEBATS

Présentation, Mohamed EL MOUBARAKI	169
Intervention de Fatima MEZZOUJ, bureau intégration territoriale, DAAEN	171
A. Protection - Cadre de vie - Santé mentale	173
La protection des personnes vulnérables âgées Antonin BLANCKAERT	173
Santé mentale des migrants Mohamed ALOUI	183
Le corps au piège de l'âge et de l'immigration Mohamed ZITOUNI	187

Clinique de l'exil   191
Jalil NEHAS

Comment améliorer les conditions de vie   197
des personnes malades d'Alzheimer et celles de leurs aidants
Maryse POMPEE

Vieillesse et immigration : un état des lieux en France   201
Hédi CHENCHABI

« Femmes immigrées : l'entrée dans la vieillesse »   205
Présentation de l'étude par Laura KOSSI

Vieillir dans le provisoire qui dure : une question non programmée   211
Omar HALLOUCHE

Les retraités marocains en Hollande : une situation   219
de plus en plus difficile
Hassan AYIE

B. Extraits des échanges et débats   223

Troisième partie   241
**ENQUETE SUR L'ETAT SOCIO-SANITAIRE
DES PERSONNES AGEES IMMIGREES**

Présentation, Mohamed El Moubaraki   243

Les interventions des discutants   249

I - Analyse quantitative des résultats de l'enquête   257
   A - Données socio-démographiques   257
   B - La santé des personnes âgées immigrées   260
   C - Logement et migrants   277
   D - Connaissance des services à la personne   282
   E - Intégration et migration   285
   F - Autonomie   288
   G - Lien avec le pays   291

II - Analyse qualitative des résultats d'entretiens semi-directifs   297
   A - Entretiens avec des personnes âgées   297
   B - Entretiens avec des professionnels   310

En guise de conclusion 323
Emile Henri RIARD, Vice-président de Migrations Santé

Liste des intervenants 327

ANNEXES 329

1 Questionnaire de l'enquête sur la santé des migrants âgés 331
2 Tableaux du tri à plat de l'enquête 341
3 Guide d'entretien personnes âgées immigrées 389
4 Guide d'entretien semi-directif, professionnels 393
5 Bibliographie sélective 397

Préface

Mohamed EL MOUBARAKI

Directeur de Migrations Santé France

Comme nous n'avons cessé de le dire dans les différents rapports et écrits de Migrations Santé France, il n'y a, à la base, aucune différence, sur le plan épidémiologique entre les migrants et les autochtones.
Les écarts au niveau des indicateurs de santé, entre ces deux catégories de population, sont dus au parcours migratoire, à ses conséquences socio-économiques et politiques. Le processus d'exil, les conditions de vie (travail, logement, accès aux droits et au système de soins), aggravées par les situations de fragilité et d'exclusion, sont les facteurs générateurs de la détérioration précoce de la santé physique et mentale des migrants.
Si l'espérance de vie de la population française se situe autour de 80 ans, l'une des plus élevées dans le monde, grâce à un système de santé performant et une bonne hygiène de vie, celle des personnes âgées immigrées baisse à 70 ans. La détérioration de la santé des migrants pourrait s'expliquer par la pénibilité des travaux effectués dans les chantiers de bâtiment et des travaux publics, dans les mines, la construction automobile et métallurgique, les cultures maraîchères... travaux physiques qui usent précocement le corps et le font vieillir avant terme. C'est ainsi qu'on considère qu'à partir de 55 ans les migrants ayant subi cette pénibilité du travail sont déjà des personnes âgées. A cela s'ajoute le handicap de la langue et le déficit d'une éducation à la santé appropriée.

Les diagnostics et enquêtes socio-sanitaires effectués par Migrations Santé et qui concordent avec des études faites par des centres de recherches et la CNAV, permettent de noter les problèmes de santé physique, qui arrivent en premier et corroborent le constat signalé plus haut :
  - Les problèmes ophtalmologiques sont les plus fréquents, surtout des défauts visuels non corrigés à cause du coût élevé des lunettes,
  - Les problèmes locomoteurs : rhumatismes, arthroses, douleurs dorso-lombaire, hernies discales et perte de mobilité,
  - Les maladies digestives : ulcère et gastrite, troubles fonctionnels, affection hépatique,
  - Les maladies pleuropulmonaires ... etc.
Concernant l'état de santé mentale des migrants âgés, il est lié à la précarité, à l'isolement social et affectif, l'éloignement de la famille. Ce qui se traduit par une prédominance de souffrance psychique (dépression, angoisse, insomnie, nervosité, fatigue permanente, perte de mémoire, sénilité et maladie d'Alzheimer...). A signaler que peu de migrants âgés

consultent un psychologue ou un psychiatre avant qu'ils ne soient à une phase bien avancée.

Le présent corpus reprend les actes du colloque organisé par Migrations Santé France les 19 et 20 mai 2014 sur « L'état socio-sanitaire des personnes âgées immigrées ». Il constitue, par la qualité des interventions, la variété des angles d'approches et l'intensité des échanges et des débats, une mine de données et d'expériences, d'idées et de propositions. Ces apports, qu'ils soient sous forme d'études, ou d'argumentaires transcrits, participent à mettre en lumière nombres de situations sociales, médicales et juridiques vécues par les personnes âgées immigrées.
Ces « invisibles », comme on les désigne, ont passé l'essentiel de leur vie à travailler en silence, sans revendication ou complainte, mus en cela par cette dignité qui fait l'honneur de notre humain. Leur seul but est celui d'accomplir un devoir envers leurs proches, restés au pays ou pour certains amenés près d'eux. Se considérant comme des invités en terre d'immigration, ils ont respecté les us et coutumes du pays hospitalier. En retour pour être digne de cette hospitalité, ils se sont faits « invisibles ». Ils ont vécu leur jeunesse, leur vie d'adulte, puis celle du vieillissement, avec une vision du monde et des valeurs qui fait leur honneur, mais qui n'a rien avoir avec la réalité de notre monde moderne. Ce sont les victimes d'un système productif qui les a exploités. Ils ont vécu l'exclusion sociale, la précarité sanitaire et le déni des droits sociojuridiques et politiques, dans la société d'accueil ou celle d'origine, sans jamais rien revendiquer. Ils sont restés des êtres « invisibles » de la société, jusqu'à une date récente, suite à une prise de conscience collective de la société française des conséquences néfastes de la canicule de 2003 sur les personnes âgées en général et grâce aux luttes des organisations en rapport avec l'immigration, pour qu'enfin la lumière soit faite sur la situation des personnes âgées immigrées, ces citoyens, sans citoyenneté.

Sans entrer dans les détails du présent ouvrage que le lecteur aura tout loisir de découvrir lui-même, il est utile de signaler les engagements des responsables politiques contenus dans les allocutions d'ouverture.

Madame Marisol Touraine, Ministre des Affaires Sociales et de la Santé, a souligné l'importance majeure des travaux du colloque qui s'attaque à sortir de l'ombre des hommes et des femmes qui ont participé à la construction de la France. Aussi, parce que ces travaux contribuent à faire évoluer les connaissances pour une prise de conscience pour mieux agir. Elle a confirmé par ailleurs la nécessité de conjuguer les efforts pour que les personnes âgées bénéficient de leurs droits, seul moyen d'améliorer leur situation sociale et sanitaire.

Monsieur Denis Jacquat, Président de la mission parlementaire sur les personnes âgées immigrées mise en place en 2013 rappela l'intérêt que portent les parlementaires de tout bord pour rendre justice aux personnes âgées immigrées. Il a résumé le contenu des rencontres et échanges avec différents acteurs et organismes en rapport avec les migrants produits dans un important rapport, avec 82 propositions pour améliorer la situation sociale de ces personnes qui ont donné leur vie pour la construction de la France, en leur rendant justice la République s'honore en les honorant.

Le Président de Migrations Santé, Henry-Daniel Talleyrand, tout en insistant sur le rôle joué par les personnes âgées migrantes le devoir de leur rendre justice et de leur venir en aide parla de l'importance que présente la dignité pour chaque individu, en tant que facteur socialisant, élément d'apaisement, mémoire psycho-collective, c'est-à-dire l'ensemble des valeurs qui constituent le fond humain.

Emile-Henri Riard, Vice-président de Migrations Santé, parla du rôle essentiel du facteur temps lors du vieillissement. C'est ainsi qu'au vu de l'horizon temporel qui rétrécit, la personne vieillissante va changer de comportements vis-à-vis de soi et de son entourage.

Pour une meilleure lisibilité de l'ensemble des actes, nous avons divisé son contenu en trois parties. La première contient les articles écrits par leurs auteurs et qui traitent des questions générales en rapport avec les personnes âgées immigrées. Dans la seconde, nous avons produit les transcriptions des interventions, des extraits de débats et échanges traitant le vécu quotidien et états de santé spécifiques. Nous avons réservé la troisième partie à l'analyse de l'enquête que nous avons effectuée en 2013, en amont du colloque.

Il va de soi que le travail de préparation et d'organisation de ce colloque, -qui a eu la réussite qu'il mérite- n'aurait pas pu se faire sans la contribution effective du personnel et des membres du comité d'orientation scientifique de Migrations Santé. Il est toujours difficile de citer des noms, parce qu'on en oublie toujours quelques-uns. Néanmoins, le remerciement final, revient à tous les intervenants et participants, vrais acteurs de ces jours de réflexions et d'échanges fructueux, dont les actes constituent le présent ouvrage. Un cadeau précieux pour servir la cause des personnes âgées immigrées.

Bonne lecture et au plaisir de nous retrouver dans notre prochain colloque sur la santé mentale des migrants, qui aura lieu à la Cité des Sciences-Universciences, les 16 et 17 juin 2016.

OUVERTURE DU COLLOQUE

Marisol TOURAINE
Ministre des Affaires sociales et de la Santé

Mesdames et Messieurs,

Je regrette de ne pas pouvoir être parmi vous aujourd'hui parce que vos travaux ont une importance majeure. Majeure, d'abord parce qu'ils s'attaquent à sortir de l'ombre des hommes et des femmes qui ont participé à bâtir la France dans laquelle nous vivons. Majeure, ensuite, parce que la connaissance doit toujours avancer et déboucher sur des actions nouvelles.

Des « invisibles », voilà le terme qui revient constamment lorsqu'on est à l'écoute des Chibanis et des associations. Cette réalité, nous ne pouvons l'occulter. C'est pourquoi, depuis deux ans la situation des migrants âgés a été pour moi une préoccupation essentielle. Notre système de protection sociale, nos dispositifs de solidarité doivent être ouverts à tous nos anciens et ils le sont quelle que soit leur nationalité. C'est un principe fondamental de solidarité qui honore notre République. Mais rappeler un principe ne suffit pas à rendre les droits concrets pleinement effectifs. C'est ce qui a été souligné par les parlementaires notamment par Denis Jacquat et Alexis Bachelay dans le rapport rédigé l'année dernière pour l'Assemblée Nationale.

Pour répondre aux urgences identifiées dans ce rapport, il fallait donc aller vite. J'ai d'emblée pris deux mesures aux effets immédiats. D'abord depuis le 1er juillet de l'année dernière, l'accès à la couverture maladie universelle complémentaire et à l'aide à la complémentaire santé (l'ACS) ont vu leurs montants revalorisés. Cela concerne directement les Chibanis. Puis deuxième mesure, j'ai souhaité que soit augmentée l'aide à la complémentaire santé pour les retraités de plus de 60 ans et elle est désormais de 550 euros, ce qui représente une augmentation de 10%. Ce qui, là encore, peut améliorer directement la situation des immigrés âgés qui ont souvent une santé fragile. Il fallait donc répondre à l'urgence. Mais au-delà j'ai souhaité engager un travail dans le long terme qui repose sur deux piliers. D'abord, renforcer l'effectivité des droits, on y revient toujours. Il ne suffit pas que les droits soient posés ou écrits sur le papier, il faut que concrètement les personnes concernées puissent y accéder. Or les Chibanis effectuent parfois de nombreux allers-retours entre la France et leur pays d'origine, ce qui aboutit à ce que, souvent ils ne remplissent pas la condition de résidence de six mois par an pour être éligibles à l'allocation de solidarité aux personnes âgées, ce que l'on appelait le minimum vieillesse. Ils peuvent alors concrètement en perdre le bénéfice. J'ai donc dès l'année dernière demandé aux caisses d'examiner la situation particulière de chaque assuré avant que ne soit supprimée une allocation. Désormais cette suppression du minimum vieillesse ne peut pas résulter d'un simple éloignement ou de circonstances conjoncturelles comme l'hospitalisation de l'assuré où le décès d'un proche.

Le deuxième pilier des travaux que j'ai engagés, c'est d'améliorer la situation des Chibanis en élargissant leurs droits. J'ai notamment souhaité mettre en œuvre l'aide à la réinsertion familiale et sociale des anciens migrants dans leur pays d'origine. C'est une décision importante parce que les travailleurs migrants vieillissent. Ils sont plus de 35 000 à avoir plus de 65 ans et à vivre dans des foyers en dépit de conditions de résidence souvent inadaptées. Il s'agit donc de permettre à ceux qui ont des petites ressources d'effectuer des séjours de longue durée dans leur pays d'origine et de se rapprocher de leur famille. Ce dispositif qu'on appelle la loi DALO avait été adopté à l'unanimité par le parlement en 2007, mais les décrets d'application n'avaient jamais été pris. J'ai donc souhaité transformer cette situation, et désormais les étrangers en situation régulière qui résident en foyer de travailleur migrant ou en résidence sociale pourront effectuer des séjours de longue durée dans leur pays d'origine. L'allocation prévue sera calculée en fonction des ressources du bénéficiaire et elle permettra aux migrants âgés d'accéder à leurs droits tout en choisissant librement le lieu de leur résidence une fois arrivés à la retraite. Les travaux techniques nécessaires à la mise en place de cette mesure sont en cours et il faut aller vite maintenant parce que je veux que cette mesure entre concrètement en application avant la fin de l'année.

Mesdames et Messieurs, notre République ne peut laisser de côté ceux qui lui ont permis de se redresser et de se construire. En veillant à l'effectivité des droits des Chibanis, en continuant le combat pour l'amélioration de leur vie quotidienne nous n'agissons pas seulement pour eux, en leur faveur. C'est un acte fort que nous adressons à l'ensemble de la société et que notre République porte haut et fort. En particulier à destination des jeunes, à qui l'on montre que nous sommes capables de nous préoccuper du sort de leurs parents, de leurs grands-parents et c'est aussi un geste d'inclusion de solidarité et de rassemblement.

Je vous remercie.

Le 19 mai 2014

Denis JACQUAT

Député, Président de la Mission d'information sur
les immigrés âgés

Merci pour votre invitation. Je suis très heureux d'être parmi vous aujourd'hui et ce, à double titre : d'une part en ma qualité de Président de la mission parlementaire sur les immigrés âgés et d'autre part en ma qualité de Président du groupe d'études de l'Assemblée Nationale concernant les enjeux du vieillissement.

Tout d'abord, je tiens à vous indiquer que je suis parfaitement d'accord avec les propos tenus par Madame la Ministre. Selon moi, dans le domaine sanitaire et social, il n'y a ni droite, ni gauche, mais une volonté absolue de mener une politique globale qui doit être mise en place par tous. D'ailleurs, j'ai retrouvé dans les mots de Madame la Ministre plusieurs des conclusions du rapport dont Alexis Bachelay était rapporteur et moi-même président de la mission. 82 propositions ont pu en émaner. Parmi elles, certaines sont d'ordre législatif, d'autres d'ordre réglementaire, ces dernières pouvant être rapidement mises en place par Madame la Ministre.

Il convient de souligner que ce rapport sur les immigrés âgés a été adopté à l'unanimité à l'Assemblée Nationale, ce qui est extrêmement rare. Il avait été demandé par le Président de l'Assemblée Nationale, Claude Bartolone, élu d'un département de la Région Parisienne qui compte de nombreux immigrés âgés, ce qui est également le cas pour Alexis Bachelay et moi-même. En effet, il faut rappeler qu'il y a 40 ans et plus, notre pays, qui était en plein développement industriel, manquait de bras. De l'autre côté de la Méditerranée, nombreux étaient ceux qui souffraient socialement et économiquement. Ils ont donc répondu à ce besoin de main d'œuvre et sont arrivés en France en provenance principalement du Maroc, de l'Algérie, de la Tunisie et du Mali pour travailler soit en milieu industriel, soit en milieu rural.
Leur seul objectif était de gagner de l'argent par leur travail et d'en envoyer un maximum à leurs familles restées dans leur pays d'origine. Tous pensaient qu'à leur retraite, ils retourneraient vivre là-bas.
Arrivées jeunes en France (22, 23, 24 ans), ces personnes, pleines de bonne volonté, n'avaient aucune formation initiale. Elles ont accompli des tâches extrêmement difficiles et, en raison de la fatigue et de l'usure, beaucoup d'entre elles n'ont pu effectuer une carrière complète. C'est pourquoi aujourd'hui, elles perçoivent souvent des pensions de retraite peu élevées.

Nous avons bien évidemment pris en compte ce problème et avons évoqué des solutions qui figurent parmi les 82 propositions. Je ne m'attarderai que sur certaines d'entre elles qui me semblent les plus importantes.

Le premier problème qui nous est apparu a été celui du logement. On nous a très souvent dit que les chambres étaient trop petites dans les foyers, surtout les foyers ex-SONACOTRA. On s'en rend compte aujourd'hui mais il faut se souvenir qu'au moment de leur construction, lorsque les travailleurs immigrés sont arrivés en France, elles répondaient aux normes standard, communes aux foyers pour étudiants ou pour personnes âgées. A cette époque, le but des immigrés était de renvoyer la majeure partie de l'argent gagné à leur famille et la surface du logement importait peu. Le problème du logement est devenu évident quand ces travailleurs immigrés ont cessé leur vie professionnelle et qu'ils ont décidé de ne pas retourner au pays. Ils sont restés en France, seuls dans leur logement, et il faut reconnaître que la surface s'est avérée vraiment trop exiguë pour une occupation permanente.

A présent, des transformations sont entreprises et l'on se dirige soit vers l'aménagement de chambres individuelles plus grandes et plus confortables, soit vers des unités de vie, qui sont des regroupements de 3 ou 4 chambres autour d'un espace commun. Cependant, il faut aller vite car les plus jeunes Chibanis sont âgés de 70 ans.

Parmi les autres problèmes soulevés, je voudrais évoquer celui des formalités administratives. Chacun sait qu'en France l'administration a une présence forte et qu'il est souvent bien difficile de s'y retrouver dans les nombreuses démarches à accomplir. Cette difficulté est considérablement accrue lorsque la personne est d'origine étrangère, qu'elle maîtrise mal la langue et qu'elle a un niveau d'études très faible. Cela devient pratiquement impossible. Or chacun doit pouvoir connaître ses droits. Il serait donc souhaitable que soit mis en place un service permettant d'informer au mieux ces personnes. Du personnel de l'administration, parlant la même langue que ces immigrés âgés, pourrait intervenir. Des initiatives de ce type existent déjà à Paris où un premier café social a été créé.

Parmi les 82 propositions, il ne faut pas omettre celles relatives à la santé. En effet, les membres de la mission estiment que, vu l'âge des personnes concernées et vu la diminution du nombre de celles qui se rendent encore dans leur pays d'origine, il faut introduire de la souplesse dans le traitement des dossiers. En effet, si un Chibani a eu des problèmes de santé au cours de vacances dans son pays d'origine et qu'il soit resté plus longtemps que prévu, il faut mettre tout en œuvre pour que, à son retour en France, il ne soit pas confronté à des tracasseries administratives.

Enfin, je tiens à évoquer le problème majeur du vieillissement des immigrés âgés. Compte tenu de leur culture, ceux-ci refusent très souvent les aides extérieures au cadre familial. Il est de notre devoir de leur expliquer que des associations œuvrent avec des professionnels afin de leur apporter les aides humaines dont ils ont besoin pour accomplir les tâches qu'ils ne peuvent plus assumer seuls. Il en est de même pour les soins. Nous avons pensé que les associations, les cafés sociaux et les Consulats pouvaient être d'excellents relais et des lieux d'information pour ces immigrés âgés.

L'allongement de la durée de la vie doit être une chance pour chacun d'entre nous et il est important aujourd'hui de mettre tout en œuvre pour permettre à ces immigrés âgés de vivre dans notre pays dans les meilleures conditions possibles.

Le travail d'écoute qu'Alexis Bachelay et moi-même avons fourni dans le cadre de la mission qui nous a été confiée nous a permis de dégager des propositions qui, comme je vous l'ai dit, devraient déboucher sur un mieux vivre des immigrés âgés.

Je vous remercie de m'avoir écouté.

Henry-Daniel TALLEYRAND

Président de Migrations Santé

Mesdames, Mesdemoiselles, Messieurs,

Migration Santé est heureuse de vous accueillir ici aujourd'hui. Le petit mot d'introduction que j'avais préparé n'a presque plus d'importance après ces magnifiques interventions que vous venez d'entendre. Vous avez appris en une demi-heure plus que beaucoup d'ouvrages auraient pu vous enseigner. Vous avez entendu les propositions de Madame la Ministre de la Santé. Vous avez écouté le Président Jacquat. Que me reste-t-il à dire ? Pas grand-chose. Je parlerai de la dignité, car ce mot ne me semble pas avoir été prononcé. Quant aux droits de l'homme, on ne peut taire cette notion. Nous expliquerons pourquoi il est nécessaire d'aider à réintroduire la dignité dans toute action de lutte pour l'amélioration de la vie humaine.

Le professeur Ruffié, parlant de la personne âgée, rappelait que le vieux est un individu de grande dignité. Il est un élément socialisant, un facteur d'apaisement, une mémoire collective du groupe, un élément psycho-collectif. C'est la seule voie qui permet de poursuivre l'aventure humaine. La dignité, c'est ce qui fait l'être.

Maintenant pourquoi nous inquiéter de la vie de la personne âgée immigrée ? Les raisons sont nombreuses, je n'en citerai que trois. Premièrement, c'est un devoir de justice envers ceux dont la sueur a été utile à la reconstruction du pays depuis la fin de la deuxième guerre mondiale. Deuxièmement, c'est un moyen de soulager la souffrance physique, mentale et sociale d'une catégorie d'individus à qui un certain nombre de droits a dû être refusé. Une société s'honore quand elle prend soin des personnes les plus faibles. C'est donc une mesure louable que de faciliter le retour à une vie digne dans le pays d'accueil ou dans le pays d'origine, selon le désir du migrant. Troisièmement, le potentiel de dignité dont nous avons parlé plus haut, qui existe chez la personne âgée, peut être utilisé pour le développement social local.

Maintenant est-il possible de rendre le retraité-âgé auteur et acteur de sa propre vie ? L'Etat est-il capable d'accompagner cette action ? Pourrait-on estimer les besoins vitaux d'un citoyen sans écouter son opinion sur sa propre existence ? Serions-nous là, à ses côtés, pour faire à sa place alors que l'expérience montre qu'il est mieux de faire avec lui et pour lui ? Dans les 82 propositions de la Ministre j'en ai vu au moins deux qui pourraient répondre à un tel objectif.

Le programme de ces deux jours est ambitieux. Heureusement qu'un grand nombre de spécialistes sont présents pour traiter des sujets annoncés. Vous pourrez entendre aussi bien des travailleurs de terrain, retenus pour leur expérience, ainsi que d'anciens travailleurs retraités. Les échanges se dérouleront sous le signe de la confrontation, celle qui se définit, selon le professeur Albert Jacquard, comme une activité menée « front contre front, intelligence à intelligence et non force contre force ».

C'est avec ces conseils que je passe la main aux autres intervenants, en vous remerciant de votre présence parmi nous ce matin.

Présentation du colloque

Mohamed EL MOUBARAKI
Directeur de Migrations Santé

Tout d'abord, permettez-moi de remercier au nom de Migrations Santé France et en votre nom les trois personnalités, qui ont honoré ce colloque par de si intéressantes allocutions, constituant ainsi une introduction avisée à nos travaux.

L'objectif de ce colloque est avant tout la rencontre d'hommes et de femmes libres, qui sans complaisance aucune, vont aborder avec leurs expériences et compétences les différentes questions relatives au vécu et à l'état social et sanitaire des personnes âgées. Surtout si celles-ci se déroulent dans une situation d'isolement et de précarité matérielle, engendrant des souffrances et des situations de dépendance spécifique.

La prise en compte de la situation des personnes âgées immigrées a, depuis peu, fait irruption sur la scène publique française. Or Migrations Santé, en étroite relation avec son réseau de partenaires, a depuis longtemps attiré l'attention sur les conditions socio-sanitaires des personnes âgées immigrées, à travers ses actions de proximité, des diagnostics et enquêtes ou par l'organisation de séminaires, journées d'étude et colloque comme celui d'aujourd'hui. De ces actions et études, nous avons constitué un fonds documentaire de référence relatif au vieillissement des migrants.

La tenue de cette rencontre favorisera un large échange et une confrontation positive entre les acquis de la recherche et l'expérience des différents acteurs en contact permanent avec les personnes immigrées âgées ou concernés par les problématiques du vieillissement. Ce qui permettra de dégager d'une part, les différents dysfonctionnements révélés par les situations diverses vécues par les personnes immigrées âgées et d'autre part, de mettre en lumière des préconisations et des méthodes d'intervention qui contribueront à améliorer la situation de ces personnes, là où elles se trouvent.

Le déroulement de cette rencontre internationale se fera sur deux jours. Les matinées seront réservées à des séances plénières et les après-midi à des tables rondes traitant de sujets spécifiques. Pour alimenter l'ensemble des interventions, Migrations Santé France mettra à la disposition des participants les résultats de l'enquête menée en 2013 auprès de personnes âgées immigrées dans plusieurs régions de France.

Comme les précédents colloques de Migrations Santé France les axes choisis et les contenus des interventions sont ouverts, permettant ainsi de traiter un large spectre des thèmes abordés, eux-mêmes enrichis par les échanges entre acteurs et participants.

Merci de votre écoute.

PREMIERE PARTIE

DONNEES SUR L'ETAT SOCIAL ET SANITAIRE DES PERSONNES AGEES IMMIGREES

PRESENTATION

Emile-Henri RIARD

Vice-président de Migrations Santé

Bonjour et merci à toutes et tous d'être présents.

Je dirai juste deux mots pour introduire cette partie de la matinée. Ils portent sur le *vieillissement*, cette « offense » du temps que nous partageons tous, avec des craintes plus ou moins marquées, parfois aussi avec des bonheurs. Il a des effets différenciés, d'ordre génétiques dans certains cas, tenant – aussi- à la personnalité dans d'autres, ou encore aux conditions de vie, mais sans aucun doute aux dimensions sociale et culturelle. C'est le cas des personnes âgées immigrées qui sont l'objet de ces deux journées de rencontre.

L'intérêt de traiter de cette population spécifique, les Chibanis, est évident. J'en veux pour preuve votre présence nombreuse, vos interventions annoncées, votre implication dans la recherche ou dans les divers travaux et actions que vous menez au quotidien. Si le processus du vieillissement ne peut être véritablement l'objet direct de ce colloque, ce dernier en retient la partie la plus vive, la plus urgente, celle qui concerne les questions relatives à la santé de ces populations et leurs implications, tant sur le plan humain, qu'économique, ou encore social… .

Il me semble important de resituer en UN mot cette question dans un ensemble qui dépasse l'objet directement traité (celui de la santé et des conditions qui y sont liées) pour en poser les implications. C'est celui de « projet », ce préalable plus ou moins construit, plus ou moins conscient qui les a menés, eux, ces femmes et ces hommes alors jeunes, et le plus souvent leur famille vers notre pays. Ce que nous examinons donc aujourd'hui en toile de fond, c'est ce qu'il est advenu de ce projet toujours porté par l'idée que la migration (définitive ou non), apporterait un mieux-être à soi-même et à ses proches. Qu'en est-il advenu ?

Les questions qui se posent un peu avant la retraite ou lorsque celle-ci est déjà engagée ne sont pas nécessairement celles auxquelles les Chibanis pensaient devoir répondre lors de leur départ il y a 30, 40 ans, voire plus. Mais il leur faut y répondre. Elles concernent leurs conditions d'habitat ; les tracasseries administratives ; bien sûr la santé ; leur solitude ; leur devenir, les projets de retour et ce qu'il en est advenu ; leurs rapports au pays natal, à la famille (c'est-à-dire aux enfants, à l'épouse, à l'époux parfois), questions auxquelles ils ont déjà répondu mais qui se posent de nouveau autrement, avec une coloration renouvelée à ce moment-là. … Dans tous les cas ils doivent se repositionner par rapport à eux-mêmes, à leur famille, à leur culture, à leur pays, à leur situation d' « *entre deux* ».

Pour ces personnes âgées immigrées dont la situation est généralement très précaire, pour le moins dégradée sur tous les plans comme il a été souvent rappelé, il fallait faire le point. Il fallait le faire également sur les actions entreprises par les divers organismes car il n'y a pas toujours d'échange de pratique. L'initiative prise par Migrations Santé par la voix de ses Président et Directeur est particulièrement heureuse. Avec vous, par votre expérience rapportée, à l'aide aussi d'un diagnostic réalisé par Migrations Santé (l'enquête) et nos échanges, elle permettra de mieux connaître ces situations et ainsi d'affiner les réponses actuelles, d'ouvrir de nouvelles pistes de propositions et d'actions.

Un mot pour conclure, un mot récurrent emprunté à tous ceux prononcés ce matin : celui de DIGNITE, car il me paraît véritablement constituer la toile de fond de nos débats et des actions futures à mener tant pour les professionnels que pour les immigrés eux-mêmes.

Merci. Je vous souhaite un excellent colloque.

VIEILLISSEMENT ET SANTE DES IMMIGRES EN FRANCE

Claudine ATTIAS-DONFUT [1]

Le vieillissement des immigrés pose un défi aux politiques sociales, en France et en Europe, celui de penser et mettre en œuvre la diversité, dans tous les domaines de la vie sociale, conformément à l'article 13 du traité d'Amsterdam qui préconise de « prendre les mesures nécessaires en vue de combattre toute discrimination fondée sur le sexe, la race ou l'origine ethnique, la religion ou les convictions, le handicap, l'âge et l'orientation sexuelle ». Il reste encore du chemin à faire pour appliquer pleinement ces principes dans l'élaboration des politiques sociales du vieillissement.

Rappelons que la France, le plus ancien pays d'immigration en Europe est aussi le premier à être confronté à la gestion de la retraite et du vieillissement d'un nombre croissant d'immigrés. L'immigration familiale, devenue le mode dominant d'immigration en France et en Europe, signifie aussi une installation permanente et un vieillissement dans les pays récepteurs. Rappelons également que l'enquête CNAV sur le vieillissement des immigrés en France a montré que seuls 7% en moyenne des actifs envisageaient le retour au pays pour y vivre leur retraite, ce taux variant de 2% parmi les Algériens à 10% parmi les Portugais, les Africains se distinguant par le taux le plus élevé, de 17% (Attias-Donfut et alii, 2006). Il reste que tout en souhaitant vieillir en France, les immigrés de toutes origines gardent un fort attachement au pays d'origine, gardent des contacts avec leurs proches qui y demeurent, vivant ainsi au sein d'une « famille transnationale ». En témoignent les fréquents « va-et-vient » et les envois d'argent au pays, les « rémittences », adressés aux parents et aux proches.

Le choix de vivre la retraite en France est motivé par un ensemble de facteurs dont le plus décisif est d'ordre familial : avoir des enfants et petits-enfants généralement français et vivant en France incite fortement à rester proches d'eux et contribue à *l'enracinement* en pays d'installation, tout comme le fait d'y avoir un réseau d'amis, parfois la propriété de son logement et les habitudes acquises au cours de toute une vie. De surcroît, parmi les raisons souvent invoquées pour vivre sa vieillesse en France la question de la santé prend une place importante, surtout parmi ceux dont le

---

[1] Centre Edgar Morin CNRS/EHESS, claudine.attiasdonfut@gmail.com

pays d'origine n'offre pas les mêmes garanties et qualités de soins, ce qui est notamment le cas au Maghreb et dans toute l'Afrique.

L'étude de la santé des migrants, en tant que population spécifique, suppose que celle-ci diffère de celle des natifs du pays d'accueil. Or, ainsi que le souligne Didier Fassin (2000, p. 6), il ne s'agit pas de penser que la santé des immigrés existe en soi, « inscrite en quelque sorte dans des gènes, des microbes et des processus, mais qu'elle existe dans la relation qui est historiquement construite par des acteurs sociaux ». En France, la population des migrants est *a priori* considérée comme un groupe à risque en matière de santé, principalement en raison de ses caractéristiques socio-économiques (Khlat et alii, 1998), les immigrés ayant un niveau de vie moyen inférieur à la moyenne de la population.

S'appuyant sur les données de l'enquête Santé et Protection Sociale (SPS) du Credes pour les années 1988 et 1991, Mizrahi et alii (1993) constatent que, tous âges confondus, les migrants résidant en France sont en meilleure santé que la population générale à la fois en termes de pronostic vital et de niveau moyen d'invalidité. L'étude de Khlat et Courbage (1995), appliquée au cas des migrants Marocains, montre que ceux-ci possèdent des plus faibles taux de mortalité que dans la moyenne des natifs, les différences étant surtout sensibles pour les hommes. Khlat et alii (1998) constatent également que les migrants d'origine maghrébine possèdent globalement un avantage sur les autochtones en termes de morbidité. Des avantages similaires en faveur des migrants ont été relevés en matière de mortalité par cancer pour les émigrés de Chine et d'Asie du Sud Est et de plusieurs pays d'Afrique (Boucharby et alii, 1995, Boucharby et alii, 1996).

Les résultats énoncés ci-dessus semblent attester d'un phénomène de sélection de la bonne santé (*health selection effects*) relevé chez les immigrants d'autres pays d'accueil, en particulier aux Etats-Unis (Swallen, 1997) et au Canada (Chen et alii, 1995) mais aussi en Allemagne (Razum et alii, 1998). La validité de ce phénomène fait toutefois l'objet de débat. Comparant les taux de mortalité pour différentes causes de plusieurs groupes de migrants à ceux de la population générale en Angleterre, Wild et McKeigue (1997) observent que si cet effet est vérifié chez certains migrants (les émigrants des Caraïbes), il est inversé pour d'autres, les émigrants d'Irlande et d'Ecosse présentant des taux de mortalité plus élevés pour toutes les causes étudiées. D'autres travaux témoignent d'une moins bonne santé des migrants par rapport à la population d'accueil (Bollini et Siem, 1995, Uniken Venema et alii, 1995). En France, Tyczynski et alii (1992) observent pour la plupart des cancers des taux de prévalence chez les immigrants polonais différents de ceux de la population en Pologne mais proches de ceux de la population générale en France[2].

Les travaux s'intéressant à la santé des migrants portent sur des populations hétérogènes, tant en ce qui concerne les pays d'émigration que ceux d'immigration. Ils utilisent en outre des mesures de santé qui sont elles-mêmes diverses : taux de mortalité, taux de morbidité, perceptions subjectives de la santé. Il est donc probable que les résultats dépendent en partie du pays d'accueil et du pays d'origine des migrants mais également du type de mesure de la santé employé.

Face aux travaux antérieurs, en particulier ceux réalisés en France, l'enquête PRI (voir la présentation ci-dessous) possède trois principaux attraits. Le premier est que compte tenu de la taille de l'échantillon considéré, qui est représentatif de la population immigrée en France, il est possible d'étudier les caractéristiques de la santé des migrants en fonction de leur pays d'origine. Cela permet notamment d'examiner dans quelle mesure l'origine des migrants détermine leur état de santé actuel. Le second tient à ce que certaines des questions employées dans l'enquête PRI sont proches voire similaires à celles utilisées dans d'autres enquêtes concernant la population générale. Ainsi, bien que l'enquête PRI n'ait pas pour vocation première la comparaison de la santé des migrants à celle des natifs, il est néanmoins possible d'effectuer des parallèles entre les réponses des migrants et celles obtenues auprès de la population générale. Enfin, le troisième attrait concerne le type de mesure de santé utilisé. Les travaux disponibles en France emploient généralement des mesures de mortalité et/ou de morbidité. L'enquête PRI apporte un nouvel éclairage sur la santé des migrants résidant en France en s'appuyant sur des mesures de la santé ressentie par les enquêtés eux-mêmes, d'une part et sur les retentissements des problèmes de santé sur les difficultés à accomplir les actes de la vie quotidienne.

Les données de l'enquête PRI

L'enquête PRI réalisée entre novembre 2002 et février 2003 par la Caisse Nationale d'Assurance Vieillesse et l'Insee, s'intéresse aux conditions et aux modalités du passage à la retraite des immigrés (Attias-Donfut, 2004). Elle a été menée auprès de personnes désignées par tirage aléatoire, à partir du recensement Insee de 1999, parmi les ménages comportant au moins une personne immigrée âgée entre 45 et 70 ans au moment de l'enquête. L'échantillon ainsi constitué comporte 6211 individus dont 46,4% sont des femmes et dont les âges moyen et médian s'établissent respectivement à 55,8

---

[2] Avec toutefois des exceptions, les migrants venant de Pologne conservent des caractéristiques de leur population d'origine pour certaines formes de cancer avec des taux de prévalence plus élevés ou plus faibles que pour la population d'accueil.

et 55 ans. Il est représentatif de la population immigrée résidant en France métropolitaine en 2003, c'est-à-dire de l'ensemble des personnes nées étrangères à l'étranger appartenant à la tranche d'âge sélectionnée.

Le questionnaire de l'enquête PRI recueille des informations sur les caractéristiques démographiques, économiques et sociales des migrants ainsi que sur la nature et la configuration de leurs réseaux familial et social. Il comporte aussi plusieurs questions relatives à la santé, toutes les réponses étant données par les enquêtés eux-mêmes. Deux de ces questions permettent d'obtenir des mesures synthétiques de la santé. L'une demande aux enquêtés de juger leur état de santé actuel en le situant parmi cinq catégories mutuellement exclusives : « très bon », « plutôt bon », « moyen », « plutôt médiocre », « très mauvais ». L'autre relève l'existence éventuelle de maladies ou de handicaps responsables de difficultés dans la vie de tous les jours. Bien que ces mesures soient toutes deux reportées par les enquêtés, elles diffèrent par au moins deux aspects. En premier lieu, la mesure de santé à cinq modalités est une mesure générale qui peut être affectée à la fois par des aspects physiques et mentaux (voir par exemple Shields et Shooshtari, 2001). La seconde, concernant les maladies et handicaps, est plus spécifique car elle fait explicitement référence à des limitations dans les capacités fonctionnelles des personnes. En second lieu, cette dernière mesure peut sembler moins subjective que la première précisément parce qu'elle est établie en citant des problèmes de santé précis (maladies et handicaps). Elle conserve néanmoins une certaine part de subjectivité puisque les enquêtés demeurent les seuls interprètes de la notion de « difficultés dans la vie de tous les jours ».

Outre ces deux mesures synthétiques de la santé, l'enquête PRI interroge les migrants sur la fréquence des sentiments de dépression. Ces informations sont complétées par des éléments plus spécifiques concernant la santé et ses conséquences. Pour les individus qui travaillent ou ont travaillé par le passé il est possible de connaître la proportion de ceux qui déclarent souffrir ou avoir souffert de problèmes de santé spécifiquement liés au travail. Pour ceux qui reportent des maladies ou des handicaps, le questionnaire demande de préciser la nature des limitations d'activité en résultant (difficultés à faire les courses, à faire sa toilette, à se déplacer etc.) et des services reçus à domicile en conséquence (soins infirmiers, assistance à domicile, aide-ménagère etc.). Les migrants sont également interrogés sur les aides qu'ils reçoivent de leurs proches pour leurs tâches quotidiennes, la fréquence de ces aides et l'identité des aidants. Il est donc possible de savoir dans quelle mesure le réseau familial et social se mobilise autour de ceux dont la santé est défaillante.

Rappelons ses principaux résultats[3].

L'information la plus synthétique recueillie par l'enquête PRI sur la santé des migrants repose sur une auto-évaluation de la santé générale. Il est demandé aux répondants d'évaluer leur état de santé au moment de l'enquête en le situant parmi 5 catégories allant de « très bon » à « très mauvais ».

La majorité des réponses se concentre sur des niveaux de santé que l'on peut qualifier « d'intermédiaires ». Près des trois quarts des migrants situent ainsi leur état général parmi les catégories « plutôt bon » et « moyen ». Rares sont ceux qui estiment être en très mauvaise santé, seulement 3%, mais ils sont néanmoins presque 10 % à juger leur état de santé plutôt médiocre. La ventilation des résultats par sexe révèle que les femmes ont une plus grande tendance que les hommes à déclarer une santé générale moyenne à mauvaise (respectivement 51,6% contre 44,1%) et qu'alternativement, elles s'estiment moins souvent en bonne ou très bonne santé (43,3% contre 55,8%). Ce constat est confirmé lorsque les réponses sont comparées à âge équivalent (graphique 2) : quelle que soit la classe d'âges considérée, les hommes font preuve d'une plus grande satisfaction à l'égard de leur santé que les femmes.

La santé se dégrade avec l'âge, mais à un rythme différent selon les sexes. Chez les femmes, l'altération de la santé avec l'âge est progressive et plus marquée que chez les hommes. La proportion de femmes dont la santé est médiocre ou très mauvaise est multipliée par 2,7 en passant de la classe d'âges 45-49 ans à celle des 65-70 ans alors que le coefficient multiplicateur pour les hommes n'est que de 2,2. Parallèlement, la proportion de femmes s'estimant en très bonne santé est divisée par 3 entre la première et la dernière classe d'âges et par 2,4 pour les hommes. La dégradation de la santé chez les hommes se manifeste aux classes d'âges les plus jeunes (entre 45 et 59 ans) puis ralentit, voire régresse légèrement, à partir de l'âge de 60 ans. En d'autres termes, chez les hommes la dégradation de la santé avec l'âge se fait surtout durant les âges d'activité professionnelle. Ceci suggère un impact négatif des activités professionnelles sur leur santé[4].

Le constat d'une moins bonne santé des migrants par rapport aux natifs conduit à s'interroger sur la possibilité que la santé subjectivement perçue soient déterminée, au moins en partie, par le pays d'origine des migrants. Les conditions sanitaires n'y sont pas nécessairement les mêmes que dans le pays d'accueil, ni même identiques entre les différents pays d'immigration, ce qui peut avoir des répercussions sur la santé actuelle et future des migrants.

---

[3] Tirés de Attias-Donfut et Tessier, 2005.
[4] L'absence d'un tel effet chez les femmes peut s'expliquer par le fait que celles-ci sont moins fréquemment actives que les hommes.

On observe d'importantes disparités de santé entre les migrants d'origines différentes. Il apparaît très clairement que les émigrants de pays d'Europe du Nord ou d'Amérique semblent jouir d'une santé sensiblement meilleure que celle des migrants originaires d'autres régions du monde. Ainsi, les migrants venant d'Europe du Nord déclarent à 80,2% être en bonne ou très bonne santé alors qu'ils ne sont que 43,9% dans ce cas parmi les migrants venant d'Afrique du Nord et 49,5% chez ceux ayant émigré d'un pays d'Europe du Sud par exemple. Si l'on fait le parallèle avec les résultats de l'enquête Emploi du Temps de l'Insee, on constate que la population des émigrants d'Europe du Nord présente un profil de santé très proche de celui de la population générale.

La prévalence des états jugés bons ou très bon est sensiblement plus importante chez les émigrants d'Espagne et d'Italie. Les migrants venant du Portugal se singularisent des autres émigrants d'Europe du Sud par une moins bonne santé déclarée. Les migrants des trois pays d'Afrique du Nord présentent des réponses relativement proches. En revanche, les émigrants de Turquie semblent en moins bonne santé avec un taux particulièrement important (presque 22%) de personnes estimant posséder une santé médiocre ou très mauvaise.

Il est cependant difficile de déterminer si les différences observées traduisent des différences « objectives » de santé. La question posée pour évaluer la santé générale étant subjective, elle peut être affectée par des « biais culturels » (Uniken Venema et alii, 1995).

Une question renseigne sur la présence de problèmes de santé liés à un handicap ou une maladie pouvant occasionner des difficultés dans la vie de tous les jours. Deux autres questions s'enquièrent de l'état moral des migrants : « vous arrive-t-il de vous sentir déprimé(e) ? C'est-à-dire que vous n'avez pas du tout le moral, que vous êtes très abattu(e) » et « vous arrive-t-il de vous sentir seul(e) ? ».

Les résultats présentent des similitudes avec ceux obtenus pour la santé générale perçue : les femmes apparaissent en moins bonne santé que les hommes, quel que soit l'aspect de la santé considéré. Elles sont ainsi plus nombreuses que les hommes à souffrir de handicap ou de maladie (29% contre 27,1%). Elles déclarent également plus fréquemment se sentir souvent isolées ou déprimées, respectivement 14,5 et 13,9% contre seulement 6,4 et 7,1% pour les hommes. Il est probable que les écarts hommes-femmes en termes de santé auto-évaluée s'expliquent par des différences en termes de santé morale. Mais ce sont les problèmes de santé induits par des maladies ou des handicaps qui paraissent s'altérer le plus rapidement avec l'âge. Il faut toutefois tenir compte du fait que les deux types d'indicateurs de santé ne sont pas indépendants, une mauvaise santé morale pouvant résulter de problèmes de santé liés à un handicap par exemple.

En moyenne, près de 35% des migrants déclarent avoir été victimes d'un accident du travail, un taux quasiment équivalent à celui des personnes présentant des problèmes divers (fatigue, stress, problèmes de dos etc.). Le taux de personnes victimes de maladies professionnelles est quant à lui nettement moins important, compris entre 4,5% et 9% selon le pays d'origine. Les migrants qui sont les moins affectés par des problèmes de santé liés à leur activité professionnelle proviennent d'Espagne et d'Italie et, dans une moindre mesure, de Tunisie, c'est-à-dire ceux qui déclarent la meilleure santé auto-évaluée.

À l'exception des personnes inaptes au travail ou en arrêt de longue durée, les chômeurs et inactifs sont ceux qui déclarent le moins fréquemment être en bonne ou très bonne santé. Ils sont presque 43% dans ce cas alors que pour les personnes qui travaillent cette proportion est d'environ 64%. Les personnes en pré-retraite ou à la retraite semblent occuper une position intermédiaire entre les travailleurs d'une part et les chômeurs et autres inactifs d'autre part. Elles se disent en moins bonne santé que les premiers et estiment être en meilleure santé que les seconds (en regroupant les réponses « très bon » et « bon »). Elles déclarent cependant autant que ces derniers avoir une santé médiocre ou mauvaise. Le tableau 16, qui reporte la prévalence de maladies ou handicaps selon le statut d'activité, conduit au même constat : les personnes qui travaillent sont celles qui bénéficient du meilleur état de santé comparé à celui des autres catégories d'activité.

La mise en parallèle des résultats concernant l'état de santé et le recours aux soins des migrants suggère que ceux-ci, bien qu'en moins bonne santé que l'ensemble de la population ne consomment pas plus de soins que ces derniers. L'un des éléments déterminants de l'accès aux soins provient de la couverture des frais de santé que possèdent les migrants. L'enquête PRI révèle que les migrants possèdent une bonne couverture de base, seuls 0,3% d'entre eux ne bénéficiant pas de la sécurité sociale.
Le nombre moyen de visites auprès d'un médecin s'accroît avec la détérioration du niveau de vie. Les personnes les plus pauvres, qui sont aussi celles qui déclarent la moins bonne santé, effectuent 2,2 fois plus de visites annuelles auprès d'un généraliste que les personnes les plus aisées. L'écart est nettement moins marqué en ce qui concerne les consultations auprès de spécialistes, les plus pauvres consultant 1,4 plus que les plus riches. En d'autres termes, les résultats montrent que les personnes en moins bonne santé consultent plus que celles en bonne santé.

Par ailleurs, plus une personne s'estime à l'aise financièrement, plus la probabilité qu'elle déclare une bonne ou une très bonne santé est élevée. Ainsi les personnes qui se disent les plus à l'aise financièrement sont près de 75% à juger leur état de santé bon ou très bon. Les personnes estimant être pauvres ou très pauvres ne sont que 27% à déclarer de tels états de santé. Ce résultat confirme la détermination du niveau de vie sur la santé, mise en évidence dans toute étude épidémiologique. L'enquête PRI permet de savoir si les migrants reçoivent une aide à domicile de la part de leurs proches pour leurs tâches quotidiennes et de connaître l'identité des aidants. Indépendamment de l'état de santé, presque un quart des migrants déclare recevoir de l'aide des proches à domicile, la proportion de personnes aidées étant quasiment similaire chez les femmes (24,7%) et les hommes (24,9%). De manière attendue, il y a une corrélation négative entre la santé et la fréquence des aides. Celles-ci sont sensiblement plus répandues parmi les personnes qui présentent des problèmes de santé puisqu'elles concernent 45% de ceux qui déclarent des maladies ou des handicaps et environ la moitié des migrants qui reportent une santé générale « médiocre » ou « très mauvaise ». Cependant, dès lors que la santé est dégradée les femmes bénéficient plus fréquemment d'aide que les hommes, quel que soit l'indicateur de santé retenu.

La provenance des aides est principalement circonscrite à la famille proche. Les conjoints représentent 57,1% des aidants et les enfants 34,6%. Parmi ces derniers, les filles accordent beaucoup plus fréquemment de l'aide que les garçons, respectivement 25,8% et 8,8%. Cela est plus rare de la part des autres membres de la parentèle, parents ou beaux-parents, frères ou sœurs (1,4% et 1,3%). Au total donc, les personnes qui accordent des aides en temps proviennent à 93,1% de la famille très proche. Les personnes hors famille ne représentent quant à elles que 2,8% des aidants. La fréquence des aides varie selon l'origine géographique des migrants, les aides des proches sont les plus répandues dans les familles originaires d'Afrique du Nord et d'Orient. Bien entendu, le fait d'avoir des enfants est déterminant, tout particulièrement lorsque certains enfants vivent au domicile de leur parents. Par ailleurs les aides en temps reçues sont significativement plus répandues chez les migrants qui versent des transferts monétaires. Cela suggère qu'elles pourraient constituer parfois une contrepartie des aides monétaires. A l'inverse, le fait de recevoir des transferts monétaires n'affecte pas la probabilité de bénéficier d'une aide de ses proches à domicile. Les aides en temps ne semblent donc pas se substituer aux transferts monétaires. Enfin, l'état de santé général apparaît bien comme le principal déterminant de la réception d'aides à domicile. Le fait d'estimer son état de santé général « médiocre » ou « très mauvais » augmente très sensiblement, et significativement, la probabilité d'obtenir de l'aide de ses proches.

Conclusion

L'enquête PRI a mis en évidence le rôle important des enfants, qui assistent leurs parents dans tous les domaines de la vie sociale, en particulier pour les questions administratives, difficiles à assumer par ceux qui maîtrisent mal la langue. Dès leur jeune âge, les enfants deviennent des médiateurs entre leurs parents et la société car ils y sont mieux adaptés et s'acculturent plus rapidement. Les filles et les belles filles sont particulièrement actives pour tous types d'aides, à l'intérieur ou à l'extérieur du foyer, qu'elle soit d'ordre pratique, émotionnel ou moral, les fils intervenant de façon privilégiée pour aider aux démarches à l'extérieur du domicile et la famille élargie étant aussi mise à contribution. L'entraide est élargie aux réseaux transnationaux, quand il est possible de faire appel à un membre de la famille séjournant à l'étranger ou plus fréquemment en recevant en France un proche ayant besoin d'assistance. Cela ne signifie pas cependant que ces formes de solidarité soient auto-suffisantes. Les immigrés âgés nécessitant des soins ne paraissent pas mieux entourés par la famille que les personnes âgées autochtones et, contrairement à une idée répandue, ils ne sont pas plus réticents à recevoir des aides professionnelles. Si la majorité des immigrés âgés sont venus jeunes et ont vieilli en France, une minorité est arrivée après l'âge de 50 ou 60 ans, pour différentes raisons, par opportunités professionnelles ou refuge politique, pour passer leur retraite en France ou encore pour rejoindre leurs enfants installés en France. Ces migrations tardives posent des problèmes spécifiques (variables selon les types de migrations) car elles mettent en jeu des changements et des adaptations à un âge où il peut être plus difficile de les assumer. Ceci s'applique particulièrement à ceux qui se sont déracinés dans leur vieil âge pour rejoindre leurs enfants. Pour ces migrants de la dernière partie de la vie, l'attention de leurs enfants est cruciale, mais insuffisante. Pour ces migrants comme pour ceux qui ont vécu longtemps en France, il est important de prendre en compte la complémentarité entre l'aide de la famille et l'aide publique.

Il convient donc de faciliter le développement de services ou de mouvements associatifs jouant un rôle de médiation auprès des personnes pour faciliter leur information et leur accès aux services collectifs. Une meilleure information et formation des professionnels intervenant dans le champ du vieillissement devrait contribuer également à surmonter les stéréotypes et risques de discriminations et à améliorer l'accès aux services socio-sanitaires des personnes âgées immigrées qui en ont besoin.

Références

Attias-Donfut, C. avec Daveau, P., Gallou R., Rozenkier A., Wolff, FC, (2006). *L'Enracinement. Enquête sur le vieillissement des immigrés en France.* Paris : Armand Colin

Attias-Donfut, C., Tessier, P. (2005). Santé des immigrés en France, *Retraite et Société, 46.*

Bollini, P., Siem, H. (1995). No real progress towards equity : health of migrants and ethnic minorities on the eve of the year 2000, *Social Science and Medicine*, vol. 41, n° 6 pp. 819-828.

Bouchardy, C., Wanner, P., Parkin, D.M., (1995). Cancer mortality among sub-Saharan African migrants in France, *Cancer Causes and Control*, vol. 6, n° 6, pp. 539-544.

Chen, J., Ng E., Wilkins, R., (1996). La santé des immigrants au Canada en 1994-1995, *Rapports sur la santé*, vol. 7, n° 4, pp. 37-50.

Fassin, D., (2001). La santé des immigrés et des étrangers : méconnaissance de l'objet et objet de reconnaissance , in Joubert M., Chauvin P., Facy F., Ringa V., *Précarisation, risque et santé, questions en santé publique*, Inserm, Paris, pp. 187-196.

Khlat, M., Sermet C., Laurier D., (1998). La morbidité dans les ménages originaires du Maghreb – sur la base de l'enquête de l'Insee, 1991-1992, *Population*, vol. 6, pp. 1155-1184.

Mizrahi, A., Mizrahi, A., Wait, S. (1993). *Accès aux soins et état de santé des populations immigrées en France*, Credes, Paris.

Razum O., Zeeb, H., Seval Akgün, H., Yilmaz S., (1998). Low overall mortality of Turkish residents in Germany persists and extend second generation : merely a health migration effect ?, *Tropical medicine and international health*, vol. 3, n° 4, pp. 297-303.

Swallen, K.C., (1997). Do health selection effects last ? A comparison of morbidity rates for elderly adult immigrants and US-born elderly persons, *Journal of Cross-Cultural Gerontology*, vol. 12, pp. 317-339.

Tyczynski, J., Parkin, D., Zatonski, W. and Tarkowski, W. (1992). Cancer mortality among Polish migrants to France, *Bulletin du cancer*, vol. 79, n° 8, pp. 789-800.

Uniken Venema H. P., Garretsen H. F. L., Van Der MAAS P.J. (1995). Health of migrants and migrant health policy, the Netherlands as an example, *Social Science and Medicine*, vol. 41, n° 6, pp. 809-818.

Wild, S., Mc,Keigue P., (1997). Cross sectional analysis of mortality by country of birth in England and Wales, 1970-92, *British Medical Journal*, vol. 314, n° 705.

MIGRATIONS, VIEILLISSEMENT ET LOGEMENT : MISE EN EVIDENCE STATISTIQUE D'UNE DIVERSITE DE SITUATIONS

Christophe IMBERT [5]

Je remercie l'association Migrations Santé et Rémi Gallou de m'avoir invité pour présenter quelques réalités statistiques assez triviales sur les conditions de vie des populations immigrées âgées. Je ne vais pas revenir sur le terme d'immigré, catégorie institutionnelle qui ne correspond pas à la réalité de ce qu'est la migration, de ce que sont les parcours et les trajectoires des migrants. Je vous renvoie aux travaux de Gérard Noiriel et Alain Tarrius qui préfèrent souvent le terme de « migrant », car l'immigration ce n'est pas seulement une traversée de frontière, ce sont des allers-retours, des déplacements, des mobilités, des relations familiales et aussi un ancrage dans un lieu. Le terme d'immigré est défini dans la statistique publique. Un immigré, d'après la statistique publique, est une personne née à l'étranger de nationalité étrangère. Il y a des immigrés aussi qui sont devenus français par acquisition, mais leur nationalité à la naissance était une nationalité étrangère. Je me réfère ici seulement à cette expression immigré en tant que catégorie de la statistique publique. Peu de productions statistiques sont finalement faites à partir des données de l'INSEE.

La première source de données étant le recensement de la population qui a connu des évolutions depuis l'année 2004 où l'on a mis en œuvre en France un recensement rénové de la population. Ce n'est plus une enquête générale où l'on interroge tous les résidents dans la France métropolitaine, mais une enquête par sondage où l'on interroge par exemple 8% par an des personnes résident dans des communes de plus de 10 000 habitants. Donc on n'a pas ici une enquête qui permet comme le recensement général de la population pouvait le faire auparavant, des études locales très fines. Je vais simplement vous donner un cadrage général sur cette réalité statistique. Depuis les années 2000 la directive européenne *inspire,* l'accès à ces données a été facilité. Pour le grand public vous pouvez aller sur le site de l'INSEE et avoir quelques tableaux Excel de référence qui sont affichés directement sur le site de l'INSEE : vous avez accès à une information, à des répartitions selon le pays d'origine des immigrés et quelques données essentielles sur le sexe, la tranche d'âge et éventuellement la catégorie socio-professionnelle, et peut-être sur le logement aussi. Ensuite, nous avons des fichiers détaillés où là on peut y avoir accès, mais il faut naviguer quelque

---

[5] Chercheur INED Migrinter.

temps sur le site internet de l'INSEE - l'accès n'est pas garanti à tout le monde. Et puis il est possible de télécharger des bases de données où l'on a l'équivalent en tables statistiques de ce qui a été rempli dans les formulaires du recensement par les individus. Il y a une règle assez intangible à l'INSEE qui est celle de la production de fichiers non directement nominatifs. Cela renvoie aussi au débat sur les statistiques ethniques. Par exemple, si l'on veut le détail par nationalité, on n'a accès à ces données qu'à l'échelle de la région. Donc on ne connait pas les statistiques par département sauf ceux de plus de 700 000 habitants. On n'a donc pas réellement de détails sur le lieu de vie des personnes. Mais si on s'intéresse un peu moins à la seule condition d'immigré, on peut avoir des données un peu plus locales. Voilà, on a un ensemble de données de plus en plus accessibles, mais dont la précision est assez générale. Il y a peu de productions d'analyses primaires qui sont faites de ces tableaux qui soient diffusées au public. Les INSEE régionaux peuvent faire quelques études au niveau régional sur les conditions de vie des immigrés. Il y a finalement peu d'utilisation de données. Y compris à l'INED. Je pense que ce travail de mise à jour est nécessaire. Je vais vous présenter quelques éléments descriptifs.

Graphique 1 : Origine des personnes âgées immigrées

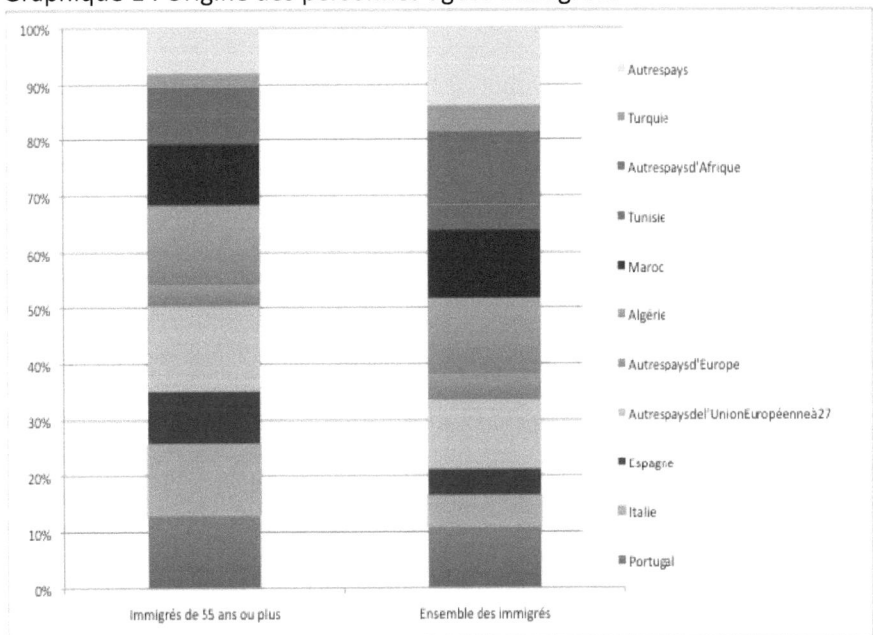

Source : Insee RP 2010 exploitation principale

Plus de 80% des immigrés de 55 ans ou plus sont originaires d'Europe ou d'un pays du Maghreb.

Tout simplement rappeler une première chose, si l'on prend les immigrés de plus de 55 ans, en prenant cette définition statistique de ce que sont les immigrés, on a 1,7 million de personnes sur un total de 5,4 millions d'immigrés en France en 2010, c'est à peu près 10% de la population résidente en France métropolitaine des plus de 55 ans. Maintenant, si l'on s'intéresse à la répartition par pays d'origine par rapport à l'ensemble des immigrés, on s'aperçoit et là cela renvoie à l'histoire des migrations en France, que la moitié des immigrés de plus de 55 ans en France sont originaires d'un pays européen, en particulier d'Europe du Sud, Portugal, Italie, Espagne. Un tiers sont originaires d'un pays du Maghreb : Algérie, Maroc, Tunisie et à peine un sixième sont originaires d'autres régions plus particulièrement d'Afrique subsaharienne (Mali, Sénégal...). Ces chiffres sont à rapporter, à comparer avec la population générale de l'ensemble des immigrés tous âges confondus.

On a à peu près une répartition en trois tiers : trois tiers d'immigrés européens, trois tiers d'immigrés du Maghreb, et un petit moins d'autres régions. On a un profil d'immigrés âgés qui sont avant tout des Européens et des Africains du Nord.

Graphique 2 : Répartition hommes/femmes

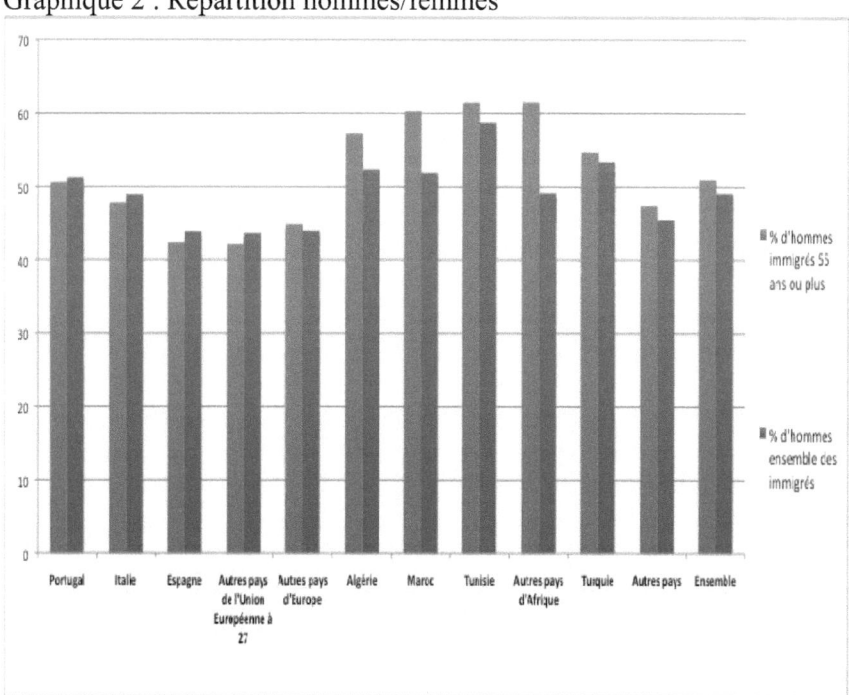

Source : Insee RP 2010 exploitation principale

Si l'on s'intéresse maintenant à la répartition par sexe il y a **chez les immigrés de plus de 55 ans, 51% d'hommes,** la figure des Chibanis est importante, mais d'un point de vue purement statistique, ils sont largement minoritaires puisqu'il y a presque autant de femmes que d'hommes parmi les immigrés de plus de 55 ans.

Graphique 3 : Répartition hommes/femmes en Europe

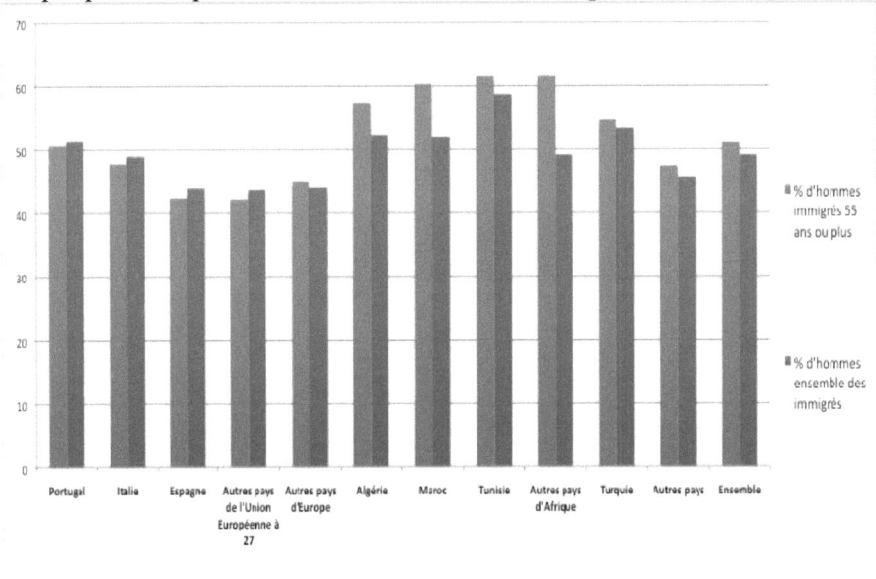

Source : Insee RP 2010 exploitation principale

Évidemment il y a des différences selon les origines, les nationalités. On constate une **population majoritairement féminine chez les immigrés de plus de 55 ans originaires d'Europe**, là c'est l'effet comme pour la population générale d'une mortalité différentielle selon l'âge. Il y a l'effet d'une migration chez les Européens du sud, des personnes qui appartiennent à la catégorie immigrée, qui sont arrivées en France dans les années 30 et qui sont nées en Italie ou en Espagne qui sont à la fois des garçons et des filles qui ont grandi en France.

Graphique 4 : Répartition hommes/femmes par origine

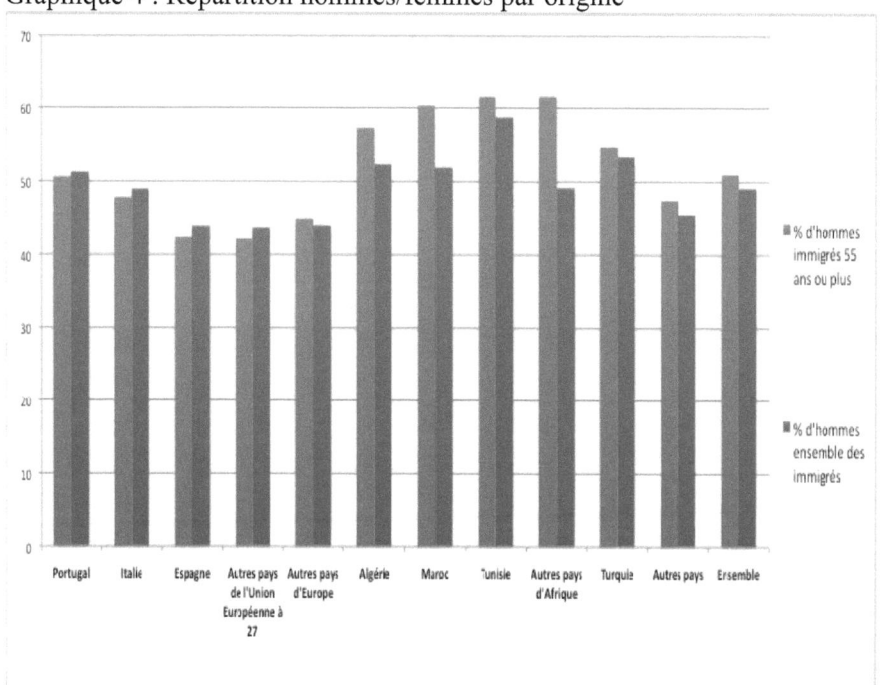

Source : Insee RP 2010 exploitation principale

Une population majoritairement masculine après 55 ans pour les immigrés originaires d'Afrique.

Puis après chez les immigrés qui viennent d'Algérie, du Maroc et de la Tunisie et d'Afrique subsaharienne, on voit une plus grande proportion d'hommes sans que cette proportion atteigne les deux tiers, l'on est plutôt sur des rapports 60 / 40.

On peut s'intéresser, pour aller plus loin, à des fichiers détaillés parce que pour les plus de 55 ans, on a une population très diverse qui connaît des conditions de vie très variées et là il convient d'étudier les fichiers détaillés par groupe de populations. On s'aperçoit qu'entre 55 et 64 ans, près des trois quarts des immigrés vivent en couple, vivent dans un même logement avec un conjoint. C'est moins fréquent pour les immigrés Algériens et de l'Afrique subsaharienne - on dépasse tout de même les deux tiers – et c'est plus fréquent pour les immigrés d'origine portugaise ou turque.

Graphique 5 :

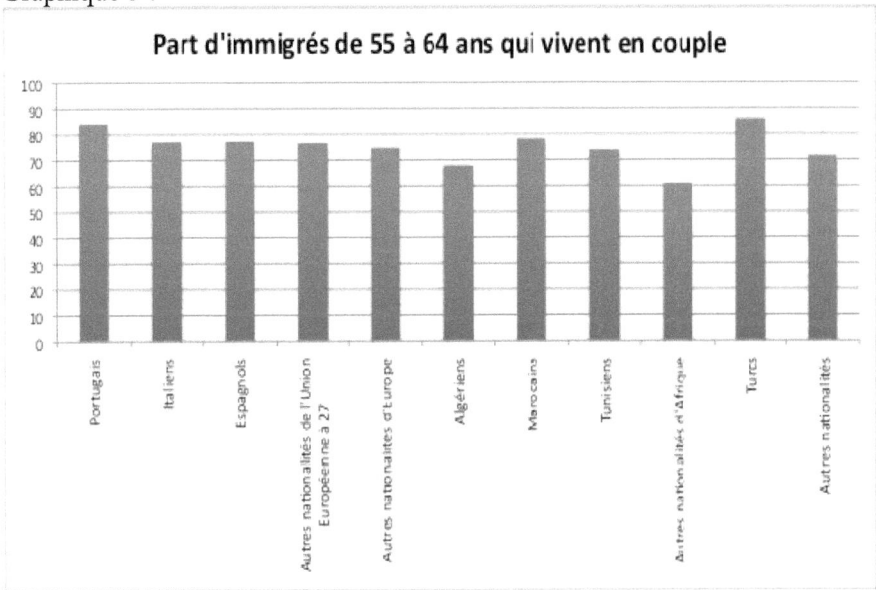

Source : Insee RP 2010 exploitation principale. Champ : immigrés qui ont déclaré une nationalité.

Entre 55 et 64 ans, les immigrés vivent pour ¾ d'entre eux en couple. Moins fréquemment pour les immigrés algériens et d'Afrique subsaharienne, plus pour les Portugais et les Turcs.

Pour la tranche d'âge 65 à 79 ans on a encore deux tiers des personnes qui vivent en couple donc il y a peu de personnes vivant seules et à partir de 80 ans la vie de couple devient minoritaire. Là, elle concerne à peu près un tiers des personnes avec encore des différences importantes selon les pays, surtout pour les pays européens hors Union européenne et des pays d'Afrique subsaharienne.
Pour aller plus loin, on peut s'intéresser aussi aux catégories de logement. On retrouve des différenciations fortes selon les pays d'origine. Tout d'abord, concernant le type de logement appartement / maison, le type majoritaire pour les Européens est la maison individuelle tandis que pour les immigrés d'Algérie et d'Afrique subsaharienne et les autres pays ce sont les appartements, un schéma qui se reproduit entre 65 et 79 ans et à partir de 80 ans. Dans ce dernier cas, les barres du graphique n'atteignent pas les 100%, ce que signifie que d'autres types de logement sont fréquentés, soit en maison de retraite soit en résidence foyer, etc…

Graphique 6 : Type de logement

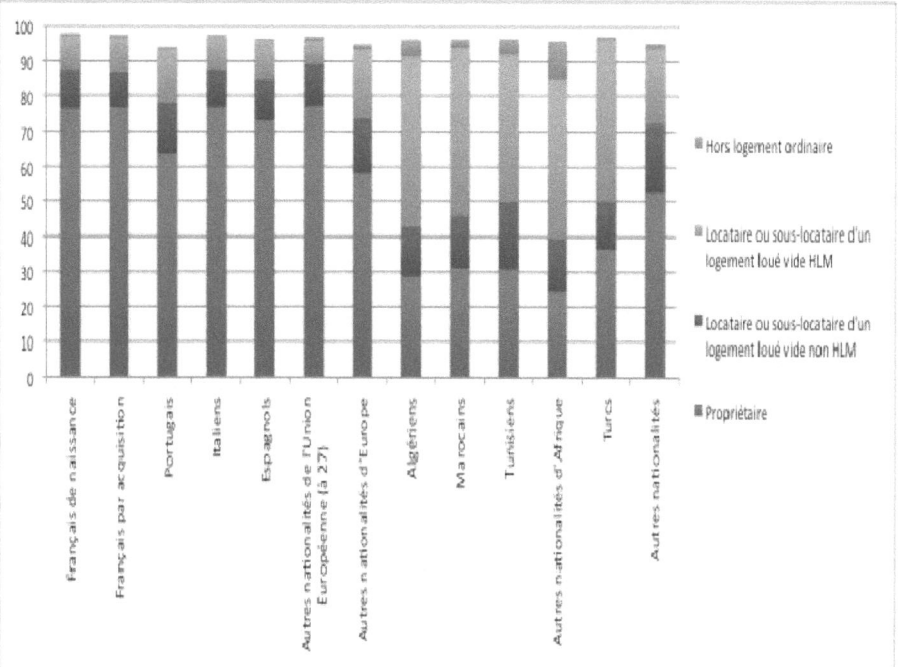

Source : Insee RP 2010 exploitation principale. Champ : immigrés qui ont déclaré une nationalité.

Entre 55 et 64 ans, plus de 60% des non immigrés et des immigrés européens propriétaires, environ la moitié des immigrés africains locataires d'un logement HLM.

Après le type de logement on va s'intéresser au statut d'occupation. Là encore logement-type et statut d'occupation sont associés. Les immigrés européens de 55 à 64 ans comme les Français sont majoritairement propriétaires de maisons individuelles tandis que les immigrés d'Algérie, du Maroc, de Tunisie et d'Afrique subsaharienne vivent pour la moitié dans des appartements avec le statut de locataire HLM dans des logements sociaux, mais aussi une bonne partie (30%) a aussi un statut de propriétaires. Entre 65 et 79 ans, on voit des statuts d'occupation qui évoluent peu et des différentiations là encore qui ont tendance à s'accentuer, par les effets de génération et autres interprétations que l'on n'a pas le temps de détailler. Si l'on s'intéresse à la zone orange du graphique : à partir de 80 ans, la part de personnes qui vit hors logement ordinaire augmente. Le recensement de l'INSEE a changé sa définition du ménage : les personnes qui vivent dans des ménages sont des personnes qui vivent dans des maisons ou dans des appartements. Si vous êtes étudiant en résidence, si vous vivez en maison de retraite, en prison, dans un Mobil-home ou une caravane, vous êtes compté dans la population « hors ménage ». Ces populations « hors ménage » sont recensées dans des enquêtes particulières. L'avantage des fichiers détaillés de l'Insee c'est qu'on dispose de cette information sur les populations hors ménage. Vous voyez qu'on a une part non négligeable, 20% de la population immigrée d'Afrique subsaharienne qui vit hors ménage, c'est-à-dire à la fois dans des foyers logements, résidences sociales et éventuellement des maisons de retraite aussi. Cette catégorie statistique pose problème. C'est une catégorie d'ensemble, on n'a pas accès au détail : on ne sait pas si ce sont des maisons de retraite ou des résidences foyers. Pour aller plus loin, on peut avoir accès à une variable assez importante, mais assez difficile à interpréter dans le recensement, c'est la composition du ménage. On peut en déduire la part de personnes qui vivent seules et donc on va rappeler ce qu'on a vu tout à l'heure c'est qu'une majorité de personnes de 55 à 64 ans vit en couple.

Graphique 7 : Vie de famille

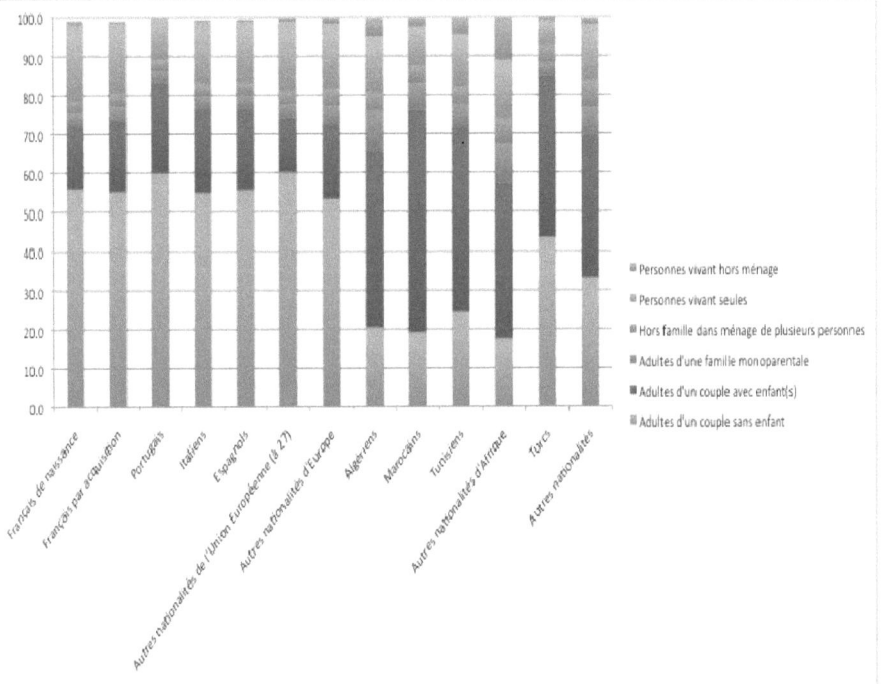

Source : Insee RP 2010 exploitation principale. Champs : immigrés qui ont déclaré une nationalité.

Pour les immigrés européens, les 55 à 64 ans vivent majoritairement dans des ménages en couple sans enfant - en général les enfants ont décohabité - tandis que pour les immigrés non européens, la forme de cohabitation la plus fréquente est la vie en couple avec des enfants y compris pour ceux âgés entre 55 et 64 ans. Pour la tranche d'âge suivante 65 à 79 ans, les couples sans enfants deviennent majoritaires même si pour les immigrés âgés d'origine africaine la cohabitation demeure encore relativement fréquente. Et les personnes vivant seules ne forment que 20 à 30%. À partir de 80 ans en revanche, environ 40% des immigrés vivent seuls et cela ne comprend pas les personnes qui vivent dans des résidences foyers. Donc, si l'on prend les personnes qui vivent seules avec ceux vivant en foyer ou en communauté selon l'appellation de l'INSEE, on arrive à 57% de personnes qui vivent, soit seules ou soit en communauté. On a aussi une proportion qui est assez importante de personnes qui vivent dans des ménages complexes : on arrive pour certaines régions d'origine à 20%, cela veut dire ici que ce sont des personnes qui vivent chez leurs enfants, qu'elles ne sont pas titulaires du logement, là il y a une forme de cohabitation intergénérationnelle.

Pour résumer simplement ce que disent les chiffres du recensement, je rappellerai qu'au sein de la catégorie statistique d'immigrés, les Européens sont en majorité chez les 55 ans et plus ; ils sont généralement propriétaires de leurs maisons et leurs enfants ont rapidement dé-cohabité. Les immigrés du Maghreb, qui représentent un tiers des immigrés de plus de 55 ans, sont majoritairement locataires dans le parc social et leurs enfants vivent souvent plus longtemps dans le logement. Il y a une évolution globale dans tous les cas à partir de 80 ans et plus, il y a 43% des personnes qui vivent seules et 14% des personnes en communauté et 20% de personnes qui vivent en famille.

Pour aller plus loin, je vais vous présenter les premiers résultats d'une enquête qui a été réalisée avec les recensements de 2011 qui est l'enquête « famille et logement », où là on essaye de pallier au défaut majeur du recensement de la population. Le recensement de la population donne l'état de la population à partir de leur ménage, on a des personnes nées à l'étranger, on a leur nationalité, leur logement à un moment donné et leur résidence l'année d'avant. En revanche en dehors des membres du ménage c'est-à-dire qui partagent le même logement, on n'a pas d'information sur la famille.

Les données de l'enquête « Famille et Logements » de 2011 offrent des informations sur le lieu de résidence des parents et sur le lieu de résidence des descendants directs, c'est-à-dire des enfants. Et donc pour les personnes immigrées âgées, il est possible de savoir si des enfants résident à proximité. Les premières statistiques sont un traitement brut de tableaux réalisés avec des tables spécifiques que l'INED possède. -Je demande une certaine prudence-, mais on voit quand même des choses.

Graphique 8 : Proximité avec les enfants

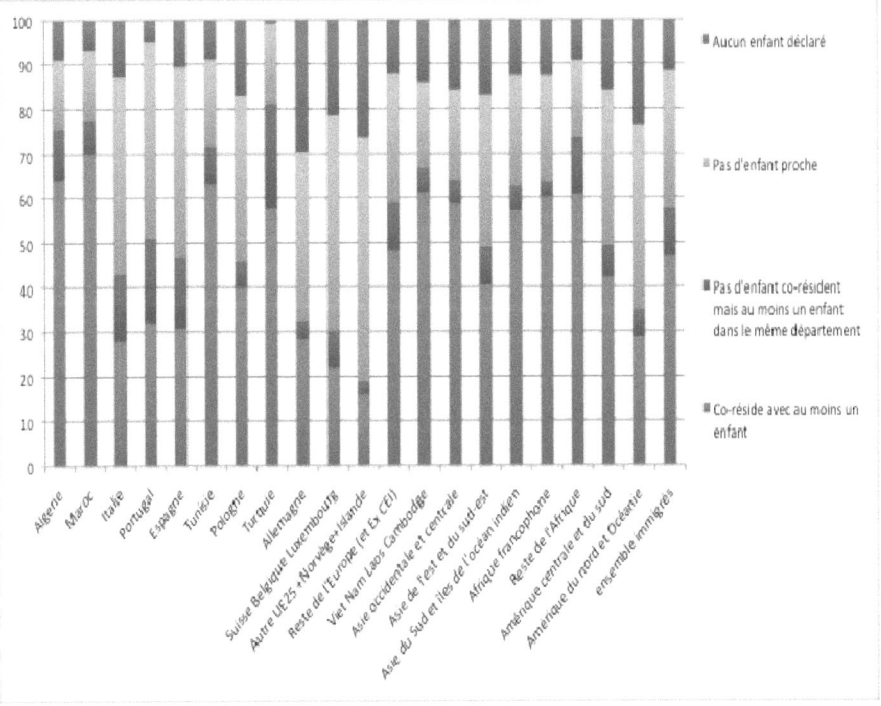

On note que la proximité des enfants entre 55 et 64 ans se traduit surtout par la co-résidence, ce qui concorde avec ce que l'on avait vu dans le recensement. Pour les Européens du Sud, on a un modèle de proximité résidentielle avec les enfants et y compris pour les Turcs.
Entre 65 et 79 ans la co-résidence diminue, mais cela on l'a vu et la présence d'enfants à proximité augmente. J'ai pris comme référence le département, mais il faudrait bien évidemment approfondir puisqu'en Ile-de-France le département a une signification qui structure moins les mobilités que dans d'autres régions. La proportion d'enfants à proximité augmente spécialement pour les immigrés turcs et les immigrés européens du Sud. Pour les immigrés turcs, ceci est dû à l'histoire migratoire et à la concentration de la présence migrante dans certaines régions. Il faut prendre ces résultats avec prudence.
À partir de 80 ans la proximité des enfants continue à augmenter. En revanche, on a grosso modo trois modèles. On a des groupes sans proximité apparente : pour les immigrés originaires d'Asie du Sud, d'Afrique non francophone et d'Amérique. On a des groupes avec une co-résidence qui se maintient et là ce que permet de voir l'enquête c'est si les enfants n'ont pas dé-cohabité et si les enquêtés sont logés par leurs enfants. Donc ce modèle de co-résidence concerne plus spécifiquement les immigrés originaires d'Algérie, d'Afrique francophone, et d'Asie : Vietnam, Cambodge, Laos. Et,

On a un groupe avec une forte proximité résidentielle qui concerne les Européens, les Tunisiens et les Turcs.

Je vais conclure avec cet apport de l'enquête « Famille et Logements » qu'il faut approfondir évidemment et là ce n'est que le début des éléments.

POLITIQUES PUBLIQUES D'ACCOMPAGNEMENT DES MIGRANTES VIEILLISSANTES A PARIS ET A BRUXELLES

Majda CHERKAOUI [6]

Abstract

France and Belgium have both massively attracted Moroccan immigration in the nineteen sixties and seventies. Many among those immigrants got old in their new country. Among them were women who had come on their own or to join their husbands for family gathering and settlement.
We have directed our research onto a category of particularly vulnerable women in their fifties and sixties who live on their own and are approaching the age of retirement. Widowed, single, divorced or abandoned by their husbands, they live on low income. Our qualitative field study focused on their story and their own perceptions of their past life and future.
The women we've interviewed live in two different locations : Paris and its suburbs, and the Brussels area. This choice was imposed on us because the two contexts of immigration are different in France and in Belgium, as far as institutions and immigration policies are concerned.

Keywords *: elderly women, Moroccan women, immigration, assimilation / integration, perception of one's experience, France, Belgium*

Différence et similitude de l'immigration des années soixante en France et en Belgique

La France et la Belgique sont deux pays européens qui ont reçu les plus anciennes vagues d'immigration marocaine. À cet égard, ils offrent un terrain approprié au chercheur et suffisamment de recul pour étudier la question du vieillissement des migrants marocains et surtout celui des femmes qui font l'objet de cet article.
Se centrer sur les problèmes que rencontrent les personnes âgées immigrées implique que ceux-ci soient abordés à plusieurs niveaux, celui de l'individu, sur le plan social, économique, psychologique et de la santé, mais aussi au niveau des politiques publiques mises en œuvre pour l'accompagnement des

---

[6] Psychologue clinicienne, docteur en anthropologie culturelle. m.cherkaoui@laposte.net

immigrés. L'analyse des différences et des similitudes devront apporter des pistes de réflexion en termes de réponses aux besoins et aux problèmes auxquels sont confrontées aujourd'hui les personnes âgées qui sont trop souvent dans des situations de paupérisation.

L'immigration en France et en Belgique a été une donnée constante pour des raisons liées à la fois à l'histoire, à la géographie et, plus tardivement, à des contraintes économiques. La plupart des personnes ont migré pour subvenir aux besoins de leurs familles et cette migration était surtout liée à une demande de main-d'œuvre des industriels européens. Le projet migratoire s'inscrivait dans le « provisoire », aussi bien en France qu'en Belgique, alors même que l'installation et le regroupement familial modifiaient les conditions du projet initial.

Le choix de la Belgique et de la France est dicté par le fait que ce sont deux pays qui ont reçu massivement une immigration marocaine dans les années soixante et soixante-dix. Nous savons que la population marocaine s'est enracinée en France, elle représente la seconde communauté après les algériens ; en Belgique, cette population est la première communauté "étrangère".

Sur la base de connaissances bibliographiques et des rapports officiels, nous avons voulu savoir ce qu'est devenue cette immigration au niveau du vieillissement.

En France, toute une génération de travailleurs immigrés a passé la totalité de sa vie professionnelle, voyant ainsi ses projets de vie bouleversés, et transformés par des événements économiques et politiques, en « un enfermement » dans une vie vouée au travail, à l'économie et au célibat de fait ; ce « choix » étant le seul moyen de soutenir financièrement la famille ou le village, faute de relais.

Une partie des immigrés a donc choisi de s'intégrer définitivement à la société française, soit en fondant une famille, soit en demandant à leurs épouses et enfants de les rejoindre en France, laissant ainsi les parents et la famille élargie au pays tout en continuant à les aider et à les soutenir financièrement.

L'arrivée d'une main-d'œuvre massive, recrutée le plus souvent directement au pays par les entreprises françaises, avait entraîné le logement hâtif de cette population dans des conditions difficiles : baraquements de chantier, foyers dortoirs et bidonvilles. En bref, des logements provisoires pour une population de travailleurs provisoires.

En Belgique, l'immigration a un autre visage. D'emblée, elle a été familiale. Elle a démarré suite à un accord signé en juillet 1964. La signature de la convention est immédiatement suivie d'une campagne d'encouragement au regroupement familial. Initiée par le Ministère de l'Emploi et du Travail qui diffuse une plaquette « Vivre et travailler en Belgique », distribuée par l'intermédiaire des ambassades dans les pays du Maghreb. Cette plaquette s'adresse au travailleur étranger et lui explique *« qu'émigrer dans un pays qui nécessairement est différent du sien, pose quelques problèmes d'adaptation. Ces difficultés initiales seront beaucoup plus facilement surmontées si vous menez une vie familiale. La Belgique est un pays où le travail est bien rémunéré, où le confort est élevé, surtout pour ceux qui vivent en famille ».*

La campagne d'appel de main-d'œuvre initiée par l'ambassade et le consulat belge au Maroc aura du succès surtout auprès des populations rurales du Nord du Maroc, sans qualification particulière qui décident de partir des régions pauvres dont ils sont originaires et qui n'offrent aucune perspective d'avenir professionnel. Ces populations constitueront le plus grand effectif (80 %) de la main-d'œuvre marocaine en Belgique. C'est dans ce contexte que les femmes feront partie du paysage sociologique belge et stabiliseront une immigration qui revêtait auparavant un caractère provisoire.

Le début des années soixante-dix est marqué par une crise économique dans les pays européens ; en 1974, la Belgique comme la France se trouvent contraintes à stopper définitivement l'immigration.

Jusque-là, l'étude des migrations en France et de ses phénomènes connexes était tenue, pour paraphraser Sayad, pour une « petite science » parce que c'est une « science du petit » Sayad (1991), l'immigration était considérée alors comme un objet de recherche sociologique peu noble et peu valorisé. Sayad (1981) parle d'une « *sociologie du petit* », c'est-à-dire traitant d'objets situés en bas de la hiérarchie sociale et intellectuelle. Pour lui, « *la sociologie de l'immigration, la science sociale de l'immigration, ne vaut que ce que valent les immigrés, c'est-à-dire une valeur accessoire* ».

La conceptualisation des migrants en tant que classe à part est souvent apparentée aux « basses » classes sociales, puisque la situation de l'immigré a toujours été traitée en termes de problèmes sociaux « provisoires ». Il n'entre pas dans la sphère du droit et des institutions en tant qu'acteur politique, mais en tant « qu'invité » selon Sayad et par conséquent « usager » des services en tant que « non national ».

Nous avons peu d'études sur les femmes de cette période des années soixante. Cette migration des femmes est une partie de l'histoire peu plébiscitée et a suscitée peu d'études. L'immigration marocaine des années soixante était celle de personnes d'un milieu socio-économique peu élevé, en majorité des ouvriers. Contrairement à ce qu'on pense, l'histoire ne se répétera pas. Les marocains qui migrent aujourd'hui n'ont pas le même profil. Ils sont de plus en plus diplômés, qualifiés, ouverts sur le monde, et la plupart d'entre eux vivent et se partagent entre plusieurs pays, dont ils intègrent rapidement les codes sociaux, culturels, et détiennent pour la plupart d'entre eux plusieurs nationalités, si bien que l'on arrive à une immigration d'élite qui navigue entre plusieurs pays, tout en ayant une résidence secondaire dans leur pays d'origine. Le monde de l'immigration se transforme à une vitesse telle que les politiques publiques ont un temps de retard. L'immigration des femmes change aussi. Elles sont de plus en plus nombreuses à migrer et leurs quêtes sont d'une autre nature que celles de leurs aînées. Elles aspirent à la liberté, au respect des droits de l'homme, avec une envie forte de s'émanciper, de se voir reconnaître leurs qualifications et leurs diplômes. Pour la plupart d'entre elles, ce sont des femmes chefs de famille et qui ont une forte responsabilité « ici et là-bas ». L'image de l'immigré sur laquelle se conçoit et se construit aujourd'hui la politique publique d'intégration reste encore imprégnée par une perception du passé colonial. Cette image commence à être dépassée.

Le choix de la Belgique et de la France est aussi lié par des contextes d'intégration différents, du point de vue institutionnel et de celui des politiques migratoires. L'approche de l'intégration comporte certaines divergences, historiques et idéologiques, qui peuvent influer sur le mode de vie et les perceptions des femmes immigrées.
La France est une nation, une et indivisible, la conception des politiques publiques s'effectue au niveau central puis se décline au niveau territorial (botton down) alors que la Belgique est – elle-même constituée de trois régions autonomes : la Région Wallonie, la Région de Bruxelles - Capitale, et la Région flamande. Chaque Région conçoit sa politique publique à partir des besoins de la population avec une visée de coller au plus près des territoires. (botton up)
Citons un point particulièrement sensible, celui de l'intégration : la France prône l'intégration républicaine via l'assimilation alors que la Belgique reconnaît les communautés culturelles et les minorités visibles.

D'un point de vue institutionnel

Le vieillissement des immigrés se heurte à la difficulté des pays d'accueil qui ont deux politiques disjointes, la politique de la vieillesse et la politique de l'immigration, qui se trouvent partagées entre plusieurs ministères. En France, par exemple, plusieurs ministères se partagent la question du vieillissement des immigrés : celui de la santé, celui de la cohésion sociale, et celui de l'immigration ; ce qui rend le paysage des décisions complexe. Il semblerait plus judicieux que l'appréhension des difficultés se réalise au sein d'une même politique générale du vieillissement : une politique du « bien vieillir », qui vaudrait pour la population toute entière.

À défaut d'avoir une politique avec des objectifs clairs sur le vieillissement des immigrés, les politiques publiques de la Belgique et de la France sont orientées vers l'intégration de ces derniers dans les dispositifs de droit commun.

Dans la tradition française, l'intégration s'adresse à des personnes et non à des groupes alors qu'en Belgique, c'est l'inverse. En France, on essaie de protéger l'individu dans sa vie privée, ses traditions ou ses croyances, mais on demande à chacun le respect des règles communes, les règles de la République.
Le même but de respect des règles communes est poursuivi en Belgique, en particulier dans la communauté de Bruxelles, mais avec une nuance : elle s'adresse à la fois à l'individu et au groupe, prône le respect de la différence et elle en fait un levier pour promouvoir la diversité.
En Belgique, le débat est très centré sur la population des immigrés probablement parce que l'immigration des années soixante y était d'emblée une immigration familiale ; alors qu'en France, il s'agissait d'une immigration masculine ; les hommes venaient uniquement pour travailler et n'avaient pas vocation à rester.

De même, les thématiques du vieillissement, de l'intégration et de la lutte contre les discriminations, apparaissent plus précocement en Belgique. Les préoccupations des acteurs de terrain ont émergé depuis plus d'une vingtaine d'années. Pour avoir questionné les professionnels du CRI (Centre Régional de l'Intégration), leurs discours se centrent davantage sur l'organisation de manière structurelle des services aux personnes, en les spécialisant pour coller au plus près des besoins de certaines communautés. L'orientation actuelle est de favoriser une dynamique multiculturelle dans les institutions ; ce qui suppose un investissement dans la formation du personnel, dans son accompagnement mais aussi un travail de collaboration avec des services de médiation ou avec des associations de terrain. La plupart des actions sont centrées sur la formation à la relation interculturelle où se pose la question des relations personne âgée/soignant ou aidant, quand le professionnel est belge ou issu d'une autre culture. En somme, la gestion de la diversité dans le champ des soins et de l'accompagnement des personnes âgées figure dans l'agenda politique. On observe également une forte participation citoyenne des immigrés et un impact sur l'orientation des politiques publiques. En effet, même si les personnes ne disposent pas de la nationalité belge, elles ont le droit de vote au niveau communal et peuvent ainsi influer sur les politiques publiques.

En France, le débat politique est centré sur d'autres difficultés et orienté vers l'islam et le communautarisme. La plupart des recherches sur le vieillissement des immigrés convergent pour alerter sur la précarité de ces derniers en partie due à l'inadaptation des dispositifs, des actions publiques mises en œuvre qui nécessiteraient des réajustements pour prendre en compte les besoins de la population ciblée. Toutes les études pointent le manque de réactivité et les longs délais pour concevoir et mettre en place des dispositifs bien adaptés aux situations concrètes.

Le problème de la dépendance des immigrés à un âge avancé a été traité dans des études de grande notoriété comme celle de la CNAV (2001), de l'INED, de l'IGAS (2002) et de l'Acsé (2001-2011) ; les résultats, pourtant alarmants, n'ont pas reçu l'écho escompté au niveau des politiques publiques.

La mise en place de la carte de séjour « retraité », qui est sensée aider les immigrés retraités à vivre dans leur pays d'origine en restant en lien avec la France, participe actuellement au retour définitif des immigrés contribuant ainsi au non-respect des obligations de la France envers les retraités.

Les préoccupations actuelles vis-à-vis du vieillissement des immigrés ne sont pas les mêmes : la recherche en Belgique semble très en avance sur la France. Les recherches actuelles se situent et sont axées sur comment prendre en compte les besoins de diversité culturelle dans le traitement de la vieillesse pour assurer un traitement d'égalité avec les autochtones.

Sur le plan européen, en 2010, au niveau des politiques d'intégration la Belgique devance la France et occupe la 6ème place, alors que la France occupe la 15ème (MIPEX) pour de multiples raisons :
- Les réponses institutionnelles apportées pas toujours cohérentes et superposition de dispositifs,
- La précarité dans l'accès aux droits (santé, logement, la pension de retraite),
- L'insuffisance des dispositifs d'accompagnement, notamment la médiation,
- Le manque de diagnostic et d'évaluation,
- Plusieurs facteurs demeurent fragilisant dont la maîtrise de la langue, la non prise en compte des facteurs culturels (France).

Nous avons donc centré nos travaux de recherches sur le public des femmes seules, marocaines arrivées dans les années soixante, un public difficile à approcher et qui échappe souvent à la recherche et aux pouvoirs publics. Peu de travaux de recherches universitaires par rapport à ceux consacrés aux hommes et aux enfants. Les recherches concernant la sphère familiale et l'école font indirectement référence aux femmes comme si la présence de ces femmes était passée sous silence. Elles sont restées invisibles et « invisibilisées » de la sphère publique parce qu'elles ne posaient aucun problème particulier. Le champ de recherche reste encore vierge. En effet, l'immigration est d'abord considérée principalement comme une immigration d'homme où les femmes sont l'objet « d'invisibilisation ». Notre recherche s'est penchée sur ces femmes qui ont accompagné les vagues migratoires surtout dans les années soixante, elles n'ont eu de reconnaissance sociale dans la majorité des cas, qu'à travers leurs époux et n'avaient pour statut juridique que celui du conjoint. Les droits dont elles étaient bénéficiaires sont des droits dérivés qui ne leur accordaient aucune réelle autonomie.

A l'époque, la migration des femmes était souvent celle des femmes mariées, ou accompagnées par le cercle familial. Toutefois, on note une proportion des femmes seules plus importante en France qu'en Belgique. Le plus souvent, elle est comme celle des hommes liée au travail. Certaines d'entre elles ont accompagné leurs employeurs surtout celles qui travaillaient à domicile en tant que femmes de ménage ou en tant qu'employée. Il faut rappeler qu'en 1960, c'était une période de la fin du protectorat français au Maroc. Un nombre non négligeable de résidents français a choisi de quitter le territoire bien qu'il y eût d'importantes conventions de coopération. Beaucoup d'employeurs sont revenus accompagnés de leurs employées de maison ou ont aidé des femmes à les accompagner.
Tandis que le rapport des femmes à la Belgique était totalement différent. Ne pouvaient migrer en Belgique que les femmes qui étaient accompagnées par les leurs. Les liens entre le Maroc et la Belgique se situent dans les années soixante uniquement au niveau économique. La présence des Belges sur le territoire marocain pendant cette période était presque inexistante.

Pour avoir un éclairage sur les conditions de vie de ces femmes, nous avons réalisé en 2008 une enquête qualitative sur un groupe de 21 femmes issues de la communauté marocaine dont la moitié réside en région parisienne, et l'autre moitié en région bruxelloise. Elles sont toutes arrivées dans les années soixante. Aujourd'hui, elles vivent seules. Elles sont soit célibataires, ou veuves ou abandonnées. En choisissant d'étudier le processus d'intégration dans deux pays d'accueil la France et la Belgique, on s'est rapidement heurté à des difficultés : que fallait-il évaluer ? Le processus d'intégration de ces femmes ou les politiques publiques d'intégration ?
Loin de leur pays natal, quelles représentations ont-elles de la vieillesse dans le pays d'accueil ? Quelles sont leurs motivations pour rester en France ou en Belgique ? Quels sont leurs réalisations, leurs souhaits et leurs aspirations ? Comment se projettent-elles dans le futur aussi bien immédiat que lointain ? Comment font-elles face à leur solitude ? Qui les prend en charge ? S'inscrivent-elles dans un réseau ?
A travers des récits de vie, choix méthodologique le mieux approprié, nous avons essayé de mieux cerner la complexité du processus d'intégration à travers :
  - leurs situations familiales,
  - leurs parcours professionnels et résidentiels,
  - l'accès aux services de soins,
  - leur choix d'accès ou non à la nationalité des pays d'accueil,

- leurs réseaux de support social,
- leurs pratiques religieuses,
- les relations entretenues avec leur pays d'origine,
- leur choix du lieu d'enterrement,
- les désirs des femmes et leurs souhaits.

Il en résulte que malgré une longue présence dans les pays d'accueil, ces femmes subissent une « triple peine » celle d'immigrée, de personne âgée et de femme. Elles n'ont pas pu, au cours de leur trajectoire de vie, accéder à l'ensemble des dispositifs de droit commun auxquels elles auraient pu prétendre. Cela se traduit par une précarité dans l'accès aux droits (santé, logement, emploi, la pension de retraite et des conditions de vie précaires).

D'un point de vue individuel

L'analyse des résultats de l'enquête montre que ces femmes rencontrent en France et en Belgique des situations similaires, complexes, où s'imbriquent situation vécue en tant que femme et situation vécue en tant qu'étrangère, même si ces dernières ont une longue présence dans le pays d'accueil et disposent, pour la plupart, de la nationalité des pays d'accueil.
Quels que soient le pays d'accueil et la diversification des parcours, nous constatons des similitudes : elles ont toutes les mêmes préoccupations, qui sont légitimes face à la vieillesse. Ces préoccupations portent sur « la qualité de vie », leur logement, leur santé et leur accès aux soins et enfin leur devenir. Apparaissent également des préoccupations concernant la dépendance, lorsque ces personnes ne pourront plus subvenir à leurs besoins ou accomplir les gestes les plus élémentaires de la vie courante.
Prenons, l'exemple du réseau de support social. Au regard des récits de vie, en France comme en Belgique, les liens affectifs sont puisés dans les relations de voisinage en premier lieu, viennent ensuite les relations avec la parenté même à distance. Ces liens varient en fonction des revenus : plus les revenus sont bas et moins l'intensité des relations est importante parce que toute relation s'inscrit dans la réciprocité : inviter et se faire inviter suppose un minimum de moyens pour accueillir, se déplacer, voyager et faire "bonne figure" devant l'autre.
Les relations amicales sont choisies dans la proximité géographique au détriment des relations familiales qui sont le plus souvent lointaines. Le réseau est très intense en fonction de la durée de résidence dans le quartier. Ces rapports tendent à s'intensifier avec l'âge probablement pour compenser la diminution des voyages au pays d'origine.
Les femmes qui ont des enfants ont tendance à maintenir une distance avec leurs enfants soit pour des raisons d'éloignement géographique, soit par souci de les protéger. Elles ne souhaitent pas les inquiéter et en cas de besoin et de soutien, elles font appel d'abord aux amies et aux relations collatérales.

Même si les liens ne sont pas rompus, les femmes ont tendance à se retirer et s'éloigner pour conserver leur autonomie et leur isolement.

La longue durée des femmes dans la solitude a produit une forme d'adaptation, un rythme de vie maîtrisé, conditionné par l'environnement où les solidarités familiales ont moins de place : on s'éloigne du fait que les conditions socio-économiques et la situation du logement (exigu) ne permettent pas d'inviter. On vit dans la "dissimulation".

L'instabilité professionnelle due à la précarité de l'emploi empêche les femmes seules de créer un cercle de connaissances dans le milieu professionnel. Pour les personnes qui continuent de travailler, les relations professionnelles sont limitées. Souvent la relation est celle qu'elles avaient avec leurs employeurs lorsqu'elles travaillaient à domicile.

Les femmes seules vivent parfois mal l'attitude de leurs proches souvent faite de critiques, de commérages et de manque de reconnaissance.

Seule différence relevée entre les femmes françaises et belges : ces dernières sont plus enclines à vivre en réseau que celles rencontrées en France. Le réseau du support social est un réseau d'appui en apparence plus riche par rapport à celui des Françaises rencontrées. Il se traduit par un recours auprès de la communauté marocaine de Bruxelles en cas de difficulté. La communauté est mieux organisée, plus active politiquement et mieux reconnue par les institutionnels. Alors qu'en France, les femmes font face à l'adversité en ayant recours aux relations de voisinage, essentiellement hors communauté. Le réseau est très dense et concentré dans le même quartier en Belgique. La mosquée y joue également un rôle pour consolider les liens entre les belgo-marocains. Tandis que celles qui sont en région parisienne, même si elles déclarent avoir des membres de la famille, elles optent et privilégient la relation de proximité.

Leurs choix et leurs modes de vie sont par conséquent liés à une démarche et à des décisions individuelles. Elles ont conscience que leurs conditions de vie sont d'une grande précarité. La liberté et l'autonomie acquises en Europe les conduisent à relativiser les obstacles liés à l'absence d'appui ou d'accompagnement face aux difficultés auxquelles elles se trouvent confrontées au quotidien. Par ailleurs, certaines d'entre elles sont amenées à faire face à un enchevêtrement de législations entre le pays d'origine et le pays d'accueil, qui rendent parfois leurs parcours, leurs réalités sociales et culturelles complexes. Elles sont répertoriées administrativement, aux yeux de la législation européenne, comme « isolées » alors que dans le pays d'origine elles sont considérées comme mariées puisque le divorce n'a jamais été prononcé. Elles s'inscrivent de façon différente dans des relations familiales et dans la vie sociale et économique. La représentation de la vieillesse de ces femmes est empreinte de la culture et des nouveaux modes de vie des pays d'accueil. Elles sont confrontées à la rigidité des préjugés de la culture d'origine dans les lieux communautaires qui vont à l'encontre des femmes seules et surtout celles qui sont divorcées. Dans une culture collective qui méprise la liberté individuelle des femmes, être seule détermine rapidement les comportements et attitudes qui sont entachés de soupçons et renvoient l'image d'une femme sans devoir familial, ni responsabilité maternelle et d'une moralité douteuse. Les femmes seules sont en butte aux critiques sociales les plus virulentes, parfois sont traitées d'ensorcelées, surtout dans les milieux populaires où ces critiques développent une véritable culpabilité et une fragilité psychologique avec un sentiment d'échec. Même pour celles qui ont des enfants, les mutations du tissu familial montrent que les relations se sont amenuisées et semblent de moins en moins être une valeur sûre pour se prémunir contre les aléas de la vie. Leur souhait est de pouvoir vieillir et rester chez elles à domicile, c'est à dire dans le pays d'accueil, tout en aspirant à conserver une autonomie le plus longtemps possible. En cas de décès, elles souhaitent le rapatriement du corps au pays d'origine pour des raisons spirituelles et par manque de carrés musulmans.

Il ressort de cette étude que l'image de la femme immigrée sur laquelle se construisent les actions publiques est celle d'une « femme analphabète et sans qualification, qui a tendance à se concevoir comme « *victime* ». Cette image est décalée de la réalité et ces femmes se sentent « caricaturées ». Elles subissent, comme toute personne précarisée, des discriminations au niveau du logement (ghettoïsation), au niveau de l'emploi (l'absence de mixité avec les autochtones) et au niveau de la santé (absence de médiateur). L'étude met en évidence une « carence de stratégies de transformation du réel », de la part des acteurs institutionnels. Les stigmates dont les femmes témoignent permettent de « dédouaner » les pratiques sociales et institutionnelles, plus en France qu'en Belgique, pour justifier l'inaction dans la lutte contre les discriminations. Souvent, la discrimination est « dissoute » dans l'exclusion. Au lieu de répondre à leurs besoins, on les renvoie à leurs cultures.

Malgré leur précarité, elles ont l'impression d'avoir réussi leur parcours et d'avoir contribué au co-développement du pays d'origine. Plusieurs femmes nous ont confié qu'elles apportent un soutien matériel à leur famille restée au pays. Elles partagent, pour certaines, l'expérience qu'elles ont acquise en Europe (conseils, appui matériel, envoi de colis) ou par la commercialisation de certains biens qui matérialisent le fait d'être des citoyennes des deux pays. On observe ainsi un comportement d'émigrés/immigrés qui naviguent sur deux cultures, deux lieux de résidence et deux systèmes politico-juridiques.

Certes, leur précarité matérielle est un facteur fragilisant, mais les femmes ont découvert, dans leur solitude assumée, un mode de vie qui les rend responsables, autonomes. Loin de leur pays, elles sont devenues actrices de leur destinée. Elles ont développé une organisation de leur vie qui leur a permis de rebondir et de dépasser les situations difficiles du quotidien. Avec un certain recul, elles ont réussi leurs projets de vie - choisi et non subi-, celui de rester dans le pays d'accueil. Elles estiment être citoyennes à part entière compte-tenu du nombre d'années vécues dans le pays d'accueil et un retour définitif au Maroc est rendu peu probable voire impossible. Elles souhaitent cependant toutes être enterrées sur leur terre natale. Ces résultats corroborent les travaux sur les immigrés réalisés par Tribalat (1996) et Attias-Donfut (2006).

Au-delà des conditions objectives de précarité, on observe que le vécu de leur statut et de leur situation individuelle est finalement positif d'un point de vue symbolique car la situation d'immigration a permis à ces femmes seules de s'émanciper d'un contrôle social à la fois du pays d'origine et du pays d'accueil. Leur position de victime et de personne vulnérable tel que les présentent les institutions ou des associations des pays d'accueil et leur « *invisibilisation* » sociale les place dans un interstice dont elles tirent des bénéfices symboliques et développent leur liberté et leur émancipation.

L'analyse des trajectoires de vie et des discours montre que ces femmes, tout en étant vulnérables, réussissent à créer du lien, à forger et à maintenir des relations sociales multiples entre « ici » et « là-bas » qui constituent une participation citoyenne, un vecteur du « *transnationalisme* » informel dont elles tirent leur force. Dans cet échange de don et contre - don entre le pays d'origine et le pays d'accueil, elles développent et renforcent leurs stratégies identitaires pour faire face aux situations difficiles auxquelles elles sont confrontées au quotidien. Elles pensent avoir la responsabilité de soutenir leur famille restée au pays et deviennent ainsi des personnes ressources, situation d'où elles puisent leur détermination et qui donne sens à leur vie. Elles pensent avoir réussi et sont doublement reconnues ici par leur courage et là-bas pour leur émancipation, leur résilience et leur affranchissement. Le sens donné à leur expérience de vie est celui de leur accès à une sorte de mobilité sociale symbolique et par conséquent, celui de se trouver affranchies et libres de toute contrainte.

Références

Attias-Donfut, C., Gallou, R., Régnard, C., Wolff F-C (2004). Passage à la retraite des immigrés. Paris, Cnav, p. 36-76.
Attias-Donfut, C., Teissier, P. (2005). Santé et vieillissement des immigrés. *Retraite et Société*, 46, 90-129.

Cherkaoui, M. (2011). L'intégration des immigrées marocaines vieillissant seules en France et en Belgique. Quelle perception ont-elles de leur vie et de leur avenir, au regard des politiques publiques mises en œuvre dans les deux pays d'accueil ? Thèse de doctorat UMR 6578 CNRS-Université de la Méditerranée.

Sayad, A. (1994). Qu'est-ce que l'intégration ?, *Hommes et Migrations*, 1182, 8-14.

Sayad, A. (1989). Eléments pour une sociologie de l'immigration. *Les Cahiers internationaux de psychologie sociale*, 2-3, 65-109 ; juin-septembre 1989.

Tribalat, M. (1996). De l'immigration à l'assimilation. Enquête sur les populations d'origine étrangère en France. Paris : La Découverte, INED.

ACCES DU PUBLIC MIGRANT AGE AUX DROITS ET A LA SANTE EN FRANCE ET EN EUROPE

Sébastien BARILLER [7]

Résumé

Cet article est issu d'observations faites lors d'une étude socio-anthropologique menée sur sept mois en 2014 pour le compte du PRIF (Prévention Retraite Ile-de-France). Nous avons suivi dans ce cadre cinq actions collectives d'accès aux droits socio-sanitaires du Grdr (Groupe de recherche et de réalisations en développement rural), dans des foyers et résidences sociales de Montreuil.
Dans un contexte de prise de conscience du vieillissement de la population française, cet article découle d'un besoin des institutions d'adapter leurs interventions aux besoins du public migrant de plus de 55 ans. Nous avons ainsi analysé, tout d'abord, le dispositif mis en place par le Grdr, ONG bénéficiant d'une longue expérience dans ce domaine, puis les politiques publiques d'intégration en France et en Europe, qui déterminent la portée des actions menées en faveur des migrants vieillissants.

Mots-clés : *Migrants vivant en foyer de travailleurs migrants (FTM) ou résidence sociale (RS), Accès au droit commun et aux services de santé, Adaptation des méthodes au public ciblé, Intégration.*

1- Introduction

Globalement en France, les institutions ont pris conscience du vieillissement de la population : nombreuses sont celles qui focalisent désormais leur attention sur ce problème. À la suite de la Commission parlementaire sur les migrants vieillissants, les services publics ont pris la balle au bond, s'inquiétant aussi de ceux logeant en Foyer de travailleurs migrants (FTM) ou en Résidence sociale (RS). Ces derniers, venus travailler ici à partir des années 50, et qui avaient pour vocation -selon les autorités- de retourner un jour au pays natal, sont néanmoins en grande partie restés et ont commencé à s'enraciner en France.

---

[7] Consultant sociologue. sbariller@gmail.com - Le Grdr n'entend ni infirmer ni confirmer les propos de cet article, dont le contenu n'engage que son auteur.

Les institutions actives dans le domaine de la prévention santé s'interrogent sur comment adapter leurs interventions au public migrant âgé. Cette population se caractérise par une grande fragilité : difficultés à l'oral et à l'écrit, petite retraite, endettement, sacrifice de soi pour la famille restée au pays, méfiance par rapport au monde médical, santé qui n'est pas une priorité, etc. La méthode classique d'un intervenant, appuyant son discours sur la projection d'un PowerPoint trop écrit, est perçue comme inefficace car peu appropriée au public migrant. Nous avons enquêté avec Mathieu Fribault sur cette question de l'adaptation des outils pour une bonne compréhension de l'intérêt des ateliers[8].

De nombreux acteurs sociaux nous ont renvoyé vers une association qui intervient en FTM et RS, le Grdr[9]. Nous avons donc suivi, dans un premier temps, et à son invitation, cinq actions d'accès aux droits et de prévention santé, menées à Montreuil durant le printemps et l'été 2014, et ce dans le but d'analyser son dispositif et ses méthodes.

Nous élargirons ensuite le débat en partant de constats relatifs aux actions socio-sanitaires. Ils porteront sur les questions épineuses des politiques d'intégration -en France comme en Europe, dont dépendent les financements de ces programmes, ainsi que sur la gestion des flux migratoires qui cristallisent les crispations identitaires. Pour ce faire, nous nous appuierons sur des lectures récentes et discussions de terrain avec des acteurs médico-sociaux.

1-1 Bref historique des interventions du Grdr en foyer

Association de solidarité internationale fondée en 1969 par des ingénieurs agronomes, le Grdr menait alors essentiellement des projets de développement en Afrique de l'Ouest (Mali, Mauritanie, Sénégal, et Guinée-Bissau depuis quatre ans).
En France, ses actions socio-sanitaires ont débuté dans les années 90 : des permanences de prévention santé en foyer sont mises en œuvre. En 2000, l'association formalise un axe Insertion et établit des diagnostics socio-sanitaires. Et, dès 2004, met le doigt sur le vieillissement des migrants.
Il a alors mené des actions en Haute-Normandie et dans l'Eure, jusqu'en 2010. Elles avaient toutes en commun de faciliter l'accès aux droits et aux

---

[8] Etude socio-anthropologique menée de janvier à juillet 2014, pour le compte du PRIF (Prévention Retraite Ile-de-France), organisme engagé dans la prévention primaire de santé pour les caisses de retraite (CNAV, MSA, RSI). La demande principale consistait à concevoir et livrer six ateliers collectifs adaptés au public migrant vivant en foyer ou résidence sociale. L'esprit des ateliers s'est axé sur l'oralité et la liberté de parole ; il s'appuie fortement sur un choix de photo langage qui « parle » aux Maghrébins et Subsahariens. Ils sont actuellement expérimentés par divers opérateurs.

[9] Groupe de recherche et de réalisations en développement rural.

soins et l'intégration dans la ville. Enfin, vient de s'achever à Montreuil un programme annuel renouvelé une fois (soit 2 ans de mise en œuvre) à destination d'immigrés vieillissants en foyer ou résidence. Sur la même période le Grdr a mené un programme pour l'accès aux droits socio sanitaires des femmes âgées immigrées, en logement diffus, sur Paris (19ème et 20ème arrondissements) et Aubervilliers (93).

1-2 Objectifs de la mission du Grdr à Montreuil

Ces objectifs sont les suivants :

- favoriser l'accès aux droits sociaux et à la santé des migrants âgés ;
- lutter également contre leur isolement ici ;
- assurer la pérennité des actions, ce qui implique de créer de nouvelles passerelles vers le droit commun... Ce dernier élément, délicat, sera traité dans la seconde partie.

Les activités comportent plusieurs axes. D'une part en direction des résidents âgés, à travers une permanence, permettant l'accueil et l'accompagnement des résidents à titre individuel (orientation, appui conseil, démarches administratives, ouverture de droits) et des animations collectives d'information/prévention ; d'autre part en direction des professionnels, à travers des cadres de concertation, des ateliers, la mise en réseau, le partage d'expérience et de référentiels, la production d'outils. Pour le Grdr, ces différents axes sont complémentaires et imbriqués. Ils conditionnent la cohérence globale d'un dispositif territorialisé. Le présent article se focalise d'avantage sur les animations collectives.

2- Actions adaptées au public migrant

En introduction à toute animation collective, les deux chargés de mission rappellent le cadre du programme à destination des immigrés âgés. Financé par le FEI[10] et cofinancé par les gestionnaires (Adoma et Coallia) et la Ville de Montreuil, le programme est annuel et a été renouvelé une fois (deux ans de mise en œuvre). Il est piloté par la ville de Montreuil et mis en œuvre par le Grdr. À ce titre, il a assuré des permanences d'accès aux droits et des animations collectives en foyer. Il est intervenu, au cours des deux années, dans cinq lieux à Montreuil (Bara et Rochebrune, gérés par Coallia, ainsi que La Noue, Rapatel et Les Ruffins, par Adoma).

Le dispositif du Grdr est toujours plus ou moins le même. Il intègre facilement divers intervenants (Référente santé prévention, médecin,

---

[10] Fonds européen d'intégration.

infirmière, assistantes sociales...), à l'aise avec le public et ce quelle que soit la thématique abordée. Cet encadrement d'une intervention en foyer comprend toujours une personne pour rappeler les missions du Grdr et laisser le plus d'informations concrètes possibles au public (adresse des deux centres d'examens de santé du 93, pour bénéficier de bilans gratuits ; adresse des cinq centres municipaux de santé de Montreuil, et informations sur les consultations Précarité qui y sont effectuées gratuitement ; informations sur la consultation Pass en hôpital ; conseils sur le choix d'une mutuelle avec prise en charge illimitée du forfait journalier, etc.). Un autre chargé de missions s'occupe des traductions et des relations avec la communauté, généralement assisté par un stagiaire chargé de faire émarger les résidents (les feuilles d'émargement et de suivi sont des outils d'évaluation exigés par le bailleur et conditionnent les financements), preuve à leur financeur que les actions qu'il mène sont réellement attractives.

L'information sur l'accès aux droits sociaux est essentielle pour les migrants vivant en FTM. Car de cet accès dépendra leur accès aux soins. Lorsqu'un médiateur est en poste dans un foyer, il n'a que peu de temps libre pour se pencher sur les dossiers administratifs des résidents. La mission de la plupart d'entre eux est d'assurer une orientation et ne va pas jusqu'à l'ouverture de droit ou l'accompagnement dans des démarches administratives.

Nous voudrions souligner que les conditions d'animation d'un atelier d'accès aux droits sociaux ou de prévention santé ne sont pas les mêmes en foyer et en résidence. En règle générale, les RS sont beaucoup plus calmes que les FTM, et il est donc plus facile d'y mener une action.

2-1 Travail en amont aux actions

Le Grdr bénéficie d'une bonne image auprès des migrants, de par son expérience historique d'actions de développement en Afrique de l'Ouest et de son appui aux associations villageoises. Ici, le travail de ses chargés de mission se prépare dès les premiers échanges avec les résidents des structures d'accueil, et comporte une grande part de présentation claire des objectifs des futurs ateliers, pour en faire comprendre l'intérêt général. Puis, lors des permanences d'accueil socio-sanitaire, ils sont à l'écoute des problèmes administratifs du public et lancent des procédures de demandes d'aide. Ce qui tend à le fidéliser aux actions menées, et à le développer par le bouche à oreille.

2-1-1 Mobilisation du public

La mobilisation des résidents en amont est un travail nécessaire. Cela implique de distribuer des invitations aux actions lors des permanences et dans divers lieux du foyer (cour, réfectoire, porte à porte, etc.). Un simple affichage ne suffit jamais à une bonne mobilisation du public. Ce travail se prolonge à l'entrée du foyer, souvent juste avant que l'action ne commence, voire même pendant qu'elle a lieu, avec de nouveaux arrivants. C'est un travail de tout instant.

Avant chaque action collective, les chargés de mission du Grdr prennent contact avec le personnel du bailleur social du foyer (responsable de résidence ou d'hébergement, etc.), mais aussi avec les délégués du conseil de concertation et/ou ceux du comité de résidents, afin qu'ils préviennent tout le monde de la tenue prochaine d'une action.

La mobilisation d'un public attentif s'est vérifiée à chaque fois. Tous les ateliers suivis se sont déroulés en bonne intelligence avec les résidents, mêlant curiosité, intérêt et questionnements.

2-1-2 Relations de confiance et personnes-relais

Les chargés de mission font de l'accompagnement individuel lors des permanences organisées dans les foyers et organisent des actions collectives afin de créer des échanges directs entre les communautés et les institutions. L'un des buts poursuivis est de changer la perception qu'a le public des institutions. Méfiance et crainte peuvent souvent naître d'une incompréhension mutuelle, liée, entre autres, à l'ambiguïté des politiques publiques françaises.

La philosophie d'intervention du Grdr consiste d'abord à partir, le plus possible, des besoins des résidents et de prendre leur avis en compte. En outre, cela peut prendre du temps d'identifier des personnes dans les foyers qui pourront assurer un relais une fois le programme terminé. Sensibiliser enfin les jeunes à s'occuper des anciens, à les seconder dans leurs démarches administratives et autres, sachant que toute action est limitée dans le temps.

2-2 Identification d'interlocuteurs et de personnes-ressources au niveau local

Il importe également de rechercher, au sein des institutions et dans les divers services médico-sociaux de la commune d'intervention, de nouveaux interlocuteurs privilégiés, de bonne volonté et suffisamment sensibilisés à la philosophie du Grdr.

Le travail d'identification reste long et fastidieux, tout comme le travail de fond mené auprès des communautés. Il est en effet difficile d'identifier des agents publics volontaires dans les institutions – qu'elles soient municipales, départementales ou régionales – capables d'intervenir lors des diverses actions du Grdr dans les FTM et RS.

2-3 Intervenants et contenu des actions d'aide sociale et médicale

Les assistantes sociales de la CRAMIF[11] du 93 sont venues trois fois présenter les aides auxquelles le public migrant a droit (CMU, CMU-C, AME[12]). Elles ont invité les résidents à prendre rendez-vous avec elles pour accompagner leurs démarches d'accès aux droits socio-sanitaires, ou encore leur soumettre le devis d'une mutuelle. Leur intervention est avant tout ciblée sur la nouvelle ACS[13], appelée Chèque santé et qui permet de financer une mutuelle.

Un médecin d'un CMS[14] s'efforce de « *casser la distance* » entre le public et lui, et tient à se poser dès le départ comme quelqu'un venant là pour dialoguer librement. Grâce au dispositif des chaises mises en cercle, il peut se mettre au niveau des résidents, dans la posture d'une personne qui « *ne sait pas tout* ». Mais c'est lui qui lance les sujets de discussion pour les faire réagir. Il leur explique qu'il est prêt à revenir selon leurs attentes et besoins. En réponse, les résidents ont manifesté avec satisfaction le souhait qu'il revienne.

Partant du constat que peu de résidents ont un médecin traitant et une mutuelle, le praticien les sensibilise à l'importance d'être couvert par exemple en cas de maladie grave, source d'endettement potentiel. Partant aussi du fait que certains migrants se méfient parfois de la médecine occidentale, c'est par la notion de secret médical qu'il les informe que rien de leurs échanges ne sortira de son cabinet de consultation.

L'action de dépistage du cancer colorectal en FTM pose souvent problème en termes de mobilisation, car l'idée de parler en public de ce genre de maladie se heurte à la pudeur des résidents, qu'il convient de dépasser. En outre, les manipulations de dépistage sont généralement peu appréciées. Ces actions collectives sont presque toutes décrites comme des échecs, alors que celle à laquelle j'ai assisté au foyer Rochebrune s'est avérée être un franc succès, de par le large public qu'elle a attiré.

Dans un premier temps, l'intervenante appuie son discours sur diverses illustrations du colon (où le situer par rapport aux autres organes, si des polypes s'y développent ou non …). Dans un second temps, viennent les explications concrètes sur le dépistage. Cette fois, elle utilise comme support le courrier invitant à effectuer un dépistage gratuit que reçoit toute personne de 50 ans vivant en France. Elle aide les participants à mémoriser cette lettre et leur explique la démarche à suivre, c'est-à-dire la renvoyer à leur médecin traitant. Enfin, la pochette contenant le test donné par leur médecin permet de leur montrer comment faire un prélèvement, ce qui peut être l'occasion

---

[11] Caisse régionale d'assurance maladie d'Ile-de-France.
[12] Couverture médicale universelle, CMU-Complémentaire, Aide médicale de l'État.
[13] Aide pour une complémentaire santé.
[14] Centre municipal de santé.

d'une plaisanterie qui débride l'atmosphère, au moment d'aborder ce sujet délicat.

3- Politiques publiques d'intégration en France et en Europe

Il est très difficile en France de traiter la question du multiculturalisme, de par le simple fait qu'il y a un refus de l'aborder d'un point de vue politique. Le choix de le faire par le seul biais du paradigme de la diversité masque surtout l'absence de politique réelle en matière d'intégration. En effet, nous assistons au retour en force depuis ces dix dernières années, de politiques de discrimination positive (« affirmative action ») déjà essayées dans les années 90. La politique française oscille entre le pôle « assimilationniste » et celui de la diversité.

3-1 Le plan Papa en France

L'un des plus grands enjeux reste de créer des passerelles pérennes vers le droit commun. Le problème étant qu'à l'heure actuelle, les institutions ne semblent pas en mesure d'aider suffisamment les résidents de FTM ou de RS à accéder à ces services.

Espérons que le plan Papa[15], piloté par les Caisses nationales d'Assurance Maladie et d'Assurance Retraite (CNAV[16] et CRAMIF) auxquelles se joignent la CARSAT, la CPAM et l'ARS[17], et élaboré à l'attention des migrants de plus de 55 ans vivant en FTM ou en RS, pourra prendre la relève d'ici peu.
Le plan Papa vise à proposer une offre globale d'accompagnement et de services, à travers des programmes locaux répondant aux besoins de populations fragilisées. L'une des ambitions principales de ce plan d'actions est de mettre en place des « chaînages » entre ces différents services, afin d'en accroître la fréquence. De plus, il était prévu, lors de la conception des ateliers du PRIF, que les agents de la CNAV et de la CRAMIF interviennent systématiquement à chacun d'eux. Mais, selon l'aveu de la CRAMIF, les assistantes sociales ne sont pas suffisamment formées face au public migrant, c'est pourquoi elle attendait beaucoup des documents des ateliers que nous allions concevoir pour le PRIF.

Mais que font les institutions pour les migrants vivant en logement diffus, qui en représentent une large majorité ? En effet, seuls 6% des migrants de plus de 55 ans vivant en France, logent en foyer, c'est pourquoi l'action du

---
[15] Plan de préservation de l'autonomie des personnes âgées.
[16] Caisse nationale d'assurance vieillesse.
[17] Caisse d'assurance retraite et de la santé au travail, Caisse primaire d'assurance maladie, Agence régionale de santé.

plan Papa paraît ne relever que de l'ordre du symbolique et représente, à mes yeux, un aveu d'impuissance de l'État français face au vieillissement des migrants. Néanmoins, même symbolique, toute action peut s'avérer bénéfique pour chacun ; elle gagnerait à sortir du cadre fixé par les programmes actuels.

3-2 Opposition de modèles

L'ambiguïté des politiques d'intégration reste liée à un problème de « schizophrénie » des institutions (injonctions paradoxales issues de la politique publique), qui s'inscrivent à la fois dans une démarche de coupure des droits mais s'engagent par ailleurs dans la prévention.

Le modèle de l'État français, dit d'« assimilation », se base sur l'insertion des migrants par l'apprentissage de la langue et l'adoption des valeurs laïques propres à la France. Il s'oppose au modèle « multiculturel » du Royaume-Uni et à sa gestion communautaire (organisation politique du respect des différences culturelles). Le modèle français intervient néanmoins pour lutter contre les discriminations ethniques et religieuses. A ce titre, la France a introduit la viande hallal dans les cantines, a constitué des aumôneries musulmanes dans les prisons et hôpitaux, a créé des ZEP[18], etc.

Reste le problème lié au contexte de repli identitaire (cf. débat sur identité et préférence nationales, thème de l'immigration choisie et non subie, apprentissage obligatoire de *La Marseillaise* dans le contrat d'accueil et d'intégration...), peu favorable aux démarches d'un ensemble d'associations qui interviennent auprès des migrants.

Pourtant d'après l'INSEE[19], l'immigration est restée stable de 2004 à 2009 et augmente depuis (entre 2004 et 2012, la moyenne des entrées se chiffrant à 90.000 personnes par an). On est donc loin du cliché de l'invasion annoncée par une horde de musulmans africains et maghrébins, complètement étrangers aux lois de la République : « *En 2012, près de la moitié des étrangers qui sont arrivés en France venaient de pays européens (...). Le phénomène s'est accéléré avec la crise économique...* ».

3-3 Et l'Europe ?

L'insuffisante durée des financements et des politiques à court terme caractérisent les pays européens, notamment sur la question des migrants vieillissants (financement annuel renouvelé une fois du programme du Grdr

---

[18] Zones d'éducation prioritaires.
[19] « *Les immigrés récemment arrivés en France. Une immigration de plus en plus européenne* », rapport du 28/11/2014.

par un fonds européen, le FEI). Or, la question du temps est cruciale en action sociale, tout comme en ethnologie : arriver à de bons résultats demande toujours un certain temps.

Discontinuité – voire non reconduction des programmes – créent un vide contre-productif. Depuis l'arrêt du financement européen, le Grdr a donc dû arrêter son programme auprès des personnes âgées

Les nouveaux dispositifs conçus sous forme de « tests à l'entrée » pour les migrants en France, aux Pays-Bas et au Danemark ne sont pas étrangers à la montée en puissance des partis xénophobes. Les sociétés européennes semblent de plus en plus marquées par la « peur de l'autre » et la crise des institutions politiques, économiques et sociales. Or, cette construction – déjà en cours – d'une Europe « forteresse » peut mener à un isolement dangereux.

4 - Conclusion

Le constat est le même concernant les réfugiés et leur accueil en Europe. Tout récemment, l'UNHCR[20] a fermement critiqué la gestion migratoire des États européens. Selon lui, les gouvernements se soucient plus du maintien des étrangers hors de leurs frontières que du respect du droit d'asile (plus de 3.400 migrants sont morts en tentant de traverser la Méditerranée cette année, construction d'un mur au Maroc autour des enclaves de Ceuta et Mellila, financé par l'Union européenne, etc.).

En France, les associations se retrouvent à faire de l'accompagnement social à la place des institutions, et ce en une période de dématérialisation des services publics. Ce qui nous donne une idée de la situation alarmante du travail social en France. Et le climat en Europe ne favorise pas non plus les actes de prévention en faveur des migrants.

---

[20] Haut comité aux réfugiés des Nations-Unies.

MALADIE D'ALZHEIMER ET RELATIONS INTERCULTURELLES EN FRANCE ET A L'ETRANGER

Laëtitia NGATCHA-RIBERT [21]

Résumé

Au moyen d'une étude menée à partir de sa Revue de presse nationale et internationale, *la Fondation Médéric Alzheimer a cherché à comprendre comment la maladie d'Alzheimer est appréhendée selon la culture, la langue ou la communauté d'origine des personnes concernées. Il en ressort quatre grands points. Premièrement, les chercheurs, les professionnels de terrain, mais aussi les pouvoirs publics se questionnent de plus en plus sur les cultures, les diversités et les identités. En second lieu, que ce soit en tant que personnes malades d'Alzheimer ou en tant qu'aidants, professionnels ou familiaux, les personnes impliquées ne partagent pas nécessairement les mêmes représentations du vieillissement, de la maladie, le même rapport aux soins du corps ou les mêmes façons d'appréhender les relations familiales. Troisièmement, cette diversité culturelle peut représenter une source d'enrichissement, comme elle peut parfois impliquer des incompréhensions, des tensions, voire des phénomènes de « maltraitance raciale » vers l'un ou l'autre des protagonistes. Se font ainsi jour, quatrièmement, de nouvelles perspectives : inscription du soin gérontologique dans une perspective interculturelle ; adaptation des outils de diagnostic (en tenant compte des particularités linguistiques) ; développement chez les professionnels des « compétences culturelles » ; évolution des établissements et des services afin qu'ils soient « culturellement adaptés » aux besoins et aux préférences de leurs usagers.*

Mots-clefs : *Maladie d'Alzheimer, cultures, vieillissement, représentations sociales, migrants âgés.*

Par le biais de sa *Revue de presse nationale et internationale* qui présente chaque mois l'actualité médicale, économique, politique et sociale de la maladie d'Alzheimer et des maladies apparentées, la Fondation Médéric Alzheimer a cherché, à travers un dossier thématique spécifique[22], à

---

[21] Chargée d'études senior, Fondation Médéric Alzheimer, ngatcha-ribert@med-alz.org
[22] Disponible en ligne à l'adresse suivante : http://www.fondation-medericalzheimer.org/Nos-Travaux/Nos-dossiers-thematiques

mieux comprendre comment les chercheurs et les professionnels de terrain abordent les questions de cultures, de diversités et d'identités, partant du constat qu'un nombre croissant d'études, de réflexions et d'expériences innovantes sont actuellement menées, en France et à l'étranger sur ces sujets. L'apparition dans la littérature nationale et internationale de termes tels que « identité communautaire », « compétence culturelle », ou « établissements ethno-spécifiques » en est notamment un indice.

Nos questions au départ étaient notamment les suivantes :

« Existe-t-il des représentations différentes de la maladie d'Alzheimer ou des modalités d'aide qui varient selon les cultures ? Faut-il prendre en considération, et si oui comment, les particularités et les besoins spécifiques des personnes atteintes de la maladie d'Alzheimer qui appartiennent à diverses communautés d'origine, de culture ou de langue ? Comment tenir compte des différences – et de toutes les différences quelle que soit leur expression – sans discriminer ? Comment certains groupes ont-ils réfléchi à l'organisation de solidarités en intégrant la problématique des troubles cognitifs ? Y a-t-il des mesures administratives ou politiques à prendre » ?

Au niveau méthodologique, nous avons analysé au total près de 130 articles ou résumés d'articles recensés dans la *Revue de Presse* de la Fondation Médéric Alzheimer[23], au cours des cinq dernières années, soit entre janvier 2008 et décembre 2013. La recherche des articles pertinents a été réalisée à partir des mots-clefs suivants : « ethni », « cultu », « communau », « migra », « linguis », « reli », « sexu »[24]. Cet article vise à présenter une synthèse des principaux résultats de ce dossier thématique.

1- Un intérêt croissant des professionnels de terrain, des chercheurs et des pouvoirs publics

1-1 Deux traditions différentes

Dans les pays anglo-saxons, traditionnellement terres d'immigration, la question des cultures et des diversités dans le champ gérontologique et pour lesquels ces problématiques, loin d'être taboues, sont au contraire légitimes

---

[23] *Revue de presse nationale et internationale* de la Fondation Médéric Alzheimer, à parution mensuelle d'une soixantaine de pages en moyenne, disponible en ligne : http://www.fondation-mederic-alzheimer.org/Nos-Travaux/La-Revue-de-presse/Revue-de-Presse
[24] Le dossier ne portait pas uniquement sur les migrants âgés mais sur des populations ou des communautés ayant des besoins spécifiques ou se considérant comme tel, comme les homosexuels, les personnes illettrées, les personnes sensoriellement déficientes (malvoyants, malentendants…).

et incontournables, fait l'objet d'une littérature abondante. Dans ces pays, l'usage du concept d'ethnicité, c'est-à-dire de ce qui a un caractère ethnique, est d'ailleurs bien accepté. Mentionnons en outre, pour ne prendre qu'un exemple, l'existence depuis de longues années de la revue américaine *Cross-Cultural Gerontology*, revue consacrée à la gérontologie interculturelle[25].

En comparaison, la France, au nom du principe républicain, a longtemps fait figure de pays du « déni des cultures », pour reprendre l'expression du sociologue Hughes Lagrange (Lagrange, 2010). Cependant, après d'autres pays, la France « découvre » aujourd'hui ces problématiques. Il n'est qu'à prendre connaissance de quelques titres glanés çà et là dans la littérature professionnelle ces dernières années : « Mieux maîtriser les codes interculturels », « Soins et cultures », « Comment bien gérer l'interculturalité », « Ces anciens venus d'ailleurs », etc…

1-2 Accès tardif aux services : une population partiellement « invisible »

Un large pan de cette littérature est consacrée au fait de tenter de comprendre pourquoi les personnes migrantes accèdent moins, ou très tardivement, aux services de soins, de diagnostic ou d'hébergement. Les migrants âgés représentent en effet une population partiellement « invisible », ce mot ayant été choisi à plusieurs reprises au cours de ce colloque par plusieurs intervenants.

On relève qu'il existe un clair manque de compréhension à ce sujet. De nombreuses hypothèses ont été avancées afin de tenter d'expliquer cette relative invisibilité : ce phénomène pourrait tenir tout d'abord aux représentations sociales de la maladie et aux sentiments de honte et de peur de se voir stigmatisé qui pourraient en découler, ou à une attitude de déni chez certaines personnes, qu'elles soient malades ou aidantes. Cela pourrait s'expliquer ensuite par la crainte des personnes d'être désapprouvées par leur communauté si elles en appellent à une aide extérieure. Cela pourrait aussi être la peur de ne pas voir reconnaître leurs spécificités par les personnes des services auxquelles elles pourraient faire appel (par exemple au niveau des interdits alimentaires, des rites mortuaires ou de la faiblesse de leurs ressources…) : le facteur économique doit ainsi également être mentionné comme une des causes possibles au recours tardif aux services gérontologiques.

Celui-ci pourrait enfin être lié à un processus de « renoncement » (Attias-Donfut, 2013), parce que les personnes ne se sentiraient pas suffisamment *légitimes* pour *avoir le droit* à ces aides, etc.

---

[25] http://www.springer.com/social+sciences/population+studies/journal/10823

1-3 Le questionnement récent des pouvoirs publics français

Les pouvoirs publics développent à présent une réflexion sur le vieillissement au prisme des cultures. Même si le Plan Alzheimer 2008-2012 n'avait pas prévu d'action particulière à l'égard des migrants âgés, la mission parlementaire d'information sur les immigrés âgés, mise en place en janvier 2013 par Claude Bartolone, président de l'Assemblée Nationale, et présidée par Denis Jacquat, député de Moselle, montre que le sujet n'est plus tabou (Jacquat, 2013). De même, le rapport de Luc Broussy sur l'adaptation de la société française au vieillissement de sa population fait la part belle au concept de « discrimination ». Avec impertinence, celui-ci défend en effet la nécessité de penser en termes de « discriminations » le vieillissement de trois populations dont l'avancée en âge sera dans le futur investie de particularités : les personnes handicapées, les travailleurs migrants (et les femmes immigrées arrivées en France dans le cadre du regroupement familial et qui, devenues veuves, se retrouvent isolées et sans ressources) et les personnes homosexuelles (Broussy, 2013). Cette analyse de la littérature confirme que les chercheurs, les professionnels de terrain, mais aussi les pouvoirs publics se questionnent, y compris en France dorénavant, de plus en plus sur les cultures, les diversités et les identités. Il apparaît également que la question des représentations sociales est centrale dans ces questionnements.

2- Importance des représentations sociales qui diffèrent…

2-1… selon les pays ou les régions du monde

Tout d'abord, il est bien documenté que les représentations sociales, que ce soient de la maladie d'Alzheimer, de la démence, mais aussi de la santé, de la responsabilité filiale, de la spiritualité ou bien encore du recours à l'aide pour ne prendre que quelques exemples, diffèrent entre les pays. Un certain nombre de travaux socio-anthropologiques mettent ainsi régulièrement en évidence les variations dont peuvent faire l'objet les concepts de « démence sénile » et de « maladie d'Alzheimer ». Ces travaux, qui récusent l'idée d'un concept universel et atemporel de la démence et/ou de la maladie d'Alzheimer, révèlent que les modes d'approche et les représentations de la maladie peuvent différer d'une culture à une autre. Selon *Alzheimer Disease International*, l'association mondiale Alzheimer, dans certains pays en voie de développement, la démence n'est pas considérée comme une condition médicale mais comme une conséquence normale du processus de vieillissement (*Alzheimer Disease International*, 2009). En Inde, à Bangalore, une aidante, Swapna Kishore, a créé un site Internet en langue anglaise consacré à l'aide aux aidants de personnes atteintes de démence, qui constitue un instrument fascinant de décryptage de la culture indienne et des perceptions à l'égard de la maladie d'Alzheimer. Selon elle, il est socialement inacceptable dans la société indienne de dire à un aîné qu'il devrait aller consulter en centre mémoire, ce qui rend illusoire le diagnostic précoce.

2-2 ... selon les communautés

Les représentations sociales peuvent aussi différer au sein d'une même société, au sein de laquelle cohabitent plusieurs communautés ou groupes d'individus d'origines culturelles diverses. Il peut exister des représentations parfois très différentes de la maladie d'Alzheimer selon les cultures (la démence n'étant pas toujours perçue comme une maladie ou un problème médical), mais aussi selon le rapport au corps et aux soins du corps (nous renvoyons au film iranien *Une séparation*, dont l'intrigue tourne autour de cette question), à la santé, à la vieillesse, à la fin de vie, au recours à une aide extérieure à l'entourage proche, *etc*. Dans certains groupes ou communautés vivant dans un même pays, les réticences quant au recours à l'aide de tiers extérieurs à la famille sont ainsi particulièrement fortes. Des études sont réalisées, à titre d'illustration, au sein de la communauté latino-américaine, de la communauté indienne d'Amérique au Canada, ou bien dans la communauté asiatique en Grande-Bretagne.

2-3... et selon les individus

Soulignons enfin que de manière manifeste, au-delà de leur origine culturelle, il existe des différences entre individus eux-mêmes, au sein d'une même communauté ! Des précautions sont parfois énoncées à ce sujet dans la littérature.
En premier lieu, comme le soulignait lors de son intervention lors de ce colloque, Claudine Attias-Donfut, vice-présidente de la Fondation Médéric Alzheimer, il faut se garder d'oublier qu'il existe une hétérogénéité sociale importante au sein de la catégorie « migrants âgés », au-delà des stéréotypes sociaux consistant à penser que tous appartiennent à une même catégorie sociale, *modeste* en l'occurrence. Toutes les sociétés sont des sociétés hiérarchisées, avec des familles parfois aisées, qui possèdent le capital social, culturel, économique pour aider leurs proches, et d'autres pauvres, rurales parfois, à qui il faut envoyer de l'argent. Des paramètres tels que le fait d'être un homme ou une femme, de vivre en milieu urbain ou rural, ou d'être peu ou très diplômés sont forcément à prendre en considération et nuancent considérablement le vécu des personnes.
En second lieu, l'occidentalo-centrisme, semble représenter un risque non négligeable si nous n'y prenons pas garde, dans la mesure où la vision biomédicale de la maladie d'Alzheimer est actuellement la vision

prédominante dans les pays occidentaux. Certains professionnels de terrain tentent ainsi de travailler à partir du vécu des personnes atteintes de la maladie d'Alzheimer, de comprendre ces dernières et donc de les respecter, et non de tenter de les modifier ou les critiquer. Par exemple, deux infirmières de l'Université de Californie et de l'Université d'Arizona, soulignent l'importance de concevoir des interventions « culturellement compétentes » fondées sur le vécu des aidants familiaux, plutôt que sur des stéréotypes culturels (Phillips & Crist, 2008). Gail Elliot, directrice adjointe du centre d'études du vieillissement de l'Université MacMaster à Hamilton (Ontario, Canada), recommande une attitude flexible et ouverte à la découverte de soi et des autres, acceptant et comprenant l'existence d'autres visions du monde (Eliot, 2011). On le voit, il ne s'agit pas ici d'imposer une représentation de la maladie ou une conception de l'aide. Autrement dit, ce n'est pas parce que certaines cultures conçoivent différemment la maladie qu'elles sont dans l'erreur.

3- Vieillissement des populations et marché du « *care* »

Plusieurs vagues d'immigration ont eu lieu en Europe, et en particulier en France, surtout après la Deuxième Guerre mondiale. L'analyse que nous avons menée montre également que les travailleurs migrants vieillissants qui sont arrivés au cours des dernières décennies ne sont qu'en faible proportion retournés dans leur pays d'origine au moment de leur retraite (ce qui pose des questions spécifiques en termes d'habitat, de langue, d'isolement…). Première génération à vieillir dans le pays d'accueil, ces migrants remplissent dès lors un rôle de pionniers, comme le soulignent les auteurs d'un rapport de la Fondation Roi Baudoin (Talloen D. et al, janvier 2012). Or, un certain nombre d'entre eux vont, au cours de ces années, développer des troubles cognitifs.

Par ailleurs, le vieillissement de la population dans les pays industrialisés nécessite le recrutement d'un grand nombre de professionnels pour prendre en charge les personnes en perte d'autonomie, à domicile et en institution. Cela passe bien souvent par le recours à des travailleurs migrants (*Le Monde*, 24 octobre 2009). L'OCDE constate ainsi que les personnes issues de l'immigration représentent aujourd'hui une part substantielle de la main d'œuvre du secteur de la dépendance, et donc des aidants professionnels (entre un sur quatre et un sur deux en fonction des pays) (OCDE, 2011). Et puis de manière plus anecdotique, un phénomène parait se développer dans certains pays occidentaux, en direction de pays où la prise en charge de la maladie s'avère moins onéreuse : en 2009, on estimait que 1600 Français âgés dépendants s'étaient « exilés » en Belgique (Gallez, 2009). De même, certaines familles allemandes n'hésitent plus à envoyer leurs proches aînés dans des maisons de retraite en Hongrie, Slovaquie, Espagne ou même en

Thaïlande où les coûts sont moins importants (*Les Cahiers de la Fnadepa*, 2013).

4- La diversité comme source d'enrichissement mutuel... mais aussi de malentendus et de tensions

La diversité induite par les relations interculturelles peut être source d'enrichissement mutuel sur la façon dont la maladie d'Alzheimer est comprise et prise en charge. On peut en effet percevoir, à travers cette littérature, combien le fait que la maladie d'Alzheimer puisse être abordée de manière différente amène à découvrir d'autres manières de comprendre la maladie et d'envisager sa prise en charge, son accompagnement, et ainsi à redécouvrir ses propres manières de faire, à prendre un recul sur ses propres pratiques et réflexions. On observe par exemple dans certaines communautés des formes particulièrement fortes de « solidarités » vis-à-vis des personnes malades ou de leurs aidants. Cela encourage à ne pas appréhender la maladie d'Alzheimer de manière univoque et à prendre en compte toutes les formes de diversité, qu'elles soient liées à l'origine, à la culture, à la religion, à la maîtrise d'une langue ou à d'autres particularités comme par exemple l'orientation sexuelle des personnes.

Cette diversité peut aussi parfois, *a contrario,* provoquer des incompréhensions, des malentendus, ou des tensions. Dans un registre qui relève nous semble-t-il de l'ordre des malentendus, certaines initiatives de professionnels voulant « bien faire » peuvent parfois s'avérer des échecs, comme en témoigne le Groupe « Ethique et Société » de l'Espace Ethique de l'Assistance Publique-Hôpitaux de Paris : des aides-soignantes d'une unité de soins de longue durée ont proposé un repas sans porc à un patient marocain. Son épouse s'est indignée : « Mais mon mari n'a jamais été musulman de sa vie, c'est une honte, c'est une discrimination par ses origines ! ». Les professionnelles se défendent devant l'équipe : « Nous avons cru bien faire. C'est vrai, ce n'était marqué nulle part, mais on s'est dit que c'était plus respectueux, c'est notre initiative. Vous (l'encadrement, le médecin, la psychologue...) nous dites tout le temps qu'il faut en prendre, des initiatives pour le bien-être et le respect des patients. Puisque c'est comme ça, on ne fera plus rien »... (Groupe Éthique et Société de l'Espace Éthique AP-HP, octobre 2012). Cela peut aussi aller jusqu'à ce que l'on appelle une « maltraitance raciale ». Cette expression recouvre à la fois des comportements ou des propos discriminants, mais aussi le fait que certaines pratiques, individuelles ou institutionnelles ne tiennent pas suffisamment compte des différences et des spécificités linguistiques, culturelles ou religieuses des personnes malades ou de leurs aidants familiaux ou professionnels.

5- Des solutions pour tenir compte des besoins et des spécificités

Un nombre croissant d'expériences innovantes sont actuellement menées à travers le monde pour améliorer la qualité des relations interculturelles. Des solutions sont par exemple imaginées par les associations Alzheimer pour sensibiliser les différentes communautés à la maladie et pour en proposer une image moins stigmatisante. Il peut s'agir de *newsletters* (à New York, une *newsletter* est publiée en chinois tous les trois mois ; en Allemagne, des brochures d'information sont publiées en turc, roumain, et bulgare) ou de *spots* télévisés dans différentes langues (la campagne « Ce n'est pas la honte, c'est la démence » de l'association Alzheimer Australie). Autre exemple : au Canada, des ergothérapeutes des Universités de Toronto et Dalhousie, en collaboration avec Teresa Chiu du service des sciences de réhabilitation de l'Université polytechnique de Hong Kong (Chine) ont mis au point une intervention par courrier électronique, mettant en contact des aidants familiaux canadiens d'origine chinoise et des cliniciens chinois. Il peut également s'agir, notamment afin de briser le tabou, d'inventer de nouveaux lieux de parole et d'échanges, comme les *salons de thé*, proposés aux Pays-Bas depuis 2010 aux communautés turques et marocaines (Van Wezel, 2011).

Commence également à émerger la nécessité d'inscrire le soin dans une perspective interculturelle qui tiennent compte des difficultés linguistiques. Cela peut être du point de vue du bilinguisme : une équipe de recherche de Montpellier analyse les implications cliniques de la régression de la seconde langue chez les personnes bilingues (Barkat-Defradas & Lee, 2013). Mais cela peut aussi s'inscrire dans le cadre d'une adaptation des outils de diagnostic de la maladie ou d'évaluation de la gravité de cette dernière, qui tiennent compte des particularités linguistiques des personnes venant consulter. Des programmes d'études sont désormais conçus en vue d'adapter les tests à la langue et à la culture des populations immigrées. Des associations Alzheimer dans le monde proposent aussi des initiatives permettant de recourir à des personnes ressources de même langue et de même culture que les personnes malades ou leur famille pour obtenir des informations dans leur langue maternelle. Aux Pays-Bas, trente-cinq personnes d'origine turque, marocaine, surinamienne, antillaise et chinoise ont été formées et sont capables de répondre à des demandes d'information sur la démence (Van Wezel, 2011).

Proposer des services « centrés sur la personne » implique de tenir compte des « préférences » (terme aujourd'hui fréquemment rencontré au sujet de la diversité des usagers) et des besoins des personnes malades et de leurs aidants et de développer des « compétences culturelles ». La prise de conscience de ces difficultés se manifeste dans le fait que la « gestion des relations interculturelles », en établissement ou à domicile, est de plus en plus intégrée dans les pratiques de management et dans la formation des équipes. En France par exemple, le groupe de maisons de retraite et de cliniques Médica s'est associé à Sciences Po pour former ses directeurs à la gestion de la diversité culturelle, respectant les principes de non-discrimination et de diversité (Mutabazi & Pierre, 2008).

Pour conclure

La question des cultures, des diversités et des identités représente dans le domaine de la maladie d'Alzheimer une source d'intérêt croissant de la part de bon nombre d'acteurs (qu'ils soient chercheurs, professionnels ou pouvoirs publics). Cela peut sans doute s'expliquer par le fait qu'à présent, accompagner des personnes atteintes de la maladie d'Alzheimer signifie découvrir l'identité de la personne, considérer la personne derrière la maladie, aider les personnes malades à avoir une meilleure vie par exemple à travers les soins centrés sur la personne. Ces raisons pourraient, dans une vision positive de ces évolutions, expliquer pourquoi les spécificités culturelles ou religieuses sont maintenant de plus en plus prises en compte. Toutefois certains ne se privent pas de penser, dans une vision sans doute plus cynique des évolutions, que les institutions étatiques et institutionnelles sont dans une situation économique délicate et qu'il est ainsi de plus en plus nécessaire d'interagir avec les différentes communautés pour aider et accompagner les personnes ayant une maladie d'Alzheimer. Au-delà de ce débat, nous ne devons pas oublier qu'une personne atteinte de la maladie d'Alzheimer est avant tout une personne, et qu'en cela elle a le droit de changer. C'est pourquoi certains relèvent aussi qu'il est nécessaire d'éviter les risques d'enfermement dans des « prisons », que celles-ci soient culturelles, religieuses ou sexuelles.

Références

Alzheimer Disease International (2009). *World Alzheimer Report.*
Attias-Donfut, C. (2013). Compte rendu n° 6. Mission d'information sur les immigrés âgés, 21 février 2013. www.assemblee-nationale.fr/14/cr-mimage/12-13/c1213006.asp (texte intégral).
Broussy, L. (2013), *L'adaptation de la société au vieillissement de sa population*, rapport commandé par remis au premier Ministre.
Cahiers de la FNADEPA, mars 2013. Courrier International, 29 novembre 2012, www.welt.de/print/wams/wirtschaft/article110319317/Oma-wohnt-jetzt-in-der- Slowakei.html, 28 octobre 2012 (texte intégral en allemand).
Chiu, M-L. et al. (2010), Client-centred concepts in a personalized e-mail support intervention designed for Chinese caregivers of family members with dementia : a qualitative study, *Hong Kong Journal of Occupational Therapy*, 20 (2) : 87-93.

Colombo, F. et al. (2011), *Besoin d'aide ? La prestation de services et le financement de la dépendance*, Paris, Éditions OCDE, juin.
Elliot, G. (2011). Cracking the cultural competency code, *Can Nurs Home*, Mars, 22 (1) : 27-31.
Family Caregiver Alliance, www.sgec.stanford.edu, 24 septembre 2008.
Gallez, C. (2009). *L'hébergement des personnes âgées en France et en Belgique*, La Documentation Française, février.
Jacquat, D. (2013). *Rapport d'information au nom de la mission d'information sur les immigrés âgés*, juillet.
Lacombe, T. (2011). Peut-on respecter l'identité communautaire de tous les résidents d'EHPAD sans verser dans le communautarisme ?, mémoire pour l'obtention du diplôme universitaire de gérontologie. Université Pierre et Marie Curie (Laroque G, dir.). 24 novembre.
Lagrange, H. (2010), *Le déni des cultures*, Seuil.
Le Monde, 24 octobre 2009.
Lee, H., Gambette, P., Gayraud, F., & Barkat-Defradas M. (2013). Elaboration d'un outil d'évaluation des performances en dénomination pour les patients bilingues atteints de la maladie d'Alzheimer, *Revue Rééducation Orthophonique*, 253, 143-152
Mutabazi, E., Pierre, P. (2008). *Pour un management interculturel. De la diversité à la reconnaissance*, L'Harmattan.
Phillips, LR., Crist. J. (2008). Social Relationships among family caregivers, *Journal of Transcultural Nursing*, 1er octobre.
Talloen, D. et al (janvier 2012). *Migrants âgés, seniors de chez nous. Leçons tirées de la pratique*, Rapport de la Fondation Roi Baudoin.
Van Wezel, N. (2011), Alzheimer Disease international (Toronto). *Alzheimer's Disease International Conference*, Toronto, 26-29 mars 2011.

LES ETATS DEPRESSIFS CHEZ LES IMMIGRES VIEILLISSANTS : L'IMPACT DE L'ENVIRONNEMENT SOCIAL ET FAMILIAL

Jacques BAROU [26]

Immigration, vieillissement et troubles mentaux

La question des troubles mentaux liés à l'immigration fait depuis longtemps l'objet de recherches à des fins fondamentales ou simplement cliniques. Là s'entremêlent les représentations culturelles de la maladie et les fragilités psycho affectives inhérentes à la situation s'immigré. De plus en plus la population immigrée vieillit dans les pays d'accueil et connaît, en plus des risques pathologiques liées à sa trajectoire et à sa condition sociale, les problèmes de détérioration mentale que partagent les personnes vieillissantes. Quels liens peut-on faire entre ces pathologies caractéristiques des troubles psychiques du vieillissement et la condition d'immigré ?

La question de la démence chez les immigrés vieillissants a été abordée à plusieurs reprises et depuis déjà longtemps par des chercheurs de divers pays et de divers horizons disciplinaires[27]. Les troubles mentaux liés à la vieillesse, les troubles de la mémoire et de la lucidité touchent la population immigrée comme toute population du même âge, mais ils sont amplifiés par des diagnostics tardifs liés à l'isolement de ces personnes ou à la faiblesse de leurs contacts avec le corps médical. La gravité de ces états aboutit tout de même à des formes de prise en charge, même si elles sont moins systématiques que dans le cas des populations nationales affligées des mêmes problèmes.

Qu'en est-il quand il s'agit d'états moins visibles comme les états dépressifs ? La dépression chez les immigrés a surtout été abordée à travers le « mal du pays » à propos de personnes encore relativement jeunes et souffrant de difficultés d'adaptation à leur nouvel environnement. De nombreux travaux de psychiatrie sociale ont été consacrés à ce problème en

---

[26] Directeur de recherches émérite, C.N.R.S., Grenoble.
[27] Voir en particulier : Samaoli O. et alii. (2000). *Vieillesse, démence et immigration : pour une prise en charge adaptée des personnes âgées migrantes en France, au Danemark et au Royaume-Uni.* Paris, L'Harmattan.

particulier aux Etats-Unis et au Canada[28]. Certains auteurs parlent de « post-landing depression », dépression après atterrissage et comparent ce trouble à la dépression post-partum connue du grand public sous le nom de « baby blues ». Après la joie d'avoir atteint le pays visé, on découvre le poids des responsabilités pour affronter une nouvelle vie et de cela il peut résulter, comme après la joie d'avoir donné la vie, un lourd sentiment d'accablement face aux difficultés inédites qui vont survenir. Ce sentiment peut être aggravé par la solitude, le manque de compréhension ressenti dans son entourage et les incertitudes que provoque la perspective d'avoir à vivre dans un environnement que l'on connaît mal. Il s'agit d'un état qui peut parfois prendre une dimension pathologique lourde et entrainer une hospitalisation mais qui souvent garde une dimension temporaire et se résorbe au fil du temps quand la vie sociale et familiale de l'individu atteint redevient gratifiante.

Les états dépressifs chez les immigrés vieillissants ont moins attiré l'attention des chercheurs et des professionnels de la santé du fait de la grande discrétion de ce public et de l'accent mis à leurs propos sur les pathologies somatiques et les pathologies mentales plus lourdes.
Les immigrés vieillissants vivent souvent dans un pays d'accueil depuis de nombreuses années et ont eu en principe le temps de s'y adapter. Beaucoup ont fait le deuil du pays d'origine et ne sont plus guère habités par le « mal du pays ». Certains se sentent entourés, d'autres non. Les états dépressifs chez eux résultent du croisement de plusieurs facteurs : sentiment d'isolement, sentiment d'échec par rapport aux ambitions que portait leur projet migratoire, perte d'estime de soi, difficultés relationnelles avec l'entourage proche... Leur vie n'est pas non plus à l'abri de nouvelles ruptures qui peuvent les désorienter. Le passage à la retraite est vécu par certains comme une remise en cause de ce qui faisait le sens de leur vie. La diminution importante des ressources occasionnée par une cessation d'activité qui n'est souvent que très mal compensée par une pension insuffisante ne leur permet plus de transférer assez d'argent à leurs familles restées au pays et les empêche de retourner séjourner chez eux à certaines périodes de l'année comme ils le faisaient auparavant. Cette condition du travailleur immigré, missionné par sa famille, voire par son village, pour aider les siens à distance, a été pendant plusieurs années le socle principal de leur identité. En s'acquittant de cette mission, ils cultivaient une certaine estime d'eux-mêmes. Le rythme du retour régulier au pays pour de courtes périodes leur conférait des repères temporels auxquels ils pouvaient s'accrocher. Les immigrés qui se sont installés avec leur famille dans le pays

---

[28] Breslau J. et *alii*. Migration from Mexico to the United States and Subsequent Risk for Depressive and Anxiety Disorders A Cross-National Study, *Arch Gen Psychiatry*. 2011 ; 68 (4) : 428-433.

d'accueil, conservent pour certains l'habitude de transférer des mandats au pays pour y entretenir une maison ou continuer à aider des parents plus éloignés. Beaucoup rentrent encore au pays à l'occasion des congés pour y afficher les signes de leur réussite matérielle en immigration : retour au volant d'une nouvelle voiture chaque année, apport de cadeaux pour les uns et les autres etc. En se conformant à l'essence même de la condition d'immigré qui consiste à justifier son départ du pays par des gains spectaculaires en partie redistribués aux proches, les gens s'assurent une forme de reconnaissance sociale qui les protège contre tout sentiment de dévalorisation d'eux-mêmes. En même temps, ils s'enferment dans ce rôle et quand ils ne peuvent plus le remplir, ils risquent alors de sombrer dans le sentiment d'échec et d'isolement sans pouvoir forcément trouver à s'investir dans un engagement différent.

Il y a donc bien un lien entre la dépression qui touche les personnes vieillissantes et les aléas propres à la condition d'immigré. Pour autant tous les immigrés vieillissants n'y sont pas exposés de la même manière.

Une population particulièrement exposée

Il existe en France une catégorie de population immigrée particulièrement exposée aux états dépressifs. Il s'agit de celle des hommes seuls vivant dans les ex-foyers de travailleurs ou en habitat dispersé. Ces personnes sont pour la plupart originaires des pays du Maghreb et plus particulièrement d'Algérie. Ils sont arrivés en France à partir des années 1950 jusqu'au milieu des années 1970. Mariés ou non dans leur pays, ils n'y sont jamais retournés pour s'y réinstaller et n'envisagent pas de le faire. Ils n'ont jamais accompli le regroupement familial soit par choix de laisser les leurs au pays soit par incapacité à réunir les conditions pour en bénéficier.
Bien que ne constituant qu'un très faible pourcentage de la population immigrée vieillissante, ils ont fait l'objet de nombreuses recherches et ont inspiré des politiques sociales spécifiques tant les conditions de leur vieillissement diffèrent de celles de la majorité de la population. Leur niveau de ressources est en général très faible et le passage à la retraite a encore diminué leur pouvoir d'achat. Peu d'entre eux peuvent en effet se prévaloir d'une carrière professionnelle étalée sur plusieurs années avec un niveau de cotisations suffisantes pour bénéficier de retraites à taux plein. Avant de sortir de la période d'activité, beaucoup vivaient de minima sociaux, ce qui leur permettait de bénéficier de la Couverture Maladie Universelle, avantage qu'ils perdent quand ils atteignent la retraite. Cette forte pauvreté les exclut de l'accès aux résidences pour personnes âgées, rend difficile le maintien des relations avec leurs familles au pays et ne leur permet souvent même pas

d'envoyer régulièrement de l'argent chez eux, ce qui était pourtant la raison principale de leur émigration.

Il y a un sentiment d'échec total chez certains du fait de ne pas avoir pu accomplir le minimum de ce que l'on attend des émigrés, en particulier la construction d'une maison au village. C'est ce qu'exprime un homme de 76 ans, manifestement épuisé de vivre :

« J'ai couru toute ma vie pour mes parents puis pour mes enfants. Je suis très fatigué, malade. Au pays, pas de belle construction, pas de garage, pas d'étage... une maison de pauvre ! Ma femme est malade. J'ai une fille handicapée. Nous allons être tous enterrés un jour ou l'autre. Dieu décidera. »[29].

Ici l'état dépressif est lié à un sentiment d'abattement reflétant un constat d'échec à l'issue d'une vie d'efforts et de sacrifices.

Le sentiment d'isolement est souvent un facteur aggravant. Le fait de vivre dans une collectivité ne favorise pas systématiquement le lien social entre voisins proches. Au contraire, l'hétérogénéité actuelle de l'occupation de ces établissements qui ont été conçus au départ pour abriter une population très homogène, entraîne des conflits et des nuisances réciproques dont on cherche à se protéger par le repli sur soi.

« Dans cette résidence, il n'y a pas de solidarité : des harkis, des divorcés, des saoulards, des qui ont une femme là-bas et une femme ici avec des histoires, des problèmes, des disputes... »

Ces états dépressifs engendrent des conduites de compensation qui accentuent parfois les désordres mentaux. Dans une résidence de Marseille, un homme, très isolé, était devenu le père nourricier des chats du quartier. Il investissait pour eux non seulement de l'affection mais aussi de l'argent, au point où il ne lui restait plus de quoi vivre de façon satisfaisante :

« Je suis dégoûté. Je n'ai pas d'argent pour aller là-bas : 800 €, loyer, manger et je donne à manger aux chats... Jusqu'à 12 € pour eux. Ils mangent plus que moi. Il y en a 17 maintenant. Je les aime beaucoup, surtout ces quatre-là... ils me tiennent compagnie... Je n'ai pas d'amis ici ».

L'alcoolisme est une autre conséquence de la recherche d'une compensation à l'isolement. Les personnes concernées directement n'en font guère état mais évoquent les ravages que cela a pu produire sur certains de leurs voisins.

« Il y en a qui ne retournent pas parce qu'ils boivent et qu'ils ont honte. Ils disent je n'ai pas assez d'argent et je n'ai pas de quoi envoyer ni assez pour

---

[29] Les extraits d'entretiens figurant dans cet article sont tous tirés d'une enquête réalisée en 2007 dans les foyers ADOMA : Barou J. Les Algériens âgés vivant dans les résidences Adoma : quelles perspectives de retour en Algérie ?, rapport non publié.

le voyage et les cadeaux. Et cela devient le cercle vicieux. Ils oublient leur mal-être dans l'alcool et c'est de pire en pire. J'en ai connu un au foyer là-haut ; il n'était pas retourné au pays 14 ans durant. Il a été renvoyé de la Sonacotra parce qu'il ne payait pas son loyer. Il tombait, ivrogne et on a décidé de l'aider à rentrer au pays. Un copain kabyle l'a accompagné jusqu'à son village natal et cela lui a fait beaucoup de bien. Il a été pris en charge par sa famille et ça va maintenant…La France a fait gagner certains et a détruit d'autres. Certains se sont laissés influencer et se sont détruits vraiment et leur famille, là-bas, abandonnée. »

De tels actes de solidarité sont malgré tout plutôt rares. Les personnes cherchent individuellement à se protéger du risque de tomber dans l'alcoolisme. La religion musulmane et l'interdit qu'elle édicte à propos de l'alcool sont souvent mentionnés comme moyen préventif.

« Avant, je jouais mais je n'ai jamais bu une goutte d'alcool heureusement parce que ça fait des dégâts, ça ! Mais aujourd'hui, à mon âge, c'est la mosquée. Il faut se ranger. On va bientôt mourir. »

Quelquefois, les souffrances et les maladies liées à l'âge sont expliquées comme le châtiment pour les transgressions commises dans le passé par rapport aux interdits religieux, comme l'explique cet homme de 73 ans fortement handicapé.

« Mais quand tu ne peux plus te déplacer, courir, aller boire un canon, c'est la mort, non, la mort c'est mieux parce que c'est une délivrance. Je vais te dire, à mon avis, je ne terminerai pas l'année. Tu ne me retrouveras pas si tu reviens…Combien de fois, j'étais mort et je finissais par me réveiller. Dieu ne veut pas de moi parce que j'ai profité de la vie avant. J'en ai bu des canons, à Béjaïa, ici à Lyon ».

Le désir de mourir est souvent exprimé, surtout quand les personnes cumulent isolement, état dépressif et pathologies somatiques lourdes, comme cet homme qui vit en fauteuil roulant depuis des années à la suite de problèmes circulatoires ayant entraîné l'amputation d'une de ses jambes.

« Depuis 1987, je ne suis pas retourné au pays. Qui va s'occuper de moi ? Un handicapé ! J'attends la mort. Moi, je ne pense à rien d'autre. Je prie tous les jours pour que Dieu me rappelle à lui. C'est dur cette vie : du lit au fauteuil roulant, du fauteuil roulant au lit. Devant la télé tout le temps… »

Les actes suicidaires sont une réalité qui vient en conséquence de l'installation dans un état dépressif. Comme dans le cas de l'alcool, il est plus facile d'en parler à propos des autres plutôt que de faire état soi-même de ce type de tentation.

« Ici, il y a des gens qui ont une famille mais sont divorcés. C'est triste de voir ça. Dernièrement l'un d'eux s'est suicidé dans sa chambre, par pendaison. C'était la misère morale, dépression, ses enfants venaient le voir, il n'avait rien à leur offrir. »

Quelquefois, la souffrance est telle que l'on n'hésite pas à faire état de désirs de passage à l'acte, comme cet homme de 72 ans vivant dans une résidence de Marseille et qui depuis plusieurs années est réduit à vivre en fauteuil avec de multiples pathologies.

« J'ai été malade d'un cancer de la prostate il y a vingt ans. Quand on m'a fait des rayons à la Timone, j'ai eu une inflammation des intestins avec rétrécissement en 1999. C'est affreux, affreux ! J'ai eu un problème aux artères…En 2004, on m'a coupé toute la jambe. Ce n'est pas une vie. Je voudrais mourir, vraiment mourir ! Je ne rêve plus que de ça. Ne plus me réveiller ! Plusieurs fois je me dis : je laisse le fauteuil glisser dans les escaliers et peut-être ce sera fini. Avant-hier, j'étais tellement dégoûté de la vie que j'ai prononcé la chahada[30] et j'ai dit : ça y est je me jette… »

Les actes suicidaires sont l'issue extrême d'un état dépressif qui est souvent associé à diverses pathologies somatiques. Cet état semble être partagé par la majorité de la population et faire en quelque sorte partie de leur condition d'hommes vieillissant dans la solitude, comme le constate cet homme de 66 ans, lui-même atteint de plusieurs pathologies.

« J'ai le diabète, l'hypertension et je souffre parfois de troubles digestifs et de dépressions. D'ailleurs, nous faisons tous des dépressions ici. ».

Diverses mesures ont été prises par les responsables des résidences où habitent de nombreuses personnes vieillissantes, en particulier sur le plan médical. Les résidents malades sont suivis régulièrement par du personnel soignant qui vient les voir à domicile. Ceux qui sont fortement handicapés et en perte d'autonomie bénéficient des services d'une auxiliaire de vie. Mais la lutte contre les états dépressifs ne peut être prise en charge que par l'existence d'une ambiance solidaire dans les résidences. Or celles-ci doivent de plus en plus accueillir des populations aux comportements trop divers pour que les gens puissent tisser des liens positifs entre eux. Si certains responsables de résidence ont la fibre sociale et s'efforcent d'organiser des activités et des rencontres destinées à stimuler les échanges entre les occupants, beaucoup sont absorbés par les tâches de gestion et ne peuvent ou ne veulent s'investir dans une relation plus intense avec les occupants de l'établissement qu'ils dirigent.

De ce fait, beaucoup de ces résidences deviennent des lieux anonymes où pourront se développer les souffrances caractéristiques d'un vieillissement solitaire accompagnant souvent un bilan de vie négatif et de nombreuses

---

[30] Chahada : profession de foi récitée en arabe classique par les Musulmans dans les prières et à l'heure de leur dernier soupir.

pathologies liées à des activités professionnelles génératrices de maladies et de handicaps.

Les possibilités de résilience

Si les conditions du vieillissement des hommes seuls éloignés de leur famille ou en rupture avec celle-ci sont propices au développement d'états dépressifs, ils ne constituent pas la seule population susceptible de connaître ce type de troubles. Dans l'état actuel des connaissances, d'autres catégories de la population immigrée sont susceptibles de connaître des pathologies semblables, en particulier les femmes âgées vivant seules.

Si l'on en croit les statistiques, il s'agirait d'une population sujette aux situations d'isolement. Parmi les femmes retraitées, on relève en effet un nombre important de veuves (25,8 %), de divorcées (14,7%) et peu de célibataires (2,4%). Les femmes mariées ne sont que 56%, alors que 86% des hommes retraités sont mariés et 42,6 % de l'ensemble des retraités ont un conjoint lui-même retraité.[31] Si l'on considère les femmes âgées originaires des pays du Maghreb, on constate l'existence d'autres caractéristiques pouvant constituer un terreau propice aux états dépressifs : fréquent analphabétisme et manque de maîtrise du français qui limitent les possibilités de communication, manque d'autonomie liée au fait que la plupart du temps, elles sont venues rejoindre un mari dans la dépendance dont elles se sont trouvées totalement dépendantes du point de vue économique et social. Une fois veuves ou séparées, elles risquent de se retrouver dans l'incapacité d'assumer leur autonomie du fait de leur faible capacité à assurer les démarches administratives nécessaires. De plus, leur vie sociale se limitait souvent au cercle des relations entretenues par leurs maris.

Pour autant, les quelques approches qualitatives[32] consacrées à cette population tendent à montrer qu'elle n'est que faiblement touchée par les états dépressifs. Si ceux-ci se mettent en place à l'occasion d'une rupture dans l'organisation de la vie personnelle, c'est plutôt dans les premiers temps de l'arrivée en France que se situe la période à risque. Malgré la présence du mari et quelquefois d'une partie des enfants, le syndrome d'isolement est réel. L'éloignement du village et de la famille demeurée au pays n'est pas spontanément compensé par le développement d'une vie sociale dans le pays d'accueil. Il faut du temps pour que les nouvelles venues

---

[31] Attias-Donfut Cl. 2006, *L'enracinement, enquête sur le vieillissement des immigrés en France*, Armand Colin.
[32] L'article se réfère ici à plusieurs mémoires d'étudiants consacrés à cette question et réalisés à l'Institut d'études politiques de Grenoble.

puissent tisser des relations avec un certain nombre de personnes présentes dans leur environnement spatial ou pour qu'elles apprennent à communiquer avec la famille plus ou moins dispersée. La rupture induite par le veuvage ou le divorce apparaît comme moins susceptible de produire du sentiment d'isolement, le divorce étant d'ailleurs de plus en plus souvent demandé par les femmes.

Il y a une capacité de résilience qui s'observe chez beaucoup de femmes touchées tardivement par une rupture conjugale et qui semble reposer sur le développement de nouveaux liens relationnels tout autant que sur la solidité des liens sociaux et familiaux déjà tissés. Les ruptures avec les enfants sont beaucoup plus rares chez les mères que chez les pères. La mère devenue seule à la suite d'un veuvage ou d'une séparation se voit souvent proposer de s'installer chez un de ses enfants. Certaines l'acceptent et s'investissent alors beaucoup dans le soin et l'éducation de leurs petits-enfants. D'autres le refuse souvent, préférant garder un logement autonome tout en essayant de se rapprocher spatialement de leurs enfants. C'est seulement quand elles seront en trop grande perte d'autonomie qu'elles envisagent de se faire prendre en charge par ceux-ci ou de rentrer au pays si elles n'ont pas d'enfants en France. Ayant moins de problèmes de santé que les hommes, elles ont souvent des revenus réguliers grâce aux minima sociaux et aux avantages associés. Pleinement bénéficiaires en principe de la C.M.U et de la C.M.U complémentaire, elles n'ont pas à payer une mutuelle comme les hommes qui touchent leur retraite. Cet état de santé somatique relativement satisfaisant favorise un optimisme et une bonne « hygiène mentale ».

Elles peuvent aussi participer à la vie sociale dans leur quartier de résidence par le biais d'activités organisées dans des centres sociaux ou par des associations de proximité. Leur pratique religieuse semble aussi plus régulière que celle des hommes et favorise des rencontres avec d'autres femmes qui partagent les mêmes valeurs. Contrairement aux hommes vivant en foyers qui subissent le voisinage d'une communauté hétérogène au sein de laquelle ils n'ont pas choisi de vivre, les femmes qui vivent la plupart du temps dans des logements sociaux situés dans des quartiers populaires comptant une proportion importante de familles immigrées provenant du Maghreb développent une vie communautaire choisie avec des personnes qui leur ressemblent. Ces relations relativement gratifiantes constituent le meilleur antidote aux risques de dépression liés aux situations et aux sentiments d'isolement.

En l'absence de données provenant d'approches authentiquement scientifiques de cette question, on ne peut pas conclure de façon définitive que les femmes immigrées vieillissantes sont épargnées par les risques de dépression qui touchent fortement les hommes mais les quelques travaux de caractère monographique qui leur ont été consacrés font ressortir un certain nombre de différences qui peuvent expliquer les inégalités entre hommes et femmes immigrés de même condition sociale devant les états dépressifs.

Les femmes, venues la plupart du temps dans le cadre du regroupement familial ne vivent pas la perte de ressources occasionnée par le passage à la retraite comme une remise en cause du sens de leur migration et ne ressente pas une perte d'estime d'elles-mêmes du fait de leur incapacité à aider financièrement leurs familles.

N'ayant pas travaillé dans des secteurs d'activités générateurs de maladies et de handicaps elles ont une meilleure santé physique que les hommes, ce qui retentit plus positivement sur leur moral.

Participant à une vie communautaire au milieu de personnes qui partagent la même expérience de vie et les mêmes valeurs, elles peuvent plus facilement se protéger des risques d'isolement moral et physique et, en cas de ruptures et de trauma, comme les deuils et les séparations, elles trouvent dans ce milieu communautaire une ambiance et une solidarité plus à même de faciliter leur résilience.

En guise de conclusion, on peut faire ressortir le rôle déterminant que joue l'environnement social et familial qui est celui des immigrés vieillissants dans le développement des états dépressifs.

LE CORPS DE L'IMMIGRÉ :
L'ÉPREUVE DE L'ACCIDENT DU TRAVAIL

Abdel-Halim BERRETIMA [33]

Résumé

L'accident du travail est paradoxalement défini selon les circonstances de sa survenue, ce qui provoque une situation ambiguë et confuse profitant généralement au patronat qui a de ce seul fait toute latitude pour retarder la reconnaissance de l'événement accidentel ou ignorer sa nature professionnelle.

A la recherche d'une réparation institutionnelle ou institutionnalisée, synonyme de la valorisation de son corps, l'immigré en souffrance, car victime de ce risque professionnel, est soumis aux différentes interprétations de son langage psychopathologique, s'exprimant à travers une gesticulation corporelle parfois incompréhensible par les cliniciens car ils ne maîtrisent pas un langage culturellement extériorisé. A cet effet, et à partir du langage cliniquement rompu entre les deux parties en opposition, les circonstances de l'accident du travail posent au préalable la problématique de son objectivation par des spécialistes qui cherchent à donner une interprétation plus institutionnelle que sociologique à sa genèse, dans un monde du travail dominé par les conflits continuels opposant le patronat aux salariés. Lorsque le diagnostic -volontairement ou involontairement- établi par les praticiens relève des troubles psychiatriques chez la victime, dont la langue et la culture posent déjà des problèmes de sens au pouvoir institutionnel, la contestation de l'immigré fait face à une autorité médicale qui favoriserait la manipulation de son corps, car elle se permet de l'investir psychiquement.

Dans cet article nous étudierons cette réalité à travers des récits signifiant que la demande de la réparation existentielle du travailleur immigré en souffrance ne se limite pas à une simple réparation corporelle, mais qu'elle dépasse le cadre psychopathologique de la contestation pour rechercher le rétablissement définitif de sa nouvelle condition migratoire.

Mots clés : *accident du travail, immigré, corps, souffrance, conflit institutionnel*

---

[33] Maître de Conférences en sociologie, Université A-M, Béjaïa, Algérie. Membre associé de l'IRIS, EHESS, Paris. abdel.Halim-Berretima@ehess.fr

Au travers de leur socialisation professionnelle, par leur force de travail, les immigrés constitueraient un potentiel destiné à être exploité par le patronat, exerçant des métiers dans des conditions de travail précaires, parfois sans aucune compensation salariale répondant à leur rentabilité. Cette réalité professionnelle accentue l'altération de leur santé[34], synonyme d'une usure continuelle de leur corps. Recruté pour exécuter des activités où les risques professionnels sont multiples et dont le corps devient un outil de production et de rentabilité, source d'épuisement, de souffrance et de vieillissement, le travailleur immigré pourra-t-il échapper à l'exploitation patronale ainsi qu'au pouvoir qu'exercent les institutions dans l'instrumentalisation des modalités de son indemnisation ?

Étant le seul capital de sa force de travail, le corps de l'immigré traduit son appartenance aux catégories ouvrières défavorisées, une population dépourvue de toute considération professionnelle dans un monde où les valeurs de représentativité sont dictées par l'utilité du corps dans l'exercice de l'activité manuelle. C'est dans ce sens que Marcel Mauss considère que « *le corps est le premier et le plus naturel instrument de l'homme [...], le plus naturel objet technique, et en même temps moyen technique de l'homme* »[35].
Mais lorsque l'immigré est malade ou qu'il subit un accident du travail, il est confronté aux enjeux du double pouvoir patronal et institutionnel de la réparation, et il ne trouve pas « *le langage par lequel on est parlé plutôt qu'on ne le parle* »[36], c'est-à-dire les mots pour extérioriser sa souffrance physique et morale. C'est alors son corps qui remplace le langage parlé, d'autant plus que la demande de réparation ne se limite pas seulement au *rétablissement* de son état de santé, mais s'élargit à son vécu migratoire[37].
La souffrance de l'immigré victime d'un accident du travail est-elle interprétée comme une simple demande médicale clinique ou institutionnelle, ou représente-t-elle une autre forme de demande de réparation existentielle ? Si le corps produit les signes de leur appartenance culturelle et de leur représentation, les immigrés en souffrance se trouvent paradoxalement en marge du dialogue les opposant aux acteurs

---

[34] Berretima A-H., Les immigrés face à la vulnérabilité de l'accident du travail. in Gilles Ferréol (Dir), *Risque et vulnérabilité,* Bruxelles : *Editions* EME et InterCommunications, 2014, pp. 245-258.

[35] Bourdieu P., Remarques provisoires sur la conception sociale du corps. *Actes de la Recherche en Sciences Sociales,* n° 14, avril 1977, p. 51.

[36] Sayad A., Santé et équilibre social chez les immigrés. *Psychologie Médicale,* n° 11, octobre 1981 (Actes du XXIIe colloque de la Société de psychologie médicale de langue française, "Psychologie médicale et migrants", Marseille, 30-31 mai 1980), p. 1757.

[37] Sayad A., Santé et équilibre social chez les immigrés. *Psychologie Médicale,* n° 11, octobre 1981 (Actes du XXIIe colloque de la Société de psychologie médicale de langue française, "Psychologie médicale et migrants", Marseille, 30-31 mai 1980), p. 1757.

institutionnels, incapables de comprendre leur langage[38]. Dans ce contexte de présentation et de représentation, le langage corporel incite à l'interprétation contradictoire des médecins chargés de différencier le corps en tant que force physique, du corps en tant que source de souffrance intériorisée, car ils doivent traiter une demande globale d'une situation *existentielle* associée à l'environnement immédiat de la victime.

Déraciné, l'immigré en souffrance est à la recherche d'une stratégie défensive pour pouvoir contrôler ses angoisses, ses inquiétudes et ses incertitudes dans la société d'immigration[39]. Dépourvu de sa force de travail, il s'exprime à travers une extériorisation corporelle signifiant l'existence d'« *une différence décisive qui ne prend sa valeur que sur fond d'une identité essentielle* »[40]. Le corps de l'immigré devient alors un objet des enjeux institutionnels et se transforme, du fait de sa docilité, en potentiel économique utilisable dans les stratégies patronales d'exploitation.

Le corps de l'immigré au centre des débats opposés

La place que le corps pourrait occuper dans le contexte institutionnel de sa réparation médicale et de sa valorisation sociale nous amène à comprendre l'équilibre sur lequel repose la condition psychologique, sociale, sociologique et politique de l'immigré. Du fait de la réalité même de son existence dans la société du pays d'immigration où il doit se rendre « visible » par le travail et pour le travail, sa raison d'être immigré dans la société globale ne peut se valoriser que par son intégrité physique et l'utilité de son corps, symbolisant par là-même la validité de sa force de travail dans le monde ouvrier. Au travers de cette évaluation spatiale et temporelle, les circonstances de l'accident du travail sont évaluées selon une morphologie que dessine la nature de sa survenue sur le lieu de travail, signifiant intrinsèquement l'interaction des circonstances objectives et subjectives[41] qui traduisent la nature de cet événement dans le milieu professionnel[42].

Lorsqu'il est dépossédé de son capital corporel, ce qui veut dire l'anéantissement même de sa force de travail, conséquence des imprévus interrompant son parcours professionnel tels que la maladie, l'accident, le

---

[38] *Ibid*, p. 1758.
[39] Abou S., *Liban déraciné : fils et filles d'émigrés*, Paris : Éd. Plon, 1978, p. 511.
[40] Foucault M., *Naissance de la clinique*, Paris : PUF, 1963 p. 94.
[41] GOFFMAN E., *Les rites d'interaction*, Paris : Éditions de Minuit, 1974, p. 8.
[42] Berretima A-H. *L'accident du travail et ses effets sur les trajectoires socio professionnelles des travailleurs immigrés maghrébins. Le cas du BTP en France*, thèse de doctorat en sociologie, sous la direction de G. Noiriel, Paris : EHESS, 2008, pp. 255-261.

chômage ou le vieillissement, c'est l'ensemble de l'édifice de l'équilibre de sa condition d'immigré qui s'effondre[43].

De ce fait, et en raison de la complexité et parfois même de l'imprévisibilité du quotidien, la réalité que vit aujourd'hui l'immigré en souffrance dans la société post-industrielle a provoqué une dérégulation dans le processus de socialisation et d'institutionnalisation de son corps dans les différents espaces de son interaction et de sa visibilité institutionnelle. Les répercussions de l'inactivité et de la souffrance de l'immigré donnent lieu à des confrontations, à des enjeux et à des mécanismes l'opposant, d'une part, au pouvoir patronal[44] et, d'autre part, au pouvoir des différents acteurs responsables des modalités de son insertion professionnelle, institutionnelle et sociale. Face à cette double domination, la transformation de son quotidien n'est plus pensée en tant que souffrance singulière, mais il s'agit d'un sentiment intégré dans la globalité de son existence dont la légitimité est conditionnée par la réparation recherchée du corps anéanti[45].

C'est à la recherche de cette légitimation existentielle que les paradoxes de l'indemnisation et de la réparation corporelle jaillissent pour laisser la place à une confrontation opposant l'immigré au pouvoir institutionnel. L'entrevue controversée entre soignants et soignés a mis en évidence la complexité des pratiques institutionnelles dans le processus d'indemnisation et de réparation du corps devenu un centre d'intérêts et de convoitises différemment interprétées par les deux parties. Face à des praticiens incapables de localiser l'origine de la souffrance psychopathologique, aboutissant à un diagnostic médical souvent erroné dans son interprétation clinique, la position paradoxale de l'immigré provoque une « *crise morale* » autour de *la causalité* de son accident, une revendication recherchée par les deux parties en opposition[46].

Le corps, objet de manipulation institutionnelle

Au travers de la représentation de son corps, l'immigré intègre une dynamique de revendications généralement entravées par des procédures complexes aux lois difficilement compréhensibles, plus particulièrement

---

[43]Sayad A.,"Vieillir dans l'immigration", in : *Vieillir et mourir en exil : immigration maghrébine et vieillissement*. Lyon : Presses universitaires de Lyon, 1993, p. 50.

[44]Lenoir R., "La notion d'accident du travail : un enjeu de luttes", *Actes de la Recherche en Sciences sociales*, n° 32-33, avril-juin 1980, p. 78.

[45]Fassin D., "Le corps exposé. Essai d'économie morale de l'illégitimité", in : Fassin Didier et Memmi Dominique (dir.), *Le gouvernement des corps*, Paris : Éditions de l'École des Hautes Études en Sciences sociales, 2004, p. 240.

[46]Dodier N., "Causes et mises en cause : innovation sociotechnique et jugement moral face aux accidents du travail", *Revue Française de Sociologie*, vol. 35, n° 2, avril-juin 1994, p. 251.

chez les populations analphabètes et professionnellement disqualifiées. C'est à partir du langage cliniquement rompu entre les deux parties en opposition que les circonstances de l'accident du travail posent *au préalable* la problématique de son objectivation par des spécialistes qui cherchent à donner une interprétation plus institutionnelle que sociologique à sa genèse, dans un monde du travail dominé par les conflits continuels opposant le patronat aux salariés.

Dès lors, l'accident du travail, qui pourrait être prévisible ou imprévisible, est souvent en rapport avec la nature des circonstances de sa survenue provoquant une situation ambiguë et confuse profitant généralement au patronat, qui a de ce seul fait toute latitude de retarder la reconnaissance de l'événement accidentel ou d'ignorer sa nature professionnelle.

En profitant de leur position hiérarchique dominante, certains employeurs pratiquent la dissimulation des raisons environnementales, ergonomiques et matérielles engendrant l'incapacité physique, l'invalidité ou le décès ; d'autres profitent du fait que leurs salariés ne connaissent pas les règles juridiques pour contrefaire l'imputation de la faute. La manipulation prend dans ce sens différentes formes et diverses modalités qui risquent de retarder la déclaration de l'accident et de convaincre la victime du caractère anodin de son atteinte corporelle, qui accepte alors, dans le cas des victimes non déclarées ou en difficulté financière, une proposition ou une indemnisation versée à l'amiable et hors du circuit institutionnel, au détriment de la santé et parfois de la vie :

> « *C'était un Marocain, ils ont creusé à 12 mètres de profondeur et ils n'ont pas toisé et tout est tombé sur lui. Il est mort. Le patron a acheté des témoins avec de l'argent et il leur a dit :* « *Je vous donne des promotions, je vous donne des grades de chefs, etc.* » *Et ils ont témoigné. L'un de ceux qui ont témoigné contre ce Marocain était d'ailleurs son oncle. Ils ont dit que c'était lui le responsable de son accident et il est tombé.* « *Il est mort, le pauvre* ». *Ils sont partis chez sa famille et ils ont dit :* « *C'était lui le responsable de l'accident* ». *Et ils ont tout mis sur lui. Le patron a pris l'habitude de faire comme ça. C'est pour ça [...] qu'on évite de témoigner contre le patron, parce qu'on risque de perdre notre boulot* » [Hafid, immigré marocain, 51 ans, victime d'un traumatisme crânien, entretien réalisé en Île-de-France en 2007].

Ces pratiques mettent au jour l'enjeu de la falsification factuelle patronale sur les circonstances de l'accident, attitude encouragée par le vide juridique ou l'absence dans la régularité des inspections dans l'entreprise ou sur le chantier, ce qui donne parfois libre cours aux fausses déclarations. L'enjeu opposant le pouvoir patronal ou institutionnel à l'immigré inscrit ce dernier dans une dialectique où la machine procédurière est détenue par le pouvoir dominant de l'employeur et des acteurs responsables de la réparation du corps. Puisque l'immigré est incapable de donner une version correcte des circonstances dans lesquelles son atteinte corporelle a eu lieu, son discours contestataire peut être étouffé par l'employeur, qui rejette la responsabilité du préjudice corporel sur le salarié[47].

À la recherche de la faute inexcusable, la confrontation entre le pouvoir patronal et l'immigré s'inscrit dans un cadre institutionnel régulé par des lois et des décrets difficiles à maîtriser par la victime en souffrance, et qui plus est analphabète, sous-qualifiée ou sans papiers. L'immigré devient alors le premier acteur « sacrifié » des circonstances de l'inégalité des décisions, car le conflit entre les deux parties prend l'ampleur d'une lutte de classes favorisant parfois la domination de la décision institutionnelle sur la position subordonnée de l'accidenté. Entrelacé dans le système de l'idéologie dominante, celui-ci va réduire les chances de sa représentation auprès des acteurs en charge de son indemnisation. Revendiquant ses droits, l'immigré entame une lutte inégale avec la Sécurité sociale, sa persévérance le conduisant vers un entêtement jugé extrême par les spécialistes de cette institution[48].

L'immigré en souffrance découvre alors un espace où l'opacité du discours institutionnel autour de sa santé domine l'enjeu de sa confrontation avec les médecins de la Sécurité sociale. Les différentes interprétations de son langage psychopathologique s'expriment souvent par une gesticulation corporelle incompréhensible et confirment son incapacité à maîtriser le langage des cliniciens. Dès lors, il leur est difficile de codifier sa souffrance pathologique en rapport avec sa revendication globale. Son attitude héritée interprète un comportement dont la signification reste accentuée par l'angoisse et la nervosité, n'étant pas en mesure d'apporter une explication clinique à sa souffrance face au corps médical. Considéré par les acteurs institutionnels comme un « simulateur », il devient l'otage d'un discours médical qui qualifie l'accident du travail de prétexte à la souffrance, et non pas la cause réelle de celle-ci[49]. Exprimant un sentiment de désarroi et d'incertitude affecté par sa *double absence* dans deux sociétés différentes[50], l'immigré en souffrance intègre le système de l'incompréhension clinique

---

[47] Juffe M., *A corps perdu, l'accident du travail existe-t-il ?,* Paris : Éd. du Seuil, 1980, p. 29.
[48] Sayad A., "Santé et équilibre social chez les immigrés", op. cit. p. 1760.
[49] Eutamane H., *Représentations sociales des accidents du travail. Étude de la notion du risque : le cas de la France*, thèse de doctorat de 3ᵉ cycle en sociologie, sous la dir. du professeur Christian de Montlipert, Strasbourg, 1981, p. 195.
[50] Sayad A, *La double absence : des illusions de l'émigré aux souffrances de l'immigré*, Paris : Éd. du Seuil, 1997, 437 p.

qui réduit les chances de sa représentation corporelle auprès des acteurs en charge de son indemnisation.

Le corps immigré face au corps médical

Le rapport dominant/dominé entre l'immigré et les cliniciens, qui ne différencient pas l'aspect psychiatrique de l'aspect pathologique dans l'évaluation de sa souffrance, peut rendre la décision médicale confuse. Une réalité que j'ai constatée chez les Maghrébins travaillant dans le secteur du B.T.P. en Île-de-France et ayant subi un accident du travail[51], particulièrement lorsqu'ils sont gravement atteints, avec un taux d'incapacité permanente ou licenciés suite à leur atteinte corporelle. Ils intègrent de ce fait le processus médical d'institutionnalisation, tout en continuant à contester la décision de leur *consolidation* qui ne répond pas, d'après eux, à leurs attentes d'indemnisation et qui ne traduit pas la guérison finale de leur souffrance physique et mentale.
C'est ainsi que ceux qui sont gravement atteints ne sont guère satisfaits du taux d'incapacité physique déterminé, un taux évalué par le médecin-conseil de la Sécurité sociale qui est une autorité médicale dont la décision est généralement contestée par cette population, surtout lorsque la rente attribuée à la victime est rarement égale au salaire versé précédemment[52]. À la recherche d'une nouvelle réévaluation de son indemnisation, l'immigré demande souvent que son atteinte corporelle soit réexaminée par un autre expert, qui redéfinira le taux de son incapacité physique déjà déterminé par le médecin-conseil de la Sécurité sociale, celui-ci décidant en dernière instance du taux d'indemnisation qui sera proposé.

Dès lors que les immigrés sont licenciés ou exclus de tout reclassement professionnel, ils contestent la décision du médecin-conseil dont l'expertise médicale se fonde sur les éléments apparents de l'incapacité physique et exclut, volontairement ou involontairement, les raisons pathologiques ou extra-médicales en rapport avec la souffrance existentielle. Ce désintéressement clinique est la cause d'une certaine confusion dans l'établissement d'un diagnostic orientant certains immigrés vers des institutions psychiatriques. Cela arrive souvent lorsque l'immigré refuse catégoriquement le taux d'indemnisation attribué, le trouvant insuffisant, et qu'il s'exprime dans un langage de revendication empli de colère difficile à décoder par les praticiens en charge de sa réparation institutionnelle[53].

---

[51] Berretima A-H., *L'accident du travail et ses effets sur les trajectoires socioprofessionnelles des travailleurs immigrés maghrébins. Le cas du BTP en France*, op.cit.
[52] Berretima A-H, "Du chantier à l'expertise médicale : la santé des travailleurs immigrés en question", article en ligne, site web de la revue *Mouvements des idées et des luttes*, mai 2009.
[53] Fassin D., *Le corps exposé. Essai d'économie morale de l'illégitimité*, op. cit. p. 241.

Cette situation multiplie souvent les conflits entre la victime et les acteurs concernés, qui ont du mal à cerner un langage pathologique vécu dans le contexte d'une existence migratoire devenue incertaine suite à l'anéantissement du corps. L'interprétation clinique de la souffrance nécessiterait un spécialiste parlant la langue d'origine de l'immigré afin de pouvoir différencier l'aspect pathologique de la réalité psychiatrique, et ainsi pouvoir faire un diagnostic où l'on tient compte de la douleur ressentie ou exprimée[54]. La souffrance globale est alors animée par l'enjeu institutionnel opposant la victime à la Sécurité sociale et aux différents acteurs en charge de sa *consolidation* ou de son indemnisation[55].

La perception institutionnelle du corps de l'immigré

La confrontation entre corps médical et corps immigré (accidenté ou malade) donne lieu à un pronostic détournant la victime de l'objectif de ses revendications. L'immigré est alors soumis à la *perception* qu'exprime le pouvoir institutionnel dans l'évaluation de son langage que produit sa condition sociale de dominé[56]. Exposé en permanence au diagnostic médical, le corps de l'immigré devient un corps étranger pour les spécialistes qui appréhendent sa souffrance dans un contexte purement clinique, aucune interprétation psychopathologique étant susceptible de décoder les symptômes intériorisés qui accentuent les diagnostics de la réalité pathologique d'une sinistrose cliniquement supposée chez la victime.
Cette appréhension clinique est le résultat d'un sentiment d'inquiétude se manifestant chez la victime par des réactions incompréhensibles pour des cliniciens qui constatent que certains immigrés souffrent de sinistrose et dont ils ont bien du mal à codifier leur langage corporel[57]. En absence des mots traduisant la réelle souffrance extériorisée, l'immigré, mal compris par les membres de la Commission du contrôle médical, va intégrer la stratégie de la contestation en s'opposant à la décision du médecin-conseil ou à celle de la Commission des droits et de l'autonomie des personnes handicapées (CDAPH)[58], commission qui évalue le taux de son invalidité selon les symptômes apparents de la souffrance corporelle et mentale.
À ces symptômes cliniques[59] s'ajoute la détérioration de l'état de santé des immigrés, et en particulier de ceux qui sont reconnus par cette commission comme des invalides. C'est l'une des étapes les plus complexes du processus de reconnaissance de l'accident du travail traduisant le paradoxe de l'action institutionnelle à travers « *les différentes imbrications des logiques* » de

---

[54] Bennani J., *Le corps suspect*, Paris : Éd. Galilée, 1980, p. 56.
[55] Sayad A., "Santé et équilibre social chez les immigrés", op. cit., p. 1760.
[56] Bourdieu. P., *Langage et pouvoir symbolique*, Paris, Editions Fayard, 1991, p. 136.
[57] Sayad A., *La double absence*, op. cit., p. 266.
[58] Commissions créées par la loi n° 2005-102 du 11 février 2005.
[59] Foucault M., *Naissance de la clinique*, Paris : PUF, 1963, p. 92.

reconnaissance et de raisonnement techniques des acteurs spécialisés[60]. C'est pour cette raison que l'immigré interpelle continuellement le pouvoir institutionnel, cherchant les réponses à son indemnisation morale et physique chez l'expert médical, le médecin-conseil de la Sécurité sociale ou l'ensemble des acteurs responsables de la réparation de sa condition existentielle globale. Lorsque l'immigré est déclaré *consolidé* et qu'il obtient une rente indemnitaire en réparation du préjudice corporel, la *consolidation* n'entraîne pas toujours l'apaisement définitif de sa souffrance corporelle et psychologique. Il se trouve alors impliqué dans un contentieux clinique n'intégrant que rarement la fonction thérapeutique de la pratique médicale dans la justification de la décision rendue sur son état de santé. L'interprétation psychologique de son discours est parfois évaluée dans le cadre d'une approche psycho-pathologique du fait de l'ampleur de sa demande, qualifiée d'attitude de *simulation* hystérique par des praticiens contraints d'apporter une explication culturelle à sa souffrance corporelle[61]. De ce fait, l'immigré devient l'objet d'investigations cliniques contradictoires dont la pathologie de la souffrance est accentuée par l'atteinte corporelle, une souffrance intériorisée dans son imaginaire, car il se trouve victime de sa nouvelle condition migratoire dans la société globale[62]. Sa réalité existentielle est alors troublée par la perte de l'utilité de son corps, la signification de la demande étant la récupération de la partie non fonctionnelle de son organisme, revendication qui vient compliquer le pronostic des praticiens face à une population s'exprimant avec plus d'aisance dans la langue du pays d'origine que dans celle du pays d'accueil[63].

Il est donc important de signaler que l'évaluation institutionnelle séparant cliniquement *l'organique* du *culturel*, sans pouvoir établir un diagnostic médical, négligerait le contexte socioculturel de la revendication de l'immigré. C'est ainsi que les paradoxes dans la localisation de la souffrance conduisent les praticiens à la dérive médicale -volontaire ou involontaire- incapables de différencier l'origine psychopathologique de la douleur extériorisée chez l'immigré[64].

---

[60] Munoz J., *Logiques d'action et processus de reconnaissance des accidents du travail*, thèse de 3ᵉ cycle en sociologie, sous la dir. du professeur Pierre Dubois, Nanterre, 1999, p. 302.

[61] Jarret R., "La représentation du corps chez le migrant", *Psychologie Médicale*, n° 11, octobre 1981 (actes du XIIᵉ colloque de la Société de psychologie médicale de langue française "Psychologie médicale et migrants", Marseille, 30-31 mai 1980), p. 1721.

[62] Sayad A., *L'immigration ou les paradoxes de l'altérité,* Bruxelles : Éd. Universitaires de Bœck-Wesmael, 1991, pp. 109-181.

[63] Sayad A., *La double absence*, op. cit., p. 266.

[64] Fassin D., "Repenser les enjeux de santé autour de l'immigration", *Hommes & Migrations*, n° 1225, mai-juin 2000, p. 8.

Incompréhension institutionnelle et orientation psychiatrique

Suite aux multiples interprétations médicales non perçues sur le corps, la souffrance de l'immigré se manifeste par un comportement névrotique ou par des troubles psychosomatiques, ses attitudes et son comportement étant la conséquence de l'incomplémentarité entre le diagnostic des spécialistes de *l'organicité* et ceux du *psychisme*. Selon Rachid Bennegadi et François Bourdillon, ce dysfonctionnement d'ordre communicationnel entre l'immigré et les professionnels de la santé trouve son origine dans la séparation entre le sujet (l'immigré souffrant) et l'objet (sa présence dans la société globale)[65], surtout lorsque dans sa demande globale la victime est soumise au diagnostic des médecins manipulant un pouvoir institutionnel, indifférents au langage pathologique de la souffrance et entretenant systématiquement la confusion dans la décision médicale[66].
Il arrive même que les praticiens établissent un diagnostic relevant de la psychiatrie chez une population dont la langue et la culture posent déjà un problème de sens au pouvoir institutionnel. Cette différenciation catégorielle développe chez l'immigré la culture de la méfiance à l'égard de l'autorité médicale, perdant de ce fait confiance dans la décision médicale qui est souvent incompréhensible puisqu'il est incapable de l'interpréter. Devant faire face à une autorité qui favorise la manipulation clinique de son corps[67] l'immigré se trouve alors désorienté face à la demande de sa réparation socioculturelle, ce qui va concourir à l'intégrer dans une position cliniquement régulée par la prépondérance du « *pouvoir psychiatrique* »[68]. Son orientation vers des institutions en charge des troubles psychiatriques ou psychologiques met au jour la volonté de certains médecins de confondre son discours pathologique avec la réalité de sa revendication globale.
Le jugement médical est alors simplifié par la dévalorisation du langage exprimé, un langage qui prend un sens culturel et thérapeutique dans la transmission des maux de l'immigré aux cliniciens. Intégrant la soumission du pouvoir clinique, l'interprétation controversée des mots de la victime laisse libre cours à la manipulation des appréhensions subjectives des médecins à l'égard des personnes contestant les décisions médicales sur l'incapacité physique, la maladie professionnelle ou l'invalidité à travers un

---

[65] Bennegadi R. et Bourdillon F., "La santé des travailleurs migrants en France : aspects médico-sociaux et anthropologiques", *Revue Européenne des Migrations Internationale*s, vol. 6, n° 3, 1990, p. 134.

[66] Goffman E., *Asiles, études sur la condition sociale des malades mentaux et autres reclus,* Paris : Éditions de Minuit, 1968, p. 437.

[67] Aïach P. ; Fassin D. et Saliba J., "Crise, pouvoir et légitimité", in : P. Aïach et D. Fassin (dir.), *Les métiers de la santé : enjeux de pouvoir et quête de légitimité*, Paris : Éd. Anthropos Economia, 1994, p. 34.

[68] Foucault M., *Le pouvoir psychiatrique. Cours au Collège de France (1973-1974),* Paris : Éd. du Seuil - Gallimard, 2003, p. 171.

langage véhiculant une certaine sensibilité jugée parfois excessive[69]. Les diagnostics des praticiens sont donc multiples et souvent éloignés de la réalité médicale de l'institutionnalisation de la souffrance de l'immigré, qui devient, face à l'autorité médicale, un objet de manipulation et d'orientation clinique controversé[70].

Le cas de Hassan, un immigré maghrébin victime d'un accident du travail interviewé dans le cadre de mes enquêtes est à ce propos éclairant. Hassan explique le début du processus de son accident ainsi que les enjeux et les modalités de la reconnaissance de son atteinte corporelle. Sans que les médecins établissent un diagnostic convainquant, il s'est retrouvé dans un service de psychiatrie. Alors qu'il était en train de peindre une cage d'escalier, il est tombé du cinquième étage, les répercussions de sa chute sur son état de santé s'étant avérées graves :

« J'ai glissé sur une échelle du cinquième étage jusqu'au rez-de-chaussée. C'est-à-dire dans la cage d'escaliers. Je suis tombé en marche arrière de l'escalier jusqu'au rez-de-chaussée. J'ai perdu connaissance et ils m'ont amené à l'hôpital. Je suis resté en accident du travail pendant six mois et après ils m'ont retourné en maladie totale pendant trois ans [...]. J'ai une fracture vertébrale, le dos, le bras, la jambe, la tête, traumatisme [...], les yeux, et en plus maintenant l'opération de mon cœur. J'ai beaucoup de choses en même temps [...]. Ah, oui, pour avoir mes droits, les médecins trichent, le contrôle médical peut retourner votre accident comme il veut, surtout s'il trouve un accord avec un médecin qui est conventionné avec la Sécurité sociale, parce qu'il y a des combines. Il y a des médecins privés conventionnés avec la Sécurité sociale. Ils ont peur du contrôle médical parce que le contrôle médical c'est l'État [...]. Parce que la Sécurité sociale nous bouffe. Même les Français ont perdu leurs droits [...]. Comment voulez-vous que nous connaissions nos droits ? Nous, immigrés, nous avons plusieurs handicaps : le handicap de la langue, le handicap physique et le handicap psychologique. Trois handicaps pour les immigrés. Les Français ont un handicap physique et peut-être psychologique, mais ils n'ont pas le handicap de la langue [...]. Comme on parlait de l'hôpital psychiatrique [...], ils m'ont mis dans une pièce et ils m'ont amené une femme. Elle me disait : « Monsieur, votre nom, votre prénom, date de naissance, lieu de naissance... ». Je vous jure, comme ça ; ce que je vous raconte c'est vrai. Ils veulent me rendre fou, sans ma nature [...]. Elle parlait avec moi, je ne lui répondais pas. Et moi j'ai commencé à me poser des questions. Je me suis dit : « Peut-être ils veulent me faire parler sur mes activités syndicales ». Je suis sorti à l'extérieur [de la chambre] et j'ai trouvé des gens qui parlaient tous seuls. J'ai compris que j'étais dans un hôpital de fous. Bon, j'étais

---

[69] Le Breton D. *Anthropologie de la douleur*, Paris : Éd. Métailié, 1995, p. 123.

[70] Aïach P. ; Fassin D. ; Saliba J., "Crise, pouvoir et légitimité", *op. cit.*

entouré par 10 personnes ; ils ont commencé à me parler. Chacun me posait une question. Je parlais normalement. Je suis normal, je ne suis pas fou. Ce n'est pas parce que je revendique mes droits que je suis fou [...]. Dans cet hôpital, ils m'ont ramené, avec tous mes respects, une femme qui me montrait ses cuisses. Dans une pièce, elle me disait : « Vous avez perdu votre copine ». Elle était déshabillée. J'étais tout seul avec elle dans une chambre. « Est-ce que j'étais marié ? ». Je lui ai dit : « Oui. Pourquoi ? » « Est-ce que j'ai une copine ? ». « Mademoiselle », je lui ai dit, « je suis marié. Je n'ai pas besoin. Si je veux être fiancé, il ne manque pas de femmes. Il y en a plein ». Elle m'a dit : « Est-ce que j'ai participé à la guerre d'Algérie ? » « Je lui ai dit : « Non ». Est-ce que j'ai vu quelqu'un mort ? J'ai dit : « Non ». Est-ce que j'ai tué quelqu'un ? [...]. Vous voyez, ils veulent transformer ma situation psychologique. Non, je n'ai rien dit. Après ils m'ont fait passer voir les 10 personnes. Il y en avait un, franchement, il m'a dit : « Vous ramenez cette lettre à votre médecin. Il faut continuer votre traitement. Ce n'est pas ici, ce n'est pas bon pour vous ici ». Je suis sorti. Je suis retourné chez le médecin [expert]. *Je lui ai dit : « Pourquoi vous m'envoyez là-bas ? » Il m'a dit : « Non, ce n'est pas moi, c'est la Sécurité sociale ». Je lui ai dit : « Vous ne me verrez plus chez vous"* [Hassan M., 60 ans, OHQ 2 dans le bâtiment, entretien réalisé en Île-de-France en 2008].

Si d'après le diagnostic psychiatrique et les différents examens médicaux les praticiens ont jugé que la souffrance de Hassan, militant syndicaliste et membre de l'association ASMA[71], ne relevait pas du domaine psychotique, certains immigrés n'échappent pas à cette mauvaise orientation clinique, surtout ceux qui ne peuvent pas s'exprimer en français et qui sont isolés dans leurs démarches administratives et médicales, se retrouvant souvent victimes d'une conception médicale limitant leur corps à une vision biologique dominée par une interprétation technico-médicale[72]. On déduit que face au corps médical, les immigrés se trouvent dépossédés des moyens de leur valorisation linguistique et sont victimes d'un discours institutionnel en décalage avec la réalité de leur souffrance. Parce qu'ils sont souvent appréhendés comme une catégorie typiquement culturelle[73], ces immigrés subissent un traitement différentiel qui échappe parfois à la logique de l'interprétation objective des cliniciens. Ils vivent en définitive une autre forme de stigmatisation qui détourne la victime de l'objectivité réelle de sa

---

[71] Association (loi 1901) d'entraide et de solidarité avec les familles migrantes âgées pour l'égalité des droits des retraités et handicapés pour l'égalité des droits entre Français et immigrés (Paris 18ème).
[72] Dejours C., *Le corps d'abord,* Paris : Éd. Payot, 2001, p. 150.
[73] Dozon J-P. et Fassin D., "L'universalisme bien tempéré de la santé publique", in : Dozon J-P. et Fassin D., (dir.), *Critique de la santé publique : une approche anthropologique*, Paris : Éd. Balland, 2001, p. 10.

demande de réparation⁷⁴. À cet effet, l'interprétation des symptômes de la douleur extériorisée par l'immigré ne facilite pas le diagnostic du médecin occidental, plus à l'aise dans sa pratique clinique avec un patient français qu'avec un immigré. Force est de constater qu'il existe bel et bien un fossé linguistique et culturel entre le praticien français et le malade maghrébin⁷⁵ dont la souffrance corporelle a provoqué l'éclatement de l'identité et l'établissement d'une discontinuité entre son présent et son passé.

Souffrance corporelle et présence migratoire

Sans aucune réparation corporelle institutionnalisée ou une éventuelle prise en charge socioprofessionnelle, l'immigré victime d'un accident du travail peut facilement basculer dans l'exclusion ou la marginalité, ce qui signifie sa disqualification dans une société postindustrielle en pleine fragmentation où il est devenu improductif parce que son corps a été endommagé. Exclu du monde du travail, il est donc dévalorisé au sein de son groupe d'appartenance et victime de sa nouvelle condition migratoire déstructurée. Désormais, la valorisation de son corps se traduit par la recherche d'une éventuelle reconnaissance sociale afin d'acquérir une légitimité existentielle dans la société d'immigration. C'est au sein de cette société culturellement et politiquement différente que l'immigré improductif devient un sujet instruisant la divergence des discours et des appréhensions à propos de sa socialisation dans les différents espaces de sa visibilité. Du fait de sa nouvelle situation, il est aujourd'hui à la recherche d'une « *appartenance participative* » pour pouvoir assurer sa présence qui devrait être institutionnalisée par des lois protégeant les personnes victimes d'un accident du travail, souffrant d'une maladie ou de tout autre atteinte corporelle invalidante ou synonyme de stigmatisation⁷⁶.

Entre *appartenance* et *participation*, l'immigré corporellement endommagé se situe au centre de la problématique de la reconnaissance institutionnelle de son nouveau statut juridique revendiqué. Découvrant sa nouvelle condition d'improductivité et d'exclusion socioprofessionnelle, l'immigré est confronté à l'ambiguïté des pouvoirs coercitifs et discrétionnaires à l'égard de la réparation globale de sa nouvelle condition migratoire. Face aux enjeux de sa réparation clinique et professionnelle, le

---

⁷⁴ Goffman E., *Asiles, études sur la condition sociale des malades mentaux et autres reclus*, op. cit., p. 383.
⁷⁵ Michel M-C., "La relation médecin-malade entre psychiatre et maghrébin migrant", *Psychologie Médicale*, n° 11, octobre 1981 (actes du XXIIᵉ colloque de la Société de psychologie médicale de langue française, "Psychologie médicale et migrants", Marseille, 30-31 mai 1980), p. 1710.
⁷⁶ Goffman E., *Stigmate : les usages sociaux des handicaps*, Paris : Édition de Minuit, 1975, p. 31.

corps est considéré par l'immigré comme un outil nécessaire pour la continuité de sa carrière professionnelle, un instrument *redevenu* utile pour reconquérir une place dans la société française, où les enjeux de son indemnisation et de sa légitimation font défaut.

Conclusion

Contrairement à la conception bourgeoise où le corps n'est pas un simple instrument de production et de reproduction mais un symbole d'esthétique et d'attraction, le corps de l'immigré s'est avéré un instrument de production et de représentation de sa condition sociale[77]. Au travers de cette vision catégorielle, la valorisation du corps de l'immigré ayant subi un accident du travail doit passer par une réparation médicale en vue d'une éventuelle réinsertion socioprofessionnelle, une initiative qui répondrait aux activités proposées par le patronat ou par les centres de formation professionnelle. Mais face aux différentes mesures de reclassement et de réinsertion professionnelle, la gravité des atteintes corporelles et l'état psychopathologique des immigrés, licenciés ou ayant un taux d'incapacité permanente, diminuent les chances de leur réinsertion socioprofessionnelle. La situation devient plus complexe pour les salariés âgés, analphabètes et sous-qualifiés, ainsi que pour tous ceux qui sont en conflit avec leurs employeurs ou avec d'autres organismes en charge de leur indemnisation ou de leur réinsertion socioprofessionnelle.

On déduit de ce constat que la nouvelle condition de l'immigré est induite par l'altération, voire la non-existence du corps en tant que force de travail, incapable d'assurer l'équilibre de sa vie sociale, professionnelle et celui de sa famille. Lorsque le corps est endommagé, la demande de réparation ne se limite pas uniquement au *rétablissement* de l'état de santé de l'immigré, mais s'élargit à son vécu migratoire dans une société en crise où il est incapable parfois de retrouver le statut de sa légitimité socioprofessionnelle. A cet effet, sa souffrance en tant que salarié accidenté du travail n'est donc pas à interpréter comme une simple demande médicale clinique ou institutionnelle, qui passe par la réparation de son corps, mais elle s'est transformée à travers sa représentation institutionnelle et professionnelle en une autre forme de demande de réparation globale.

---

[77] Bourdieu P., "Remarques provisoires sur la conception sociale du corps", op. cit., p. 52.

Références

Abou, S. (1978). *Liban déraciné : fils et filles d'émigrés*. Paris : Éd. Plon, 637 p.

Aïch, P., Fassin, D ; Saliba, J. (1994). Crise, pouvoir et légitimité, in : Aïch, P ; Fassin, D. (Dir). *Les métiers de la santé : enjeux de pouvoir et quête de légitimité*, Paris : Éd. Anthropos – Economia, pp. 9-42.

Bennani, J. (1980). *Le corps suspect : le migrant, son corps et les institutions soignantes*, Paris : Éd. Galilée, 144 p.

Bennegadi, R., Bourdillon, F. (1990). La santé des travailleurs migrants en France : aspects médico-sociaux et anthropologiques. *Revue Européenne des Migrations Internationale*. vol. 6, n° 3, pp. 129-142.

Berretima, A-H. (2008). *L'accident du travail et ses effets sur les trajectoires socioprofessionnelles des travailleurs immigrés maghrébins. Le cas du BTP en France*, thèse de doctorat en sociologie, sous la direction de Gérard Noiriel, Paris : EHESS, 760 p.

Berretima, A-H. (2009). Du chantier à l'expertise médicale : la santé des travailleurs immigrés en question. Article en ligne, site web de la revue *Mouvements des idées et des luttes*, mai.

Berretima, A-H. (2014). Les immigrés face à la vulnérabilité de l'accident du travail, in Gilles Ferréol (Dir). *Risque et vulnérabilité*. Editions EME et InterCommunications, Bruxelles, 2014, 245-258.

Bourdieu, P. (1977). Remarques provisoires sur la perception sociale du corps, *Actes de la Recherche en Sciences Sociales,* n° 14, avril, pp. 51-54.

Dejours, Ch. (2001). *Le corps, d'abord*, Paris : Éd. Payot & Rivages, 215 p.

Dodier, N. (1994). Causes et mises en cause : innovation sociotechnique et jugement moral face aux accidents du travail, *Revue Française de Sociologie*, vol. 35, n° 2, avril-juin, pp. 251-281.

Dozon, J-P., Fassin, D., (sous la direction de) (2001). *Critique de la santé publique : une approche anthropologique*, Paris : Éd. Balland, 355 p.

Eutemane, H. (1981). *Représentations sociales des accidents du travail. Étude de la notion du risque : le cas de la France*, thèse de doctorat de 3e cycle en sociologie, sous la direction du professeur Christian de Montlipert, Strasbourg, 238 p.

Fassin, D. (2000). Repenser les enjeux de santé autour de l'immigration. *Hommes & Migrations*. n° 1225, mai-juin, pp. 5-12.

Fassin, D. Memmi, D. (2004). *Le gouvernent des corps*. Paris : Éditions de l'École des Hautes Études en Sciences sociales, 269 p.

Fassin, D. (2004). Le corps exposé. Essai d'économie morale de l'illégitimité. in : Fassin, D. ; Memmi, Dominique (sous la dir. de). *Le gouvernement des corps*, Paris : Éditions de l'École des Hautes Études en Sciences sociales, pp. 237-266.

Foucault, M. (1963). *Naissance de la clinique,* Paris : PUF, 214 p.

Foucault, M. (2003). *Le pouvoir psychiatrique. Cours au Collège de France (1973-1974)*, Paris : Éd. du Seuil - Gallimard, 399 p.

Goffman, E. (1968). *Asiles, études sur la condition sociale des malades mentaux et autres reclus.* Paris : Éditions de Minuit, 447 p.

Goffman, E. (1974). *Les rites d'interaction*, Paris : Éd. de Minuit, 230 p.

Goffman, E. (1975). *Stigmate : les usages sociaux des handicaps*, Paris : Éditions de Minuit, 175 p.

Jarret, R. (1980). La représentation du corps chez les migrants. *Psychologie Médicale*, n° 11, octobre 1981 (actes du XXIIe colloque de la société de psychologie médicale de langue française. "Psychologie médicale et migrants", Marseille, pp. 1719-1723.

Juffe, M. (1980). *A corps perdu, l'accident du travail existe-t-il ?* Paris : Éd. du Seuil, 189 p.

Le Breton, D. (1992). *La sociologie du corps.* Paris : PUF, 125 p.

Le Breton, D. (1995). *Anthropologie de la douleur*, Paris : Éd. Métailié, 232 p.

Lenoir, R. (1980). La notion d'accident du travail : un enjeu de luttes. *Actes de la Recherche en Sciences sociales*, n° 32-33, avril-juin, pp. 77-88.

Mauss, M. (2004). *Sociologie et anthropologie*, Paris : PUF, 482 p.

Michel, M-C. (1981). La relation médecin-malade entre psychiatre et maghrébin migrant, *Psychologie Médicale*, n° 11,(actes du XXIIe colloque de la société de psychologie médicale de langue française. "Psychologie médicale et migrants", Marseille, pp. 1709-1713.

Munoz, J. (1999). *Logiques d'action et processus de reconnaissance des accidents du travail*, thèse de 3e cycle en sociologie, sous la direction du professeur Pierre Dubois, Nanterre, 526 p.

Sayad, A. (1991). *L'immigration ou les paradoxes de l'altérité,* Bruxelles : Éd. Universitaires Bœck-Wesmael, 331 p.

Sayad, A. (1981). Santé et équilibre social chez les immigrés, *Psychologie Médicale*, n° 11, octobre 1981 (actes du XXIIe colloque de la société de psychologie médicale de langue française, "Psychologie médicale et migrants", Marseille, pp. 1747-1775.

Sayad, A. (1990). Vieillir... dans l'immigration, in : *Vieillir et mourir dans l'exil, immigration maghrébine et vieillissement*, ouvrage publié avec le concours du Fonds d'action sociale pour les travailleurs immigrés et leurs familles (FAS), Lyon : Presses universitaires de Lyon, pp. 43-59.

Sayad, A. (1997). *La double absence : des illusions de l'émigré aux souffrances de l'immigré*, Paris : Éd. du Seuil, 437 p.

LA MORT DES IMMIGRES MAROCAINS EN EXIL

Jamal ELOUAFA[78]

Résumé

Cet article a pour objet d'étudier la problématique de la mort en exil chez les immigrés marocains habitant les foyers d'ADOMA. La mort est un concept mal connu et difficile à cerner. La mort, thème tabou, nous hante et nous fascine. Notre intérêt s'est également porté sur le choix du lieu de l'enterrement, l'angoisse de la mort en exil, le rôle de la religion dans ce choix et dans la vie en exil, les raisons du retour ou du non-retour et le choix de faire des allers-retours entre les deux pays.

Mots-clés : immigration, foyer, mort, représentation, angoisse, retour ou non-retour, islam, identité religieuse.

Introduction

La France vit actuellement une problématique du vieillissement des immigrés marocains et maghrébins dans les foyers de SONACOTRA (Société Nationale de Construction de logements pour les Travailleurs), qui s'est offert un nouveau nom celui d'ADOMA, c'est un nom construit à partir du latin « ad » qui signifie vers et « domus », la « maison ». Des hommes immigrés y vivent seuls dans des conditions précaires.

A travers cet article, nous procéderons à l'analyse de la problématique de la représentation de la mort en exil chez les immigrés marocains. Notre travail est fondé sur une étude que nous avons réalisée. Notre travail est sous tendu par plusieurs questions qui sont les suivantes : Comment les immigrés marocains se représentent-ils la mort dans un pays étranger ? Qu'est-ce qui explique que des hommes marocains ayant immigré seuls pour travailler et aujourd'hui à la retraite, vivent toujours en France dans des foyers SONACOTRA ? Comment les immigrés marocains vivent-ils la vieillesse et la retraite dans les foyers SONACOTRA ?

---

[78] Enseignant chercheur de Psychologie clinique et sociale, FLSH de Rabat, LAboratoire de Recherches et d'Etudes Psychologiques et Sociologiques (LAREPS) ; Equipe de Recherche en Psychologie et Travail Social (ERPTS). elouafa@voila.fr

1- Mort en exil

1-1 Mort

Définir la mort n'est pas une tâche facile étant donné le silence qui règne sur ce sujet tabou. Mais grâce à la littérature, nous pouvons la décrire comme étant le terme ultime de la continuation de la vie qui est un phénomène irréversible, irrévocable et universel.

La mort « *Elle fait partie intégrante de l'existence humaine. C'est pourquoi elle a toujours été pour chacun de nous un profond sujet d'inquiétude. Depuis le début de l'humanité, l'esprit humain scrute la mort, cherchant la réponse à ses mystères.* » (Kübler Rosse, 1993, p. 25).

De tout temps, l'homme a tenté d'élucider ce phénomène incompréhensible mais en vain, car celui-ci échappe encore à la raison humaine. « *L'homme en vérité, ne connaît sa mort que lorsqu'il abandonne sa vie ou lorsqu'il se tue.* » (Castets, 1982, p. 37).

La mort représente le dernier instant de notre vie. Tout ceci explique l'importance que nous accordons aux rites funéraires dans l'Islam, ou dans n'importe quelle religion, qui sont les symboles du dernier salut.

1-2 Exil (Elghorba)

Le concept qui traduit la réalité migratoire dans sa signification phénoménologique, c'est le terme de ex-il (Ex = dehors, il = localité). Le mot exil veut dire être hors-lieu, hors de la localité. Le migrant est un sujet qui est à l'extérieur tout en introjectant les deux lieux dans son psychisme : lieu initial d'attache et lieu d'accueil. La problématique psychopathologique et clinique qui se dégage de cette réalité est celle du clivage entre l'endroit (où l'on est) et le lieu d'où l'on vient psychiquement investi dans son Moi comme un « là » par rapport à « ici ».

L'exil implique donc « *l'idée d'un lieu privilégié parmi tous, d'un lieu idéal et sans pareil.* » (Linhartovà, 1994, p, 128). Néanmoins, si l'exil subi et l'exil volontaire génèrent deux appréhensions différentes du lieu de départ et du lieu d'arrivée, tous deux sont porteurs d'une réalité commune : « *pour qu'il y ait exil, il faut qu'il y ait déplacement, transfert dans un autre groupe social, et par conséquent, échange, confrontation.* » (Ségard, 1986, p. 293.)

Néanmoins, l'exil est une expérience douloureuse, et pour cette raison son impact sur l'homme n'est pas généralement positif et son influence est plutôt nocive. La mort est un déracinement, une rupture de l'homme avec son entourage, sa famille, sa société et sa culture. Ces définitions réfèrent au caractère, non seulement involontaire, forcé du voyage par le sujet concerné, mais aussi sur l'irrévocabilité de son nouveau statut.

Pour Tobie Nathan et Marie-Rose Moro, migrer, c'est « *perdre l'enveloppe de lieu, de sons, d'odeurs, de sensations de toutes sortes qui constituent les premières empreintes sur lesquelles s'est établi le codage du fonctionnement psychique.* » (Moro, 1989, p. 729). L'exil est une rupture, pour de nombreux auteurs « *la migration constitue une véritable crise identitaire, une restructuration complète du Moi.* » (Devereux, 1967, p. 101).

L'exil n'a pas de lieu, c'est la possession d'une perte « cette perte est primordiale c'est celle de la mère, de la patrie, de la fratrie, si l'exil cristallise cette perte, la migration plus construite la masque. » (Mango, 1987, p. 201).

Cette notion de « distance », indissociable du terme d'exil, est d'autant plus importante qu'elle est axée sur ce que Senghor appelle la bipolarité de la « véritable culture » qui se vit à travers l'exil. Celle-ci est à la fois « enracinement et déracinement ». « *Enracinement au plus profond de la terre natale : dans son héritage spirituel. Mais déracinement : ouverture (...) aux rapports féconds des civilisations étrangères.*» (Senghor, 1993, p. 295).

2- Méthodologie

2-1 La population étudiée

Nous avons choisi trente personnes immigrées retraitées et en activité, âgées de 50 à 70 ans. La durée moyenne de résidence au sein du foyer, pour les personnes rencontrées, est de 10, 20 parfois 30 ans. Les personnes âgées immigrées, sujets de notre étude, ont été choisies en fonction des trois caractères suivants : le lieu de résidence, la nationalité, et l'activité (retraité/ non retraité).

Tableau 1 : la répartition d'âge et le lieu de logement de la population

	50-59 ans	60-69 ans	70 ans et plus	Total
Foyer B	4	9	1	14
Foyer A	9	6	1	16
Total	13	15	2	30

2-2 Le choix du terrain

Nous avons choisi deux foyers dans la région parisienne : un foyer dans le département des Hauts-de-Seine (92) (le foyer où se situe la résidence sociale désignée par A –pour préserver l'anonymat-) et l'autre dans le département de l'Essonne (91) (où se trouve le foyer désigné par B –même souci de protection de l'anonymat-)

2-3 Les techniques d'enquêtes

Notre dispositif de recherche se définit par l'association de plusieurs techniques : entretiens semi-directif, étude de cas, l'analyse de contenu et analyse thématique.

3- Résultats

Pour analyser la situation actuelle de ces émigrés et traiter de leur représentation de la mort et de leur vieillissement dans ces foyers, on a essayé de connaître le passé de chaque personne depuis son arrivée en France. Nous nous sommes penchés respectivement sur : la trajectoire de vie pour connaître la réalité de ces immigrés, les raisons de l'émigration en France, le logement occupé en France, la vie de célibataire, le sentiment de solitude, la souffrance psychique, les conditions de vie et les difficultés rencontrées par l'émigré, le vieillissement et l'état de santé, la vie quotidienne dans et hors du foyer, le rapport au pays d'origine, la question du retour ou non-retour au Maroc, la retraite et le projet d'avenir, la représentation de soi et de leurs représentations de la mort.

3-1- Représentation de la mort

3-1-1 Définition et représentations de la mort chez les émigrés marocains

A la question « Qu'est-ce que la mort pour vous ? » les personnes interrogées affirment l'universalité de la mort et de la fin de vie de chaque être humain sur terre. La mort est vue comme une étape, un passage obligé, c'est une décision de Dieu.
La mort est aussi pour eux un événement triste, horrible, qui peut arriver à tout moment et à tout âge. Quelques-uns ont donné une définition de la mort à travers des versets coraniques comme : « Où que vous soyez, la mort vous atteindra, fussiez-vous dans des tours imprenables[79] ». « Lequel donc des bienfaits de votre seigneur nierez-vous ? Tout ce qui est sur elle (la terre)

---

[79] Sourate an-Nisa, Verset 78.

doit disparaître[80] » (Ibrahim). « Celui qui a créé la mort et la vie afin de vous éprouver (et de savoir) qui de vous est le meilleur en œuvre, et c'est lui le puissant, le pardonneur[81].» (Daoudi).

La perception globale de la mort chez eux se caractérise par une grande sérénité qui trouve sa source dans des fondements religieux musulmans, le défunt ne fait que répondre à l'appel de Dieu. Car « *la mort est universelle. Tout ce qui vit, tout ce qui est destiné à périr ou à disparaître, banalisant en quelque sorte le mourir. Mais elle est aussi unique, car une fois l'heure venue, personne ne prendra ma place et jamais je ne mourrai à la façon d'un autre.* ». (Louis-Vincent 1988, pp. 16.17).

Ils ont déclaré qu'il y avait des décès dans le foyer. Chacun pense à sa propre mort et certains participent aux démarches du rapatriement du défunt au Maroc.

3-1-2 Le deuil vécu par les émigrés

Beaucoup d'entre eux ont été confrontés à la mort d'un proche, notamment de leurs parents. Plusieurs personnes ont raconté comment elles ont vécu ce deuil et cette perte d'un proche.

Le deuil est le vécu très douloureux chez cette population suite à la perte définitive (dans le cas de la mort) d'un être investi au niveau affectif. « *Pour la personne affligée, en effet, seul le retour de la personne perdue peut amener un vrai réconfort ; le fait que ce que nous pouvons proposer soit toujours inférieur à cette attente est ressentie presque comme une insulte.* » (Bowlby, 1978, p. 20).

Les autres personnes ont raconté cette douleur, cette volonté du Dieu et ce passage obligé pour chaque personne : « J'ai perdu mon père et des membres de ma famille, c'est très douloureux, mais il faut accepter la volonté de Dieu, même si c'est difficile à accepter. » (Hafid).

En général c'était très dur pour eux de se trouver en France et de ne pas assister aux enterrements. Les personnes qui n'ont pas assistées à l'enterrement de leurs parents vivent encore avec une souffrance car ils n'ont pas réussi à faire le deuil de cette perte.

Car le travail de deuil est « *le résultat de l'acceptation progressive par le Moi d'un compromis entre la nécessité de désinvestir l'objet d'amour perdu et le désir de le garder présent en refusant obstinément la réalité de son retrait. Ce travail de deuil accapare le Moi de l'individu et le soustrait à tout autre investissement et à toute activité.* » (Freud, 1920).

Dans ce cas le deuil est « *un processus long et complexe dont la fin n'est jamais atteinte* ». (De Broca, 1997, p. 8). Cependant chaque personne vivra un deuil de façon particulière du fait de la structure de sa personnalité.

---

[80] Sourate (Arrahman) le tout miséricordieux), Verset 25-26.
[81] Sourate 67, Al-mulk (La Royauté), Verset 2.

Il y a aussi des personnes qui ont un handicap dû à un accident de travail. Dans ce cas, il faut faire le deuil de ce qu'on était avant, de ce qu'on a vécu quand on était en forme. Il faut faire le deuil de l'image de soi que l'on voyait et que l'on voit maintenant.

Un autre deuil qui nous paraît important et que nous avons pu vérifier dans les deux foyers, c'est celui lié à la perte d'emploi. De nombreuses personnes ont été licenciées par leur entreprise. Elles ont affronté la perte d'emploi et des conditions de vie difficiles. La rupture avec la sphère professionnelle marque une nouvelle période d'inactivité et de routine chez les retraités qui touchent de faibles salaires. Le travail aide la personne immigrée à trouver un équilibre dans sa vie. Ces personnes en pré-retraite et en retraite doivent faire face à la perte des rôles sociaux notamment la perte du rôle professionnel avec la retraite ou la difficulté à trouver du travail, cette perte, c'est une élaboration psychique du travail de deuil. Cette situation est source de souffrance et peut amener l'immigré à une profonde dépression puisqu'il ne peut plus donner aucun sens crédible à son immigration. Il passe sa journée dans le foyer. Cette expérience peut causer une détresse psychologique. Ils ont un sentiment d'inutilité, avec la perte du rôle professionnel et avec la retraite. Celle-ci est souvent ressentie comme une déchéance où le retraité se sent d'une manière ou d'une autre abandonné par la société d'accueil. Tous vivent dans la nostalgie par rapport aux travaux qu'ils ont effectués et les villes ou les régions où ils ont travaillé.

Il y a aussi le deuil de la vieillesse, les immigrés parlent du passé quand ils étaient forts, avec de la fierté et du courage et de tous les travaux auxquels ils ont participé. Pour tout individu, quelle que soit sa culture, la vieillesse peut être vécue comme une perte, une rupture qui entraîne de nombreux remaniements. Dans le cas de certaines personnes âgées migrantes, leurs parcours migratoire est jalonné de ruptures qui ont elles-mêmes été traumatiques.

3-2 L'angoisse de la mort

3-2-1 Mourir à l'étranger

Les témoignages d'une partie des résidents par rapport à la question « Est ce que vous avez la crainte et l'angoisse de mourir dans un pays étranger ? » ont confirmé qu'il y a une angoisse à mourir en France et surtout de mourir seul dans une chambre, isolé en foyer ou de tomber malade.

Au cours des âges, une constante apparaît : l'angoisse de mort, qui a toujours existé malgré des variantes au niveau des moyens pour s'en défendre ; tels que les rituels, les symboles…« *L'angoisse de mort est bien une affaire individuelle et chacun doit s'y adapter et établir ses propres compromis ; ceux-ci vont être utilisés par chaque groupe culturel pour édifier des systèmes de croyances relatives à la mort.* » (Menahem, 1973, p. 49).

Ils n'aiment pas cette mort, mais ils demandent à Dieu une bonne mort. Même pour prononcer Achahada : « Je suis angoissé surtout au foyer, ce n'est pas facile de mourir seul.» (Hafid).
D'autres ont déclaré qu'ils ne sont pas angoissés de mourir en France, car ils ont l'assurance de rapatriement : « Non mais même si je meurs ici j'ai l'assurance avec la banque je serais enterré au Maroc, mais je préfère mourir en famille chez moi que de mourir ici. Même si on ne sait pas où on va mourir. » (Boubkar).
Mr Jilali qui n'a pas d'assurance, est angoissé de mourir seul en France, aucune banque marocaine n'a voulu lui accorder cette assurance car il est arrivé déjà âgé en France.
Ils utilisent des métaphores pour parler de la mort, de la vieillesse et décrire leurs angoisses. En effet, à travers ses différentes représentations se profile une angoisse que nous nommerons l'angoisse de mort.
L'angoisse chez eux peut être alors identifiée comme la peur de la solitude au moment de la mort. Car « *le sentiment de solitude est semblable à l'angoisse de mort.* » (Klein, 1978). L'angoisse de la mort résulte donc de l'affrontement de deux idées : vouloir vivre et devoir mourir.
La migration est, en elle-même, une forme de mort. En général la mort ne fait pas peur à l'émigré mais il a peur de l'isolement, de la solitude dans un pays étranger, peur de la souffrance physique et la peur de la vieillesse.

3-2-2 L'identité religieuse et la mort

Nous avons observé un attachement très fort au pays d'origine, les souhaits de retour sont aussi très marqués. Tous ont choisi le Maroc comme lieu d'enterrement sans exception.
Ce rapatriement posthume c'est une demande de reconnaissance de leur identité confessionnelle. Il se traduit par l'expression de la volonté de voir respectées les prescriptions en matière de sépulture. Nous avons constaté que ces immigrés souffrent d'isolement affectif, de solitude et d'un vieillissement prématuré.
La population immigrée est généralement jeune et, si la part des migrants âgés de plus de soixante ans augmente (Jovelin, 2003), elle demeure faible au regard de la composition de la population française dans son ensemble (Laferrére, 2006).
Toute leur vie, ils l'auront passée à se justifier et à se donner quelques alibis pour croire que tout ce parcours en France n'aura pas été vain, n'aura pas été totalement un échec. De ce fait, ils sont inscrits obligatoirement dans l'aller-retour entre le pays d'origine et la France. Il faut ajouter aussi que « *la vie entre parenthèses revêt des formes diverses : la peur de l'engagement qui risque d'entraîner la performance, un certain immobilisme social, un patriotisme à outrance, un repli frileux sur la communauté, un sentiment de nostalgie, etc.* » (Xavier De Brito, 2002, p. 63).

Nous avons observé que la pratique religieuse peut soutenir psychologiquement les immigrés dans l'exil, leur permettre de « tenir le coup » dans les durs moments de la vie : « c'est Dieu qui a voulu qu'on vive cette situation. », c'est « Lmaktoub » (le destin). La pratique religieuse permet aux résidents de se relier à leur pays d'origine, à sa communauté, à la préparation de la mort et du jugement dernier.

Par rapport à la question « Préparez-vous votre mort et votre enterrement (surtout matériellement et spirituellement) ? », nous avons obtenu des réponses reliées à la spiritualité d'une part, et d'ordre matériel d'autre part.

Il y a des résidents qui se préparent quotidiennement en faisant la prière, en respectant les gens et en ne faisant de mal à personne. Ils demandent à Dieu de finir leur vie avec un voyage en terre sainte pour faire le pèlerinage et effacer leurs péchés : « Je respecte ma prière je suis correct avec Dieu et avec les gens. Mon seul souhait c'est de faire le pèlerinage avant ma mort. J'aimerais visiter cette terre sainte.» (Hafid).

Les résidents sont très satisfaits d'avoir souscrit l'assurance de rapatriement qui leur permet d'être enterrés au Maroc afin que leurs familles soient tranquilles et leur rendent visite après leur mort : « Oui je paie l'assurance avec la banque Châabi chaque année comme ça ma famille sera tranquille après ma mort. » (Mohammed de Meknès).

En général, nous avons remarqué qu'à l'âge de la retraite, les émigrés se concentrent plus sur la religion pour se préparer à leur mort et à la rencontre de Dieu. Certains souhaitent accomplir le pèlerinage à la Mecque, qui fera d'eux des hadj[82]. *« Ce retour à l'islam permet aussi à beaucoup de ces résidents particulièrement isolés de concilier un profond désir de réappropriation de leur passé avec la nécessité de maintenir un niveau élémentaire de relations sociales que la cessation d'activité ne permet plus de trouver dans la vie élémentaire. »* (Noiriel, 1992, p. 22). La volonté que le corps soit inhumé sur la terre ancestrale apparaît comme un refuge identitaire, dans une situation jugée menaçante. De plus, elle renforce le mythe du retour à leur terre natale, c'est un geste de réconciliation avec elle.

La mort représente un indicateur pertinent de l'existence ou de la formation d'une identité religieuse. C'est un critère qui a réellement un sens pour tout individu. Ils ont une volonté de mourir fidèle au rituel musulman. Le fait de retourner à leur terre natale, qui est une terre sacrée de l'islam et aussi la terre des ancêtres, est un geste de réconciliation avec elle. Car « *l'image de la mort est présente d'un bout à l'autre de la vie de l'émigré. Le triomphe de l'intégration repose sur un malentendu parfait : d'une part, revenir sur ses pas et aller sur ses traces dans le pays d'accueil, et d'autre part dire sa mort dans le pays d'origine par un ultime voyage.* » (Chaïb, 2000, p. 20).

L'immigré chercherait à reposer en terre musulmane, au milieu de son village et de sa famille, qui prieraient pour lui et demanderaient à Dieu de lui

---

[82] Hadj : titre porté par celui qui fait le pèlerinage à la Mecque.

faire miséricorde. Cette explication, plus psychologique que sociologique, est souvent suggérée dans le discours : « *Qui va prier pour moi ? Qui va faire sadaqaa (l'aumône) pour moi* ».
L'immigré souhaite des prières pour son salut et de l'aumône faite en son nom, dont il récoltera les récompenses. Pour un grand nombre de résidents, s'occuper de son salut est important, cela peut être un facteur déterminant pour assurer sa sécurité dans l'au-delà. Celle-ci se monnaye, se prépare et s'organise.
La volonté des immigrés musulmans originaires du Maroc de se faire inhumer dans leurs pays d'origine relève surtout d'une croyance religieuse. Celle-ci recommande d'enterrer les corps dans un lieu sacré musulman pour une « meilleure quiétude de l'âme ».

3-2-3 Préférences concernant le lieu de la mort et de l'enterrement

Selon Omar Samaoli, « *l'éventualité de la mort dans l'immigration met en évidence encore des dysfonctionnements à tonalité culturelle, religieuse, sociale, voire éthnique, et qui sont vécus comme autant d'agressions et de transgressions.* » (Samaoli, 2000, p. 74).
Plus vraiment de là-bas, pas tout à fait d'ici, cette génération est invisible et silencieuse. Tous ont demandé qu'après leur mort leur corps soit rapatrié et enterré au Maroc.
Pour les immigrés marocains, la prise en charge du rapatriement des morts s'effectue par des structures bancaires différentes comme la banque Chaâbi[83].
Il existe un système dénommé « kafn et mayyet » (linceul du pauvre) qui permet toujours de collecter de l'argent auprès de la communauté pour le résident qui meurt en foyer qu'il soit d'ailleurs, assuré ou non. La majorité des résidents ont souscrit une assurance à la Banque Chaâbi qui s'appelle assurance Al Injad Chaabi[84]:
« Je paye l'assurance avec la banque c'est mieux pour moi chaque année je reçois les relevés de ce contrat, mais c'est bien ce contrat, car il paye aussi un billet d'avion pour la personne qui va accompagner le défunt. » (Mhammed).
La mort dans un pays étranger, dans l'exil est une source d'angoisse spécifique. L'immigré a vécu le déracinement, l'exil. Il préfère le retour dans

---

[83] Installé en France depuis 1971, et disposant d'un réseau de douze agences sur l'ensemble du territoire, assure la prise en charge du rapatriement et le doublement du solde du compte, en cas de décès du titulaire. Depuis 1988, les contrats ont été récupérés par Maroc Assistance. Les prestations garanties au Maroc et à l'étranger concernent aussi bien les marocains à l'étranger que les touristes marocains.
[84] C'est un contrat d'assistance de la Banque Populaire – Maroc Assistance International, il offre un choix très large de prestations en cas de maladie subite, accident, décès et panne de voiture.

sa terre natale. Mourir en France, c'est en quelque sorte mourir « à l'aventure »[85].

Il y a des déterminants socioculturels et socioreligieux qui jouent un rôle important dans le choix des immigrés. Car « *le lieu de sépulture est chargé de significations multiples : terre d'islam, terre des ancêtres, terre natale, terre des origines.* » (Chaib, 2001, p. 124). On trouve des relations objectives et subjectives au pays natal et à la terre d'islam et au fait de mourir dans son village, entouré des siens. Il s'agit du grand retour vers la paix intérieure, entouré des proches, morts et vivants. Edgar Morin écrit à ce propos : « *La terre est donc maternisée en tant que siège des métamorphoses de mort- naissance d'une part en tant que terre natale de l'autre.* » (Morin, 1971).

L'immigré marocain souhaite mourir dans son village, souhaite une bonne mort. La bonne mort, souvent féconde, s'oppose à la mauvaise mort, stérile et dangereuse. « *La bonne mort qualifie la mort à domicile, auprès des siens et aussi naturellement que possible, dans la fleur de l'âge pour le guerrier sinon vieux, situation qui permet d'accomplir la totalité des rites.*» (Thomas, 1982). Car la mort se situe entre l'individu et la société. La mort d'une personne concerne toute la société, et en premier lieu ses proches et sa communauté car elle menace radicalement les présupposés essentiels sur lesquels la société est basée, ouvrant l'individu à l'effroi d'une situation personnelle dénuée de sens (Shilling, 2003, p.178).

Les résidents veulent et désirent au moment de la mort, que quelqu'un de leur famille récite pour eux, « la Shahada »[86]. Les immigrés aiment que leur famille fasse la Sadaqaa après leur mort. (La sadaqaa consiste, entre autres, à donner des biens ou de l'argent au nom du défunt), pour ne pas être oublié par le monde des vivants. Pour eux la mort c'est une porte d'entrée vers la vraie vie. Dans le Coran, il y a la sourate et-mulk[87] (la Royauté), ou la sourate yassin[88], que les Musulmans récitent pour aider le défunt à quitter ce monde. Les décès dans ce foyer deviennent plus fréquents. C'est la raison pour laquelle « les angoisses constatées dans cette catégorie de population sont plus complexes, car on a l'impression que ce qui importe le plus à ces êtres déracinés, ce n'est pas tant la maladie, la vieillesse et le handicap que le risque de perdre la capacité de retrouver les leurs. » (Sebag-Lanoe, 1991, p. 17).

---

[85] Image utilisée par un des interlocuteurs de Laëtitia Fernandez, journaliste dans une émission consacrée à la mort des musulmans en France (Saga -cités, France 3, 2 février 2000.

[86] Attestation de foi musulmane qu'on peut traduire par « j'atteste qu'il n'y a de divinité que Dieu et que Mohammed est l'envoyé de Dieu ». Pour être valide, cette formule doit être récité en arabe : « Achhadou la Ilaha illallah oua Mohammed rassoula llah ».

[87] A. Al-Mulk, (La Royauté) nombre de versets 30, Sourate 67, pré-Hégire.

[88] Sourate 36-yâ-Sîn.83 verset, pré-hégirien, n°41, cette sourate n'a d'autre titre que les deux lettres Y.S. du premier verset.

4- Synthèse générale des thèmes des entretiens

L'analyse des entretiens cas par cas et thème par thème, nous a permis de mieux éclairer les problématiques qui touchent les émigrés célibataires retraités ou encore en activité.

En ce qui concerne le logement qu'ils ont occupé en France, ils ont changé plusieurs fois de logement, déménageant en fonction du travail qu'ils avaient avant de trouver un logement fixe dans les foyers d'ADOMA. Mais cet espace est rarement vécu positivement : l'image de la « tombe ». Car « *Les foyers sont construits en fonction de l'image qu'on se fait des travailleurs immigrés.* » (Sayad, 1980). Ces logements « *sont aussi pensés comme des logements provisoires à destination d'hommes seuls, dont le séjour en France est, lui aussi sensé être provisoire.* » (Sayad, 2006).

Ils vivent souvent en solitude. « Cette solitude est à l'origine des liens sociaux qui existent dans le foyer entre les résidents. » (Ben Jelloun, 1977). Car « *Le logement en foyer isole les résidents les uns des autres, à l'intérieur même du foyer, et les isole des autres immigrés, plus qu'il ne contribue à les rapprocher et à les unir.* » (Sayad, 1991).

L'éloignement familial est une véritable blessure, une douleur qui entraîne une perte de sens, concernant leur parcours migratoire, notamment quand ils vieillissent. Il s'agit de « ces pères sans famille, chez qui le sentiment de sacrifice domine. » (Samaoli, 1994, p.25).

Nous avons constaté un cumul d'atteintes et de vieillissements précoces chez ces travailleurs ayant occupé des postes fortement exposés à diverses catégories de risques professionnels. La santé est effectivement un des critères du maintien en France.

Le retour au pays n'est pas à l'ordre du jour, chez cette population, car les émigrés appartiennent à un double espace social, celui du pays d'origine et celui du pays d'accueil, l'espace de l'émigration-immigration.

Nous avons remarqué aussi que l'importance de la religion varie au fur et à mesure que le temps avance et aussi avec l'état de santé de ces résidents. La religion donne un sens à leur vie, c'est une identification existentielle en tant que musulman.

La majorité d'entre eux pensent à la mort assez régulièrement, que ce soit la mort d'un résident, leur propre mort ou celle d'un proche, mais ils indiquent qu'ils ne craignent pas la mort, puisque c'est la volonté de Dieu. Le fait de parler de la mort d'autrui qui ne les implique pas émotionnellement les renvoie à leur propre mort.

La représentation de la mort chez l'immigré marocain est liée à la perception de sa migration et de la migration en général, aux contraintes de la législation en cours dans la société d'accueil mais également aux conceptions de la mort dans le pays d'accueil, aux espaces d'inhumation dans le pays d'origine et aux configurations des lieux de sépulture.

Les témoignages d'une partie des résidents par rapport à la question « Est-ce que vous avez la crainte et l'angoisse de mourir dans un pays étranger ? » ont confirmé cette idée : il existe une angoisse de la mort en France, surtout le fait de mourir seul dans une chambre isolée en foyer ou de tomber malade. Ils souhaitent mourir à côté de leurs familles, dans leurs pays d'origine. Tous sans exception ont choisi le Maroc comme lieu d'enterrement. Ce rapatriement posthume est une demande de reconnaissance de leur identité confessionnelle et c'est un geste de réconciliation avec elle.

Conclusion

Le vieillissement des immigrés marocains dans les foyers d'ADOMA est un enjeu fondamental pour la société française, parce qu'il interroge sur la situation économique, sociale et politique des immigrés au sein de la société d'accueil, sur leur intégration et la place octroyée à l'Islam. Ils vivent une vieillesse et une situation financière et de santé précaires, dans l'isolement, la solitude et un repliement sur eux-mêmes en exil. Ils ont vieilli en France et ils vieillissent encore, car vieillir, c'est aussi s'éteindre lentement, penser à la mort à venir.

La présence de l'islam en Europe pose des défis inédits : les institutions étatiques et les sociétés européennes ainsi que les immigrés musulmans d'Europe négocient dans des processus d'interpénétration qui se réalisent à plusieurs échelles, leurs appartenances, leurs identités, leurs mémoires et leurs histoires (Göle, 2005).

Il faut savoir qu'en France, il n'existe que quatre cimetières musulmans à part entière, deux à la Réunion, un à Strasbourg et celui de Bobigny en Seine-Saint-Denis, où toutes les tombes sont tournées vers la Mecque, conformément à la tradition musulmane. En France, le manque de carrés musulmans est un frein au respect des rites funéraires religieux. Car l'étranger fait peur même au cimetière.

Mais, il faut aussi un changement de législation et une réelle prise de position en faveur de ces immigrés qui n'iront nulle part, parce qu'ils sont ici chez eux (Aggoun, 2006). Pour eux, ce serait une double preuve : celle de leur prise en considération et de leur intégration en France.

En général, la majorité des musulmans morts en France sont rapatriés dans le pays d'origine par leurs familles pour y être enterrés, même si le nombre de rapatriement de dépouilles mortelles des défunts musulmans est en diminution. Le rapatriement apparaît pour les musulmans de France comme une solution moins coûteuse et plus simple. Ce rapatriement des corps vers le pays d'origine peut être envisagé comme le dernier témoignage d'une fidélité aux racines familiales et au projet migratoire initial, bien qu'il réponde également à un refus des modalités d'inhumation en France.

Même si l'islam a bâti son rituel funéraire autour de l'idée que le corps doit être enterré très vite. Le rapatriement des corps demeure la règle générale. Dans ce cas, le rapatriement posthume doit plutôt être analysé comme une forme de retour ultime dans le pays d'origine, sur la terre ancestrale. Il s'agit, avec ce choix, de retourner dans son village natal, de retourner aussi en terre d'islam, de retrouver ses racines, de mourir fidèle aux racines familiales et au projet migratoire initial, son origine et d'affirmer son identité.

Références

Aggoun, A. (2006). *Les musulmans face à la mort en France*. Vuibert.
Bowlby, J. (1978). *Attachement et perte*. Paris : PUF.
Castets, B. (1982). *La mort de l'autre*. Toulouse : Privat.
Chaïb, Y. (2000). *L'émigré et la mort, la mort musulmane en France*. Aix-en-Provence : Edisud.
Chaïb, Y. (2001). La mort des immigrés. In *Information Sociales,* mémoires familiales et immigrations, n°89 : 130-143.
De Broca, A. (1997). *Deuil et endeuillés, (se) comprendre pour mieux (s') écouter et (s') accompagner*. Paris : Elsevier-Masson. Coll. Médecine et psychothérapie.
Devereux, G. (1967). La renonciation à l'identité : défense contre l'anéantissement. Revue *française de psychanalyse*. XXXI, n°1 : 101-142.
Freud, S. (1968). *Au-delà du principe de plaisir*. Trad. S. Jankélévich. Paris : Éditions Payot.
Göle, N. (2005). *Interpénétrations : L'islam et L'Europe*. Paris : Galaade éditions
Gomez Mango, E. (1987). Une parole exilée, Etre dans la solitude. *Nouvelle Revue de psychanalyse,* n°36, Automne, p. 201-209.
Jovelin, E. (2003). Le dilemme des migrants âgés. Entre le désir du retour et la contrainte d'une vie en France, *Pensée plurielle*, 6, 109-117.
Klein, M. (1978). *Envie et gratitude et autres essais*. Edition : Gallimard.
Kübler, Rosse, E. (1993). *La mort, dernière étape de la croissance*. Ed. Pocket.
Laferrère, A. (2006). Vieillesse et logement : désépargne, adaptation de la consommation et rôle des enfants, *Retraite et Société*, n°47 : 65 -108.
Linhartovà, V. (1994).Pour une ontologie de l'exil, *L'Atelier du roman*, n°2, Paris : Arléa, mai : 127-132.
Menahem, R. (1973). *La mort apprivoisée*. Paris : Les Editions Universitaires.
Morin, E. (1971). *L'homme et la mort dans l'histoire*. Paris : Seuil.
Moro, M-R. et al. (1989). *Le bébé et son univers culturel*. In : Lebovici S. et Weil-Halpen F. *Psychopathologie du bébé*. Paris : PUF : 728-735.

Noiriel, G. (1992). Le vieillissement des immigrés en région parisienne. Note de synthèse, In : Noiriel G. (dir.), *Le vieillissement des immigrés en région parisienne*. Paris : FAS : 1-23.

Sabag-Lanoe, R. (1991). De la douleur de mourir loin de sa terre natale, In : *Hommes et migrations*, 1140, 14-18.

Sgard, J. (1986). Conclusions, In : *Exil et littérature*. sous la dir. de Jacques Mounier. Grenoble : Ellug : 289-299.

Sayad, A. (2006). L'immigration ou les paradoxes de l'altérité : l'illusion du provisoire, Paris : Raison d'agir : 81-129.

Sayad, A. (1991). *L'immigration ou les paradoxes de l'altérité*. Bruxelles: de Boek-Wesmael.

Sayad, A. (1980). Un logement provisoire pour des travailleurs provisoires, habitat et cadre de vie des travailleurs immigrés. In *Recherche Sociales*, 73, janvier-mars: 3-31.

Samaoli, O. (1994). Les pères sans famille : du célibat et de l'immigration encore. In : *Ecarts d'Identité*, décembre, 71.

Senghor, L-S. (1993). *Liberté 5: le dialogue des cultures*. Paris : Seuil.

Shilling, C. (2003). *The Body and the Social Theory*. London : Sage Publications

Thomas, L-V. (1982). *La mort africaine, idéologie funéraire en Afrique Noire*. Paris : Payot.

Thomas, L-V. (1988). *La mort*. Paris : PUF. Que sais-Je ?

Xavier De Brito, A. (2002). Habitus et analyse du quotidien des personnes en déplacement, In : Lahlou M. (dir.), *Histoires familiales, identité, citoyenneté, L'interdisciplinaire*. Lyon, Limonest : L'interdisciplinaire Ed.

LA SEPULTURE DES VOYAGEURS D'ORIENT ET MARIAGE MIXTE : LE PERSONNAGE-FRONTIÈRE ENTRE L'ORIENT ET L'OCCIDENT AU XIXÈME SIÈCLE

Yassine CHAIB [89]

Le thème de l'enracinement est lié à l'identification d'un groupe ou d'un individu à un lieu ou un ensemble de lieux : le choix de lieu de sépulture est le droit de cité de l'islam de France. La marque primitive et primordiale de l'homme sur la Terre est de celle de l'habitation où il loge, mais l'idée religieuse l'incite à construire des demeures pour abriter les morts.
La demeure des défunts a beau ne pas être de ce « monde », les « survivants » sont attachés à la terre par leur dernière demeure, dont la désignation permet d'étudier la notion d'identité spatiale *post mortem*. En France, entre lieu de décès et lieu de sépulture, toute personne a le choix d'investir un espace selon ses convictions religieuses ou ses attaches familiales. La relation à la mort qui exprime le rapport que les groupes entretiennent avec les sphères idéologiques et imaginaires évolue très lentement : c'est sur le long terme que les comportements se transforment à cet égard.

Voici l'exemple de la sépulture des femmes occidentales pendant la question d'Orient au XIXème siècle à travers leurs biographes.
En effet, l'approche biographique épouse les formes de l'histoire des femmes, sans toutefois l'enfermer dans un passe-temps non digne d'une valorisation heuristique. En étudiant les biographies des femmes ayant vécu dans l'Orient et ayant toutes un air de similitude comme Lady Stanhope (1763-1839), Isabelle Eberhardt (1877-1904) et Aurélie Picard (1840-1933), il est possible de faire une histoire sociologique en esquissant les caractéristiques de ces femmes, sans tomber dans l'idée-force de l'oppression des femmes mais, au contraire, dans celle de leur arraisonnement biographique.
En effet, le renouveau de la méthode biographique ne se cache plus derrière son « office mnémonique » ; elle est devenue un objet d'interrogation significatif dans l'approche du rôle de l'individu dans l'histoire. Il s'agit de

---

[89] Sociologue, Inspecteur jeunesse et sport à la Direction Départementale de la Cohésion Sociale et de la Protection des Populations (DDCSPP) du Cantal.

restituer aux acteurs de l'histoire leur part de liberté conditionnelle d'individu dans son époque et son milieu.

Beaucoup d'auteurs contemporains comme Denise Brahimi et Maris Seurat redécouvrent l'existence singulière de femmes occidentales en Orient et y consacrent toutes deux un roman historique ou de mémoires romancées sur Lady Stanhope. Le pacte autobiographique entre l'auteur et Lady Stanhope ne fait aucun doute. Seule une chronologie en annexe ou une postface nous précisent que c'est un roman qui suit une certaine trame historique : Denise Brahimi passe sous silence délibérément la rencontre entre Lamartine et Lady Stanhope sous prétexte que épisode trop connu par rapport à l'écriture romanesque, pour Marie Seurat, l'identification est justifié par une illusion biographique : « j'ai écrit ce livre à la première personne car il ne pouvait y avoir de guillemets entre elle et moi ». (Mon royaume du vent. Souvenirs de Hester Stanhope de Marie Seurat, 1994, p. 250.)

En effet, quelle est la réalité de ces femmes occidentales qu'on trouve en Orient ? Nous ne considérons pas Isabelle Eberhardt, Aurélie Picard et Hester Stanhope comme un objet identifié en tant que femmes exceptionnelles, mais comme un objet non identifié dont l'arraisonnement biographique fait à chaque époque par des auteurs est un biais de connaissance. En effet, en étudiant ces femmes du passé, nous avons rencontré les fantômes imaginaires d'un idéal féminin dans l'Orient qui sont surtout des constructions biographiques ou autobiographiques à partir de femmes qui ont réellement existé en chair et en os.

Les noces orientales : l'illusion biographique

Beaucoup de femmes occidentales qui ont vécu en Orient fascinent un public de plus en plus nombreux sur leur rôle pendant la colonisation dans un monde arabo-musulman en pleine ébullition impérialiste au XIXème siècle. Parmi elles, Lady Stanhope, nièce de Williams Pitt, qui a vécu au Liban, Aurélie Picard qui a vécu dans la confrérie de la Tidjaniyya en tant qu'épouse du chef, Isabelle Eberhardt qui a vécu dans le Sud algérien.

L'exploration orientaliste se présente souvent comme une adoption d'un pays, de ses mœurs et coutumes, de ses langues et religions. Pour la seule Algérie, on pense au peintre du siècle dernier Etienne Dinet, converti à l'Islam, enterré à Bou Saada, au commandant Foureau. Pour la Turquie, Pierre Loti, pour l'Ethiopie, Henry de Monfreid, ont plus vécu en indigènes qu'en visiteurs. *La preuve irréfutable est leur inhumation dans le cimetière local.*

Toutes les biographies consacrées, en particulier, à ces femmes se posent la question de leur intégration à l'Orient (sorcière, espionne, femme fatale) et la controverse sur leur conversion à l'Islam. Bien que leur sépulture se situe en Orient, les biographies réinterprètent cette rencontre entre l'Orient et l'Occident en contestant parfois qu'elles soient mortes en tant que musulmanes.

Ces femmes sont représentatives de ces émigrées d'Orient, de ces pionnières de l'histoire des femmes. L' « illusion biographique » produite par le nom propre de Stanhope, Picard, Eberhardt, est une relation biographique dont l'éventail des interprétations est un investissement du biographe. Il est impossible de cerner l'idéaltype du personnage-frontière entre l'Orient et l'Occident sans tenir compte de l'arraisonnement biographique de ces dernières. Elles sont restées sans aveux, sans confidences explicites et n'ont pas laissé très peu de correspondances ou mémoires. Seuls les biographes ont imaginé leurs confidences véridiques.

La méthode biographique est le point de convergence des domaines, comme l'orientalisme et l'histoire des femmes, car ce sont des matières de recherche qui ne peuvent affiner leur connaissance qu'en utilisant au départ le tremplin de la biographie.

Comment demander à un orientaliste ou une féministe de nous parler de voyageurs d'Orient ou des femmes, sans connaître leur itinéraire de vie. C'est le principe élémentaire d'une connaissance historique : n'importe qui ne raconte pas n'importe quoi, n'importe comment, dans n'importe quelle circonstance. Autrement dit, il faut tenir compte des conditions de production d'un discours.

La méthode biographique s'impose dans l'approche des lieux de sépulture des voyageurs d'Orient car elle fait partie de l'interrogation du regard rétrospectif. Il s'agit de restituer aux acteurs de l'histoire leur part de liberté, « liberté conditionnelle d'individu dans son époque et son milieu »[90].

La vogue du roman historique et de la biographie romancée s'inscrit dans une nouvelle attitude à l'égard du passé. La relation au passé a changé, elle a viré d'une indifférence polie à une recherche passionnée des sources. L'historiomanie moderne n'est pas pure curiosité historique, notre époque regarde en arrière par goût et nécessité : « Elle se définit à rebours, dans une sorte de looking back généralisé, qui ne renie pas la modernité, qui l'a faite naître »[91]. En effet, la nouvelle conscience historique moderne procède d'une mutation sans précédent de notre conception du passé : le présent se fait historique car il a renoncé aux certitudes du futur qui justifiaient sa capacité infinie de création.

---

[90] Torres F., "Le renouveau de la biographie", in Universalia 1984, p. 541.
[91] Voir *Revue Sud*, 1984, consacrée à Marguerite Yourcenar.

Histoires de vie, récits de vie, autobiographiques directes, indirectes ou spontanées, ce sont autant de dénominations qui marquent, avec des nuances selon les chercheurs, l'intérêt nouveau pour les documents personnels.

Au-delà de l'érudition universitaire et des voies impénétrables de la diplomatie, l'orientalisme renvoie à une dialectique culturelle de soi-même et de l'autre : « En effet, il sera nécessaire de passer à la pondération de la critique qui considère l'orientalisme comme stratégies culturelles et politiques, options idéologiques et érudition rigoureuse (...) Toute observation sur une civilisation autre que celle dont on est originaire est d'abord avancée vers l'étranger, indispensable ouverture sur un monde différent : sur le monde. Elle est confrontation. Elle est aussi mesure de soi et détermine des sentiments variant de l'autosatisfaction à l'interrogation anxieuse ».[92]

La rencontre entre l'Orient et l'Occident obéit aux attirances et répulsions culturelles. Les phénomènes de relations amoureuses, de sexualité antagoniste entre civilisations, apparaissent à travers « la femme qui devient le symbole le plus précieux de l'autre dans la mesure où cet Autre impose son système de dominance »[93].

Les exemples de voyageurs-femmes occidentales comme l'Anglaise Lady Stanhope (1763-1839), nièce de Williams Pitt, des Françaises Aurélie Picard (1849-1933) et Isabelle Eberhardt (1875-1904) nous éclairent sur les noces orientales comme antagonisme irréductible. En effet, le récit de voyage européen en Orient est l'Epithalme, c'est à dire chant de noces : « Le mythe de noces, dans toute société où la séparation est radicale entre vainqueur et vaincu, alliés et ennemis, maîtres et esclaves, se réfère à l'immense pouvoir médiateur de la femme »[94]. Il transcrit un désir d'exogamie matrimoniale et "post mortem" : "une circulation matrimoniale et mortuaire".

L'Orient est une conjugaison au féminin, un lieu de songe : *"Chacun, de son enfance, retient quelques-uns des mots clés qui lui ouvriront les portes d'ivoire ou de corne sur "n'importe où, en ce monde" où s'établira la patrie de ses songes : pour moi, un seul Orient, Proche, Moyen, Extrême Orient, comme une suite d'arrière-pays à explorer.(...) Pourquoi ce gémissement ressenti au seul nom d'Orient, si vague et si singulier pour chacun"*[95]

L'Orient est un topos intellectuel, une manière de divaguer dans son esprit sur la culture et la connaissance de l'autre, qui ne demande pas un voyage initiatique en Orient : Victor Hugo a écrit les "Orientales" avec un orient situé en Espagne ; aux portes de Vienne pour Gérard de Nerval. Comment

---

[92] Charnay J.-P., Les contre-Orients, Paris, Sindbad, 1980, p. 210.
[93] Charnay J-P., op. cit., p. 229.
[94] D'Astorg B., Les noces orientales, Paris, Seuil, 1980, p. 13.
[95] D'Astorg B., op. cit., p. 9-10.

l'Europe a-t-elle alors senti, suivi, vécu cette révélation d'un Orient toujours plus lointain ou d'une distance déconcertante ?

La logique colonialiste, impérialiste, ethnocentrique est une source de causes coupables qui n'explique pas l'Orient comme topos intellectuel, ou comme une politique de rapprochement avec l'Orient, pour assurer la fusion entre les deux civilisations, comme le présente Charles Fourier, si bien résumé par Jacques Berque : "Des cohortes de deux sexes partiront donc des Empires Latins, qui correspondent à ce que nous appelons aujourd'hui l'Europe Occidentale, à la rencontre des armées asiatiques. Sa jonction a lieu sur les bords du Tigre"[96].

Il existe donc une attraction passionnelle entre l'Orient et l'Occident. Est-il possible de présenter cette "aimantation" dans sa difficulté d'être et dans son irréductible antagonisme entre Amour et Haine et surtout dans son altérité entre Islam et Occident.

Les exemples de ces femmes occidentales qui ont vécu dans l'Orient jusqu'à leur mort montrent que leur intégration à l'Orient n'est pas reconnue par leurs biographes successifs.

La relation biographique entre la vie "orientale" de ces femmes et le travail des biographes est à même pour comprendre l'ambivalence entre sympathie et jalousie, fascination et dépit : "Tout biographe, soumis et rebelle à la fois, résurrectionniste et embaumeur, sauve et tue, il viole, il transgresse l'intime et l'interdite clôture de l'autre". C'est "l'illusion biographique"[97].

L'illusion biographique est une formule heureuse de Sarah Kofman pour résumer l'ensemble des mécanismes intellectuels que décrit Freud, la projection par où le biographe, sous prétexte d'empathie, s'identifie à son objet, la censure ou bien même fait le panégyrique"[98].

Le "fétichisme érudit" des biographes où l'essai d'interprétation est en soi une menace de sacrifice, réduisant l'histoire à une mystique du nom propre.[99]
Il est des noms qui sont chargés d'une puissance évocatrice, tel celui de Lady Stanhope, qui à peine prononcé, fait surgir devant nous la vision romanesque d'une grande dame anglaise, captivée par les pays du Levant, au début du XIX siècle.

---

[96] Berque J., L'Orient Second, Paris, Seuil, 1970, p. 404-405.
[97] Madelanat D., La biographie, Paris, PUF, 1984, p. 91.
[98] Kofman S., L'enfance de l'art. L'interprétation de l'esthétique de Freud, Paris, 3ème édition, 1985, p. 36.
[99] Michel R., "L'illusion biographique : psychanalyse et histoire de l'art : un exemple d'obstacle épistémologique" in : Sources et travaux historiques," La biographie", n° 3-4, 1985, p. 52.

L'allusion biographique : les motifs d'une intégration à l'Orient

Quelle est la réalité de ces femmes occidentales qu'on trouve en Orient ? L'illusion biographique produite par les romanciers sur ces aventurières ne nous renseigne que très peu sur leurs caractéristiques propres. En étudiant ces femmes du passé, nous avons rencontré les fantômes imaginaires d'un idéal féminin dans l'Orient qui sont surtout des constructions intellectuelles. Mais elles ont existé en chair et en os.

En effet, le rôle des biographes, dans l'histoire de ces femmes d'Orient, est un "arraisonnement". Arraisonner quelqu'un, c'est, en vieux français, tenter de le persuader, argumenter pour lui faire entendre raison. En termes de marine et de police sanitaire ; arraisonner un navire, c'est l'interpeller, interrompre sa route pour le contrôler.

L'arraisonnement biographique des femmes traite de la double face, matérielle et mentale, du contrôle et de la manipulation des femmes, en gérant un nom propre, un itinéraire biographique.

Le portrait du personnage-frontière entre l'orient et l'Occident provient des sources d'interprétations biographiques, concernant, le plus souvent, l'histoire des femmes et non des hommes. La biographie de Lawrence d'Arabie se fait sous l'égide de la démystification radicale : "La démystification de Vincent Monteil est tapageuse (...). Pour Vincent-Mansour Monteil, il n'est qu'un menteur, ignorant l'Islam et la vraie langue arabe, un homosexuel sado-masochiste et exhibitionniste, un être cynique et pervers[100]. En effet, l'auteur ne laisse pas le choix aux interprétations, c'est véritablement un dossier d'accusation. Le lecteur ne possède comme alternative : "les révélations de Monteil ou la mémoire de Lawrence ? La vérité historique ou la pérennité d'un mythe"[101].

Concernant l'histoire des femmes, ce choix est impossible. La vie secrète de Lawrence d'Arabie fait plus partie d'un portrait "archétype de l'aventurier" en Orient que l'esquisse d'un personne-frontière entre l'Orient et l'Occident, qui fait plus appel à des femmes "comme agents de l'intrigue, avec leurs formes d'expressions, d'action, leurs gestes et leurs paroles (...) de femmes actives et rebelles"[102].

Le personne-frontière entre l'Orient et l'Occident devient alors l'autre face du fantôme imaginaire de l'idéal féminin des noces orientales. La coupe biographique du personnage-frontière fait ressortir des études des cas de Stanhope, de Eberhardt, de Picard, les paramètres suivants : une intégration-

---

[100] Compte-rendu de la biographie « Lawrence d'Arabie », de Vincent Monteil in : *Jeune Afrique*, n° 1378 du 13 juin 1987, p. 52.
[101] Compte rendu du livre *de L'événement du jeudi*, 30 avril-6 mai 1987, p. 97.
[102] Voir Perrot M., in : L'état des sciences sociales en France, Paris, La Découverte, 1986, p.75.

insertion à l'Orient fortement discutée par leurs biographes, un rôle politique dénigré par ces derniers et un vagabondage et une errance en Orient sans but.

Ces femmes-frontières entre l'Orient et l'Occident ont eu des rêves ambitieux : être la Reine de Palmyre ou de Tadmor, telle Zenobie pour Stanhope ; être Lalla Yamina pour Aurélie Picard ; être Lalla vénérée ou la Djania diabolique pour Isabelle Eberhardt.

Aurélie Picard
Issue d'une famille lorraine, nombreuse et modeste, Aurélie Tedjani est française, née en 1849 sous le nom d'Aurélie Picard, épouse du chef de la confrérie de la Tidjaniyya. Elle meurt en 1933 à Kourdane, en Algérie, dans le "djebel Amour".
Pour les biographes et romanciers comme Marthe Bassenne, Frison-Roche, Aurélie n'est pas musulmane, elle n'avait pas abjuré la religion de son enfance. La controverse entre le clergé catholique et les Musulmans marque le personnage frontière : "Bien que non pratiquante, elle était donc restée catholique". La réciproque est vraie. "Quoi ! A 84 ans, cette Française, sur son lit de mort, abjure la religion catholique dans laquelle elle avait été élevée par ses parents", s'indigne un biographe[103].

Isabelle Eberhardt
Convertie à l'Islam, elle jouira d'une liberté de circulation totale entre l'Algérie et la Tunisie sous un déguisement masculin. D'après les biographes, le déguisement comme mode d'harmonie avec l'orient fut utilisé à des fins fantasmagoriques et d'"anticolonialisme esthétique". "Isabelle fut véritablement un animal biographique, à défaut d'animal historique, où le biographe viole, transgresse l'intime et l'interdite clôture de cette fille perdue, dans une effervescence créatrice liée au nomadisme"[104].
Sa tombe musulmane à Aîn Sefra dans le Sud-Algérien est un repère romanesque d'un pèlerinage orientaliste, tout comme les circonstances de son décès. Un torrent avait emporté sa maison. Sur les instructions de Lyautey, on fit des recherches pour retrouver son corps flottant parmi des dizaines d'autres, écrasé sous une poutre, entouré des pages maculées de boue de son dernier manuscrit "Dans l'ombre chaude de l'Islam"[105].

Hester Stanhope
Nièce de Williams Pitt, son intégration à l'Orient est sans déguisement, ni concession, elle comprit que sa force était avant tout d'être une femme pour briguer un couronnement de Reine de Palmyre.

---

[103] Voir Chaib Y., op. cit., p. 64.
[104] Voir Chaib Y., op. cit., p.70.
[105] "Une rebelle", in *Libération* du 5 janvier 1987, p.17-19.

Hantée par le pouvoir, elle s'intéressera aux phénomènes mystiques, côtoyant les Druzes ; elle souffrira même d'obsessions bizarres, croyant à la réincarnation et à la religion druze qui interdit le dévoilement des mystères de la création.

Pierre Benoît sur les traces de Lamartine, de Maurice Barres retrouve la sépulture de Lady Stanhope dans son roman "*La châtelaine du Liban*": "C'est Djoun, et la seconde colline, c'est Dahr-es-Sitt, la colline de la Dame, c'est tout ce qu'il reste des jardins de lady Stanhope. C'est là qu'elle a vécu. C'est là qu'elle s'est éteinte. C'est là qu'elle dort. (...) L'Angleterre a voulu que sa fille prodigue reçût une sépulture décente. Mais elle n'a pas tenu à attirer davantage l'attention sur son souvenir (...) J'aurais été heureux de relire dans le Voyage en Orient la description que donne Lamartine de l'itinéraire que nous venions de parcourir entre Deir-el-Kamar et Djoun. C'était au souvenir de ces pages que je devais la sensation du déjà vu qui m'avait assailli tout à l'heure dans le désert rocheux"[106].

Les cendres de l'union : le quatrième voyage de Sindbad

Juridiquement l'expression mariage "mixte" est appliquée à toute union entre citoyen et conjoint de nationalités différentes. En fait le sens implicite de la mixité est la dimension religieuse : le mariage contracté entre une personne de culture musulmane et conjoint de culture occidentale et de religion chrétienne. On a vu qu'au moment du choix, l'effet de la mixité est sans importance pour le couple, tant que le milieu social ne l'a pas révélé. Des différences même bénignes n'apparaissent souvent qu'à un observateur extérieur.

Un couple est d'autant plus fragile qu'il n'a jamais conduit de réflexion sur la différence et qu'il considère le problème comme sans intérêt. "Le fait même d'oublier et/ou d'évoquer le sujet le fragilise. Et s'il est vrai que l'ambiance sociale et l'entourage peuvent être une force négative agissante sur le couple, c'est parce que l'individu n'est pas préparé à la réponse"[107].

Pour que le couple soit viable, il lui faudra construire des perspectives qui structurent sa durée et son espace. En envisageant de s'établir dans le pays où il réside, à cet instant même il devrait aussi se poser la question de son lieu de retraite et de sépulture. Dans le choix de partir dans le pays de l'autre, la résidence des couples mixtes est un aller-retour entre les deux pays.

Augustin Barbara a étudié l'insertion de la femme française dans un milieu musulman différemment structuré. Au lien matrimonial conjugal duel (mari-femme) libéral, occidental, va se substituer quelquefois un lien matrimonial

---

[106] Benoît P., *La châtelaine du Liban*, Paris, Albin Michel, 1924-1951, p.184-188.
[107] Chbani Kounda Hafsa, *Couples mixtes, le bonheur à haut risque*, Paris, Editions EDDIF, 1990, p.16.

pluriel souvent consolidé par la présence réelle ou fortement épisodique des membres de la famille : "Le conjoint musulman pourra difficilement se soustraire à son groupe qui se définit quelquefois par une série de clivages, entre les tâches et les rôles masculins et féminins. Ainsi, il pourra encore moins se soustraire au groupe des hommes. Il devra toujours justifier et défendre son mariage hors-groupe. Il pourra avoir envers son épouse des attitudes, des exigences nouvelles, qu'il pouvait ne pas avoir quand ils étaient en Europe"[108].

Dans son quatrième voyage, Sindbad épouse une jolie femme dans un pays dont il ignorait les coutumes. Il coulait des jours heureux jusqu'à ce qu'un événement le mette en face du rite mortuaire qui veut qu'on accompagne un conjoint dans la mort : sa femme meurt et il hurle son désarroi devant une pratique si dure. Les étranges coutumes sont par extension les pratiques différentes ; en forçant l'analogie bien sûr, que ne pourrait-on dire sur les aléas des alliances sans connaissances des coutumes :
« Dans le temps qu'il m'entretenait de cette étrange barbarie, dont la nouvelle m'effraya cruellement, les parents, les amis et les voisins arrivèrent en corps pour assister aux funérailles. On revêtit le cadavre de la femme de ses habits les plus riches, comme au jour de ses noces, et on la para de tous ses joyaux. On l'enleva ensuite dans une bière découverte, et le convoi se mit en marche ».
Le mari était à la tête du deuil et suivait le corps de sa femme. On prit le chemin d'une haute montagne ; et, lorsqu'on y fut arrivé, on leva une grosse pierre qui couvrait l'ouverture d'un puits profond, et l'on y descendit le cadavre, sans lui rien ôter de ses habillements et de ses joyaux. Après cela, le mari embrassa ses parents et ses amis, et se laissa mettre dans une bière sans résistance, avec un pot d'eau et sept petits pains auprès de lui ; puis on le descendit de la même manière qu'on avait descendu sa femme. La montagne s'étendait en longueur et servait de bornes à la mer, et le puits était très profond.
La cérémonie achevée, on remit la pierre sur l'ouverture. (...). Je ne pus m'empêcher de dire au roi ce que je pensais là-dessus. "Sire, lui dis-je, je ne saurais assez m'étonner de l'étrange coutume qu'on a dans vos Etats d'enterrer les vivants avec les morts. J'ai bien voyagé, j'ai fréquenté des gens d'une infinité de nations, et je n'ai jamais entendu parler d'une loi si cruelle. Que veux-tu, Sindbad ? me répondit le roi ; c'est une loi commune, et j'y suis soumis moi-même : je serais enterré vivant avec la reine mon épouse, si elle meurt la première. (...). Je m'en retournai tristement au logis avec cette réponse. (...). Néanmoins, je tremblais à la moindre indisposition que je

---

[108] Barbara Augustin, *La résidence des couples mixtes : un chez-nous dissocié,* in : Hommes et Migrations, n° 1015, 1981, p. 23.

voyais à ma femme, mais hélas ! J'eus bientôt la frayeur toute entière. Elle tomba véritablement malade, et mourut en peu de jours" (…).
"Jugez de ma douleur, poursuivit Sindbad : être enterré tout vif ne me paraissait pas une fin moins déplorable que celle d'être dévoré par des anthropophages ; il fallait pourtant en passer par là. Le roi, accompagné de toute sa cour, voulut honorer de sa présence le convoi ; et les personnes les plus considérables de la ville me firent aussi l'honneur d'assister à mon enterrement. Lorsque tout fut prêt pour la cérémonie, on posa le corps de ma femme dans une bière avec tous ses joyaux et ses plus magnifiques habits. On commença la marche.
Comme second acteur de cette pitoyable tragédie, je suivais immédiatement la bière de ma femme, les yeux baignés de larmes et déplorant mon malheureux destin. Avant d'arriver à la montagne, je voulus faire une tentative sur l'esprit des spectateurs. Je m'adressai au roi premièrement, ensuite à tous ceux qui se trouvèrent autour de moi ; et, m'inclinant devant eux jusqu'à terre pour baiser le bord de leur habit, je les suppliais d'avoir compassion de moi. "Considérez, dirais-je, que je suis un étranger qui ne doit pas être soumis à une loi si rigoureuse, et que j'ai une autre femme et des enfants dans mon pays"[109].

A travers ce conte, le mariage interculturel donne bien la mesure du contrôle social de l'individu quand il va s'engager dans une union matrimoniale et il donne encore plus la mesure du sur-contrôle de la femme prise : "Tel officier tunisien, blessé en 1917, épouse son infirmière. Ils vivent à Tunis dans le milieu européen, la femme va à la messe et ils se sont entendus pour l'éducation des enfants : les garçons seront des musulmans, les filles chrétiennes. Tel autre Tunisien, de famille beldi, perd sa femme française de suites de couches ; à son lit de mort, il lui promet d'élever leur enfant dans la tradition chrétienne. Remarié avec une musulmane et vivant dans le milieu le plus traditionnel, il tint parole"[110].
L'itinéraire des femmes européennes installées dans le pays du conjoint maghrébin est confronté à un rite d'inhumation unique et ne reconnaît pas par exemple l'incinération. Une brève enquête auprès de quelques collègues, enseignantes de français a illustré le poids culturel du lieu de résidence : "Le problème sera moins intense dans une culture où l'incinération est pratique courante. La relation de l'individu à son groupe se mesure culturellement selon des indicateurs précis, dont la tombe n'est pas exclue"[111].
En effet, l'hypothèse d'une prédominance de l'incinération chez les conjointes étrangères est le fait de l'étendue du déracinement et du droit au

---

[109] *Les Mille et une nuits.* Traduction d'Antoine Galland, Paris, Garnier-Flammarion, 1965, p. 260-264.
[110] De Montety H., Femmes de Tunisie, Paris, Editions Mouton, 1958, p. 117.
[111] Barbara A., Mariages sans frontières, Paris, Le Centurion, 1985, p. 260.

retour post mortem. : "Le lieu de sépulture dépend plus du lieu de résidence que de la religion d'origine. Si résidence en France, souhaite incinération avec dispersion des cendres en Méditerranée. Si résidence en Tunisie, problème non-encore résolu, mais lieux de sépulture séparés non souhaités", a répondu une Française installée en Tunisie depuis 1970.

L'enracinement paradoxal du couple mixte est le système de combinaison spatio-temporel entre lieu de résidence et lieu de sépulture : "Entre chercher un lieu de résidence et quitter un lieu de naissance, la détermination du "chez nous" "s'installe-t-il autour de fragments de transhumance entre la nécessité de s'établir par choix quelque part ou le choix de s'établir par nécessité au meilleur endroit pour vivre"?[112]

Le choix de l'incinération pourrait provenir d'un dilemme entre chercher un lieu de sépulture et quitter un lieu de résidence. La dispersion des cendres facilite le non-choix ; elle évite une conversion à l'Islam pour une inhumation dans un cimetière musulman. Chaque lieu qu'on trouvait devait être lâché, sous peine de devenir une prison : "Quand nos lieux changent, quand l'évolution du monde est rapide, nous nous trouvons à un "milieu du chemin" entre les conceptions et les mœurs du passé et les conceptions et les mœurs de l'avenir, et cette situation est chargée d'angoisse. D'ailleurs la vie tout entière peut être considérée comme un "milieu du chemin" entre la sécurité prénatale et la sécurité de Dieu (...)[113]

Le "milieu du chemin" du fait matrimonial d'un couple mixte franco-maghrébin est une spécificité non négligeable au niveau de la "scène légale du nom" : la conjointe européenne emprunte le nom de son mari, sans obligation de se convertir à l'Islam, une véritable situation "d'exil" dans une désignation étrangère : "Lors de mon mariage avec un musulman, j'ai emprunté le patronyme de mon époux. Ceci n'est pas usuel au Maroc où les femmes gardent le nom de la famille d'où elles viennent, nom de leur père. Bien que ce nom emprunté soit inscrit sur mes pièces d'identité, je ne suis ni marocaine, ni musulmane. Le nom n'y suffit point. Je me situerai donc aux abords de l'Islam avec la question d'y entrer ou non ; sans oublier que du côté de l'Islam, je ne suis pas, car la différence est radicale entre mécréants et musulmans, différence sans cesse répétée par le Coran".[114]

---

[112] Barbara A., op. cit. p. 28.
[113] Tournier P., L'homme et son lieu psychologique et foi, Paris, Editions Delachaux et Niestlé, 1966, p. 159.
[114] Medejel M., "L'exil d'un prénom étranger", in *Intersignes*, 3, 1988, p. 63.

LES MAGHREBINES FACE A LA QUESTION DU RETOUR

Fatima MOUHIEDDINE [115]

Introduction

La seconde moitié du XXème siècle a été, pour les femmes, porteuse de changements marquants, décisifs ou définitifs (Laufer et al., 2001).
Ces mutations majeures sont certainement encore inachevées, partout dans le monde et surtout dans les pays en voie de développement notamment au Maroc.
En effet, la progression spectaculaire de l'activité et de la scolarité féminines, la maîtrise de la procréation, mais aussi le droit de vote et la parité en politique ont assuré une certaine croissance de l'activité professionnelle des femmes et ont constitué un trait d'évolution majeur des sociétés industrielles occidentales depuis la Seconde Guerre mondiale. Elle est intervenue, dans la plupart des pays, depuis les années 1960, mais s'est accomplie à partir de niveaux et à des rythmes très différents.

Longtemps enfermées dans leurs rôles familiaux par des déterminations structurelles séculaires, les femmes sont passées "des structures à l'acteur du familial et du professionnel comme un continuum, de l'économique au "sociétal", du social au politique" (Commaille, 1993). Le travail des femmes, avec ce qu'il engendre en terme d'indépendance financière, mais surtout de modification des rapports au sein du couple, a permis la genèse de l'idée de leur autonomisation ainsi que la remise en question de leur fonction traditionnelle de reproduction et de vie domestique.
L'expérience migratoire des femmes a permis d'identifier la femme non pas comme un être reproductif et l'homme comme être productif, mais comme étant à la base du système interprétatif des modèles migratoires (Calonne, 2002).
Certaines politiques migratoires ont favorisé plus particulièrement l'emploi des femmes. « Etre femme » devient un atout dans des projets migratoires individuels ou familiaux, leur permettant d'accéder à la reconnaissance d'un statut social autonome avec la possibilité d'accéder à des institutions et des ressources dont elles n'auraient probablement pas bénéficié dans leur pays d'origine (Touati, 1992).
Arrivées à l'âge de la retraite, ces immigrées se retrouvent bousculées dans un vécu de déracinement, d'isolement, de préjugés, de coutumes et traditions

---

[115] Professeur assistant, Faculté des Lettres et Sciences Humaines, El Jadida – Maroc.

qui a marqué leur existence, et dont l'expérience migratoire n'a fait que refouler.

Cet article propose une réflexion en appui sur la littérature spécifique consacrée à ces femmes et sur des témoignages recueillis auprès de femmes d'origine marocaine émigrées en France sur leur vécu de retour au pays.

1- La question de l'égalité du genre

Dans la société occidentale la relation homme / femme a été plus au moins régularisée par les lois, mais aussi surtout grâce à des années de luttes et de revendications pour l'égalité entre les sexes. Néanmoins, les engagements pris au niveau européen depuis les années 1990 témoignent d'une reconnaissance que les inégalités qui persistent entre hommes et femmes tiennent aussi à l'inégale répartition des obligations familiales, et que la promotion de l'égalité des chances ne peut se réaliser qu'au travers d'une distribution égale du travail rémunéré, mais aussi du travail non rémunéré au sein de la famille (Jönsson et Morel, 2006).
Au Maroc comme dans beaucoup de sociétés arabo-musulmanes, les rapports hommes / femmes sont faits de mille contrastes. Concernant le couple, ils s'orientent vers un binarisme simple : selon le modèle traditionnel, conservateur et/ou selon le modèle de la famille occidentale car le soubassement économique du post-capitalisme pousse vers cette direction. Une tendance nostalgique qui considère que c'est grâce à la revalorisation de son rôle traditionnel que l'identité sociale sera protégée et qu'elle évoluera vers une forme de solidarité qui sera le garant de la pérennité des liens sociaux (Barghach, 2005). Néanmoins, la société marocaine a tourné le dos aux formes traditionnelles du couple, sans adhérer pour autant à une forme plus moderne. Une ambiguïté qui explique le modèle marocain.

2- La femme en couple au quotidien au Maroc

Le couple traditionnel se construit autour d'un système qui conserve une distribution des rôles, qui reconnaît à l'homme un statut supérieur et à la femme une place de dominée (Belarbi, 1998). La famille étant l'institution centrale ayant pour fonction de préserver l'ordre social, elle vise toujours à renforcer l'autorité du père, puisque pour les traditionalistes une famille sans père, et donc sans autorité, est comme un corps sans tête. Il n'y a pas de famille sans puissance paternelle (Mernissi, 1991). A travers les règles du mariage, l'organisation des membres au sein du groupe paraît régentée tout autant que les rôles de l'homme et de la femme dans la famille et la société. Conforme au système de régulation dans la société patriarcale, le père ou l'aîné de la famille détient l'autorité morale et économique. C'est une société d'hommes, dans laquelle les hommes vivent à l'extérieur, participent à la vie publique, tandis que les femmes restent assez confinées dans leur maison. Pendant son enfance, la femme dépend de son père ; pendant sa jeunesse, elle dépend de son mari ; son mari étant mort, de ses fils. L'individualité de la femme n'est pas reconnue. Une femme seule est très mal considérée, montrée du doigt et représente une honte pour elle, mais surtout pour les hommes de sa famille (Naamane Guessous, 2000).

En effet, le pouvoir de divorcer est un pouvoir usurpé par la femme, car il ne peut y avoir deux volontés et deux pouvoirs dans la famille, le droit de répudier appartient à l'homme qui conserve son pouvoir domestique naturel sur sa femme et ses enfants, « la répudiation conserve au mari le pouvoir naturel de juger la femme et de la condamner au renvoi » (Bréchon, 1976). Traditionnellement dans les sociétés patriarcales méditerranéennes, l'homme perpétue la lignée et le lien national passe par lui. L'attachement à la famille traduit l'attachement à la stabilité et à la hiérarchie des rôles familiaux qui sont valorisées pour les Marocains : les enfants doivent respecter leurs parents, les rôles féminins et masculins doivent être bien différenciés. Dans le processus de socialisation, la transmission des valeurs du passé est profondément liée à cette stabilité des rôles familiaux : le respect dû aux parents conditionne le respect dû aux valeurs qu'ils transmettent ; la mère se consacre essentiellement aux tâches éducatives, conforme aux normes et des usages (Galland, 2009). Et c'est avec cet héritage plein de contraste, que la femme marocaine, entame son expérience migratoire, dans le déni total de qu'une autre culture pourrait lui apporter…

3- La femme en situation d'immigration

L'émigration féminine a été considérée longtemps comme une conséquence "évidente" de l'émigration masculine et du regroupement familial, et elle n'a été analysée que par rapport à l'époux et/ou aux enfants. Les femmes demeurent donc une fois de plus réduites à leur rôle d'épouse et de mère (Ait ben lmadani, 2012). Ainsi, la féminisation de l'émigration est présentée comme un phénomène récent qui met dans l'ombre non seulement la part active des femmes dans l'élaboration du projet migratoire familial, mais aussi toutes leurs stratégies personnelles qui pourraient donner un vrai sens à leur présence dans cette expérience migratoire.

L'émigration féminine marocaine est donc perçue comme une conséquence du regroupement familial, ce qui reflète une perception idéologique et dissymétrique de la conception du masculin et du féminin. Cette conception dissymétrique a pour origine ce que Guillaumin (1992) a défini comme « une organisation mentale inconsciente de la saisie de l'autre », où les femmes ne sont pas perçues en tant que sujets autonomes et sont ainsi privées de leur individuation et de leur capacité d'agir. Cette vision, lorsqu'elle est appliquée aux migrantes, montre la place réduite qu'elles occupent dans la société d'installation et explique en grande partie le particularisme dont elles font l'objet dans les différentes études sur l'immigration féminine. Les études qui se sont intéressées aux immigrées en tant qu'actrices de changement l'ont rarement fait dans une perspective de genre et ont de ce fait réitéré cette vision particulariste (Ait ben Lmadani, 2012). C'est ainsi que la migration des Marocaines des années 1970 a été invisibilisée aussi bien au Maroc qu'en France (Ait Ben Lmadani, 2012).

La réforme agraire mise en place par le régime colonial dans les différents pays du Maghreb a provoqué l'appauvrissement des paysans et a déclenché un grand mouvement d'exode rural. Ces paysans sont venus rejoindre le nombre déjà important des indigents installés dans les périphéries des villes, avec lesquels ils ont constitué la masse de main-d'œuvre bon marché et sans qualifications.

C'est dans cette « masse » qu'on trouvait également les femmes qui ont servi comme domestiques pour des colons. Par ailleurs, le régime colonial a provoqué un double phénomène d'individualisation et d'individuation qui a répondu au désir d'autonomie et de liberté des individus, et qui a favorisé l'émergence d'élites modernes et de nouvelles aspirations. Bien que ce phénomène ait d'abord concerné ces élites, les femmes de classes populaires qui étaient en contact avec les colons se sont saisies de ce contexte défavorable afin d'accroître leur capacité d'agir. Dans ce cas, l'émigration apparaît, pour certaines d'entre elles, comme la possibilité de réaffirmer leur individualité et de s'assurer une autonomie financière. C'est dans ce contexte que certaines femmes de classes populaires, domestiques alors chez d'anciens colons, ont effectué une autre émigration, cette fois internationale, vers la France, dès les années 1960.

4- Les chibaniyates[116] : une fin de parcours

Etonnamment, l'immigration est restée une situation provisoire pour beaucoup de marocaines. Leur vie en France a toujours été rythmée par un *va et vient* quasi permanant vers le Maroc, au moins pour les vacances. Mais arrivées à la retraite, ou à celle de leur conjoint, le rêve de repartir définitivement ne se concrétise pas. Au contraire, une dynamique des allers retours se fait plus souvent, avec des séjours plus longs.

Hadja Khadija racontait : « *J'ai attendu toute ma vie, le moment où on pourrait enfin rentrer au Bled. On a tout mis en place, notre maison est finie, et bien meublée. On a même investi dans un petit commerce pour pouvoir comme disait mon mari « voir le temps passer… ». Mais on prend quand même le bus pour retourner… au moins pour voir les médecins* ».

---

[116] Femmes âgées en dialecte marocain.

Le travail des femmes maghrébines n'étant pas dès le départ un projet personnel, mais plus celui d'une décision familiale qui permet aux femmes de déculpabiliser de leur déracinement involontaire, et aux conjoints de faire face à un nouvel impératif de leur vie en France : l'évolution dans l'espace public forcément mixte.

En effet, La société marocaine a toujours accepté la domination de la mentalité patriarcale. Elle a figé les attitudes et les comportements, et a longtemps véhiculé des représentations passéistes sur les rôles des sexes. Remettre en question cet ordre des choses est une atteinte à l'ordre masculin et au statut socioculturel de l'homme marocain. Ainsi, le travail féminin hors du foyer n'a eu qu'un impact relativement restreint sur le partage des tâches dans la famille. Le système économique, en appelant les femmes à participer à la production, continue à maintenir des images ancestrales de la femme et de la famille (Belarbi, 1993).Ces rapports ont perdurés même au-delà des frontières, et a caractérisé la vie du couple pendant leur vécu d'immigrés.

Rahma racontait : « *Au début je restais à la maison, mais quand mes enfants ont commencé à fréquenter l'école, mon mari m'a trouvé du travail dans l'agriculture. Il me déposait le matin et venait me chercher le soir. C'était du travail saisonnier. Comme disait mon mari : une rentrée d'argent est toujours la bienvenue. Mais quand mon mari est devenu trop fatigué pour me conduire, j'ai arrêté de travailler. Je ne pourrais jamais y aller seule, je ne saurais me débrouiller seule* ».

Si la plupart des femmes migrante sont venues en France grâce en partie au regroupement familial, leurs situations n'attirera guère l'attention des militantes ni surtout des chercheuses féministes françaises, et même les politiques migratoires les rendent statistiquement absentes et les poussent vers les secteurs à fort taux d'activité clandestine (domesticité, habillement, confection).

Rahma expliquait : « *ce que je gagnais permettait d'augmenter le budget du voyage annuel au pays. En général c'est mon mari qui récupérait l'argent, car moi je ne connaissais pas la valeur. Il m'avait expliqué qu'on était de moins en moins bien payés. Mais c'était mieux que de travailler dans des entreprises. Vous savez les impôts c'est beaucoup en France. Là au moins, on profitait de notre argent directement. Maintenant, nous avons tous les deux arrêtés de travailler. Nos enfants sont bien installés, notre maison au Maroc est déjà payée. On a même fait le voyage à la Mecque deux fois. Mon mari continue à partir en France plus souvent que moi. Je préfère profiter de ma vie au Maroc, ma maison est bien équipée. Mon mari trouve que je suis dépensière... trop dépensière... mes enfants aussi le disent. Moi je me rends compte que j'avais pas vraiment profité... et maintenant je profite de la vie (rires), ce qui me reste à vivre* ».

Le retour des immigrées maghrébines est à l'image de leur venue en France : une suite normale des décisions des conjoints. Certaines croient que leurs allocations familiales sont liées à la situation du conjoint, et elles ne peuvent prendre d'autre décision par peur de perdre leurs acquis. Lala Guita (prénom fictif) expliquait « *je ne voulais plus voyager ! J'en avais tellement marre. Mais il paraît que je risque de tout perdre. Je continue alors de suivre mon mari, et lui (rires), ne peut pas s'en empêcher. Il a vraiment besoin de prendre le bus comme s'il s'agissait d'une drogue* ».

Une grande partie des Maghrébines immigrées étaient analphabètes ou maîtrisaient très peu la langue française et elles n'avaient ni qualification ni expérience professionnelle. Elles n'ont pas su se mettre au courant de leurs droits ni de la possibilité qu'elles avaient d'améliorer leur vécu professionnel. Plusieurs éléments rapprochent les Maghrébines de la situation des hommes originaires des mêmes pays, à savoir : l'absence de qualification, les conditions de travail…, mais d'autres repères nous permettent de pointer des spécificités de l'immigration maghrébine féminine en France. Ces spécificités relèvent entre autres du genre, de l'identité féminine, du contexte social et familial et du contexte d'arrivée en France (Touati, 1992).

Lala Guita (prénom fictif) disait : « *vous savez j'ai appris qu'une de nos amies qui a voulu rester en France pas loin de ses enfants, en laissant son mari continuer son va et vient habituel, s'est rendue compte que ce dernier s'est débrouillé pour se trouver une deuxième femme. Du coup elle a été mise au courant et elle a fini par arriver à temps accompagné de ses enfants adultes… Sous la pression de ses enfants, le mari a fini par annuler son mariage, et rentrer en France avec sa femme. Ce qui a dérangé sa femme, ce n'est pas vraiment le mariage, mais plutôt tous les biens qui risquent de partir pour les yeux d'une nouvelle jeune femme… enfin ce n'est pas facile, ni au début ni à la fin… notre vie à nous* ».

Les chibanyates ont vécu leur « temps d'immigration » à l'ombre de leurs conjoints. Leurs retraites aussi. Une majorité de ces femmes n'a pas cherché à travailler, essentiellement parce que l'objectif de leur arrivée en France était de rejoindre leur mari. Du coup, le travail qui aurait dû constituer un espace de construction du sens et, par là même, de « conquête de l'identité », ne représentait pour ces femmes qu'une rentrée d'argent sans reconnaissance professionnelle ni sociale. Une frustration qui prend de l'ampleur quand elles arrivent à l'âge de la retraite. La question du « grand retour » est le continuum de leur vie de compagne d'immigrés.

Conclusion

Les immigrées maghrébines élevées pour être de bonnes épouses et de bonnes maîtresses de maison sont contraintes pour des raisons matérielles et pour faire face à la précarité de l'emploi des maris, de se projeter dans la vie active. Retraitées ou tout simplement âgées, ces femmes affrontent un autre défi, celui de la réintégration dans le pays d'origine, ou l'abandon du rêve caressé depuis toujours, pour continuer « la valse d'aller-retour », avec des rythmes moins effrénés. A défaut de pouvoir savourer une retraite à la « française », les chibaniyates négocient une retraite « bricolée », à l'image de leur vie, pas tout à fait ici, et pas suffisamment là-bas.

Références

Ait Ben Lmadani, F. (2012). Femmes et émigration marocaine. Entre invisibilisation et survisibilisation : pour une approche postcoloniale, in : *Hommes et migrations,* 1300, 96-103.
Barghach, J. (2005). Permanences et mutations du système de valeurs : comparaison internationale Europe-Maroc, in : *La société marocaine : Permanences, changements et enjeux pour l'avenir*, Edition du Haut Commissariat au Plan.
Belarbi, A. (1991). *Enfance au quotidien*, Le Fennec.
Belarbi, A. (1993). *Le Salaire de Madame*, Le Fennec.
Belarbi, A. (1998). *Femmes et islam*, Le Fennec.
Bréchon, P. (1976). *La famille. Idées traditionnelles, idées nouvelles*, Les Éditions Le Centurion.
Calonne, S. (2002). Conflits entre identité et travail chez les femmes immigrées, *Empan, 53, 27-32.*
Commaille, J. (1993). Les stratégies des femmes - Travail, famille et politique, In : *Recherches et Prévisions, 33, 59-64.*
Galland, O. (2009). *Les jeunes Français ont-ils raison d'avoir peur ? Eléments de réponse*, A. Colin.
Guillaumin, C. (1992). *Sexe, race et pratique du pouvoir*, Editions Côté-femmes.
Jönsson, A. et Morel M., (2006). Egalité des sexes et conciliation vie familiale – vie professionnelle en Europe. Une comparaison des politiques menées en France, en Suède et au Royaume-Uni, *Politique européenne, 20, 119-136.*
Laufer, J. *et al.*, (2001). *Introduction,* in : Masculin-Féminin questions pour les sciences de l'homme, Paris, PUF.
Naamane Guessous, S. (2000). *Automne et printemps sexuel*, Eddif.
Mernissi, F. (1991). *Le monde n'est pas un harem*, Albain Michel.
Moujoud, N. (2010). Genre et migration de femmes seules : entre androcentrisme et prisme de la culture d'origine, in : *Revue d'Etudes et de Critique Sociale (NAQD),* 1- 28.

Séhili, D. Le masculin en mal, In : *Cahiers du Genre,* 1,36, 145 à 162.
Touati, Z. (1992). Travail des Maghrébines en France : spécificités et freins. Cas de la Haute Normandie, in *Sociologies*.
http://sociologies.revues.org/4028

ACCES AUX DROITS SOCIO-SANITAIRES DES FEMMES MIGRANTES VIEILLISSANTES ET LIEN SOCIAL

Rafaël RICARDOU [117]

Résumé

La question du vieillissement des immigrés en France fait l'objet d'une reconnaissance grandissante. Pourtant, les femmes migrantes vieillissantes, vivant dans le logement diffus, sont peu prises en compte dans les politiques publiques et dispositifs d'accès aux droits socio-sanitaires. Elles rencontrent également des difficultés dans l'exercice de leur citoyenneté. A travers différentes activités mises en œuvre pendant 2 ans sur les territoires de Paris (19ème et 20ème arrondissement) et d'Aubervilliers, le Grdr a souhaité impulser une approche pluri-acteurs permettant de partager un diagnostic de la situation et de mutualiser les réponses.

1- Introduction

La présente communication s'appuie sur les résultats d'un programme pour l'accès aux droits des femmes migrantes vieillissantes, mené entre septembre 2012 et août 2014, dans les 19ème et 20ème arrondissements de Paris et à Aubervilliers. Les résultats présentés ici sont partiels, certaines données n'ont pas encore été analysées. Les quelques chiffres proposés sont donc indicatifs.
Ce programme a été réalisé sous forme d'une expérimentation sociale, avec un volet diagnostic et des actions auprès des publics. Il s'agissait de mutualiser des réponses adaptées pour l'accompagnement des femmes migrantes vieillissantes. Il a été mené par le Grdr, ONG de développement qui intervient dans 5 pays, Mali, Mauritanie, Sénagal Guinéee Bissau et en France. Il a bénéficié du soutien du Fonds Européen pour l'Intégration (FEI), de la Fondation Caritas, de la CNAV et des Mairies de Paris et d'Aubervilliers.

Le Grdr accompagne les populations immigrées de l'Afrique subsaharienne depuis plus de 40 ans. Il a vu ce public vieillir et être confronté à de nouveaux besoins liés à l'avancée en âge. Depuis maintenant plusieurs années, la question du vieillissement des migrants est posée. Des études et des enquêtes ont permis de mieux cerner les caractéristiques de

---

[117] Grdr. Coordinateur Antenne Ile de France, rafael.ricardou@grdr.org

cette population. Le Grdr, à travers ses activités en Haute Normandie, en Ile de France et dans le Nord Pas de Calais, constate que les migrants vieillissants rencontrent de nombreux obstacles dans l'accès aux droits et l'exercice de leur citoyenneté.

Dans ses différents programmes d'intervention, le Grdr développe une approche multi variable, qui s'efforce de prendre en compte un ensemble de facteurs tels que la dynamique des trajectoires (migratoire, sociale…), les différents tyes de socialisation, les perceptions de l'avancée en âge, les représentations et prise en charge du vieillissement, le rapport au corps, les conditions socioéconomiques, les configurations territoriales en matière de dispositifs, etc. Il faut également prendre en compte le rôle et le positionnement des politiques publiques à l'égard des personnes âgées immigrées.

Notons que la question de l'avancée en âge des immigrés bien qu'elle présente des aspects spécifiques, est plus globalement structurée par la problématique du vieillissement en France. Notons également que le public visé est hétégonène. Ainsi comme le souligne Sylvie Carbonnelle : «s'interroger sur les spécificités de la condition des immigrés âgés ne devrait pas occulter, d'une part, les similarités de l'expérience du vieillir et du grand âge entre personnes issues de l'immigration et celles ne l'étant pas, d'autre part, la grande hétérogénéité des profils et des conditions de vie de ces populations. » [Carbonnelle 2009]

2- Contexte

On assiste à une reconnaissance grandissante de la question du vieillissement des migrants, hommes et femmes, par les pouvoirs publics et acteurs sociaux. Ainsi, par exemple, à l'occasion de l'année européenne du vieillissement actif, en 2012, le réseau européen contre le racisme (ENAR) associé à la plateforme AGE ont saisi l'UE quand à la situation des immigrés âgés en europe. Ils seraient près de 7 millions. En 2013, en France, à l'initiative de Claude Bartolone, est mis en place une commission parlementaire sur les immigrés âgés qui a mené de nombreuses auditions. Citons également le plan PAPA de la CNAV qui devait comporter un axe spécifique relatif aux immigré(e)s âgé(e). Les collectivités territoriales, en premier lieu le département, en charge du schéma gérotologique s'interrogent également sur la question et ont pu mener ou soutenir des actions et la mise en place de dispositifs. Citons par exemple le schéma gérotonlogique du département de Paris qui intègre un axe spécifique sur les immigré(e)s âgé(e)s. Ou, encore, l'action menée par la ville de Montreuil en partenariat avec le Grdr et les gestionnaires Coallia et Adoma visant cinq foyers de travailleurs migrants et résidences sociales du territoire. De fait, des associations ont également développé diverses expériences, et

dispositifs, depuis plusieurs années, en direction des personnes âgées immigrées (ex : café social,...)
S'il faut se féliciter de cette reconnaissance grandissante, il faut dans le même temps souligner certains aspects insuffisamment pris en compte, tels que la question des femmes et celle du logement diffus. Il faut également s'interroger sur l'effiacité et la cohérence de l'action publique en direction d'une population abordée majoritairement sous le prisme de l'intégration, alors qu'elle relève tout autant des politiques sociales et des politiques gérontologiques. Ce dans un contexte d'évolution imortante du système social, de santé et gérontologique français (réforme des retraites, RGPP/MAP).

3- Quelques données

En 2010, plus de 5,5 millions de personnes immigrées vivent en France. Elles représentent 9% de la population. Dont 51% sont des femmes. (Les femmes représentaient en 1982 environ 36% de l'ensemble des migrants. En 1990, elles sont 117 382 soit 42,66% de l'effectif total des migrants subsahariens en France (Barou 2002).)
Au 1er janvier 2008, 1,7 million d'immigrés âgés de 55 ans ou plus réside sur le territoire français dont 794 000 sont originaires des pays tiers (Infos migrations - n°34 - février 2012). L'INSEE en 2007 indiquent que sur 795 000 immigrés issus de pays tiers 347 000 ont plus de 65 ans.

La pluralité croissante de l'immigration subsaharienne et la diversité de ses enjeux ont été soulignées par les travaux de Timera (1997), et Barou (idem), qui en montrent l'évolution. Les causes de cette diversification sont multiples, elles sont liées aux crises et conflits dans certaines parties d'Afrique mais aussi au développement d'une migration qualifiée. Ce n'est pas fortuit si les femmes représentent 60% des immigrés originaires des pays côtiers et de l'Afrique centrale (enquête TEO sur la diversité des populations en France, octobre 2010). Comparativement, les femmes du bassin du fleuve Sénégal, dont le nombre a pourtant augmenté, ne représentent que 44% de l'immigration de ces pays en France.

On assiste ainsi à une féminisation et diversification de l'immigration, que nous avons également constatée dans le cadre du programme pour l'accès aux droits des femmes migrantes vieillissantes. En effet, parmi les femmes accompagnées, plus de la moitié sont arrivées il y a plus de 30 ans et une part non négligeable de femmes, près d'un quart, sont arrivées plus récemment (10/15 ans). Une grande majorité de femmes rencontrées sont originaires d'Afrique Subsaharienne et du Maghreb, mais là aussi avec une migration diversifiée (Afrique centrale, des côtes...).

Quelques chiffres sur Paris et Aubervilliers :
Les immigrés représentent 20,1% de la population parisienne en 2007. Une population qui s'est féminisée, 52% des immigrés à Paris sont des femmes (47% femmes âgées migrantes). 21% des migrants ont 60 ans et plus, soit 89 000 personnes (dont 85 000 en logement diffus). Une population d'avantage représentée dans le Nord Est Parisien (15 à 20% des résidents âgés de plus de 60 ans)[118].
A Aubervilliers, les immigrés représentent 48% des personnes de plus de 55 ans. (39% sur le territoire de Plaine Commune, 33% en Seine St Denis, 20% en Ile de France et 9% pour la France métropolitaine)[119].

4- Démarche / Méthodologie

Le programme mené visait à impulser une approche pluri-acteurs et des activités qui permette de partager un diagnostic de la situation et de mutualiser les réponses. Il a été mené sur les territoires de Paris 19ème et 20ème et d'Aubervilliers. L'objectif étant de lever les freins que rencontrent les femmes immigrées vieillissantes pour l'accès aux droits socio-sanitaires et de permettre aux intervenants socio-sanitaires de mieux appréhender les enjeux de cette de cette situation. Il s'agissait aussi, dans une démarche d'expérimentation, de favoriser une plus large publicisation de pratiques innovantes et d'outils pertinents, notamment auprès des acteurs de l'accompagnement social des migrants vieillissants.

Concrètement, le programme a consisté en la mise en place de permanences territorialisées (accueil orientation, accompagnement) au sein de centre sociaux partenaires (Centre social J2P à Paris 19ème, Secours Populaire Français puis Centre social Etincelles à Paris 20ème) et dans la mise en œuvre d'animations collectives d'information et prévention, dans les domaines de la santé, de la retraite et de l'accès aux droits. Des actions conviviales ont également été réalisées afin de lutter contre l'isolement, de favoriser le lien social et la participation citoyenne des femmes migrantes vieillissantes. Sur les deux ans[120], environ 50 femmes ont été accompagnées et on dénombre plus de 300 participations à des réunions collectives. Près de 120 professionnels ont également été impliqués. Un diagnostic est en cours de réalisation, avec 40 questionnaires collectés, 40 accompagnements renseignés et 4 entretiens individuels.

---

[118] Source : APUR Atelier parisien d'urbanisme.
[119] Source : Observatoire de la vie locale, Aubervilliers.
[120] Les chiffres communiqués sont indicatifs. Le bilan final du programme n'est pas finalisé à la date de l'article.

5- Observations et constats[121]

Il s'agit de prendre les observations présentées ici avec précaution, afin d'éviter toute forme de catégorisation des immigré(e)s âgé(e)s. Il faut rappeler qu'une réflexion sur la problématique du vieillissement des migrants implique un questionnement sur l'hétérogénéité des profils et des conditions de vie de ces populations. Rappelons que la question de l'avancée en âge des immigrés bien qu'elle présente des aspects spécifiques, est plus globalement structurée par la problématique du vieillissement en France.
Un premier constat concerne la faible « visibilité » des femmes migrantes vieillissantes sur les territoires et dans l'espace public. De nombreux acteurs sociaux et institutionnels mobilisés lors du programme ont fait état de leur méconnaissance des réalités de ces femmes et de leurs besoins.

Age

Les femmes rencontrées dans le cadre du programme se situent dans une moyenne d'âge qui va de 55 à 70 ans. Pour le FEI, l'âge requis est de 60 ans pour être considéré comme bénéficiaire du dispositif. Les femmes rencontrées dans le cadre des permanences sont en moyenne, légèrement plus âgées (les deux tiers ont entre 60 et 70 ans) que les femmes mobilisées lors des animations thématiques (entre 55 et 65 ans). Parmi les différents constats, notons celui du vieillissement précoce (nombreuses pathologies liées aux douleurs articulaires), souvent lié à la pénibilité du travail. Il faut également souligner des besoins d'information et accompagnements pour la préparation à la retraite avant 60 ans (reconstituion des carrières, démarches administratives). Enfin de nombreuses demandes d'accompagnement pour des ouvertures de droits (santé, retraite, droits sociaux....) qui selon les femmes accompagnées ne trouvent pas de réponses, ou partielles, auprès du « droit commun ».

Trajectoires

Comme souligné précédemment, le programme a concerné des femmes majoritairement arrivées il y a plus de 30 ans, avec une part non négligeable de femmes, près d'un quart, arrivées plus récemment (10/15 ans). Une grande majorité de femmes sont originaires d'Afrique Subsaharienne et du Maghreb. Les témoignages des femmes recueillis font état très majoritairement d'un souhait de vieillir en France.

---

[121] Les données présentées dans ce paragraphe, à la date de la présente communication, sont à consolider et restent indicatives.

Situations familiales

Des pourcentages significatifs de femmes seules (veuves, divorcées / séparées…). Une moitié seulement déclare vivre avec leur conjoint. A noter cependant le nombre important d'enfants et la présence fréquente des enfants. Au final entre 10% et15% de femmes de notre panel vivraient seules. Si la présence des enfants est significative, il faut souligner l'hétérogénéité des relations intergénérationnelles. Dans de nombreux cas, il y a soutien et aide familiale (démarches administratives, lien familial), mais on observe aussi des conflits et des ruptures. Lors des entretiens, une place importante est accordée à la question des petits-enfants.

Situations socio-économiques

La majorité des femmes rencontrées vivent dans des logements sociaux. Elles sont nombreuses à faire état de logements trop petits, notamment pour celles qui vivent encore avec leurs enfants. Concernant les revenus, environ un tiers des femmes déclarent être à la retraite ou bénéficier d'une pension de réversion. Une partie travaille, bénéficie des indemnités chômage ou du RSA. Une partie bénéficie d'autres aides sociales (AAH, ASS). Une part importante ont des revenus « autres ». A noter une part significative de femmes qui déclarent être sans revenus.
La question de la pension de réversion est fréquemment abordée, au regard des nombreuses situations de veuvage constatées. Egalement en ce qui concerne l'allocation adultes handicapés (AAH). Globalement la question de l'ouverture de droits de retraites et sociaux constitue un enjeux important et s'avère complexe dans sa mise en oeuvre.

Accès aux soins

Une grande majorité des femmes bénéficient d'une couverture santé du régime général. Mais un nombre important d'absence de mutuelle et de complémentaire santé. On constate un recours plus fréquent au généraliste et à l'hôpital, ainsi que des des situations de renoncement aux soins.

Ces constats rejoignent ceux d'autres études : « En France, 35% des immigrés étrangers et 20% des immigrés naturalisés n'ont pas accès à la complémentaire santé, contre seulement 7% des Français de naissance » (Dourgnon, 2009).

Droits sociaux

S'agissant de la connaissance des dispositifs et de leur utilisation, on constate, d'une part, un faible recours à l'accompagnement social. Les témoignages recueillis font état de femmes qui connaissent où solliciter un travailleur social mais qui font rarement appel à leurs aide/service. D'autre part, si les femmes ont globalement une bonne connaissance des services de prestations sociale (CNAV, CPAM, CAF…) elles font part d'une faible connaissance des dispositifs socio-sanitaires existants (CLIC, PASS…) et des services d'information, d'appui et d'accès aux droits (PAD, PIMMS…). Sur la base de ces constats et en concertation avec les différents partenaires mobilisés tout au long du projet, différentes pistes de travail et préconisations ont été formulées.

6- Préconisations

Changer de « posture ». Il s'agit d'envisager la question des femmes âgées immigrées également sous l'angle des thématiques liées à la vieillesse (autonomie, utilité sociale, vieillissement actif….) et non sur le seul registre des thématiques liées à l'immigration ou à l'intégration (précarité, altérité, inter culturalité). En effet, il s'agit là d'une observation déjà ancienne, « l'effet pygmalion » qui souligne que, selon le regard qu'on porte, on a une attente et on induit un effet en termes de positionnement social.

Renforcer la connaissance des réalités des personnes âgées immigrées, notamment des femmes, à travers des diagnostics, études, des enquêtes, recherche action, des récits de vie. Parmi les mulitples objets d'enquête, la question spécifique des discriminations cumulées (age, sexe, origine) constitue un enjeu significatif. Il s'agit également de travailler sur les aspects mémoire.

Faciliter la participation des femmes, notamment via les regroupements, collectifs, associations, afin de renforcer les capacités d'agir des personnes concernées comme levier de participation, pour les rendre « actrices » et pas seulement bénéficiaire. Penser les dispositifs et les actions en concertation avec les « usagers ».

Favoriser l'innovation et des modalités d'intervention adaptés, comme par exemple des ateliers de « tris de documents administratifs » au sein des structures d'action sociale, des actions de formation informatique sur l'usage des services publics dématérialisés, ou des formations linguistiques orientées vers l'accès aux droits et les démarches administratives.

Adapter les modalités d'information en direction des publics. En particulier concernant les dispositifs en matière de vieillissement et accès aux droits (PIMMS, PAD, CLIC,…). Développer des outils adpatés (supports information, guides, vidéos, média….)

Accompagnement des personnes et médiation avec les professionnels de l'action social et de l'accès aux droits Les observations montrent des incompréhensions liées à des représentations et stéréotypes de part et d'autre, et une faible fréquentation des dispositifs par les femmes. Ces faits sont significatifs des décalages qui peuvent exister entre les positionnements / attentes, des différents acteurs : projet et aspiration des personnes âgées immigrées, projets de vie séniors, référentiels et pratiques professionnelles, attentes d'un profil « type », …

Formation ou/et sensibilisation des professionnels, assistantes sociales, gérontologie, santé. Il s'agit de sensibiliser les professionnels de l'intervention sociale au besoin d'écoute et de reconnaissance des personnes âgées immigrées. Il s'agit également de faciliter l'adaptation des dispositifs et l'ajustement des pratiques professionnelles, pour tenir compte des situations individuelles et familiales spécifiques.

Renforcement du rôle et de la place des associations. Il apparait que le rôle des associations dans la médiation et les formes de concertation entre populations et institutions doit être renforcé. En effet, le cadre associatif constitue souvent un moyen de compléter l'offre socio-sanitaire du territoire. Il s'agit d'examiner les modalités de collaboration entre les professionnels de l'action socio-sanitaire et les associations de quartier et/ou de migrants.

Développer une approche territoriale et renforcer les synergies et réseau d'acteurs. Décloisonner les domaines de compétences et d'intervention (social, santé, gérontologie, animation sociale, « intégration »…) pour faciliter les complémentarités, dans une logique de « chaine d'accompagnement » et de prise en charge globale. Optimiser les articulations et complémentarités entre réseaux informels (aidants familiaux, voisinage, réseaux sociaux…) et réseaux formels (aide à domicile, santé, accès aux droits…)

Références

Barou, J. (2002). *L'habitat des immigrés et de leurs familles*. La Documentation française.
Carbonnelle, S. (2009), Les politiques à l'égard des migrants âgés : la construction d'un nouveau risque social ? *L'observatoire,* n° 61.
Dourgnon, P. Or, Z. et Sorasith, C. (2009). Les inégalités de recours aux soins en France, retour sur une décennie de réformes. *ADSP (Actualité et Dossier en Santé Publique), 20 ans de santé publique* - Dossier coordonné par Basset B., Demeulemeester R., Jougla E., n° 80, 2012/09, 33-35.

Jankel, S. Renouvel, S. et Valdant, D. (2006). *Les migrants âgés à Paris. Diagnostic, évolution et préconisations.* APUR (atelier parisien d'urbanisme)

Simon, P., Beauchemin, C. Hamel, C. (2010). Trajectoires et origines : enquête sur la diversité des populations en France. (TeO), Ined - Insee.

Timera, M. (1997). *Les Soninké en France. D'une histoire à l'autre.* Paris : Karthala.

Sigles

AGE	Active Senior Citizen for Europe
CAF	Caisse allocations familiales
CLIC	Centre Local d'Information et de Coordination
CNAV	Caisse Nationale Assurance Vieillesse
CPAM	Caisse Primaire Assurance Maladie
ENAR	European Network Against Racism
FEI	Fonds Européen d'Intégration
GRDR	Groupe de Recherches et de réalisations pour le développement rural
J2P	Jaurès Pantin Petit
MAP	Modernisation de l'Action Publique
ONG	Organisation non gouvernementale
PAD	Point d'accès aux droits
PAPA	Préservation de l'Autonomie des Personnes Agées
PASS	Permanences d'Accès aux Soins de Santé
PIMMS	Point Information Médiation Multi Services
RGPP	Révision générale des politiques publiques
TEO	Trajectoires Et Origines
UE	Union Européenne

LES PERES MIGRANTS VIEILLISSANTS L'ECOLE FACE AUX DEFIS DE LA MONDIALISATION

Adeline SAROT [122]

Depuis trois ans, nous menons des recherches concernant les enfants de migrants qui entrent en lycées professionnels en situation d'illettrisme (Sarot et al., 2012, 2013, 2014). Nous avons ainsi rencontré 19 adolescents, âgés de 16 ans, dont 7 filles et 12 garçons. Tous étaient nés en France et y avaient effectué l'intégralité de leur scolarité. Plus de la moitié étaient originaires de l'Afrique de l'Ouest. Le protocole de recherche prévoyait de rencontrer individuellement chaque adolescent, chacun de leurs parents et plusieurs de leurs enseignants, pour aborder l'histoire avec l'école, l'histoire familiale et la rencontre famille-institution. Nous avons vu dix mères, mais n'avons pu rencontrer que trois pères. C'est ainsi que nous avons été confrontés au problème du vieillissement des pères migrants et ses conséquences sur l'accompagnement de l'enfant dans sa scolarité. Les trois pères rencontrés étaient âgés et n'avaient pas pu eux-mêmes bénéficier d'une scolarisation. Ils avaient grandi dans un monde lointain dans l'espace et le temps de celui de leurs enfants. Comment alors les accompagner, leur présenter le monde à petites doses (Winnicott, 2006) ?

D'après les informations recueillies, la plupart des parents des 19 adolescents n'avaient jamais été scolarisés ou peu scolarisés au pays, rarement en France. La plupart occupent des emplois non ou peu qualifiés. Souvent, les pères avaient mis du temps avant de pouvoir fonder une famille dans la migration et étaient décédés alors que leurs enfants étaient encore en cours de scolarité ou bien à la retraite, en France ou au pays. Douze des adolescents vivaient avec leurs deux parents, mais sept vivaient avec un parent isolé, avec en moyenne 4 à 6 enfants à charge et sans le soutien des grands-parents, décédés ou restés au pays. D'autres pères n'ont pas pu être interviewés, soit du fait de leur état de santé précaire, soit du fait de l'opposition des mères :

"Son père ? Il en a pas. Vous n'aurez qu'à dire qu'il est mort", nous disent certaines mères. Ces propos soulèvent à la fois le problème du non-respect

---

[122] Adeline Sarot est psychologue clinicienne à la Maison de Solenn, doctorante chargée d'enseignements à l'Université Paris Descartes, Unité INSERM 1178 et coordinatrice de l'équipe Métisco du Centre Babel. metisco@centrebabel.fr

de l'obligation légale faite à l'école d'informer chacun des parents sur la scolarité de leur enfant, et celui d'un conflit de loyauté intrafamilial auquel est souvent confronté l'enfant.

Les projets migratoires de chacun des parents semblent souvent reposer sur des motivations différentes et parfois inconciliables : nécessité économique pour pouvoir prospérer au pays du côté des pères, désir d'émancipation féminine du côté des mères. On observe ainsi souvent l'absence de tiers dans la relation mère-enfant, qu'il s'agisse du père ou des grands-parents, ce qui entrave la transmission à l'enfant et son processus de séparation-individuation. Mais les adolescents, riches d'un savoir insu (Mansouri, 2013), inconscient, qui ne cesse de les animer et de motiver leurs choix, mettent en œuvre de subtiles stratégies de métissage, des lignées, des générations et des cultures, mais aussi de réparation des transgressions héritées de l'Histoire collective.

Abderrahmane refuse de participer à la recherche. Il me dit simplement que l'école, il « s'en fou[t] », il va devenir « footballeur professionnel ». Lorsque je reçois son père, il interrompt l'entretien et dit à son père : « Tu rentres à la maison toi aussi. Papa, rentre à la maison. Tu veux faire ça… t'es pas à l'école toi aussi ! Va à la maison papa s'te plaît. Au lieu d'dormir à la maison, tu viens ici… T'es fatigué, tu fais des trucs comme ça ». Puis il ajoute à mon intention : « Vous vous ap'lez pour faire des trucs comme ça, vous voyez il est vieux comme ça, vous lui posez des questions… ». Monsieur se lève alors et accompagne son fils à la porte. Puis il m'explique : « Moi j'ai jamais vu ça. J'ai jamais allé à l'école de Abderrahmane. C'est la première fois que je venir ici ». Il explique qu'il répète à son fils de ne « jamais faire les bêtises ». Je rappelle à Monsieur que nous ne sommes pas là parce que son fils a fait des bêtises mais pour parler de son histoire avec l'école. « Moi j'sais pas hein. Là j'sais pas… », répond Monsieur. « Non mais des fois y dit y va aller, y a une dame qu'est à côté pour lui apprendre, l'aider pour écrire tout ça. Avant il avait l'école à côté d'nous, c'est tout. Après y dit, il était venir ici, j'sais pas qu'est-ce qu'y pense… C'est sûrement sa maman qui l'a occupé de… » l'inscription. « Les enfants moi j'suis au boulot alors… J'travaille à l'hôpital hein. Journées longues. Moi j'ai 12h de temps de travail hein ». C'est tout de même Monsieur qui a trouvé un stage à son fils dans l'hôpital où il travaille, pas comme agent d'entretien, contrairement à lui, mais dans la cuisine, ce qu'il semble valoriser davantage. Monsieur a grandi en Afrique et n'a jamais été scolarisé. « C'est la vie, y en a là-bas mais moi j'ai pas allé à l'école. Nous on travaille en paysan comme ça. C'est comme ça hein. J'ai marié au pays, après j'ramène euh ma famille ici hein. On est venus à Paris pour vivre. Voilà, on travaille, on vit là, c'est tout. Bientôt, après j'allais à retraite, c'est tout ». Monsieur ne sait pas encore où il passera sa retraite. Il ajoute avec regrets que « maintenant c'est… c'est pas grave… ». Monsieur semble nostalgique de son pays. « Chaque année je pars au pays », mais « Abderrahmane n'est jamais allé là-bas » car « il a suivi l'école, c'est ça. Je peux pas prendre sur l'école pour aller là-bas hein ». Abderrahmane ne rencontrera donc jamais ses grands-parents car « tout est décédé, c'est longtemps. C'est moi qu'est plus grand, tout, de toute la famille qui sont là-bas maintenant », dit Monsieur en riant, évoquant peut-être une angoisse de mort. « La famille maintenant c'est moi ». Monsieur n'a presque pas connu son père décédé jeune, mais « Abderrahmane, c'est comme mon père. Le caractère il est bien hein. A la maison il est tranquille. J'sais pas comment il parlait la façon comme ça », dit Monsieur, s'excusant de l'interruption de son fils, « mais sinon à la maison il est bien. Y m'écoute moi ». Lorsque j'interroge Monsieur sur ses enfants aînés, Monsieur s'assombrit et explique qu'ils sont sans emploi puis il met brutalement fin à l'entretien car il est « fatigué ». Je lui demande tout de même son avis sur comment améliorer l'école mais Monsieur répond « c'est pas des choses que j'occupe. C'est lui-même qui retourne à l'école là. Moi je dis « Faut pas faire les bêtises, tu fais l'école tranquille ». Les rôles sont donc clairement établis : Monsieur s'occupe du comportement, l'école s'occupe de l'instruction.

Je reçois le père de Moussa avec une interprète soninké mais Monsieur refuse d'utiliser cette langue pour l'entretien, ce qui semble à mettre en lien avec la frayeur associée à la migration : La France était un « pays magnifique à l'époque », mais « je comprends rien à la langue, on pourrait me dire qu'on va me tuer je ne comprendrais pas ». Il a donc très vite appris la langue et trouvé du travail. Il a une grande mémoire, se souvient de toutes les dates, de tous les lieux, noms et adresses des entreprises où il a travaillé, des lieux où il a vécu. Il est très fier d'avoir été gardé 35 ans par son employeur. Jamais un jour de maladie. Monsieur est très travailleur et ne peut pas rester les bras croisés. Maintenant qu'il est à la retraite, il s'occupe beaucoup des enfants qui lui restent à charge, Moussa et deux enfants plus jeunes qu'il a eus avec sa deuxième femme : Monsieur s'occupe du réveil, de la prière et des accompagnements scolaires. En travaillant ici, Monsieur a pu financer de bonnes études pour ses fils au pays, dans une école franco-arabe puis avec un professeur de la capitale. Il a préparé leurs papiers donc ils étaient déjà formés et prêts à travailler quand ils sont arrivés. Ils ont choisi plomberie. Monsieur est très fier de leur réussite. Il a gardé la même éducation, les mêmes conseils de « notre coutume ». « Faut pas rater ça. Faut pas oublier ça. Faut faire le bien. Si tu vois un enfant qui faire le mal il faut, il faut, faut parler avec lui. Et… indiquer. Ça c'est pas beau, ça il faut, ça c'est bien beau, ça non. L'avenir c'est ça ». Moussa écoute les conseils de son père, qui est impliqué dans sa scolarité : il est venu rencontrer le directeur suite à un « accident de travail » de Moussa. Ils ont fait une « petite réunion » que Monsieur a beaucoup appréciée. Il a aussi rencontré le professeur qui lui a dit que c'était difficile pour Moussa au début mais que maintenant tout allait bien. Ça continue comme ça et Monsieur en est fier.

Selon lui, les difficultés scolaires de Moussa étaient liées au fait que Madame ne parlait pas français à la maison. Moussa ne maîtrisait donc pas la langue française lorsqu'il est rentré à l'école. De plus, Madame ne pouvait pas l'aider à faire ses devoirs. Mais Moussa est très bien maintenant, dans le bâtiment, domaine valorisé dans le cadre familial. Monsieur pense collectif : son projet de protection et d'ascension a été conçu sur plusieurs générations. Il est lui-même très attaché à son père et n'exprime aucune honte quant aux origines, au monde paysan analphabète. Il peut s'appuyer sur son modèle parental pour élever ses enfants. S'il faut apprendre à l'école maintenant, c'est parce que le monde a changé : « Quand j'ai arrivé ici, quand j'ai voulu que je travaille à Alstom, je peux lire des choses, mais j'ai pas titre, mais je travaille en bureau. Mais aujourd'hui, on peut pas trouver ça aujourd'hui. Aujourd'hui même avec diplômes y faut… […] y faut prendre la tête et écrire et tu pourras quelque chose. Y a qu'ça qui compte aujourd'hui hein. […] Donc il faut que les enfants écoutent les professeurs. […] Mais bien sûr, y a les enfants, quand il est tout petit, bon, mais… ses parents, qu'ça soit sa maman ou son père y comprend pas très bien français, donc obligatoire y parle… la langue, qu'ça soit en bambara ou quoi ou le wolof ou… bon. Ces enfants-là, quand y aura… l'école, bon bien sûr si tu parles en français, y sait même pas qu'est-ce que ça veut dire. Donc obligatoirement il faut aider, il faut aider ceux-là, sinon y va venir à l'école, y part euh… y peut pas comprendre. Parce que ses parents, y comprend pas, y sait pas ni lire et écrire. […] Quand j'étais, bein quand j'étais petit, j'étais, je sais pas qu'est-ce que ça veut dire à l'école. Je sais pas qu'est-ce que ça veut dire à l'école. Je suis dans un petit village. Donc euh je connais que cultivateur. Et là, je travaille bien. Cultivateur, ça, je travaille bien. Mon père, grâce à mon père, Dieu merci, Hamdulillah, euh… je suis bien. […] Mon père, il m'a bien élevé, il m'a appris des choses à faire, travail et tout ça, comment faut faire et grâce à Dieu, grâce à lui, Hamdulillah. Si les enfants y m'écoutent, y peut pas regretter ».

Lorsque je tends le formulaire d'information à la mère d'Hawa, Madame me le rend amèrement : « Bein allez-y, je sais pas lire de toute façon ». Elle n'a pas de diplôme, « rien du tout ». Le « papa l'a pas diplôme, il est retraite », avant « il fait la plonge ». Concernant le parcours scolaire d'Hawa, « j'ai oublié, y a beaucoup d'choses que j'ai oubliées hein. J'ai oublié parce que chaque fois c'est mon mari qui accompagne ». Maintenant qu'il est à la retraite, il est retourné au pays et c'est Madame qui accompagne : « Ça va, y a petit problème mais ça a réglé. C'est un malentendu c'est tout, c'est bon. Ça se passe bien ouais. Elle va continuer toujours ouais. Elle va continuer toujours. Elle m'a demandé, elle a dit cuisinier hein », dans un restaurant par exemple, comme son père. Elle dit elle va continuer jusqu'à ce qu'elle ait son diplôme. J'ai dit « c'est bien ». Hawa, « fallait l'encourager pour travailler. C'est important. Moi je veux que aide beaucoup plus pour Hawa aussi. Elle a

que 16 ans donc, faut qu'elle travaille bien ». Mais Hawa a connu un parcours traumatique avec l'école : « Depuis Hawa l'était petit, l'a beaucoup de… elle sait pas lire et écrire aussi », comme Madame. « Depuis l'est petit, elle fait l'orthophonique. Après le SESSAD aussi. Mais là, maintenant, ça s'arrange un peu. Ça a aidé beaucoup. Tout ça. Ça a aidé beaucoup ouais ». Madame explique les difficultés de sa fille à s'approprier une langue écrite, nécessaire: « Parce qu'ici on donne la, un papier pour dire lire, elle sait pas lire. Elle arrive pas à lire le papier. Même son petit frère qu'il est petit, il a tout, écrire et lire. Mais Hawa non. On sait pas » pourquoi. « Tout ça là ça s'est inquiété. L'âge de bientôt 17 ans. Son petit frère qui a 12 ans, quand tu donnes les lettres, il dit tout. Ça s'est inquiété. On a fait tous l'examens, ils ont rien, ils ont dit ». Mais les difficultés d'Hawa concernaient aussi la langue orale : « Depuis qu'elle est petit, quand elle âge de 3 ans elle parle pas du tout même. Là elle parle pas. Elle dit « Maman, papa », c'est tout. Après on a commencé à… à suer, à suer, à suer. Après je partais en maternelle, toujours pareil. Mais depuis l'orthophonique avec SESSAD, c'est là qu'elle commence parler, quand elle était l'âge de 10 ans, mais là maintenant elle parle beaucoup. *(rires)* Là, elle parle beaucoup. Elle rattrape tout. Elle commence à lire un peu. Pas beaucoup mais un peu. Ouais, avant non ».
Madame se défend d'avoir elle-même handicapé sa fille : « J'ai jamais oublié quelque chose ». Mais « quand elle était petit elle était malade toujours. Quand elle était bébé elle était hospitalisée deux fois. Parce qu'elle vomit beaucoup. Ça fait looong-temps » et ça semble avoir coïncidé avec le seul voyage au pays d'Hawa, pour être présentée à sa grand-mère maternelle. Maintenant ça va mieux et « elle m'a dit elle veut faire le cuisinier ». Hawa fait beaucoup cuisiner chez nous. Elle aime beaucoup faire la cuisine, même à la maison. Elle fait les frites, elle fait les pâtes tout ça, elle fait la viande, elle fait le poulet. Même du riz, elle fait du riz. On l'a appris à faire les plats de chez nous. Elle aime ouais. Elle aime faire la cuisine. *(rire)* elle aime faire la cuisine. Même quand je suis fatiguée, elle dit « Non, moi j'vais faire la cuisine ». Elle aime beaucoup faire la cuisine. On l'a appris un peu, d'abord elle fait du riz simple, moi j'fais les sauces, elle fait du riz Hawa. C'est maman qui m'a appris à faire ça ». Cette grand-mère maternelle porte le même prénom qu'Hawa. « Mais cuisinier c'est bien aussi », ajoute Madame, qui semble tiraillée entre son désir de voir ses enfants s'approprier les savoirs occidentaux et le fait de retrouver en sa fille sa compagne de cuisine d'enfance. En échouant scolairement, Hawa obtient finalement le droit de s'inscrire dans cette transmission familiale. Elle revalorise ainsi ces savoirs de sa grand-mère maternelle tout en les inscrivant dans un cursus occidental. C'est ainsi sa propre mère qu'elle réconcilie avec le maternel dont elle a été privée : « J'avais 20 ans » quand je suis venue. « Mon mari il est là et il m'a dit je viens avec. Il était déjà ici. Tu suis ton mari, là ! Mais quitter « La famille, c'est dur la famille. C'est dur *(rire amer)* c'est très dur ». En « 2013 j'suis partie là-bas. Tous les 4 ans. Tous les 5 ans même. Ça fait un an », dit

Madame tristement. Madame ne sait pas pourquoi la France, mais… l'école c'est important. « Regarde-moi ! Si je fais l'école, je suis pas comme ça. Je née ici, y a de l'école partout, obligé tu fais l'école, tu peux pas rester à la maison. Moi ? (*rire*) Si je sais lire, écrire ? Ah ! J'vais faire un bon projet hein ! Si je fais l'école là, moi aussi je rentre dans les... Mais quand je sais pas lire et écrire c'est dur pour nous. Même si je pars quelque part, beaucoup te demandent quelque… et tu fais ton papier, c'est dur. Mais là j'ai commencé à faire les cours là. Depuis que je suis voyage ici j'veux faire les cours là. Je sans diplôme. Depuis 85 que je suis là, ça fait longtemps. Avant les enfants sont petits. Je peux pas amener tout l'monde avec moi. Alors… ». Là, « ils sont grands. Là je pars là comme ça quand c'est fini, on rentre en même temps. Quand tu connais lire là, même si les papiers, même les enfants si y partent là quelqu'un vient avec des papiers, tu as pas besoin, tu peux faire tout seul ».

Madame déplore ainsi la perte d'autonomie et l'inversion des places générationnelles résultant de la migration et de la non maîtrise de la langue. « Quand tu pars quelque part, si tu connais l'adresse, tu as pas besoin de demander à quelqu'un. Toi-même tu regardes ton adresse et il est où, tu pars, tu pars. Mais si on sait pas lire là c'est dur, faut que tu demandes aux gens. Où tu pars, faut demander à quelqu'un, y remplit tes papiers. On a grandi comme ça, comme tout l'monde. Nous on fait pas, avant on fait pas l'école. Les filles partent pas à l'école. C'est les garçons oui. Quand j'étais petite, y a pas beaucoup d'école là-bas. Parce qu'y faut qu'tu prennes sur le vélo, si y a pas de vélo faut prendre une voiture pour aller à… mais là maintenant chez nous dans le village y en a plein. Y en a plein de filles qui rentrent dedans. L'époque de nous là non, y a pas. Mais là, j'ai commencé les cours maintenant. Ouais, j'ai commencé ! », dit Madame, ravie. Et Hawa aussi commence à entrer dans la langue écrite…

Tous les parents expriment leur difficulté à accompagner leurs enfants dans leur scolarité du fait de leur non maîtrise de ce monde : sa langue, ses contenus, son fonctionnement. L'aide qu'ils peuvent apporter est souvent très limitée, à l'obtention d'un stage par exemple, comme pour le père d'Abderrahmane. Les mères culpabilisent souvent d'avoir elles-mêmes handicapé leurs enfants. Tous les parents demandent l'aide de l'école pour leurs enfants, pour les aider à réussir une scolarité primordiale à leurs yeux. Ils évoquent les malentendus scolaires, le manque de dialogue parents-enseignants, les difficultés des enfants à s'approprier les savoirs d'un monde dont ils ne maîtrisent pas la langue. Ce serait donc à l'école de le faire, mais rien n'est prévu pour les enfants de migrants, nés en France, considérés à tort comme francophones. Ils n'ont pas accès aux classes d'accueil réservées aux migrants. Le bain linguistique est censé suffire. A défaut, les parents tentent de se tourner vers la communauté, une « dame à côté » par exemple pour Abderrahmane. Les relations parents-école se limitent fréquemment à

« quand il y a un problème ». Les parents apprécient pourtant d'être sollicités par l'enseignant ou le chef d'établissement pour négocier la prise en charge pédagogique des enfants, comme l'explique le père de Moussa.

Pour tous les parents, la scolarité est primordiale. Chez les pères, on n'observe souvent pas de hiérarchisation entre les mondes. Le père d'Abderrahmane ne dénigre pas ses origines culturelles ni sociales, ne regrette pas son enfance dans un monde paysan africain, monde qu'il évoque au contraire avec nostalgie, douleur d'avoir dû le quitter pour pouvoir « vivre ». Pour Monsieur, le travail occupe une place centrale dans le processus de construction identitaire. L'évocation de ses aînés au chômage entraîne un mouvement dépressif chez Monsieur. Etre un homme, c'est avoir un emploi et pouvoir subvenir aux besoins d'une famille et d'un groupe. En revanche, Monsieur ne souhaite pas voir son fils occuper le même emploi que lui en France, dans l'entretien. Il semble compenser cette dévalorisation sociale par le prestige associé à son lieu de travail. Il valorise davantage les emplois qualifiés comme le statut de cuisinier et tente d'aider son fils à y accéder. Pour le père de Moussa aussi le travail est primordial et il se souvient parfaitement de tous ses emplois, évoquant une implication affective envers son employeur. Etre apprécié et gardé pendant toute sa carrière par le même employeur est pour lui source de valorisation narcissique. Là encore, on ne retrouve pas de hiérarchisation des cultures ni des langues. Monsieur a conservé les pratiques éducatives, culturelles et linguistiques de ses parents avec ses enfants. La maîtrise de la langue française est une priorité pour pouvoir se protéger et survivre en France, mais la langue arabe est aussi importante pour la sphère religieuse. La migration est ici aussi associée à l'emploi et au soutien économique du groupe familial, ici et au pays. Les métiers manuels qualifiés sont valorisés aux yeux de Monsieur. La scolarisation n'était pas une fin en soi pour Monsieur. Elle est simplement devenue nécessaire pour pouvoir s'inscrire dans le monde actuel en trouvant du travail. Mais l'école au pays est aussi valorisée que l'école en France et Monsieur a choisi d'y scolariser ses aînés, tout en leur donnant les outils pour qu'ils puissent ensuite travailler : les langues arabe et française, pour la religion et l'emploi en France.

Chez les femmes, le positionnement est souvent différent. Le monde d'origine est fréquemment associé à l'analphabétisme, l'impossibilité d'accès à la scolarisation pour les filles et la mise en danger des enfants : le retour au pays est associé aux problèmes de santé importants d'Hawa, qui ont nui à son développement. On observe une certaine honte et une colère sourde de ne pas avoir pu être scolarisée au pays ni en France et l'impossibilité qui en découle quant à l'émancipation. La migration s'inscrit souvent dans un désir d'offrir aux filles cette possibilité. On observe une grande ambivalence entre les mondes chez la mère d'Hawa : la France est associée à la possibilité de voir ses filles s'émanciper, mais la séparation qui en découle d'avec sa famille lui coûte. La cuisine, « c'est bien aussi », c'est associé au maternel, mais Madame aurait aimé que sa fille accède à des diplômes supérieurs, à un emploi davantage intellectuel. Hawa, par ses difficultés scolaires et son orientation professionnelle, réhabilite le maternel auprès de sa mère, prend auprès d'elle la place de cette grand-mère maternelle dont elle porte le nom et qui manque à sa mère. Mais lorsque sa mère accède à la scolarisation par et pour elle-même, Hawa peut aussi y accéder.

D'une manière plus générale à travers l'ensemble des 19 situations rencontrées, on retrouve des familles en grande précarité, au pays puis en France. Les interactions précoces sont souvent marquées de dépressions maternelles, en lien avec la migration elle-même ou parfois avec des confrontations à la mort de proches. L'histoire familiale et collective, souvent traumatique, n'est pas transmise aux enfants, dans le but de les en protéger. Les mères expriment souvent une certaine honte des origines associées à l'analphabétisme et la mise en danger des femmes et des enfants. Elles investissent davantage la France comme un pays protecteur et se privent alors de ce qu'elles ont hérité de leurs mères, tentant d'inscrire l'enfant dans la seule culture française. Ces ruptures dans la transmission et l'enculturation fragilisent les contenants culturels de pensée des enfants et sa construction identitaire. Elles fragilisent également la fonction parentale : le holding, le handling et la présentation du monde à petite dose (Winnicott, 2006). Il en résulte souvent des troubles du développement de l'enfant, marqués par un sentiment d'insécurité, d'illégitimité, et une hypersensibilité au regard de l'autre.

De ce fait, la rencontre avec l'école s'avère souvent traumatique au moment du CP, les besoins affectifs et pédagogiques de ces enfants n'étant pas pris en compte. Les troubles des apprentissages et du comportement qui en résultent, de même que les redoublement précoces et orientations vers les aides extérieures qui sont souvent incompris, mènent à un désinvestissement scolaire à visée de sauvegarde narcissique. Moro (1994) a montré que les enfants de migrants qui réussissent bien à l'école sont ceux qui ont une bonne estime de leur langue maternelle, n'opèrent pas de hiérarchisation entre les langues et ont rencontré sur leur route un passé de frontières, c'est-à-dire un adulte du monde d'accueil qui valorise le monde d'origine. Les recherches internationales (August et Shanahan, 2006) montrent que pour que les enfants de migrants allophones, qui parlent une autre langue que celle du pays à la maison et doivent donc devenir bilingues, puissent réussir, il faut aménager les conditions d'instruction : réduire les différences entre la maison et l'école, favoriser la participation en classe des élèves en classe et témoigner d'un respect ostensible envers la diversité culturelle. Le bain linguistique ne suffit pas et les recherches sur les programmes d'immersion montrent que si tous les élèves de la classe n'ont pas le même niveau dans la langue seconde dans laquelle ils sont immergés et si la langue première n'est pas également soutenue et valorisée, les enfants développent des troubles identitaires (Herberts and Lauren, 1991). En France, ceci a été aggravé par les recommandations longtemps faites aux parents de parler le français à la maison. L'impact des facteurs socioculturels n'a pas pu être démontré, mais le fait d'être locuteur d'une langue minorée entraîne une altération de l'image de soi, de la motivation et des opportunités d'apprentissage, ce qui indirectement entrave les acquisitions de la langue scolaire. Par ailleurs, la transmission de la langue maternelle est primordiale (Ogbu, 1992 ; Arnold and al., 2012 ; Portes and Rumbaut, 2001) et apprendre à lire et à écrire dans la langue première améliore significativement les résultats en la langue seconde (Genesee and al., 2006; Greene, 1997; Rolstad and al., 2005; Slavin and Cheung, 2005; August and Shanahan, 2006). Enfin, l'effet positif de l'alphabétisation des parents dans la langue scolaire a été reconnu et les directives internationales vont dans ce sens : en 2013 et 2014, les journées de l'Unesco et de l'ANLCI consacrées à l'illettrisme préconisaient l'enseignement de la langue et des codes de scolarisation aux parents eux-mêmes. La résolution du 2 avril 2009 pour l'éducation des enfants de migrants de la Commission européenne rappelait déjà que les talents des enfants de migrants restaient insuffisamment découverts par l'institution scolaire, alors qu'ils constituent une source d'enrichissement pour l'école, à condition de former les enseignants à la diversité, de permettre leur développement de compétences en communication interculturelle et de promouvoir le multilinguisme. En janvier 2013, le rapport de la Commission dénonçait pourtant encore le manque de dialogue interculturel familles-école, faute de recours à des traducteurs, ainsi que les réticences en France quant à l'éducation interculturelle, perçue comme une menace des valeurs françaises, notamment de la langue française et de la laïcité. Le fait de nier la spécificité des besoins des enfants de migrants, au nom des valeurs républicaine et de la lutte contre les discriminations, s'avère être en lui-même une source de discrimination. L'école ne leur transmet pas l'outil indispensable pour réussir scolairement : sa langue (Chomentowski, 2010). Par ailleurs, l'absence de prise en compte de la dimension linguistique et culturelle entraîne des biais d'évaluation, que ce soit dans le domaine scolaire ou médical : on prend pour des troubles des apprentissages ce qui relève en réalité d'un manque d'enseignement de la lecture en langue seconde (August et Shanahan, 2006), ce qui mène souvent à de faux diagnostics de dyslexie, voire de handicap, et à des prises en charge orthophoniques qui restent alors vaines.

Tous les systèmes scolaires de pays occidentaux sont confrontés à ces difficultés, liées au changement du monde et donc de leur public. Les directives internationales peinent à être appliquées par les enseignants car tout changement est anxiogène, suscite des réactions de résistance et nécessite un accompagnement rassurant, une explicitation du sens, notamment par les recherches scientifiques qui les sous-tendent mais dont les résultats n'arrivent que rarement jusqu'aux enseignants. Or, en l'absence de ces adaptations du système scolaire à son nouveau public, résolument diversifié, l'institution scolaire peut devenir handicapante, selon la nouvelle définition du handicap posée par la loi du 11 février 2005, celui-ci résultant non plus d'une caractéristique de l'individu mais de l'interaction avec l'environnement. L'inclusivité scolaire fondée par cette loi lui impose de garantir à tout enfant l'accès aux savoirs et à la réussite. Cette adaptation à la diversité requiert des compétences nouvelles de la part des enseignants. L'exemple de l'Italie montre les limites de l'application de telles directives en dehors de toute formation préalables. La formation des enseignants constitue donc un enjeu de société majeur pour que l'école puisse assumer les missions ambitieuses qui sont les siennes.

Depuis six ans, le dispositif « Maîtrise de la langue (MDL), clef de la réussite en lycée professionnel », désormais étendu également aux collèges, sensibilise les enseignants à ces enjeux transculturels. Celle-ci participe de la reprise du développement observée chez les élèves. Contre toute attente, l'orientation en filière professionnelle constitue souvent une stratégie choisie par les adolescents, qui leur permet de s'inscrire à la fois dans leur filiation et dans un projet professionnel validé par le monde d'accueil. Ils peuvent ainsi concilier leurs affiliations multiples, métisser les cultures mais aussi les lignées et les générations. La cuisine par exemple se prête particulièrement à ces mélanges et à la créativité. La filière professionnelle permet de sortir du conflit de loyauté entre culture familiale et culture scolaire. Elle permet de sortir de l'échec scolaire dans lequel ces élèves étaient souvent maintenus depuis le CP. Ils y trouvent des conditions d'enseignement plus adaptées à leurs besoins : de petits effectifs qui permettent une relation de proximité avec les enseignants, davantage affective. Ils y trouvent aussi des enseignants eux-mêmes issus de l'immigration, qui comprennent leurs besoins et sont à même de constituer des modèles identificatoires positifs. Grâce à la formation dispensée dans le dispositif MDL, les enseignants sont rassurés face au changement, développent des compétences transculturelles, un certain savoir-être et des compétences relationnelles avec les élèves et leurs parents. Ils changent de regard sur eux mais aussi sur l'enseignement lui-même, passant d'une transmission unilatérale des savoirs à leur co-construction. Ils créent alors leurs propres outils et méthodes, tels que le théâtre masqué pour travailler sur l'estime de soi, des mises en scène sur des sujets sensibles tels que l'esclavage et la colonisation. Mettre des mots sur ces maux est nécessaire pour que le passé puisse passer. C'est pour accompagner les enseignants dans ce processus d'élaboration de la dimension géopolitique de la rencontre (Derivois, 2012) et des réactions contre-transférentielles qu'elle suscite (Devereux, 1967), que l'équipe

Métisco du Centre Babel a développé le dispositif de médiation scolaire. Ces médiations permettent de réunir au cœur de l'école les différents partenaires éducatifs autour de l'enfant ou de l'adolescent que sont amenés à devenir les parents et les professionnels. Un psychologue clinicien spécialisé en clinique transculturelle mène l'entretien, accompagné d'un interprète-médiateur culturel, pour aborder l'histoire de chacun avec l'école, en lien avec l'histoire familiale et l'histoire collective. Il s'agit de travailler sur les facteurs de vulnérabilité et de protection mis en lumière par la clinique transculturelle (Moro, 1994 ; 2002 ; 2012) et ainsi de favoriser le sentiment de légitimité de chacun dans le cadre scolaire, de modifier en profondeur le regard de chacun sur soi et sur l'autre en élaborant les réactions émotionnelles, de permettre une communication le plus exempte possible de malentendus, de travailler sur les représentations et les attentes réciproques de chacun dans le cadre d'une négociation efficace, de valoriser l'ensemble des cultures, compétences et savoirs en présence, de transmettre aux équipes éducatives des compétences relationnelles face à l'altérité, de permettre la co-construction d'une alliance pédagogique entre l'école et la famille et de promouvoir le bien-être et la santé de tous à l'école, en permettant aussi l'accès aux services d'aide et de soin du droit commun. Il s'agit de permettre aux parents, comme aux éducateurs, de devenir ces adultes suffisamment bons et authentiques (Winnicott, 1995) dont les enfants et les adolescents ont besoin, des adultes capables de leur présenter le monde, dont le monde scolaire, à petite dose.

La relation pédagogique est avant tout une relation affective, qui repose sur la confiance et sur la possibilité de se reconnaître en l'autre, et ce des deux côtés. Afin de protéger la sphère scolaire de dérives idéologiques, il a été décidé que les enseignants ne devaient pas investir la sphère relationnelle dans la mesure où ils n'y étaient pas formés. Les études actuelles montrent que l'autre alternative, qui consisterait à les y former pour qu'ils puissent agir sur cette dimension, s'avère désormais nécessaire, pour répondre aux besoins et attentes du public et permettre la réussite scolaire de tous, dans un souci de cohésion sociale. La psychiatrie transculturelle internationale montre comment l'école pourrait ainsi devenir un acteur majeur de prévention des troubles psycho-sociaux dans un contexte de mondialisation conflictuelle (Rousseau, 2009).
La mondialisation modifie intensément les anciens équilibres entre l'espace et le temps, rendant concomitants et contemporains des êtres issus de monde jusqu'alors étrangers (Laplantine, 2012) : l'espace se rétracte et le temps s'accélère, comme le montre la situation de ces pères migrants vieillissants, qui viennent d'un monde très éloigné, dans le temps comme dans l'espace, du monde vers lequel ils accompagnent leurs enfants. Mais c'est aussi cette mondialisation qui permet la redistribution des richesses à l'échelle planétaire, comme le montrent aussi ces situations, de même que l'accès de tous aux savoirs et au soin. Au-delà de cette face économique, la face

humaine de la mondialisation, c'est la mondialité (Glissant, 1995), c'est-à-dire l'expérience prodigieuse et immédiate d'un monde à la fois multiple et unique. Elle nécessite la création de nouvelles manières d'être au monde, issues de l'alternance ou du métissage (Laplantine, 2012) entre les différents modèles désormais accessibles et sources de démocratisation (Derrida et al., 2004). Au-delà de la rigidification actuelle des positions des « dominants », qui craignent d'y perdre leurs privilèges, comme des « dominés », qui redoutent une hégémonie aliénante, c'est la sortie de ces hiérarchies verticales qui se laisse entrevoir, pour un monde enfin humanisé (Morin et al., 2003), fondé sur l'immanence à partir du Soi universel (Métraux et Furtos, 2011). Pour que chacun puisse apporter sa contribution à cette nouvelle humanité, il est nécessaire de reconnaître la valeur égale de toutes les compétences dont la diversité en fait la richesse. Toutes les cultures se valent, toutes les langues, tous les savoirs et toutes les cultures professionnelles aussi. C'est à cette condition que chacun pourra aller chercher à l'intérieur de lui son « élément » (Robinson, 2009), qu'il lui revient de faire fructifier dans une réalisation identitaire individuelle qui, *in fine*, ne fait que servir l'intérêt collectif (Gauchet, 1979).

Références

Arnold, DH., Kupersmidt JB, Voegler-Lee ME and Marshall N (2012). The association between preschool children's social functioning and their emergent academic skills. *Early childhood research quarterly*, *27*(3), 376-386.
August, D. and Shanahan, T. (2006). *Developing literacy in second-language learners : Report of the national literacy panel on language minority children and youth*. Mahwah, NJ : Lawrence Erlbaum Associates.
Chomentowski, M. (2010). L'échec scolaire des enfants de migrants. L'illusion de l'égalité. Paris, L'Harmattan.
Derivois, D. (2012). Clinique de la Mondialité : vers une géohistoire de la rencontre clinique. *Les cahiers de Rhizome*; 43 : 69-73.
Derrida, J. et Habermas, J. (2004). Le concept du 11 septembre : Dialogues à New York avec Giovanna Borradori. Paris, Brochet.
Devereux, G. (1967). *From anxiety to method in the behavioral sciences*. Paris & The Hague : Mouton & Co.
Gauchet, M. (1979). De l'avènement de l'individu a la découverte de la société. *Annales. Economies, Sociétés, Civilisations* : 34 (3) : 451-463.
Genese, F., Lindholm-Leary K, Saunders W and Christian D (2006). *Educating English language learners*. New York: Cambridge University Press.
Glissant, E. (1995). Tout-monde. Paris, Gallimard, Folio.
Herberts, K. and Lauren, C. (1991). *Papers from the sixth Nordic conference on bilingualism*. Bristol : Multilingual Matters Ltd.

Laplantine, F. (2012). *Quand le moi devient autre. Connaître, échanger, transformer*. Paris, CNRS Editions, bibliothèque de l'anthropologie.
Mansouri, M. (2013). *Révoltes au cœur de l'hexagone*. Paris, PUF.
Métraux, J-C., Furtos, J. (préface) (2011). *La migration comme métaphore*. Paris, La Dispute.
Morin, E., Motta, R. and Ciurana, E-R. (2003). *Eduquer pour l'ère planétaire. La pensée complexe comme Méthode d'apprentissage dans l'erreur et l'incertitude humaines*. Paris, Editions Balland.
Moro, M-R. (1994). *Parents en exil. Psychopathologie et migrations*. Paris, PUF.
Moro, M-R. (2002). *Enfants d'ici venus d'ailleurs*. Paris, Hachette.
Moro, M-R. (2012). *Enfants de l'immigration, une chance pour l'école. Entretiens avec Johanna et Denis Peiron*. Paris, Bayard.
Ogbu, J. (1992). Understanding cultural diversity and learning. *Educational Researcher, 21*(8), 5-14.
Portes, A. and Rumbaut, R. (2001). *Legacies : The story of the immigrant second generation*. Berkeley : University of California Press.
Robinson, K. and Aronica, L. (2009). *The Element : How Finding Your Passion Changes Everything*. London, Penguin books.
Rolstad. K., Mahoney, K. and Glass, G. (2005). The big picture : A meta-analysis of program effectiveness research on English language learners. *Educational Policy,* 19, 572–594.
Rousseau, C. (2009). Le défi du vivre-ensemble : le rôle de l'école pluriethnique dans un contexte de mondialisation conflictuelle. *Vie pédagogique,* 152, 116-22.
Sarot, A., Chomentowski, M. et Moro, M-R. (2012). Quand le plurilinguisme contrarié devient illettrisme. *Psychomédia*, 38: 44-8.
Sarot, A., Chomentowski, M. et Moro, M-R. (2013). Lutter contre l'échec scolaire des enfants de migrants. *Soins pédiatrie puériculture* : 271: 35-40.
Sarot, A. (2014, printing). *L'accès aux savoirs en situation de migration. Paroles d'élèves, de parents et d'enseignants*. Sarrebruck, Presses Académiques Francophones.
Sarot, A., Girard LC, Chomentowski M, Révah-Lévy A, Falissard B et Moro MR (2014, soumis). Illiteracy in Parisian vocational high schools. A transcultural analysis of vulnerability, protection and prevention factors. *Journal of Literacy research*.
Slavin, R. and Cheung, A. (2005). A synthesis of research on language of reading instruction for English language learners. *Review of Educational Research,* 75, 247–281.
Winnicott, D-W. (1995). *Conseils aux parents*. Paris, Payot.
Winnicott, D-W. (2006). *La mère suffisamment bonne*. Paris, Payot.

DEUXIEME PARTIE

PROTECTION - CADRE DE VIE - SANTE MENTALE

EXTRAITS DES ECHANGES ET DEBATS

PRESENTATION

Mohamed EL MOUBARAKI

Cette partie regroupe deux volets. Celui des interventions sur des thèmes spécifiques, que nous avons retranscrites et dont certaines ont été reprises par leurs auteurs. Le deuxième volet expose des extraits des échanges et débats. Nous avions pensé reproduire l'ensemble des interventions de ces débats et échanges. Mais dans la mesure où les enregistrements n'étaient pas toujours audibles et parfois incomplets, nous en avons réalisé une synthèse en reprenant les principaux axes développés à partir de réponses et réflexion relatives aux problématiques essentielles abordées lors du colloque.

Intervention de Fatima MEZZOUJ [123]

Je suis Fatima Mezzouj, chargée de mission dans l'une des directions du Ministère de l'Intérieur qui est la DAAEN - Direction de l'accueil, de l'accompagnement des étrangers et de la nationalité.

Merci à Monsieur El Moubaraki de m'avoir invitée à ce colloque dont la DAAEN est cofinanceur. Je souhaite aborder brièvement trois points : le groupe de travail interministériel que la DAAEN a piloté durant plus de deux ans, un colloque qu'elle a organisé et les leviers dont dispose la DAAEN pour favoriser les conditions de vie des personnes âgées immigrées.

La DAAEN s'intéresse à ce sujet depuis plus de quatre ans maintenant. De fin 2010 à fin 2012, la Direction a mis en place un groupe de travail interministériel sur la question des personnes âgées immigrées. En raison de l'ampleur du chantier, ce groupe de travail a fonctionné en deux temps : Il a d'abord travaillé sur l'accès aux droits sociaux des personnes âgées immigrées puis sur l'accès aux soins et à la santé. Ce groupe de travail interministériel a réuni les principaux organismes et administrations concernés par les problématiques d'accès aux droits sociaux, aux soins et à la santé des personnes âgées immigrées : la CNAV, la CNAF, la DSS, la DGS, la DGCS et bien évidemment la DAAEN, étaient présents également des représentants du monde associatif, en particulier des médecins engagés dans le travail auprès de ce public et des gestionnaires de FTM et résidences sociales.

Ce groupe s'est appuyé sur des rapports nationaux comme celui de l'IGAS en 2002, de la CNAV et du Haut Conseil à l'intégration en 2005. Le groupe s'est fondé sur les différentes préconisations de ces rapports qui malheureusement n'ont pas été suffisamment traduites en actions opérationnelles.

Les travaux de ce groupe interministériel ont permis de partager nos connaissances notamment statistiques, démographiques, mais aussi sociologiques et nos constats. De ces travaux, des propositions ont aussi émergé sur la nécessité d'améliorer l'accompagnement de ces immigrés âgés vers les dispositifs de droit commun et de mieux former les professionnels sociaux et médicosociaux aux problématiques de cette population. L'axe général n'était pas, bien entendu, de créer des dispositifs spécifiques mais au contraire de favoriser l'accès de ce public aux dispositifs de droit commun : en particulier par l'accompagnement des personnes âgées immigrées vers les

---

[123] Chargée de mission à la DAAEN, DGEF, Ministère de l'Intérieur, France.

dispositifs de droit commun et une meilleure formation des personnels sociaux et médico-sociaux aux problématiques de cette population. A titre d'exemple, je peux citer le partenariat de la DAAEN avec la CNAV. Celle-ci a ainsi engagé plusieurs de ses échelons régionaux (les caisses d'assurance retraite et de la santé au travail -CARSAT-) dans une action visant à développer l'information et l'accompagnement des publics précaires dont les personnes âgées immigrées pour améliorer leur accès à la retraite et aux droits sociaux.

Ce travail interministériel d'envergure a abouti à l'organisation d'un colloque national sur l'accompagnement des personnes âgées immigrées, le 13 novembre 2012 à Paris. Ce colloque, principalement destiné aux professionnels des collectivités territoriales et aux services déconcentrés de l'Etat, a permis de valoriser les actions engagées en faveur de ce public dans les domaines de l'accès aux droits, à la prévention, aux soins, à l'aide à domicile et du lien social. Il a réuni 300 personnes dont les 2/3 travaillaient pour des Conseils généraux et des communes.

Quelques semaines après la tenue de ce colloque, le président de l'Assemblée nationale, Claude Bartolone, a décidé la création d'une mission parlementaire qui, après des mois de travail, a produit un rapport qui vous a été présenté par Monsieur Jacquat tout à l'heure.

Je souhaitais souligner un troisième point : la DAAEN dispose de leviers qui permettent de soutenir et cofinancer des actions envers cette population. La DAAEN procède à des appels à projets, en particulier un appel à projets du fonds de concours européen qui est le FAMI, le Fond Asile Migration et Intégration.

A. PROTECTION - CADRE DE VIE - SANTE MENTALE

LA PROTECTION DES PERSONNES VULNERABLES AGEES

Antonin BLANCKAERT [124]

Je m'appelle Antonin Blanckaert, je suis directeur de l'action sociale à la CNAV. En guise d'introduction et en vous remerciant de nous avoir sollicité pour participer, je voudrais rappeler pourquoi la CNAV, donc qui est la Caisse nationale d'assurance vieillesse et son réseau de Carsat -Caisse d'assurance retraite et de la santé au travail- pourquoi les caisses et pourquoi finalement la CNAV interviennent dans un colloque sur l'immigration et la santé. Cela paraît important de revenir là-dessus.

Dans le cadre de nos missions qui sont bien évidemment de payer la retraite, c'est le cœur de la mission historique, les caisses de retraite ont également des compétences en matière d'action sociale. Cette action sociale vise à développer tout ce qui est connexion d'un cadre économique. Je reviendrai sur ce que cela implique.

Donc nous avons bien une mission sur la retraite, l'accès au droit, bien évidemment est l'un des thèmes centraux, notamment sur le public des immigrés âgés, la prévention de la perte d'autonomie. Comment faire en sorte de limiter le risque de dépendance qui je le rappelle n'est pas une fatalité, concernera de l'ordre de 8% d'une classe d'âge. Comment accompagner les autres personnes face à la montée en âge et évidemment plus on est vulnérable plus on est fragile c'est selon, plus on est exposé au risque de dépendance. Comment peut-on développer des actions ciblées sur certains publics ?

Les Carsat ont également des compétences au titre de l'assurance maladie. Donc quand on fait de l'accès aux « droits retraite », il y a également tout un sujet sur l'accès au droit santé. L'idée de nos actions est bien d'être au carrefour de ces différentes problématiques et d'essayer de développer des actions ciblées. Ciblées vers des publics non dépendants, comme je le disais, Il y a 1,2 millions de bénéficiaires de l'allocation personnalisée d'autonomie ; ainsi que des dispositifs structurants sur la prise en charge de

---

[124] Directeur national de l'Action sociale, CNAV.

la dépendance, et l'on a environ 5 millions de retraités. Donc la différence elle est notable. Et ce sont des publics sur lesquels une information doit être développée. Elle n'est pas développée de la même manière selon le niveau de vulnérabilité des personnes.

Donc, les objectifs de l'assurance retraite en lien avec ces partenaires, c'est bien de développer tout ce qui est accès aux « droits retraite » et aux « droits santé » des personnes âgées immigrées.

Alors c'est tout un segment du public pour lequel on a bien identifié toutes les difficultés qui ont été exposées notamment ce matin, sur lequel on souhaite développer, et on développe, des actions ciblées : retraite, la connaissance de la réglementation complexe. Ce n'est pas la CNAV qui fixe le cadre de la réglementation, mais cela suscite forcément des questions et en tant qu'opérateur de l'Etat, nous avons des missions d'information sur les conditions d'accès, sur les critères pour bénéficier des pensions de retraite, sur les dispositifs comme l'allocation de solidarité aux personnes âgées. Il y a un certain de nombre de conditions, notamment de résidence, l'une des difficultés c'est que plus les publics sont vulnérables, plus potentiellement, ils ont besoin de dispositifs. Plus ils ont de besoin de dispositifs, plus il faut que l'on soit en capacité d'aller leur expliquer parce que c'est forcément les mêmes qui sont confrontés à la difficulté dans l'accès à l'information et à la compréhension et puis après on a un retour de sécurisation d'information des personnes, qu'elles comprennent bien que telles ou telles natures de prestation sont soumis à telles ou telles conditions.

C'est dans le même esprit que l'on fait sur le versant ciblé santé assurance maladie. Il existe des dispositifs dans ce pays comme la CMU, l'aide à l'acquisition d'une complémentaire santé, et un certain nombre d'autres choses développées par l'Assurance maladie, et notre rôle nous qui sommes un peu au carrefour de la retraite et de la prévention au sens large, c'est bien aussi d'avoir une information dédiée sur ce sujet, c'est un débat structurant de notre action.

Le deuxième item sur le diaporama, c'est l'information et la proximisation des publics éloignés. Je le disais à l'instant : souvent les publics qui ont la plus mauvaise compréhension de la manière dont les choses sont formulées dans un langage administratif, et de la manière dont on développe des actions de prévention, ont des besoins forts. Et donc c'est à nous d'aller les chercher, et de développer des choses. Vous le disiez en introduction c'est un point important l'accès aux droits s'ils sont demandés, mais l'idée c'est bien d'aller chercher les personnes pour leur faire bénéficier des droits et des actions de prévention, de manière proactive comme l'on dit aujourd'hui.

Enfin le troisième thème, c'est le maintien à domicile à proprement parlé. Donc là, c'est plus le cœur historique de l'action sociale. C'est comment l'on fait en sorte d'apporter soit des conseils, soit des aides, en tout cas des éléments personnalisés aux besoins des personnes pour favoriser leur maintien à domicile le plus longtemps possible comme elles le souhaitent, et comment fait-on pour que le maintien à domicile ne soit pas non plus de l'acharnement à domicile. Cela nécessite de développer des petites solutions lorsque des fragilités sont rencontrées, et puis effectivement d'intervenir, notamment vous évoquiez la question du déménagement, qui en ce qui nous concerne sont les situations de rupture. On voit bien qu'avec l'âge, voilà on ne vieillira pas tous dépendant c'est une bonne chose, en même temps, il y a quelques situations de fragilités ou de ruptures qui peuvent occasionnées un accroissement des difficultés et donc comment repère-t-on ces situations pour intervenir au bon moment et permettre aux personnes de se rétablir et notamment, autour de la sortie d'hospitalisation où l'on a un rôle important. On a essayé justement d'anticiper les sorties d'hospitalisation et de favoriser le retour à domicile. De la même manière, quand le proche est placé dans un établissement, et bien la personne qui reste peut avoir des difficultés, quand il y a un déménagement, forcément il y a entrave au réseau social etc..., on peut avoir des difficultés et ce sont ces mêmes difficultés qui risquent de faire accélérer le processus de perte d'autonomie.

Donc l'idée, c'est bien d'intervenir sur ces situations. Vous parlez de l'approche plurielle, c'est bien l'esprit, c'est-à-dire d'être en capacité d'intervenir sur les questions de droits retraite santé bien évidemment et puis de développer une prévention de la perte d'autonomie qui ne soit pas fondée exclusivement sur des questions de prévention santé mais qui prenne en compte notamment la dimension environnementale, le lien social, l'environnement de la personne et d'agir sur l'ensemble des déterminants du bien vieillir comme l'indique par exemple, l'Institut National de Prévention et d'Education pour la Santé.

Donc nos actions concrètement.

Le premier volet d'action, qui est extrêmement structurant notamment sur les publics fragiles, cible la question du repérage, de la détection, des personnes à risques. Voilà, on parlait de difficultés plurielles, qu'elles soient du domaine cognitif, du domaine de la vie quotidienne, etc... Comment la puissance publique en règle générale s'organise pour repérer ces situations, pour intervenir avant qu'il ne soit trop tard ? Puisque le processus de perte d'autonomie est irréversible jusqu'à un certain point. Effectivement, comment travailler sur la détection ? C'est un sujet complexe, évidemment il n'y a pas d'outils magiques sur le sujet, l'idée c'est bien que l'on puisse développer à travers une base de données des outils que l'on appelle des observatoires de risques de fragilité. Je prends un exemple très concret :

vous avez 85 ans, vous n'avez pas vu votre médecin traitant depuis un an et demi et puis vous avez une petite pension de retraite, ce sont les informations dont on dispose, A priori il y a potentiellement une présomption de risque. Donc être en capacité d'identifier ces publics et ensuite de missionner soit des travailleurs sociaux au sein de nos organismes soit des partenaires présents sur le territoire pour aller vérifier la situation et pour être en capacité d'apporter une information rétroactive. C'est clairement une orientation extrêmement structurante pour notre activité.

Et dans le même esprit une fois ces personnes repérées quelle que soit la manière finalement dont elles sont repérées, c'est le développement de l'accompagnement de ces retraités en vue de favoriser leur maintien à domicile et de prévenir la perte d'autonomie. Donc cet accompagnement, il se matérialise sous différentes formes, soit il prend la forme d'octroi d'aides individuelles : aides à la réalisation des actes essentiels de la vie quotidienne (ménage, portage de repas, ...). Cela peut également être un ensemble d'aides autour de la question du lien social, de la lutte contre l'isolement, puisque l'on sait que plus les personnes sont isolées plus elles sont exposées au risque de perte d'autonomie ; donc il existe des solutions, à travers les réseaux associatifs divers et variés, à travers l'action des centres communaux d'action sociale ou autres. Mais l'idée c'est bien de favoriser finalement, de faire ce travail d'intermédiation entre les actions qui se développent sur les territoires, la connaissance des retraités, d'essayer de mettre cela en cohérence, ce n'est pas forcément évident mais c'est quelque chose d'extrêmement structurant.

Et puis, évidemment cela passe aussi par le développement d'actions de sensibilisation, avant même de poser la question de comment aider, faut-il aider ? Porter l'information, porter la bonne information au bon moment, une information lisible, intelligible, compréhensible, notamment avec les publics qui ont certainement des difficultés par rapport à la compréhension du français, etc..., c'est un sujet extrêmement majeur qui nous mobilise fortement.

Le deuxième volet d'action se situe dans le cadre de notre partenariat avec la CNAM à travers ce que l'on appelle le Plan de la Préservation de l'Autonomie des Personnes Agées (plan PAPA). C'est l'idée de développer des actions en direction de ce public -les travailleurs- qui a été identifié comme l'un des publics prioritaires, ce n'est pas le seul, mais clairement c'est d'essayer de développer des actions de sensibilisation, d'information adaptées aux réalités que rencontrent ce public et à leur besoins.

Et puis c'est également apporter un financement, en tout cas aider au développement des structures intermédiaires que sont les logements foyers spécifiquement dans le cas des foyers de travailleurs migrants. Nous avons une politique de prêt également qui vise, au-delà des aides individuelles, au-delà des actions de sensibilisation et de repérage que l'on peut mettre en place, à essayer de développer les structures intermédiaires finalement qui ne sont pas des EHPAD, qui ne sont pas des maisons de retraite médicalisées, qui ne sont pas du domaine du logement pur à proprement parler, mais qui permettent de faire la frontière et donc de proposer un accompagnement tout en garantissant la propriété individuelle etc.

Je vais rentrer un petit peu plus dans le détail de l'offre de service (diapositive suivante). Donc l'idée c'est bien de s'outiller, puisque évidemment c'est un public qui a des spécificités et nos professionnels au sens large, d'essayer de travailler sur leurs pratiques professionnelles, de leur donner un certain nombre d'outils et de support adaptés. On développe des supports d'information qui parfois sont un peu complexes et donc faut-il les adapter ? Trouver d'autres moyens pour véhiculer un certain nombre de messages à travers les outils internet forcément mais également l'utilisation de supports audiovisuels et en tout cas essayer de concevoir une politique d'information et aller porter la bonne parole mais aussi adapter cette bonne parole aux réalités et à la manière de les intégrer .

Donc l'idée c'est bien de définir un socle commun garantissant la qualité de nos interventions et de diffuser ces pratiques vis-à-vis de l'ensemble des acteurs et du territoire puisque nous sommes encore une fois qu'un acteur de médiation et que le travail de proximité se réalise par les acteurs de proximité par définition.

Sur les perspectives par rapport à ces différents chantiers, l'idée c'est bien de développer une politique d'information adaptée, je l'ai déjà un peu évoqué, et c'est également de travailler sur la professionnalisation de ces acteurs qu'ils soient gestionnaires de foyers de travailleurs migrants, professionnels de l'intervention sociale, travailleur social, etc..., face à des situations, des publics spécifiques, face à des difficultés parfois de compréhension, d'accès aux langages, etc..., on a un travail de proximisation et d'information extrêmement structurant.

La diapositive suivante illustre une initiative parmi d'autres de ce que l'on développe au niveau des régions. Comme je vous l'ai dit en introduction, on met en place des actions collectives de prévention. L'idée c'est d'avoir des messages personnalisés à travers une série de séances d'ateliers, soit qu'elles soient pratiquées à l'intérieur des foyers de travailleurs migrants soit qu'elles soient pratiquées en partenariat avec les CCAS, les centres sociaux ou autres acteurs de proximité. Vous avez donc sur la diapositive une illustration de ce qui se fait notamment en Ile de France qui est en train d'être monté : il y a un atelier qui s'intitule « Bien dans son assiette, être actif dans sa retraite ». L'objectif, c'est bien de faire prendre conscience à ce public du lien entre alimentation et santé et également à travers l'organisation d'actions collectives de développer le lien social, d'encourager le lien entre participants, d'encourager le lien entre participants et professionnels et d'essayer d'envisager leur prolongement au-delà de la séance même, d'atelier et d'action collective. Cette expérimentation se déroule autour d'un atelier de 4 séances qui porte sur un certain nombre de thématiques : légumes - alimentation - recettes à cuisiner, c'est une formule qui est en train d'être expérimentée dans les foyers de travailleurs Adoma. Nous avons également un certain nombre d'autres pratiques qui se sont développées sur tout notre réseau, j'en citerai quelques-unes rapidement : à Marseille par exemple, ce sont développées des activités autour de la promotion de la santé, des activités physiques, de l'hygiène alimentaire et de l'accès à l'information. Le but recherché, c'est d'avoir des produits, un peu groupés, qui permettent d'identifier des thèmes qui contribuent de bien vieillir.

Dans le même esprit pour prendre un autre exemple, c'est à Nancy que se sont développées des actions de sensibilisation particulièrement ciblées sur la question de l'accès aux droits retraite et sur la question des conditions d'accès à la prestation ASPA. Forcément cela suscite quelques difficultés de compréhension. Il y a un devoir d'information proactif sur ce sujet.

Pour prendre d'autres exemples, et encore une fois, c'est quelque chose qui est en train de se déployer au niveau de l'ensemble des caisses de notre réseau. A Rouen, en Normandie, sur le secteur de la Carsat de haute Normandie en lien avec les ARS, c'est bien l'idée de développer un secteur psychologique au sein des foyers. A Montpellier, se sont développés des éléments sur le parcours de soins, l'accès aux droits. Globalement, l'on voit que sur toutes ces actions, la demande est là, la question est : comment cela est-il intégré dans les pratiques de santé, dans les pratiques des personnes concernées ?

Toujours dans le domaine de l'expérimentation (diapositive suivante), nous avons travaillé également sur un dispositif d'aide au maintien à domicile mutualisé, l'idée c'est au sein des foyers de travailleurs migrants comment on peut solliciter l'intervention d'un prestataire d'aide à domicile qui donne un certain nombre de prestations classique type, ménage, portage de repas, mais aussi développe des actions de lien social, ce genre d'activités.

Finalement, quels que soient les modes d'expérimentation que je viens de vous présenter, ce que l'on en retient comme bilan intermédiaire, ce sont des choses qui se développent au fur et à mesure, c'est notamment l'importance de l'implication du gestionnaire du foyer de travailleurs migrants lorsque c'est en son sein que les actions se font. Mais encore une fois, notre travail est de mettre à disposition de l'outillage, de penser les besoins d'accompagnement professionnels de ces personnels ou d'autres ; mais après, voilà ce que l'on constate : ce travail, il ne peut marcher que s'il y a entre guillemets un service après-vente qui est réalisé par le gestionnaire des foyers de travailleurs migrants, ce qui est déjà une réalité, mais on essaie de l'encourager, et de voir quels sont les mécanismes d'incitation.

Dans le même esprit, toujours sur le bilan de ces actions que nous menons, une clé de la réussite, un élément structurant, c'est l'idée de ne pas forcément prédéfinir les formules. Est-ce qu'il faut intervenir en faisant de l'accès aux droits, du logement, de l'activité physique, du soutien psychologique, etc..., Si on le pense sans les bénéficiaires, déjà, on tombe à côté régulièrement et cela ne favorise pas forcément leur appropriation leur activité dans la démarche. Donc très clairement l'une des clés de la réussite, c'est d'être également dans cette logique de co-construction de la démarche. C'est un point me semble-t-il extrêmement structurant.

Autre aspect mais je l'ai déjà évoqué un peu, c'est la question de l'adaptation. Adaptation des contenus, adaptation de l'information, nous avons à faire à des publics avec des besoins spécifiques, évidemment au niveau du langage, l'importance est de penser notre politique de l'information de manière ciblée, c'est clairement l'un des engagements qu'a pris le directeur de la CNAV quand il a été auditionné pour la commission parlementaire sur le rapport concernant les travailleurs migrants. Et puis également faire le lien, c'est un point clé que nous devons organiser au niveau collectif, animation, atelier etc..., et le traitement des situations individuelles : capacité à analyser les situations, capacité à apporter des réponses, etc ... . C'est un sujet qui n'est pas évident, puisque lorsque vous organisez une action collective, c'est par définition, de prendre en compte la réalité et la richesse des parcours de vie des 10, 15 ou 20 participants à l'atelier, pour autant l'on voit bien que l'une des conditions pour que les dispositifs se pérennisent et soient portés par les structures, c'est tout de même d'arriver à faire ce lien.

Alors plus rapidement juste pour conclure sur notre action en direction des foyers de travailleurs migrants. Vous avez quelques chiffres clé sur la diapositive exposée. Sur la période 2001/2013, nous avons financé environ 20 structures - foyer de travailleurs migrants, les besoins sont significatifs je n'en doute pas, et donc du coup il faut trouver ces dossiers. Ce n'est pas simple, parce que même les gestionnaires de foyers de travailleurs migrants n'ont pas forcément la connaissance de ce que les caisses de retraite peuvent apporter en règle générale, donc on a également un devoir d'information sur les dispositifs et la réalité la voilà : c'est que l'on a financé à hauteur de 14 millions d'euros des prêts à taux zéro remboursables sur 10 ans ou 30 ans. soit financer le développement de structures soit financer et c'est le plus souvent le cas, leurs rénovations car ce sont souvent des ensembles architecturaux qui datent des années 1970 et qui ont besoin de rénovation significative. Donc 14 millions d'euros de financement apportés sur ces structures, se répartissant sur la partie Est de la France puisqu'on a eu des dossiers surtout en Alsace, en Moselle en Meurthe et Moselle, dans la région PACA, un peu dans la région Nord et Picardie, en région Rhône Alpes, et en

Ile de France. Voilà ceci est lié évidemment à la concentration de foyers de travailleurs migrants. Mais en région Normandie par exemple il y a des perspectives de développement assez significatives, de même en Bretagne et en région Pays de la Loire.

Voilà un aspect important de notre action également et peut être pour conclure, voici la dernière diapositive sur les perspectives.
J'en ai déjà évoqué beaucoup à travers mon intervention.
Mais c'est le développement et j'avais même dit le terme d'« industrialisation » de toutes ces actions en faveur de l'accès aux droits qu'ils soient retraite ou santé , cela c'est clairement une préoccupation conjointe de l'Assurance retraite et de l'Assurance maladie que nous mettons en œuvre et que nous développerons avec des ambitions fortes des pouvoirs publics et des objectifs chiffrés importants qui vont être fixés sur ce sujet. Plus généralement, c'est le renforcement de la complémentarité avec l'assurance maladie, on le voit bien : les problématiques de diabète, les problématiques de sortie d'hospitalisation, les problématiques d'isolement social, les compréhensions de la norme quelles qu'elles soient. Tous ces sujets sont liés et souvent ce sont les publics qui cumulent les vulnérabilités, qui cumulent les difficultés sur l'ensemble des champs et donc notre devoir, en tant que opérateur de l'état c'est dans le cadre réglementaire qui nous est fixé par l'Etat, c'est d'essayer au maximum de développer ce type d'action.

Dans le même esprit, sur les foyers de travailleurs migrants, mais c'est également valable sur les foyers logements, c'est de renforcer la capacité d'accueil, les besoins pour les foyers de travailleurs, des offres se sont développées de manière empirique en fonction des politiques migratoires, du positionnement aussi des acteurs publics sur le territoire, ce qui fait que aujourd'hui on a des difficultés sur beaucoup de sujet, mais sur celle-ci elle se pose, c'est une bonne connaissance de l'état du parc et des structures existantes qui nous permettrait de mieux calibrer notre intervention et éventuellement aller chercher dans les zones blanches les personnes qui en ont le plus besoin. Mais ce sont des choses que l'on fait mais que l'on souhaite renforcer davantage. Dans le cadre de nos actions, et cela ce sont les suites du rapport de la commission parlementaire, c'est d'avoir très clairement que ce soit dans les actions et le budget c'est d'avoir un fléchage vers la problématique des travailleurs migrants, des migrants âgés. Autre sujet de perspectives, il me semble incontournable, indispensable, c'est la formation, et la professionnalisation des acteurs, les acteurs en notre sein bien évidemment, encore une fois, nous nos travailleurs sociaux, les conseillers en charge de la retraite, de la thématique santé et droit santé, ont besoin d'un accompagnement professionnel pour avoir la capacité de répondre au besoin spécifique de ce public, c'est une priorité forte que nous souhaitons développer en lien avec les différents réseaux et acteurs concernés bien évidemment.

Et puis, pour conclure peut-être l'adaptation de nos supports d'information. L'on ne pourra pas changer la réglementation, la complexité de la réglementation, elle est fixée par un cadre qui n'est pas celui des opérateurs de l'état je le dis très clairement, après c'est comment rendre cette norme et cette information la plus intelligible possible, cela c'est un sujet qui ne se résout pas du jour au lendemain mais qui est extrêmement structurant sur la période.

Merci.

SANTE MENTALE DES MIGRANTS

Mohamed ALOUI [125]

Je me présente, je suis le Dr Aloui. Je suis psychiatre, chef de service à Saint Brieuc, installé en France depuis 25 ans. Je remercie M. El Moubaraki de m'avoir invité. Parce que c'est un sujet qui m'interpelle à un double niveau. Il m'interpelle en tant que professionnel, en tant qu'être porté dans cette problématique et dans cette chance qu'a été l'immigration. Et qui me touche aussi au niveau de mon appartenance familiale, dont beaucoup de ses membres ont immigrés. J'ai pu suivre ces différents trajets avec leurs richesses, leurs échecs et leurs fantasmes, d'une façon particulière. Il est très difficile d'être neutre dans de telle situation.

Lorsqu'on m'a demandé d'intervenir sur le sujet de la santé mentale, je me suis posé la question s'il ne fallait pas vous parler de la psychopathologie, des traitements, de vous parler des symptômes. Mais, si je ne nie pas l'intérêt que peut apporter un tel éclairage, Je me suis dit que c'est quelque chose que l'on peut retrouver un peu partout et que l'on peut partager autrement ce moment de mon intervention. Ce que je vais essayer, avec mes moyens et avec mon expérience, c'est de resituer l'immigration au niveau psychique et ce qu'elle a pu entraîner comme désordre et d'y mettre des mots spécifiques : psychiatriques et psychopathologiques.

Après, lors de la discussion, je suis prêt à partager beaucoup plus.

L'immigration, c'est l'accumulation d'un ensemble de traumatismes avec un ensemble de fantasmes. Le moment où l'on doit émigrer est un vrai traumatisme de séparation. C'est à dire qu'à un moment, par choix, qui est souvent un choix matériel, il y a peu d'affection dans ce choix, et dans ce choix matériel, les choses ne sont pas si claires pour parler vraiment de projet. C'est à dire que lorsqu'on partait, Il était sous-entendu que je reviendrais, que je reviendrais dès que je me serai suffisamment enrichi. Le problème c'est que dans ce suffisamment enrichi, il n'y avait pas de chiffres. Et dans ce je reviendrai il n'y avait pas de temps. J'essaie par-là de vous expliquer l'insécurité psychologique dans laquelle notre immigré se trouvait. En plus de ce qui fait tout un milieu sécurisant, un milieu familial, un milieu tribal, un milieu culturel, c'était le grand pas vers l'inconnu. Je me rappelle que lorsque j'étais enfant des histoires de deuils qui se manifestaient le jour du départ. Il y avait une souffrance partagée entre ceux qui partaient et ceux qui restaient. Souvent ceux qui partaient, c'étaient des jeunes en plein âge

---

[125] Psychiatre - chef de service, Centre hospitalier de Saint Brieuc.

de travailler, et qui représentaient la sécurité matérielle et psychologique de la petite famille. Donc on quittait quelque chose pour aller vers quelque chose, espérant qu'il serait mieux mais dont on ne maitrisait pas les données.

Ainsi, ce premier traumatisme est considéré comme le traumatisme fondateur d'un projet qui n'est pas si construit que çà et qui est plutôt fantasmé, fantasmé dans le sens : Je vais partir, je vais m'enrichir je vais revenir. Les choses, malheureusement, comme on va le voir, ne se passent pas de cette façon.

Deuxième traumatisme dont je voudrais parler, c'est le traumatisme de confrontation. C'est-à-dire tout ce qu'on appelle les codes de fonctionnement. Toute société a ses repères. Et ces repères, ces codes, cette façon de communiquer, notre immigré arrive avec un mot qui va le suivre, c'est à dire avec un grand handicap, qui va se retrouver tout au long de son cheminement. Parce que la société a ses codes qu'il ne maîtrise pas, a ses valeurs culturelles qui peuvent même être intrusives voire choquantes pour lui. Cette société a aussi dans son quotidien, sa façon de fonctionner, à un niveau tellement basique, comme celui de faire le moindre papier administratif, où s'adresser à une administration ou à un quelconque organisme. Devant cette insécurité, devant ce traumatisme, il fallait construire quelque chose pour y faire face. C'est que les mécanismes de défense, vont à mon avis isoler encore la personne et l'insécuriser. Comment répondre à cette situation de traumatisme, de souffrance et d'angoisse ? Beaucoup ne connaissaient pas la langue, beaucoup ne savaient pas à quel organisme s'adresser. Si aujourd'hui des mots comme la Sécurité sociale, le Pôle emploi, ou le chômage ou les Assedic leur parlent, ce n'était pas quelque chose d'évident pour nos premiers immigrés.

Parmi les mécanismes de défense qu'on a essayé d'installer, C'était par la nécessité d'une loyauté envers les restants, ceux restés là-bas. En quelque sorte pour se racheter, se déculpabiliser. Et la seule manière de le faire, c'est essayer d'envoyer le maximum d'argent possible à la famille restée au pays. La première génération des immigrés, ceux qu'on appelle aujourd'hui les Chibanis étaient des personnes, j'ai envie de dire, obsédées par la nécessité de renvoyer de l'argent, ce qui était une sorte de se racheter et de construire quelque chose là-bas, c'était aussi une façon de se rassurer : le sacrifice en vaut la peine. En se privant de cette matérialité qui aidait à aller vers l'extérieur, on se privait déjà d'un outil entre guillemets d'intégration.

L'autre mécanisme de défense, qu'on essaie tous d'installer, c'est comment se protéger. Comment se protéger devant cette solitude et devant cette incompréhension qui peuvent entraîner des angoisses d'anéantissement. Avoir des angoisses d'anéantissement, de se retrouver du jour au lendemain dans un foyer de la région parisienne, -et c'est mon interprétation en tant que jeune gamin de 10 - 11 ans, pensant à son frère qui a émigré et c'était moi qui écrivait les lettres, envoyées à l'adresse suivante : Cité Simca cité 2. Lorsque j'écrivais cette lettre à Cité Simca cité 2, c'était pour moi quelque chose de mystérieux, de l'ordre de l'inconnu, tels le paradis ou l'enfer ou quelque choses de ce genre.

Devant cette insécurité, cette angoisse d'anéantissement, les anciens migrants essayaient de reconstruire le groupe. Reconstruire le groupe, qu'il soit par catégorie masculine, parce qu'il y avait beaucoup d'hommes, reconstruire le groupe par nationalité ou c'est encore mieux par gens de la même tribu. Ce fonctionnement par la construction d'un groupe sécurisant, peut être protecteur contre l'angoisse mais peut aussi favoriser encore plus l'isolement. Reconstruire un groupe, en essayant de se sécuriser, parce que on peut retrouver les mêmes codes, on peut retrouver la même fonction d'être, s'appuyer sur l'autre pour avoir un soutien. C'est quelque chose de très important la nécessité de sécuriser par le recours à quelqu'un d'autre durant l'exil.

Dans un deuxième temps, ces mécanismes de groupe et de vivre ensemble vont arriver à leurs limites. Et là apparait ce que l'on appelait dans une deuxième phase, à laquelle les immigrés n'ont pas adhérés, celle du regroupement familial. Le regroupement familial était au départ chez certains de nos immigrés quelque chose de l'ordre de l'impossible. Ils comprenaient que partir c'est déjà dur, mais il reste un choix plus ou moins personnel, Alors que faire partir d'autres qui n'ont pas exprimé ce choix est encore quelque chose de plus difficile.

On voit à nouveau comment allaient s'installer de nouveaux quartiers, de nouveaux groupes avec de nouvelles familles qui arrivaient, elles aussi avec cette difficulté de la langue, avec la difficulté de s'intégrer dans l'école. Notre collègue parlait hier, à juste titre de ce corps devenu la matière première. Cette matière première à exploiter au maximum. Mais cette matière première portait une affectivité, portait une sentimentalité et portait une souffrance. Voilà, chacun essayait avec ses moyens personnels, avec ses moyens familiaux, groupaux, amicaux, de construire des défenses autour de cette angoisse d'anéantissement parce qu'il fallait continuer à exister.

Il y a aussi quelque chose dont j'ai parlé au départ, ce fantasme du retour. Dans la tête de beaucoup de nos immigrés, et jusqu'à aujourd'hui, moi j'en connais, je vois des patients, avec qui je parle avec plaisir. Ils essaient d'embellir une situation très difficile en s'interdisant d'y voir les difficultés de la réalité. Beaucoup de nos immigrés ont vécu en disant : Je vais retourner. Sauf que dans le Je vais retourner, la date n'est pas précise. Sauf que petit à petit ces personnes ont tissé plus de relations et d'interférences avec le ici qu'avec le là-bas. Ainsi, petit à petit s'est installée d'une manière insidieuse, l'envie de rester ici. C'est-à-dire que je retournerai mais à la retraite. Je passerai 3 mois là-bas, ou 3 mois ici, ou 6 mois là-bas ou 6 mois ici. Il y a eu des tentatives de retours réussies ou non réussies. C'est un autre sujet, dont il faut peut-être discuter un jour. Comment les retours se sont faits, comment ils avaient réussi ou comment ils n'ont pas été réussis.

Dans ce cheminement, dans cet ensemble de défenses bâties, des socles ont été faits, d'autres choses n'ont pas réussi, des failles se sont galvaudées, et abouties peu à peu à la souffrance ou à la pathologie. L'intensité des symptômes qui vont apparaître par la suite, sont en fonction de ce cheminement construit par notre immigré, en fonction de l'intensité du traumatisme, et de la réussite ou la non réussite des mécanismes de défense qu'il a essayé d'établir.

Après les choses prennent un tour, j'ai envie de dire beaucoup plus ou moins somatique, beaucoup plus ou moins au niveau de l'humeur, beaucoup plus ou moins au niveau de l'investissement sur soi. Je m'arrête là et je laisse la parole aux autres collègues. Je vous remercie.

LE CORPS AU PIEGE DE L'AGE ET DE L'IMMIGRATION
Mohamed ZITOUNI [126]

Prendre l'homme au piège de sa parole, l'obliger à convenir que celle-ci est autre chose que le reflet de l'intérêt de la passion et du caprice, le convaincre qu'en parlant, il expérimente une réalité qui dépasse son statut empirique, construire un système d'énoncés irrécusables, construire un savoir qui soit reconnu comme juge, comme guide de toutes les pratiques, tel fut le projet platonicien.

Et comme la pathologie humaine a toujours été comprise dans son explication clinique avant d'être rapportée à des faits physiologiques ou biologiques, faisant appel aux relations de l'inconscient avec le corps qui ont été très peu développées dans le modèle freudien sauf sous l'aspect des incitations de la vie pulsionnelle et des systèmes de la sensibilité et de la motricité.
Quelle place reconnaître au corps dans le tumulte de la traversée de cette épopée que l'on nomme communément la vie ?
Que se passe-t-il lors du glissement du donné à plaire au donné à plaindre ?
Quelles réactions psychiques face au drame de la métamorphose de l'enveloppe corporelle ?
Comment supporter la dénaturation de son image propre ?
Une chaîne de questions peut se dérouler à l'infini devant ce drame kafkaïen que nous nous apprêtons à questionner. Et c'est la clinique qui nous offre des ébauches de réponses.

Ainsi prendre l'Homme au piège de la parole, l'accrocher là où il ne s'attend pas d'être entendu, l'attendre là où vient s'articuler la parole au corps dévoilant l'état d'être dans ses multiples facettes, l'écouter afin de tenter d'entendre le non-dit, afin de tenter de remonter la chaîne du discours jusqu'au-delà du voile du paravent. Tenter de décrypter le sens du non-sens. S'évertuer à s'arrêter justement sur ce « hiatus » de la parole. C'est peut-être la voie vers l'espace où l'on peut déloger la parole non dite, vu l'état du vieillissement et de l'effet de l'écart de par l'émigration.

Il s'agit de mettre en lumière une souffrance qui reste une souffrance double : psychique et corporelle qui est mise sur la table des Dieux comme lieu de distorsions douloureuses multiples et fugaces.

---

[126] Psychanalyste et ancien professeur de psychiatrie.

Et comme incrusté dans les méandres du corps « vieillissant » ou plutôt vécu comme fortement « vieilli », le sujet est dévoré par une angoisse de mort croissante, alimentée par l'effigie menaçante de la réalisation à tout prix du désir et du fantasme d'immortalité.

Ainsi, contrairement au sage épicurien pour qui la « mort n'est rien », la rendant comme objet de jouissance qui viendrait nous délivrer par la privation complète de sensations. Contrairement au sage épicurien, le sujet n'arrive pas à se familiariser avec l'idée que la mort n'est rien pour nous. Ici, le facteur culturel jouerait un rôle modérateur, au travers des rapports avec l'entourage. Les croyances culturelles viennent alimenter l'illusion d'éternité et le fantasme d'immortalité de chacun. Mais la migration prive le sujet de ces adjuvants culturels.

C'est un véritable arrêt sur image de la désillusion, plongeant l'immigré dans la glaciale solitude d'être sans « béquilles » de sa culture d'origine.

Toutefois, si la connaissance du mouvement naturel de la vie et de la mort dédramatise la mort, et si la connaissance de la nature corporelle et de la psyché détruit les mythes d'immortalité, si la connaissance est une arme contre l'investissement de l'homme dans des désirs vides et vains, connaître ne nous semble point suffire pour parer au malaise existentiel de l'état du corps déchu. Pour preuve la vélocité de la pathologie évoluant avec l'âge.

La maîtrise de soi tiendrait plutôt de son auto-connaissance. Elle tiendrait aussi et surtout du voyage intérieur, du combat acharné du sujet en présence de l'autre, de l'analyste. Nous sommes loin du concept du sage qui par la puissance de son esprit saurait refouler les désirs. L'objet est vain, allant à s'élever par-là vers la liberté.

Cependant, comment séduire quand l'arme qui, jusque-là a fait tomber le regard de l'autre sur nous a perdu l'efficacité de la puissance de ses phares ?

Comment supporter le déplaisir naissant de l'indifférence de celui-là même qui jusque-là fut la cible d'un apport en vue de combler un manque ?

Comment taire ce désir, ce mouvement qui nous propulse à la recherche d'une jouissance au travers de la possession si fictive soit-elle d'un objet d'amour ?

« N'est-il pas étrange que le désir survive tant d'années aux actes ? » nous dit Shakespeare. Parler du corps, c'est parler de ce lieu opaque, ce qui nous amène aux limites de la parole, dans cet espace flou marquant la frontière entre l'invisible et le visible.

Le corps est le lieu d'inscription de symboles, de projections, d'affects, de réalisation de désirs, de ressentiments de joie et de plaisir, mais aussi de douleurs.

C'est une citadelle où foisonnent émotions et sensations dans un ballet dynamique, ici dynamisant et ailleurs inhibant. Ce qui compte, c'est l'image qu'on donne de soi à l'autre.

Le corps traverse le temps en se laissant en retour traverser par ce même temps. Les traces se creusent en marques, inscrites au fil du temps sur la peau, au début lisse, puis petit à petit rugueuse, poreuse, ridée, dure et épaisse.

De plus la pénibilité, la motricité difficile vu les rhumatismes grandissant avec le temps et l'immigration.

Ainsi, le corps devient une citadelle, une carapace, une véritable prison portative. L'anachronisme dominant la relation duelle psyché/soma prend forme dans sa discorde majeure.

Le cas de Omar, un ouvrier dans le bâtiment, âgé de 55 ans nous semble parlant. D'origine algérienne, il est en France depuis l'âge de 20 ans. Il consulte, adressé pour « état dépressif masqué ». En fait, masqué par des douleurs et des plaintes corporelles. En effet, d'emblée, il met en avant son corps. Il montre ses mains toutes fissurées, ses pieds, ses genoux. Se plaint de céphalées et de perte de sommeil. Angoissé, il est triste et au bord des pleurs. Il vit seul dans la banlieue parisienne et n'est pas retourné au bled depuis quatre ans. Jusque-là, tout allait bien dit-il mais depuis quelques mois, il ne supporte plus rien. Son corps semble céder place à des algies et déborde de fatigue.

Ainsi se plaindre quand on ne peut plus séduire reste une manière humanisée et mentalisée de soi et de son corps propre. C'est une voie détournée de venir se replacer dans la scène de la réalité pour l'autre. Toutefois, c'est une voie « humiliante » récupérant une jouissance du côté du masochisme.

Son discours est marqué par l'influence de l'âge et surtout l'éloignement du bled « vous voyez, je ne suis plus le même ».

Ainsi, séduire, se séduire quand on ne peut plus le faire, cède la place à la plainte corporelle. L'image du corps pétri dans la réalité vient troubler sa représentation imaginaire. Ici, le narcissisme imaginaire renvoie l'être au dehors entièrement voué à l'autre dans son champ scopique. Se plaindre n'est qu'un moyen d'attirer le regard de l'autre. Et en pratique clinique, dans la culture maghrébine, une panoplie de plaintes s'offre aux patients, tels que « le gros intestin gonflé », « les vaisseaux de la tête bouchés », « les céphalées avec le fameux clou de Sydenham », « les dorsalgies, le plein le dos ». Ainsi le langage du corps vient soutenir les plaintes dues à la vieillesse. Se plaindre n'est qu'une érotisation des organes, une fixation de l'éros face au thanatos, renforcé par l'âge dans la solitude migratoire.

Cette solitude est relative. Certains se trouvent dans leurs éléments recherchés, d'autres pas et c'est le corps qui prend sur lui de supporter le changement, et surtout dans certains cas les difficultés d'intégration. N'est-ce point que l'homme est un sujet psychologique habitant un corps organique dans une ambiance sociale ?

CLINIQUE DE L'EXIL

Jalil NEHAS [127]

Bonjour, Bonjour Mesdames, Bonjour Messieurs,

Je viens vous parler d'une certaine clinique, clinique de l'exil. Je ne viens pas parler d'un label. Je viens parler de certaines personnes qui sont arrivées en France depuis maintenant 50 ans, 60 ans, qui n'ont jamais trouvé de dispositif d'écoute au sens vraiment clinique du terme. Ce ne sont pas des extraterrestres mais l'on n'a pas pu les comprendre en fait. Via Migrations Santé, nous nous déplaçons dans les foyers, ce que l'on appelle maintenant les résidences sociales. Ce que l'on appelait à l'époque les foyers, on les a construits à partir de 1956, pour recevoir les jeunes Algériens du temps où l'Algérie était considérée comme territoire français, qui venaient là pour travailler. Mais ces foyers ont été conçus comme provisoires. On ne s'était pas dit que 50, 60 ans après, ces jeunes qui avaient 20 ans seraient là à 70, 80 ans. Voilà c'est ce que l'on appelait les foyers SONACOTRA, puis AFTAM. Que l'on appelle aujourd'hui les résidences sociales.

Donc, on se déplace pour les recevoir, les rencontrer. Et finalement, nous avons rencontré des personnes immigrées âgées qui ont fait le choix de venir en France sans jamais faire venir leurs familles. La différence, elle est de taille avec les autres immigrés dits classiques venus en France dans les années 1960 – 70, qui, eux, ont fait le choix de faire venir leurs familles, des enfants sont nés ici ou bien ils sont arrivés très jeunes en France et ils ont reconstruit des familles maghrébines ici.

Beaucoup de chercheurs ont travaillé sur l'immigration classique, ont beaucoup travaillé sur les jeunes issus de l'immigration, on parle de la seconde génération, de la troisième et bientôt de la quatrième. Beaucoup de recherches ont été faites sur le terrain, mais très rarement on a parlé de ces personnes qui sont venues, qui ont fait le choix de venir s'exiler seules sans faire venir leurs familles.

Quand on va les rencontrer sur le terrain, dès le départ, l'on n'est pas surpris, parce que l'on est professionnel de terrain, mais l'on est quand même questionné comme le disait mon collègue tout à l'heure, l'on ne peut pas rester très neutre par rapport à cette question. Quand on arrive, on voit

---

[127] Docteur en Psychologie.

l'isolement, la précarité de ces gens dans ces résidences sociales. On ne parle plus de foyers, c'est devenu péjoratif. Mais j'ai envie de dire et cela n'engage que moi, que cela pourrait ressembler à des gadgets pour soulager une certaine conscience. Quand vous entrez dans les chambres parce que cela nous arrive d'y aller avec l'autorisation de ces résidents, on se retrouve dans des pièces de 4m^2, l'on se dit : ce n'est pas possible, comment peut-on vivre dans des chambres pareilles depuis 30, 40 ans ?

Avant de parler de rencontre avec ces personnes âgées, Il faut quand même que l'on rende hommage à ces responsables de résidences sociales, qui constituent les premières personnes ressources de ces personnes-là. On ne peut pas arriver comme cela en disant : bonjour je suis psychologue, je viens vous écouter, venez, vous avez une problématique. Cela ne se passe pas comme cela. L'on a besoin de ces personnes ressources, que ce soient les directeurs de résidences, les assistantes sociales quand il y en a, que ce soient les travailleurs sociaux, qui font ce premier lien qui est très important. Cette première écoute n'est pas clinique au sens psychologique du terme : je l'appelle de l' « écoute sociale », elle permet à ces gens-là de venir nous rencontrer.

Quand on les rencontre, on voit très bien le malaise qui se pose à eux. On voit très bien que ces gens se posent des questions : qu'est-ce que je viens faire dans le bureau de quelqu'un qui va m'écouter ? Pour illustrer mon propos, j'avais envie de vous retranscrire un entretien avec un résident de 79 ans d'origine algérienne que je vais appeler M. A. qui m'a été présenté par l'assistante sociale d'une résidence Coallia. Bien sûr la première rencontre se fait à trois. Je fais partie de cette race de psychologue qui ne s'inscrit pas dans une dualité fermée. J'ai été formé en ethnopsychiatrie aussi. On peut ouvrir un autre dispositif thérapeutique à d'autres professionnels. Je parlerai du portage tout à l'heure où les personnes loin de les infantiliser peuvent se sentir portées par ces professionnels sans que le professionnel n'empiète sur le terrain de l'autre professionnel.

Donc, du coup on s'est rencontré à trois avec ce résident qui est venu me voir dans le dispositif, l'espace clinique, je n'aime pas parler de bureau, qui m'a été confié par la résidence Coallia. Après une présentation avec l'assistante sociale qui est partie juste 5 mn après, je suis resté avec lui. Donc je lui dis bonjour, lui me dit bonjour. Moi je lui dis : installez-vous. Alors vous êtes Mr. A. ? Lui me dit : oui, et vous, vous êtes le docteur. Moi : non, non, je ne suis pas docteur, je suis psychologue. Parce que l'assistante sociale comme je suis docteur en psychologie m'a présenté en tant que docteur de psychologie. Donc, du coup, il lui est resté dans sa tête qu'il allait rencontrer pour la énième fois un docteur. Lui : « Ah, vous n'êtes pas médecin ». Moi : « non mais je travaille aussi dans le domaine de la santé ».

Lui : « donc vous ne pouvez pas me donner de médicament ». Bien entendu, parce que c'est une relation de personne à médicament, ils ont vu des médecins, des psychiatres mais ils ont très rarement vu des psychologues, au sens de psychologue clinicien. Moi : « non je ne suis pas médecin, je ne donne pas de médicaments, mais je pourrais vous écouter, vous parler et comprendre avec vous votre situation passée, et actuelle, j'entends la situation migratoire ». Lui : « oui mais ça je l'ai déjà fait. J'ai déjà vu des hommes qui ont fait semblant de m'écouter et qui m'ont donné des médicaments ». Alors comprenez que c'étaient peut être des psychiatres mais surtout des médecins. Moi : « donc vous avez été suivi » ? Lui : « oui, mais je ne comprenais pas ce que l'on me disait. Et en plus j'ai toujours mal à la tête ». Moi : « mais vous avez mal où » ? Lui : « à la tête j'ai très mal à la tête. Je ne dors pas la nuit. Mon corps se calme de temps en temps grâce à certains médicaments, mais par contre j'ai toujours mal à la tête ». Moi : « si vous êtes d'accord on va commencer un petit peu à construire ce lien. Nous allons essayer de comprendre ensemble d'où vient ce mal et l'affronter ensemble ». Lui : « oui je veux bien, mais comment vous ne donnez pas de médicaments ? » Moi : « mais c'est pour ça que j'aurai besoin de vous pour comprendre avec vous votre histoire ». Lui : « mais on m'a envoyé vers vous car c'est moi qui ai besoin de vous ». Moi : « dans ce cas nous aurons besoin l'un de l'autre ». Lui : « c'est la première fois qu'on me dit en France qu'on a besoin de moi. Même quand je travaillais sur les chantiers, on ne me le disait pas. Alors dites-moi, Vous voulez que je vous parle de quoi ? » L'accompagnement psy a commencé à partir de ce moment-là.

A travers cet entretien j'ai voulu mettre en relief d'abord la rencontre entre deux personnes : le résident, ce monsieur, et le psychologue, moi-même. Et le rapport singulier que nous allions entretenir le temps d'une séance. C'est à ce moment-là que les prémices d'un premier lien commencent. On le sait très bien, sans lien, aucune relation thérapeutique ne peut prendre. On peut se leurrer.
Alors les prémices d'un premier lien ont commencé à apparaître quand il a dit : « oui j'ai besoin de vous. Vous voulez que je vous parle de quoi ? Et ces prémices de lien vont permettre à la personne accueillie d'intégrer le cadre, étape primordiale pour le début de la prise en charge.

Donc la rencontre, les prémices du lien et le cadre à établir ensemble.
Par expérience -c'est l'expérience qui me l'a montrée- je ne viens pas ici définir comment pourrait être un dispositif thérapeutique mais je viens proposer une manière de faire.

La thérapie avance tous les jours, se réactualise en fait. On ne peut pas rester fixé à une psychologie traditionnelle. On parle de dispositifs traditionnels quand on parle des guérisons traditionnelles dans le Maghreb.

A ce titre, on peut dire que la psychologie de Freud est aussi traditionnelle, elle date de la fin du XIXème siècle, alors que les thérapies traditionnelles dans le Maghreb se réactualisent tous les jours.

Dans ce cadre thérapeutique que je propose, le professionnel va montrer des gages qui ne s'inscrivent pas dans le cadre de la psychopathologie occidentale en général mais dans la psychopathologie de l'immigration en particulier. Quand j'ai dit à Monsieur A. que j'avais besoin de lui, c'est parce que l'expérience de l'exil suppose, et ceci est très important, l'expérience d'une déconstruction de l'histoire. M. X. dans la quête de sa reconstruction personnelle a besoin d'élaborer son passé, de comprendre et de construire. On a besoin de l'inscrire dans une forme lui permettant d'être acteur de son propre changement, pour qu'il puisse comprendre, on n'est pas là pour donner des recettes à ce monsieur et lui dire : voilà le mal, il vient de là. C'est très important de s'inscrire dans une forme de co-construction avec lui. C'est pour cela que j'ai dit que l'On a besoin l'un de l'autre. Bien entendu avec le concours du professionnel que je suis au travers de cette co-construction et à travers l'analyse du discours du sujet, autour du sujet, et non seulement sur ce que dit le sujet.

Nous insistons sur la déconstruction car ceci renvoie au travail sur l'altérité, qui est une problématique délaissée par beaucoup de psychologues. Nous interrogerons la culture, l'histoire, le contexte migratoire, la filiation interrompue, les aspects de l'identité, l'impact des facteurs socio - économiques et socio-politiques. Et prendre en considération ces problématiques, c'est innover la psychopathologie. Je disais tout à l'heure que la psychopathologie devrait à mon sens se réactualiser en fonction du public que nous recevons. Je suis un psychologue clinicien, j'ai été formé dans une université dite freudienne. Après, le terrain nous a montré finalement qu'il fallait s'adapter à tout moment aux publics. C'est un leurre que de se dire que le public doit s'adapter à nous professionnels de la santé en général et aux psychologues en particulier. C'est à nous à s'adapter à celui qui vient nous voir.

Donc innover la psychologie, proposer un cadre adéquat à ces personnes âgées, loin de toute causalité psychologique où prédominent les caractéristiques intrinsèques de l'individu. Savez-vous pourquoi à mon sens ? Parce que quand on est en face de ces personnes immigrées âgées qui n'ont jamais croisé un psychologue, ils croisent de temps en temps des psychiatres et puis ils ont des médicaments. Il y a des psychiatres qui font preuve d'une grande écoute psy, il n'y a aucun problème, jamais on va à la rencontre de ce que j'appelle l'angle mort en fait. C'est à dire ces choses qui relèvent de l'immigration elle-même, qui relèvent du contexte. Donc je dirai l'immigration est un texte sans contexte.

Pour mieux illustrer mon propos, je dirais que la clinique de l'exil concerne quatre dimensions.

La première dimension, ce sont les facteurs pré-migratoires, il faut comprendre d'où viennent ces gens-là, pourquoi ils sont venus et pourquoi ils ont été choisis pour venir sur la terre de l'emploi.
La deuxième, ce sont les facteurs post-migratoires : comprendre l'arrivée, l'installation et le travail.
La troisième dimension, la culture comme levier thérapeutique, mais bien sûr on ne va sombrer dans le culturalisme, on ne va pas les renvoyer, les renfermer dans leur culture, on va travailler avec un Maghrébin d'origine algérienne, non pas parce qu'il est d'origine algérienne, mais parce qu'il est porteur de certains traits culturels qui pourraient le renseigner sur sa situation. Et en aucun cas l'enfermer dans son ethnicité.
La quatrième dimension, vous voyez que je vais rester le psychologue clinicien, la subjectivité de l'individu, le caractère, la personnalité et les états affectifs.
Ces quatre dimensions de la clinique de l'exil permettront, à mon sens, à la personne immigrée âgée de verbaliser son vécu, de s'inscrire dans une nouvelle temporalité et de couper avec les images morbides qu'elle a d'elle-même, d'aller à la rencontre de son histoire, la déconstruire pour la reconstruire et se projeter, pas forcément dans un lieu quelconque, pas forcément dans un lieu physique, pas forcément en Algérie, en France, mais dans une identité, une nouvelle histoire, qui seront celles de son désir. L'on disait hier ce sont des personnes où le désir est absent. Alors notre travail, c'est justement de travailler sur la symbolique, faire revenir le désir à ces gens.

Au bout de quelques séances, sept ou huit je crois, Monsieur A. a commencé à mieux appréhender l'extérieur, à sortir, à recevoir du monde dans sa chambre. Au dernier entretien avant qu'il ne reparte en Algérie pour un séjour de 3 ou 4 mois, il m'a dit ceci : « Vous savez, je me remets à réfléchir, je me sens mieux, je vais au bled pour écouter les autres. »

Et je finis par cette citation d'Albert Camus : « N'être plus écouté, c'est cela qui est terrible lorsque l'on est vieux. »

Merci.

COMMENT AMELIORER
LES CONDITIONS DE VIE
DES PERSONNES MALADES D'ALZHEIMER ET
CELLES DE LEURS AIDANTS

Maryse POMPEE [128]

Bonjour tout le monde, j'arrive de la Martinique et je vous ai ramené quelques pistes intéressantes sur lesquelles nous avons travaillé avec un public atteint de la maladie de la mémoire. Je voulais d'abord remercier toute l'équipe de Migrations Santé qui nous accueille sans oublier la FNAPAEF sans laquelle nous ne serions pas là.

Je représente l'association Case Gran Moun. C'est une association martiniquaise qui œuvre pour la promotion d'actions solidaires en direction de personnes âgées particulièrement face à la maladie d'Alzheimer.

Nous avons créé un accueil de jour Alzheimer avec une idée originale et innovante, celle d'une organisation conceptuelle qui permet d'améliorer les conditions de vie des personnes malades et leurs aidants.

La structure Alzheimer est réservée pour 12 personnes qui arrivent en accueil de jour tous les jours. Sur la valeur éthique que nous avons décortiquée, toutes les activités sont possibles si la personne accueillie le veut, quand elle le veut, où elle le veut et comme elle le veut. Notre organisation conceptuelle repose sur la persistance de moyens simples et naturels pour améliorer les conditions de vie des personnes et surtout retarder la maladie.
L'idée originale est de pouvoir faire d'un milieu de soin un milieu de vie. Difficile de l'admettre au départ, car nous avions rencontré une maladie et nous luttions contre elle. C'est en vivant et travaillant auprès de ces personnes malades que nous avons appris à mieux les connaitre et nous avons pu rencontrer des femmes et des hommes qui peuvent vivre naturellement mais autrement et qui nous ont montré que des choses sont encore possibles mêmes avec une maladie de la mémoire.
L'accueil de jour local, c'est aussi le résultat du travail de toute une équipe de professionnels qui a su se défaire des codes, accepter la réalité, grandir

---

[128] Directrice de l'Association Case Gran Moun - 972 Martinique France.

des expériences et collaborer pour un nouveau mode d'accompagnement plus humain et plus serein pour ce type de personnes malades. Voici un accueil de jour qui sort des clichés et qui est tout autant adapté à sa population qu'à son territoire, et qui est innovant face à la maladie d'Alzheimer, et qui s'appelle « La Gout'd'Elixir ».

Au milieu d'un grand jardin fleuri et arboré de 4000 m², ce lieu de vie s'appuie sur un projet architectural et un projet de soin spécifique avec des espaces ouverts de liberté permettant la promenade et la déambulation. D'autres espaces agrémentent le lieu, des espaces thérapeutiques pour l'écoute, les groupes de parole, la musicothérapie et même la zoothérapie, le tout pour le bien-être des personnes accueillies.

En dehors des espaces, un déroulé d'activités est proposé, allant des ateliers mémoire à la rééducation des gestes quotidiens, du maintien en santé par l'activité physique, du retour à la vie sociale par le biais des sorties pour le quotidien, au marché, aux courses, et pour la détente et l'évasion, à la plage, en forêt ou en montagne.

A la Gout'd'Elixir, aucune plainte n'est laissée au hasard, tout devient signifiant... Il n'y pas de contraintes, la liberté et la dignité sont les maîtres mots, la cohabitation des personnes malades et des soignants se passe bien, les efforts fournis de part et d'autres sont tous récompensés. La dimension humaine est fondamentale. Dans notre parcours, nous avions aussi remarqué que les repères travaillés autour des personnes malades et de leurs familles apportent une nette amélioration de leur humeur, de leur comportement, un climat serein et un état stable, plutôt encourageant pour l'équipe...

Autant de paramètres auxquels nous avons dû faire attention pour agir autrement et accompagner dignement les personnes qui nous sont confiées.

Pour l'évaluation, des supports spécifiques et outils techniques ont été mis en place pour la gestion des troubles comportementaux, pour l'autonomie et les progrès constatés etc... Ils ne sont toujours pas reconnus par nos instances politiques car notre approche est si atypique.

En arrivant à « la Gout' d'Elixir » vos repères sont mis à l'épreuve...

Autre chose, un réseau de partenaires collabore et participe aussi à la vie de l'accueil de jour, il y a le passage des familles, des bénévoles, des libéraux, des acteurs médicaux et sociaux etc... La Gout' d'Elixir, c'est donc un lieu où chacun trouve sa place et qui s'inscrit dans notre patrimoine culturel. C'est aussi une approche qui rapproche, une vision fraternelle qui fait jaillir ou renaitre en nous notre authenticité, notre humain.

Pourquoi ne pas tout simplement accepter les multiples visages que nous propose la vieillesse d'aujourd'hui ?

Pourquoi pas l'inscrire dans notre patrimoine culturel, pour nos poètes, nos enfants, nos familles, nos chercheurs et qu'ils trouvent un moyen de ressources pour notre vie humaine.

Et pourquoi ne pas réinventer notre histoire de vie humaine ?

VIEILLESSE ET IMMIGRATION :

UN ETAT DES LIEUX EN FRANCE

Hédi CHENCHABI [129]

La question du vieillissement des migrants maghrébins, de ces ouvriers venus dans la force de l'âge dans les années 1960 pour occuper des emplois précaires dans le bâtiment ou l'industrie, nous interpelle doublement. Pourquoi l'Etat français et les pays d'origine ont-ils occulté, pendant plusieurs décennies, cette réalité humaine ? Et pourquoi ces hommes et ces femmes ne bénéficient-ils pas des mêmes droits sociaux que les nationaux, et du coup, pourquoi n'ont-ils pas droit à la même dignité ?

Les vieux migrants, dès leur arrivée sur le sol français, n'ont connu que la relégation. Ils n'ont pas pu bénéficier du régime de « droit commun » et sont restés otages des politiques spécifiques. Il est temps d'y remédier.

Le vieillissement dans l'immigration : un phénomène occulté

Depuis la fin des années 1980, très peu de personnes et d'institutions se sont intéressées au vieillissement de l'immigration, cette question étant restée largement occultée dans le débat public et scientifique. En effet, les institutions chargées de cette problématique, étaient convaincues que les vieux migrants retourneraient dans leurs pays d'origine, en contrepartie d'une retraite au rabais.
Le secteur associatif ayant été très peu mobilisé jusque-là quant à cette question, le F.A.S (Fond d'Action Sociale) a, à partir des années 1990, fortement encouragé son implication. Cet encouragement a fait suite à l'interpellation par les bailleurs des foyers qui ont eu à gérer des parcs de logements, en périphérie des villes, habités par des migrants vivant en vase clos, dans la précarité sociale, culturelle, affective et humaine. La question de la prise en charge de ces milliers d'hommes harassés par une vie professionnelle fragile, a poussé les bailleurs et les financeurs à privilégier des solutions provisoires, avec des actions d'accompagnement qui ne touchaient pas à l'essentiel ; à savoir l'accès aux mêmes droits que les autres retraités français, ceux-là même qui les ont côtoyés dans les grandes entreprises et dans l'action syndicale.

---

[129] Directeur de FIDE. Auteur de plusieurs livres sur l'histoire de l'immigration en France.

Il a fallu attendre l'organisation de colloques et d'actions de sensibilisation par quelques acteurs associatifs isolés ainsi que la publication d'un certain nombre d'études, pour que l'opinion et les pouvoirs publics prennent conscience de l'injustice faite à ces hommes touchés par l'isolement, par l'inactivité et par les ruptures avec leurs familles, de l'autre côté de la Méditerranée.

Ces trajectoires de vie nous interpellent car elles posent des questions de fond sur le rapport de la société française à tous ces exilé (e) s, aux pays du Maghreb et à la question du retour. Elles questionnent également, le vide ou l'incohérence subsistant dans les conventions bilatérales qui lient la France aux pays d'origine. Enfin il ne faut pas éluder les changements survenus, depuis quelques décennies, dans le rapport à l'*ailleurs natal*, avec les limites des allers-retours et la dure réalité de la gestion de la fin de vie en exil.

Quelles politiques de droit commun pour les migrants âgés ?

Face à cette situation, les réponses apportées ne sont pas à la hauteur de l'ampleur du phénomène. Maintenant que tout le monde sait que ces migrants finiront leur vie, pour une grande partie d'entre eux, dans les terres de l'immigration, où ils ont vécu leur jeunesse, et tenté de construire un parcours professionnel et de vie, il est pertinent d'interroger les décideurs sur les raisons de cette occultation du vieillissement des migrants et surtout de l'absence de politiques innovantes et valorisantes à même d'apporter des réponses dignes d'intérêt.

Certes une mission parlementaire a donné un éclairage médiatique et politique à ce phénomène, mais ses propositions sont toutefois, restées limitées. Nous ne pouvons alors pas faire l'économie de certaines questions restées toujours sans réponses :

- Pourquoi le provisoire et les politiques à court terme continuent-ils à marquer le rapport aux vieux migrants ?
- Pourquoi la préconisation de solutions, dans le domaine du logement principalement, ne trouve-t-elle pas de perspective plus adaptée et respectueuse de la dignité de ces hommes, de leurs cultures et de la spécificité de l'accompagnement sanitaire et de soins ?
- Pourquoi ces retraités-là ne bénéficient-ils pas des mêmes droits que leurs compagnons de travail français et ce par l'accès aux maisons de retraites et aux structures locales ?
- Pourquoi les politiques locales ne s'intéressent-elles pas à ces *séniors* et n'encouragent-elles pas les rencontres dans des structures de droit commun, ouvertes normalement à tous les retraités (animation, sortie, voyages, etc.) ?

- Pourquoi les politiques publiques n'intègrent-elles pas cette problématique dans les plans et les stratégies traitant du vieillissement et de la gérontologie, pour y apporter des réponses fortes, adaptées et à la hauteur des enjeux ?

Les politiques de soutien aux actions d'accompagnement de ces dernières années, ont permis de faire un éclairage sur une situation peu ou pas connue, de mettre en place des structures d'accueil, d'animation, principalement sous forme de « Cafés Sociaux », mais toutes ces initiatives montrent aussi leurs limites. Comme montre sa limite, le discours militant sur les « *Chibanis* », coupé de la réalité du terrain et plus centré sur des revendications, certes légitimes, mais délaissant le plus souvent, des initiatives concrètes répondant à des besoins identifiés et valorisant la nécessaire reconnaissance de cette mémoire ouvrière immigrée ainsi que sa participation à la vie de la Cité.

Aujourd'hui, il faut certainement aller plus loin. Même si la situation des âgés migrants n'est pas uniforme, la « préférence communautaire » est de mise, aux dépends des extra-communautaires, qui sont un peu le parent pauvre des politiques publiques.
Ceux qui jadis ont été privés du regroupement familial, de l'apprentissage de la langue et du droit de vote, sont aujourd'hui exclus du droit commun. Et les solutions qui leur sont proposées ne sont pas à même de résoudre leurs difficultés (structures adaptées, soins et accompagnement tenant compte de leurs besoins spécifiques, notamment langagiers), et ce en raison généralement de leurs faibles ressources. L'indifférence des gouvernements du pays d'accueil et du pays d'émigration, doit cesser.

Innover dans ce domaine, c'est aussi s'éloigner des politiques « cosmétiques », c'est s'attaquer à la précarité par des réponses globales, motivées uniquement, par de l'esprit de justice sociale et de reconnaissance de l'apport des migrants âgés à la société d'accueil et à l'économie nationale.

Bibliographie

Attias-Donfut, Claudine. (2006). *L'enracinement. Enquête sur le vieillissement des immigrés en France.* Armand Colin, Collection Sociétales, 357 p.
Jacquat, Denis, Bachelay Alexis. (2013). Rapport d'information fait au nom de la Mission d'information sur les immigrés âgés.
http://www.assemblee-nationale.fr/14/rap-info/i1214.asp

La santé des migrants : états des lieux et perspectives. Actes du 3ème Colloque européen de Migration Santé France, 24 et 25 octobre 2002. *Migrations Santé,* Hors-série n° 1, 2003

Le vieillissement des personnes migrantes. *Migrations Santé*, n°127-128, 2007

Les territoires face aux défis de l'âge. *Territoires*, n°498, mai 2009. 50 p.

Samaoli, Omar. (2007). *Retraite et vieillesse des immigrés en France*. Paris : L'Harmatan, 276 p.

« FEMMES IMMIGRÉES : L'ENTRÉE DANS LA VIEILLESSE »

Présentation de l'étude par Laura KOSSI [130]

Etude pilotée par le Centre de Ressources Politique de la Ville en Essonne (CRPVE), avec l'appui scientifique et l'implication du sociologue Smaïn Laacher, cette recherche-action a reçu le soutien de la Direction de l'accueil, de l'accompagnement des étrangers et de la nationalité, du Conseil régional d'Ile-de-France et du Conseil général de l'Essonne.

Mots clés : *femmes immigrées, vieillesse, quartiers en politique de la ville, prévention*

Éléments de méthodologie

La littérature sur les femmes immigrées âgées est relativement inexistante. Surtout si l'on compare le nombre de travaux sur ce public avec celui des publications sur le vieillissement des hommes immigrés. Le parti pris de cette recherche-action a consisté à étudier une population de femmes, non pas dans le but de la comparer à la population immigrée masculine, mais bien plus dans l'objectif de produire des éléments de connaissance sur cette population en soi et pour soi.

Nous avons donc rencontré soixante femmes, lors d'entretiens individuels ou collectifs. En tant que centre de ressources politique de la ville, nous n'avons rencontré que des femmes habitant dans les quartiers prioritaires ; ce point recouvrant une importance que nous révélerons plus en avant dans la présentation des résultats de cette étude.
Les entretiens réalisés furent l'occasion de nourrir un questionnement, non tant sur la vieillesse en tant qu'état, mais plutôt sur le vieillissement entendu comme un processus. Ces entretiens ont été menés dans l'objectif de repérer les éléments biographiques qui, au gré du parcours migratoire, déterminent les conditions de vie de ces femmes à l'âge où *la capacité du corps diminue*.

La recherche-action a été réalisée sans jamais perdre de vue un postulat qui devait mettre à distance toute vision misérabiliste du public étudié. Les femmes rencontrées ne sont certes pas des individus *extra-ordinaires*, mais, comme tout un chacun, elles ont montré qu'elles avaient su « se

---

[130] Chargée de mission CRPVE 91.

débrouiller », « faire avec » et s'adapter, afin de tirer le meilleur parti de situations familiales, professionnelles, etc. souvent difficiles.

Cette étude propose des éléments de compréhension des conditions de vie de ces femmes immigrées âgées en abordant notamment les questions familiales et religieuses mais aussi la question cruciale de l'accès aux droits ou celle de la sociabilité. Nous nous cantonnerons ici à la présentation d'éléments ayant trait aux revenus et au logement, puis nous proposerons quelques clés de compréhension de la problématique du retour au pays (constituée en tant que telle tant par les scientifiques que par les professionnels de l'action sociale).

Vulnérabilité n'est pas misère

« Quand vous rentrez en France à 30 ans, vous n'avez pas assez travaillé et vous n'avez pas une bonne retraite. »

Les femmes que nous avons rencontrées disposent de revenus modestes voire très faibles. Quatre facteurs majeurs ont été identifiés :

- La migration : les femmes arrivent en France entre 20 et 35 ans, ce qui retarde le moment des premières cotisations pour la retraite.

- Un taux de fécondité élevé : un nombre élevé d'enfants (beaucoup de femmes rencontrées avaient entre 5 et 10 enfants), ainsi que des grossesses rapprochées concourent à retarder l'entrée de ces femmes sur le marché du travail. De manière générale, elles ont commencé à travailler suite à l'entrée en maternelle de leur dernier enfant.

- Des revenus non déclarés : soit parce qu'elles ne sont administrativement pas en règle, soit parce qu'elles ont des papiers mais se cantonnent à l'économie informelle. Cette question de la non-déclaration des revenus constituera le jour de la liquidation de la retraite une source de souffrance et d'incompréhension.

- Des carrières écourtées : les accidents de travail, survenant aux alentours de 50 ans chez les femmes immigrées que nous avons rencontrées, sont le fait de corps prématurément usés, par les activités domestiques et professionnelles (souvent identiques), ainsi que par le taux de fécondité élevé.

Afin de compenser les faibles revenus, ces femmes ont recours à l'ASPA (allocation de solidarité personnes âgées), ancien *minimum vieillesse*. De

fait, elles touchent rarement plus de 800 € si elles sont seules (divorcées ou veuves) et 1200 € pour le foyer si elles sont en couple.
Dans le cas d'une femme veuve, le calcul est simple : une pension de retraite + une pension de réversion + un complément ASPA.
Lorsqu'elles sont en couple, notons qu'elles ne savent pas quelles sont les sommes qui constituent les revenus du foyer.
« C'est le mari qui touche, il me donne de l'argent pour aller au marché. Mais je ne regarde pas les papiers ni rien du tout. »
En effet, alors qu'elles prennent en charge la quasi-totalité de l'économie domestique, elles n'en assurent pas la gestion financière. Le décès de l'époux les précipitera alors dans une détresse que devront pallier enfants ou professionnels de l'action sociale. Une femme dont le mari est très malade nous dit d'elle que lorsque celui-ci mourra : « je resterai sans surveillance (…) mes jours seront comptés. »

Ces femmes ont un toit

« C'est le même prix de toute façon, et je vais m'étouffer. Je n'ai pas les moyens pour bouger (activités de loisirs), alors si je déménage dans un petit local… »

En tant que centre de ressources politique de la ville, notre terrain d'étude tout désigné fut celui des quartiers aujourd'hui identifiés par la géographie prioritaire, hier remarquables par la construction d'habitations à bas loyers, capables d'accueillir des familles nombreuses.
La question de l'habitat indigne et insalubre constitue une problématique de santé publique. Ce ne fut toutefois pas la nôtre.
Les appartements dans lesquels les femmes interviewées vivent aujourd'hui sont souvent ceux dans lesquels elles ont élevé leurs enfants. Ils sont donc trop grands à l'heure où les enfants sont partis. Mais les démarches de relogement - notamment dans le cadre des opérations de rénovation urbaine - n'auront à offrir à ces femmes que des appartements plus petits pour des sommes d'argent souvent égales à leur loyer actuel. En sus, il faut avoir à l'esprit que la grande taille de l'habitat contribue à compenser l'étroitesse de l'espace de sociabilité de ces femmes, leur permettant notamment d'accueillir les enfants et leur famille.
Prenons l'exemple d'un T3 (63 m²) à Nantes, occupé par une femme marocaine de 65 ans, dont les revenus ne dépassent pas les 800 € évoqués plus tôt. Le loyer s'élève à 470 € et l'APL (aide personnalisée au logement) à 350 €. Le reste à charge pour cette femme est donc de 120 €.
Si nous avons souhaité démontrer l'emboîtement économique entre les revenus et la nature de l'habitat, c'était pour en arriver à ce résultat simple mais fondamental pour vivre dans la dignité : ces femmes ont un toit. L'équilibre des ressources est certes précaire : si un poste de ressources vient

à manquer, c'est effectivement toute leur situation qui peut basculer, mais l'architecture de la protection sociale leur assure des conditions de vie que ne renie pas la dignité.
Si les budgets sont serrés, si elles n'ont que très peu l'occasion de s'accorder des activités de loisirs, il convient d'insister sur le fait que le quotidien de ces femmes n'est pas structuré par le manque.

La question du retour au pays

« Côté liberté je préfère ici, franchement. La vérité, je ne suis pas hypocrite, ici on est plus libre, on a le droit. »

Si les femmes rentrent dans leur pays d'origine beaucoup moins que ne peuvent le faire les hommes immigrés (qui eux-mêmes opèrent de moins en moins de retour définitif au pays d'origine), c'est pour deux raisons majeures :
Ici, elles ont leurs enfants et le droit d'avoir des droits.
Là-bas, se trouve une famille et une communauté élargie avec lesquelles elles ont souvent pris beaucoup de distance, affective et morale.
Les femmes en exil perdent beaucoup du point de vue de la sociabilité et des liens de solidarité avec d'autres femmes, et le contrôle social exercé par la communauté ne structure plus leur existence comme il le faisait dans le pays d'origine.
Vieillir en France, c'est donc avoir des droits, par rapport à la famille et au mari. C'est également avoir des droits sociaux, notamment en matière de protection sociale.

Ce choix que font les femmes de ne pas rentrer dans leur pays d'origine pour y passer la dernière partie de leur vie ne va pas sans souffrance. L'éloignement des repères traditionnels (entendus comme le fruit d'une socialisation dans le pays d'origine) et la question lourde de la loyauté à la communauté familiale et religieuse peuvent provoquer chez ces femmes des situations de grande détresse psycho-affective.
La relation aux enfants peut toutefois illustrer les capacités d'adaptation qu'ont eues ces femmes pour tenter de concilier « mode de vie occidental » et « loyauté au pays d'origine et à ses codes ». En effet, si les enfants (majoritairement nés en France) ont adopté un mode de vie « occidental », leurs mères ont su trouver un positionnement qui garantisse la présence des enfants à leurs côtés.
Ne pas trop peser sur le fil pour ne pas qu'il casse : respecter la vie privée et l'indépendance des enfants, c'est s'autoriser dans le même temps à attendre d'eux qu'ils montrent leur reconnaissance auprès d'une mère qui « a été un cheval pour eux ». Cette préservation des liens de solidarité entre parents et enfants a constitué une sorte de promesse à tenir tout au long du parcours

migratoire de ces femmes. L'objectif étant de réduire l'impact de la migration sur les relations intrafamiliales. S'assurer la présence et le soutien des enfants, c'est s'adjoindre plus sûrement les conditions d'un vieillissement entouré des siens, lorsque le corps et l'esprit « nous abandonneront ».

Quelles orientations en matière de prévention socio-sanitaire ?

Une source majeure de difficultés pour ces femmes a trait au fait migratoire : elle réside dans la confrontation entre une socialisation dans un pays et le vieillissement dans un autre. Cela entraîne la nécessité d'un déploiement perpétuel d'une énergie vouée à s'adapter, se repositionner, à changer son mode d'être au monde.

Si les actions de prévention auprès des femmes âgées immigrées peuvent investir plusieurs champs de l'action sanitaire et sociale, nous n'en évoquerons ici que deux, à nos yeux essentiels à l'amélioration des conditions de vie de ces femmes : la santé et la langue française.

Concernant la santé, il est à noter que ces femmes sont assidues : dès lors qu'elles sont inscrites dans un protocole de soin, elles suivent avec méticulosité les préconisations des médecins. Cela constitue une information non négligeable, surtout dans le cas de prise en charge d'affections de longue durée.
Ensuite, nous évoquerons la question de la prévention socio-professionnelle. Car si les accidents de travail font florès chez ces femmes autour de 50 ans, les séquelles de vies professionnelles pénibles sont également présentes chez des femmes qui ne sont pas passées par la case « chute » ou « glissade » au travail. Les difficultés articulatoires et rhumatismales par exemple pourraient faire l'objet d'un travail de prévention auprès de ces femmes qui soulèvent de lourdes charges et qui répètent inlassablement, des années durant, les mêmes gestes, dans l'enceinte domestique comme dans le cadre professionnel.

S'agissant de la langue française, parlée et écrite, il semble évident que son acquisition est indispensable à toute autonomie de fait.
« Tu connais pas le train, tu connais pas le bus… il faut nous aider, pour qu'on fasse des formations, nous les dames du quartier X. »
Nous avons croisé, dans des associations de quartier, nombre de professionnels faisant le constat suivant : il n'est plus possible d'accueillir les femmes âgées dans les cours d'ASL (ateliers sociolinguistiques) ni dans des cours d'apprentissage de la lecture-écriture car les budgets sont fléchés vers les populations jeunes et professionnellement actives. Or, la question de l'autonomie est au moins aussi cruciale chez des populations âgées que chez

des populations actives. Les femmes que nous avons rencontrées sont dépendantes, de leurs enfants, des professionnels de l'action sociale, de leurs voisins… car elles ne peuvent lire leur courrier, les ordonnances de médicaments, elles ne peuvent se déplacer hors de leur quartier… autant d'éléments du quotidien qui nécessitent d'attendre. Attendre qu'un enfant passe à la maison pour ouvrir le courrier et payer les factures. Attendre *le jour de l'association* pour demander à la médiatrice comment obtenir telle aide ou telle subvention…

Un changement de paradigme dont on ne peut plus faire l'économie

Nous conclurons cette présentation par ce qui est apparu au terme de cette recherche-action comme une nécessité : ne plus considérer ces femmes comme des migrantes, c'est-à-dire inscrites dans des processus de mobilité géographique, mais comme des personnes immigrées. Autrement dit, des personnes vivant aujourd'hui dans un pays autre que celui dans lequel elles sont nées. Des personnes qui ne rentreront pas dans leur pays d'origine.
Ce que d'aucuns considéreront comme une subtilité, d'autres trouveront là un argument destiné à transformer leurs représentations et du même coup leurs pratiques en matière de prise en charge du vieillissement de ces femmes.

VIEILLIR DANS LE PROVISOIRE QUI DURE : UNE QUESTION NON PROGRAMMEE
Omar HALLOUCHE [131]

Bonjour, je voudrais d'abord remercier Migrations Santé pour son invitation et vous dire que je suis heureux d'être parmi vous.

J'ai intitulé mon intervention : « vieillir dans le provisoire qui dure ». C'est un concept qu'a développé Abelmalek Sayad dans « Les Paradoxes de l'altérité ». Ce concept est encore aujourd'hui opérationnel. C'est sans doute la raison pour laquelle l'influence de ce chercheur continue d'inspirer notre réflexion. Il a été capable d'anticiper dès les années 1970 l'évolution de l'émigration maghrébine en démontrant que l'idée de son retour dans le pays d'origine était illusoire. Nous essayerons plus avant de proposer une réflexion sur la manière dans ce provisoire qui dure retentit sur la question du vieillissement.

Je vous propose pour éclairer mon propos un double regard à partir de mon expérience de professionnel de santé et d'anthropologue. Ces deux regards s'inspirent d'une expérience d'une vingtaine d'années dans tous les foyers de travailleurs de l'agglomération lyonnaise. J'ai travaillé dans le champ de la prévention auprès de publics migrants maghrébins autour de sujets divers tels que les MST, les hépatites, le diabète et d'autres pathologies, ce qui posait à la fois des questions de langue et d'adaptation de nos protocoles d'intervention. Mon travail de terrain dans une cinquantaine de foyers m'a rendu très sensible à la question des résidents qui y vivent encore. C'est cette expérience qui m'a fait dériver vers les sciences humaines et plus particulièrement vers l'anthropologie.
C'est à partir d'elle que je vais vous proposer un certain nombre de pistes de réflexion qui pourront nourrir notre débat par la suite.

Ma première question est : De quoi et de qui parle-t-on ? Il s'agit principalement de ces hommes venus du Maghreb dans les années 1960 et que le sociologue Jacques Barou a appelé « les pères à distances ». Ces hommes ont vécu seuls depuis plus de 40 ans pour certains, loin de leurs familles restées dans les pays d'origine.
Une première observation s'impose : le nombre de ces personnes de plus de 60 ans a décuplé depuis une vingtaine d'années. Cela pose la question du

---

[131] Anthropologue, Professionnel de santé.

vieillissement de cette population. C'est en réalité un grand chantier, sans doute le plus grand chantier du point de vue de la santé qui nous attend là.
Sur cette question du vieillissement et de la migration, je distinguerai trois situations : celle des « pères a distances » qui occupera l'essentiel de mon propos, celle des hommes et des femmes qui vivent dans le diffus bien moins connue que je n'aborderai pas et enfin celle des femmes isolées dont on parlera demain.

Je voudrais souligner d'emblée les facteurs qui rendent spécifiques les parcours de ces « pères à distance ».

L'écart d'identité

Gilles Desrumaux qui a été pendant longtemps directeur d'un foyer à Grenoble disait dès le début des années 1990 : « Au moment où l'on parle tant d'intégration, il est nécessaire de rappeler combien la politique initiée par l'Etat dans ces années-là a contribué à créer des spécificités, qui ont elles-mêmes créé de la distance et des écarts d'identité dont on a trop souvent tendance à imputer la responsabilité aux personnes elles-mêmes ». Je vous invite à réfléchir à cette phrase parce que tous les mots qu'elle contient sont importants. Ce que je retiens, c'est « écarts d'identité », qui a d'ailleurs donné le titre à une revue de l'ADATE que dirige mon ami Abdellatif Chaouite à Grenoble et que je vous invite à lire. C'est une source de références importante dans la région Dauphinoise mais aussi à l'échelle nationale pour toutes les personnes qui s'intéressent à la migration notamment maghrébine.

La valise dans la tête

Je voudrais pour en parler partir des paroles recueillies auprès des résidents de foyer lors d'une recherche-action dans un foyer à Villeurbanne que j'ai dirigé il y a quelques années. J'ai interrogé des personnes qui ont sans doute des parcours semblables à ceux que j'aperçois dans la salle où nous nous trouvons. Je les ai longuement écoutés. Parmi les phrases recueillies, il y en a une qui m'a particulièrement frappée et que je répète volontiers, celle d'un monsieur qui m'a dit « Je ne sais plus où j'habite. Je porte ma valise dans ma tête ».
J'ai appelé cela **le syndrome de la valise dans la tête**, j'ai écrit des petites choses là-dessus. Essayez d'imaginer ce que c'est que de vivre avec sa valise dans sa tête. C'est une situation extrêmement difficile, plus problématique que celle de ceux qui ont décidé de « déposer leur valise » et ont dit à un moment de leur vie : je m'installe ici avec ma famille. Elle est encore aujourd'hui tout à fait inédite. Psychologiquement, psychiquement, elle est très dure à vivre. Un autre monsieur la résume à sa façon : « cela fait 44 ans que je suis là. Je suis arrivé à 18 ans. Aujourd'hui, j'en ai 62, le foyer se

referme sur moi comme un piège. Je n'ai jamais vécu réellement avec ma femme et mes enfants ». Cette phrase est assez représentative de la situation que vivent les hommes dans ce que l'on appelé pendant longtemps les FTM (Foyer de Travailleurs Migrants) qu'ils soient à Lyon, à Montreuil ou à Marseille.

Le retour contrarié

Lorsque l'on demande aux gens d'origine maghrébine vivant dans les foyers : Dans quel pays aimeriez-vous passer votre retraite ? 70% des gens disent vouloir rentrer définitivement au pays au moment de la retraite. C'est quasiment la majorité. Lorsque l'on pousse la discussion un peu plus loin cette même majorité dit souhaiter rester dans les foyers. Ce comportement apparemment contradictoire entre rester et partir a en fait une explication. J'ai essayé de comprendre ce tiraillement et de le décrypter.

Il s'explique par deux raisons :

- D'une part, retourner au pays c'est craindre de perdre les avantages sociaux et sanitaires qu'ils ont acquis en France, ils disent : c'est qu'ici que nous avons contribué par nos impôts à financer un système de santé dont nous entendons profiter.

- D'autre part, retourner au pays n'est malheureusement pas évident même si c'est leur désir profond. Même s'ils rechignent à le dire parce ce qu'ils sont fiers, ils ont peur de ne pas profiter des mêmes avantages dans leur pays d'origine parce que les systèmes de santé y sont coûteux et n'offrent pas les mêmes qualités de prestation. Cette crainte est partagée que ce soient les Algériens, les Tunisiens, les Marocains, En tant qu'Algérien, j'entends bien cette crainte quand on constate l'état de dégradation du système de santé de mon pays d'origine. C'est un frein extrêmement important, qui fait que les gens sont réticents à l'idée de retourner au pays. C'est ce que j'ai appelé **le retour contrarié**.

Une santé dégradée

Sur le plan de la santé, ces hommes vivent une situation de grande fragilité. Ce constat est confirmé par les données de l'IGAS et de la CNAV. Il y a une partie croissante des personnes âgées qui vivent seules, confrontées à l'isolement, Rémi Gallou en a parlé. Ces hommes nécessitent souvent des prises en charge urgentes au plan médical. Le dispositif de l'aide familiale ne fonctionne pas puisque leurs familles ne sont pas là. Les interventions en foyer sont encore rares et complexes à mettre en œuvre concernant le dispositif gérontologique.

Il y a donc un immense chantier pour faire connaître le dispositif auprès des résidents de foyer. Tout le monde s'accorde à dire que les besoins sont peu ou mal repérés par les institutions. Tous les documents l'attestent. Il y a très peu de demandes en termes de prestation et de prise en charge gérontologique. Je suis parti de ce constat et me suis questionné. Pourquoi les demandes en matière d'aides à domicile, d'EHPAD, d'aides à domicile, de portage de repas, sont-ils aussi rares et pourquoi les institutions continuent-elles à nous dire : on ne reçoit pas de demandes. Que se passe-t-il ? Comment expliquer la distorsion entre la situation de dépendance de ces hommes et l'absence de demande des intéressés ?

L'analphabétisme

Tout le monde l'a dit ce matin, on ne cessera pas de le dire, nous avons à faire à des hommes de culture orale. La majorité des outils que nous imaginons sont ceux de la culture de l'écrit et ne sont donc pas opérationnels. Nous devons donc faire un effort d'imagination et de créativité pour imaginer des outils qui parlent et qui informent ces gens de culture orale qui ne lisent pas et n'écrivent pas la langue de Voltaire. C'est assez à la fois simple mais en même temps compliqué. Cette question-là, me semble fondamentale. Une des premières sources de souffrance, cette question a été évoquée ce matin, c'est de ne pas pouvoir parler la langue du pays d'accueil. C'est terrible. Il suffit pour s'en rendre compte d'observer les gens au guichet de gare, à la poste ou dans les institutions administratives. Un Monsieur me disait : « J'ai l'impression parfois d'être un idiot à courir avec mes papiers. Même un enfant est plus intelligent que moi ! ».

Un habitat inadapté

Les foyers Adoma, Aralis, peu importe comment on les appelle dans telle ou telle région, sont des habitats inadaptés aux personnes âgées singulièrement à une population en situation de dépendance, y compris dans les foyers réhabilités qui deviennent des résidences. Il faut savoir qu'il existe encore des chambres de 4m^2 et demi dans certains foyers de Lyon. Certes, cela est relativement rare mais malheureusement il y a encore des foyers avec des chambres de 9m^2 qui sont séparées en deux. Il ne faut pas qu'on l'oublie.

La paupérisation

Près de la moitié des gens sont au chômage. Au-delà des parcours chaotiques à travers de nombreux chantiers, les trous dans les carrières, les travaux non déclarés, ces hommes ont pris de plein fouet la crise de l'emploi il y a déjà une vingtaine d'années parce qu'ils occupaient des emplois non qualifiés.

Plus de la moitié d'entre eux n'a pas de mutuelle. Et lorsqu'ils se retrouvent à payer des notes d'hospitalisation non remboursées par la sécurité sociale, cela fait très mal. C'est une chose sur laquelle nous devons également travailler.

Le vieillissement précoce

Je reprends pour l'illustrer une phase de Rémi Gallou ici présent : « Le vieillissement précoce est plus souvent celui de l'ouvrier, moins qualifié, plus touché par la crise, plus incité à la préretraite, plus souvent au chômage et après à 50 ans ayant très peu de possibilités de retrouver du travail. Les immigrés peuvent entrer dans la vieillesse entre 50 et 60 ans et cela c'est une autre injustice ». Cela est un problème qui est largement identifié par les acteurs de santé sur le terrain.

Le corps en panne

L'autre aspect que je voudrais évoquer et là je reprends ma casquette de professionnel de santé, c'est cette notion du « corps en panne », elle a été développée par un intervenant ce matin, je reviens dessus mais je vais le dire à ma façon.

Lorsque je parle des problèmes de santé à ces hommes issus de l'émigration, ils me montrent souvent leur corps (en touchant en même temps leurs reins ou leurs genoux) en l'appelant *« machina »* (c'est la traduction de « machine ») et en ajoutant souvent *l'machina en panne*.
Cette image du corps-machine en panne rejoint et prolonge celle évoquée ce matin de la réparation. Quelqu'un m'a dit : « J'ai usé mon corps et ma jeunesse pour ce pays, aujourd'hui j'ai l'impression qu'il m'a pressé comme un citron et m'a rejeté. Je demande à la France de me réparer ». Il y a quelque chose qui s'exprime très fortement par le corps et au-delà du corps, celle de l'affect, de la douleur morale.
Il nous faut donc travailler sur un double plan, Celui de la réparation au sens strict (bio médical) et celui de la réparation au sens symbolique. C'est un mot que l'on n'a pas utilisé ce matin, mais il me semble important. Ce qu'ils demandent, c'est une réparation symbolique, au-delà de la question des droits sociaux des droits de santé. Ils ont besoin d'être reconnus comme ayant participé à la construction de ce pays. J'insiste beaucoup là-dessus parce que c'est une revendication qui reste dans le non-dit.

La koulchite

Ce mot étrange a été inventé par un ami anthropologue, Issam Idriss. C'est un mot qui fait référence à l'arabe, un bricolage avec le mot *koul*, tout en arabe, *chi* qui veut dire la chose et *ite* qui définit l'inflammation. C'est un nouveau mot, « le mal partout ». Il exprime très bien ce que ressentent les migrants dans les foyers, ils ont mal partout.

L'invisibilité

Un habitant de Vaulx en Velin me disait : « Ces hommes ne se vivent pas comme citoyens mais comme des invités ». Ces hommes ne sont pas entendus, ils n'ont pas de porte-parole, sont invisibles parfois même au sein de leur propre communauté d'origine. Il y a une superbe pièce qui s'appelle *les Invisibles* de Nasser Djemaï, peut-être certains d'entre vous l'ont vu, c'est un très beau travail sur cette question de mon point de vue.

Les pères portefeuilles

Une des caractéristiques de cette population, c'est qu'ils continuent à envoyer de l'argent au pays, ils continuent même à le faire sur des maigres retraites. Essayez d'imaginer comment sur 600 euros, l'on peut continuer à envoyer de l'argent au pays. Cela c'est aussi un élément spécifique à cette population.

Le va-et-vient par défaut

C'est un élément que nous avons soulevé lors de la visite des parlementaires à Lyon, c'est cette obligation de séjour sur le territoire national. C'est une chose très difficile à vivre pour les immigrés. Je tiens à le redire par la parole d'un immigré, qui m'a dit un jour : « Je ne peux rester ni ici ni là-bas, je me retrouve dans ma chambre, je suis enchaîné à l'Assedic ».
C'est la formule qui m'a frappé. « Je suis enchaîné à l'Assedic, il faut que je sois présent à cause des papiers que l'on me demande ». L'obligation de séjour de 6 mois sur le territoire français pour bénéficier de leurs droits sociaux et de santé, les empêchent, de faire le va et vient sans contrainte pour voir la famille et les amis de l'autre côté de la Méditerranée.

L'identité de papier

Le parcours du combattant au moment de la reconstitution de carrière avant la retraite est un vrai parcours du combattant, il les confronte à l'identité de papiers, c'est infernal pour cette population analphabète. Ce moment est très souvent compliqué pour des personnes comme moi qui baigne dans la culture de l'écrit.

L'absence de reconnaissance symbolique

Ces hommes parlent le plus souvent de leur santé, de leurs droits, mais l'une des difficultés dont ils ne parlent pas spontanément mais qui est tout aussi importante, c'est le sentiment de ne pas être reconnu. C'est ce sentiment d'avoir « été jeté par le pays d'accueil après avoir été pressé comme des citrons ». Pierre Bourdieu le disait d'une manière plus savante dans la préface du « Paradoxe de l'altérité » : « ni citoyen, ni étranger, ni vraiment du côté du même, ni totalement du côté de l'autre, de trop partout et autant désormais dans sa propre société d'origine que dans sa société d'accueil ».

La question du mourir

C'est l'une des questions centrales sur laquelle nous devons réfléchir ensemble et singulièrement pour ces hommes seuls. C'est un moment extrêmement difficile. Lorsqu'on termine sa fin de vie dans un hôpital, non entouré des siens, mais uniquement par le corps médical, c'est une situation extrêmement douloureuse sur laquelle on a à réfléchir pour trouver les réponses les plus adaptées et les plus humaines.

L'impensé

Mon hypothèse est que l'impensé autour du « provisoire qui dure » se retrouve dans la question de la santé. Elle en est un des avatars en quelque sorte. C'est parce que l'on n'a pas pensé l'avenir de ces gens ici que l'on n'a pas programmé leur accès au dispositif gérontologique. C'est une hypothèse que je suis prêt à défendre. On ne s'est pas préparé à la question du vieillissement des émigrés parce elle n'a pas été anticipée, parce que l'on a pensé ou qu'on a feint de pense que ces hommes allaient tous rentrer dans leurs pays d'origine après leur retraite. C'et l'hypothèse en tout cas que je formule et je rejoins en cela le GISTI qui soulève ces questions qui sont restées dans l'impensé du pays d'accueil à propos des migrants : « Pourquoi s'obstinent-ils à rester ? Pourquoi ne sont-ils pas rentrés au pays ? Telle est la désagréable question qui pèse sur cette encombrante présence ».

C'est dit d'une manière un peu provocatrice mais cela fait réfléchir. C'est intéressant pour notre débat.

Le texte du GISTI dit encore : « Cette vieillesse n'a pas été prise en compte dans ses dimensions sociales, urbaines, tout simplement parce que la présence concédée à l'immigré, son existence, ont été assujettis aux seules nécessités du travail en tant que besoin ».
Cela a déjà été dit ce matin, et cela est une donnée que j'ai envie de partager avec vous. Mon hypothèse est la suivante : longtemps resté dans l'impensé, l'avenir des immigrés vivant en foyer n'a été programmé ni par le pays d'accueil, ni par le pays d'origine. C'est une double peine. Parce qu'il faut parler aussi du pays d'origine. Les gens sont piégés par quelque chose qui n'a été pensé ni là-bas ni ici.

Quelles perspectives ?

Je termine par cette question : Comment surmonter les obstacles à l'accès aux dispositifs gérontologiques et faire profiter ces hommes du droit commun et rien que du droit commun. J'insiste, Il ne s'agit pas de dispositif particulier ni communautaire ni communautariste. **Il nous faut inventer des solutions originales, adaptées et réalistes, les trois mots sont importants**. Il n'y a pas de solution prête à penser. Les résidents qui vieillissent dans les foyers attendent des réponses qui sont adaptées aux parcours individuels, au cas par cas. Ces réponses souvent urgentes doivent être pragmatiques, réalistes, et adaptées. Voilà ce que je vous propose comme éléments pour le débat.

Merci de votre attention.

LES RETRAITES MAROCAINS EN HOLLANDE : UNE SITUATION DE PLUS EN PLUS DIFFICILE

Hassan AYIE [132]

Retraite et revenus

La situation des citoyens d'origine marocaine de plus de 65 ans en Hollande est alarmante. En effet un grand nombre de personnes actuellement à la retraite vivent une réelle pauvreté.

La retraite en Hollande est construite sur deux piliers distincts et complémentaires.

Premier pilier : Le AOW (loi générale sur l'assurance vieillesse). Cette loi stipule que chaque personne qui vit en Hollande acquiert des droits pour chaque année passée sur le territoire hollandais à partir de l'âge de 15 ans jusqu'à l'âge légal de la retraite qui est à 65 ans actuellement. Chacun a droit à cette partie de la retraite même s'il n'a jamais travaillé.

Le deuxième pilier, c'est le fonds de pensions par capitalisation lié quant à lui au travail et aux cotisations salariales et patronales. Ces deux parties de l'allocation vieillesse sont obligatoires.

Il y a un troisième pilier qui est l'assurance-vie mais qui reste quant à lui volontaire et peu de Marocains, de par leurs modestes revenus et le manque d'information au–moment opportun, ont contracté ce genre d'assurances complémentaires.

Actuellement en Hollande, trois millions de personnes profitent de l'AOW dont un demi-million ne bénéficie pas de l'allocation complète. Le pourcentage des Marocains ne bénéficiant pas de l'allocation complète avoisine les 50%.

Les travailleurs marocains arrivés en Hollande entre les années 1960 et 1980, qui sont à la retraite actuellement, se retrouvent avec une pension a minima. Ils vivent une situation de dénuement car ils n'ont pas vécu toute leur vie en Hollande et n'ont donc pas droit à une pension AOW complète. Cette partie de la retraite est en effet diminuée de 2 % par année vécue hors de Hollande. Il en est de même pour leur pension par capitalisation qui se trouve déficitaire d'un minimum d'autant d'années de cotisation. Cet état de chose est aggravé par les périodes de chômage qui ont massivement frappé cette tranche de la population marocaine aux Pays-Bas pendant la crise pétrolière de 1973-74, l'automatisation qui a démarré dans les années 70 et

---

[132] Président du KMAN - Komitee Marokkaanse Arbeiders in Nederland (Association des Travailleurs Marocains aux Pays-Bas).

les différentes crises économiques qui ont jalonné les années 1980 et 1990. A côté de ces facteurs, une partie de la première vague de migrants découvrent au moment de la retraite que leurs patrons n'ont jamais payé leurs cotisations. La cause en a été à l'époque, la certitude que ces migrants étaient en Hollande pour une courte période au bout de laquelle ils seraient renvoyés chez eux.

Lors de leur arrivée aux Pays-Bas et à cause de non maîtrise de la langue, le manque d'informations et l'absence d'instances représentatives, ils n'ont pas pu bénéficier d'aide et de conseils pour préparer leur retraite et l'opportunité de réparer ces carences en matière d'AOW n'a été possible qu'après 10 ans de présence sur le territoire.

Rien que dans la ville d'Amsterdam, il y a en ce moment 17 829 Marocains de plus de 65 ans se retrouvant avec une pension *a minima*. Ce chiffre sera de 40 000 en 2030. L'isolement social, le manque d'intégration et les problèmes de langue font que les Marocains de plus de 65 ans courent un risque estimé à quatre fois plus élevées par les instances sociales ici en Hollande de sombrer dans la pauvreté et la marginalisation que les autochtones. Ce risque est encore plus élevé quand il s'agit de la première génération de migrants.

Jusqu'en 2014, le gouvernement avait mis en place un système de compensation appelé AIO (le complément de ressources pour personnes âgées). Ce complément permettait aux personnes de subvenir aux besoins de base d'un individu ou d'une famille à hauteur du minimum vital fixé par la loi dès lors que vous étiez titulaire d'une pension AOW et que le total de vos revenus était inférieur à ce minimum vital. A cause de la politique d'austérité liée à la crise et à l'arsenal juridique mis en place pour faire des économies, ce complément est devenu à partir du 1er janvier 2015 difficilement accessible. Pour en bénéficier, la fortune personnelle est ici prise en compte et les biens en possession du candidat à ce complément ne doivent pas dépasser 5 895 € si vous vivez seul, 11 790 € pour les personnes vivant en couple. (La fortune personnelle comprend ici une voiture, une caravane, des bijoux...et naturellement le logement en Hollande ou à l'étranger). 90 % des bénéficiaires de l'allocation AIO en 2011 étaient des citoyens d'origine étrangère dont 17% d'origine marocaine. Ce chiffre est en constante augmentation.

Santé et soins

Cette situation financière précaire décrite ci-dessus est en partie responsable d'une autre série de problèmes plus sérieux dont souffrent les personnes âgées.

La plus préoccupante en est la santé et l'accès aux soins dont principalement les soins prodigués à domicile. Les études qui ont été faites sur le vieillissement indiquent que la santé des Marocains âgés est la plus préoccupante. 57% des Marocains de plus de 65 ans connaissent des problèmes de santé jugés handicapants et très sérieux. Ce chiffre est relativement haut en comparaison avec les autres groupes allochtones tels les Turcs 45%, les Surinamiens 25%, les Antillais 12% ou les autochtones eux-mêmes 15%. La dépendance des Marocains est montrée comme la plus importante et pourtant leur présence dans les maisons de retraites ou bien le fait de faire appel à une aide à domicile est quasiment inexistant. Cette prise en charge est possible mais elle est dépendante aussi d'une contribution financière personnelle. Les Marocains n'y font pas appel ; alors qu'un autochtone hollandais sur cinq mais aussi les Surinamiens en font usage. D'un autre côté La moitié des Marocains âgés vivant encore en autonomie font appel à une aide informelle de leur entourage, ce pourcentage est de 30% chez les Turcs, 21% chez les Surinamiens et moins de 10% chez les autochtones.

Presque 100% des migrants de plus 65 ans d'origine marocaine rapportent à leur médecin une maladie chronique. Le diabète, les maladies cardiovasculaires, l'asthme, et les maladies des articulations en sont dans un ordre d'importance, les plus fréquentes.

Lors de la conférence que Le KMAN a organisée en 2013 à Amsterdam en présence des représentants locaux de trois partis de gauche, nous avons contribué à signaler ces problèmes et à les mettre au jour. Les politiques en présences avaient partagé avec nous ce débat et promis alors de chercher des solutions à cette situation. Ils disaient constater avec nous l'injustice de cette situation et sur certains aspects même un caractère discriminatoire. La situation ne s'est hélas pas améliorée depuis.

B. EXTRAITS DES ECHANGES ET DEBATS

La spécificité culturelle du genre

Question - Il faut prendre en considération la spécificité culturelle du genre ; ainsi « Germaine » ou « Fatima », deux personnes d'origine différentes, mais en tant que femmes âgées prises en charge à domicile, toutes deux vont préférer une infirmière à un infirmier. (Fatiha Bencharif, médecin généraliste)

Réponse - Les associations de maintien à domicile ont toute latitude dans leur organisation, qu'il s'agisse des services de soins à domicile ou des services d'accompagnement. Il n'y a pas de texte à ce propos. (Denis Jacquat, député, président de la mission parlementaire sur les personnes âgées immigrées.)

La navette des Chibanis entre la France et leurs pays d'origine

Question - La question des allers retours, la navette entre la France et leur pays, pose problème surtout en ce qui concerne les soins « bien évidement, elles ont très envie de se faire soigner ici. Mais quand elles tombent malades au pays, elles ont des frais. Ces frais vont-ils être pris en compte ou pas par la Sécurité sociale parce qu'elles font des dépenses énormes là-bas ? » (Fatiha Bencharif, médecin généraliste)

Réponse - Pour répondre à votre deuxième question, comme vous l'avez indiqué, le problème est réel. Une des solutions envisagées par la ministre, et que nous avions déjà évoquée dans nos propositions, consisterait à mettre en place des conventions entre les pays. Un médecin peut toujours effectuer un acte gratuit, quel que soit le pays, comme cela m'est arrivé au cours de ma carrière de médecin. Cependant, force est de constater que cette problématique est accrue lorsqu'il y a prescription de médicaments, d'examens complémentaires, ou nécessité d'une hospitalisation.
Vous avez raison de poser cette question. Comme nous l'avons évoqué précédemment, les Chibanis sont aujourd'hui âgés et auront donc à l'avenir de plus en plus de problèmes de santé. (Denis Jacquat, député, président de la mission d'information sur les immigrés âgés)

La co-résidence

Question - Cela me fait penser à l'un de mes patients qui a près de 80 ans et qui a une maladie professionnelle avec une fibrose pulmonaire. Chaque année il demande qu'on révise son dossier, avec les mêmes paroles, les mêmes mots comme un leitmotiv. Toutes les fois il me dit « n'oubliez pas ce que j'ai eu, n'oubliez pas ce que la France m'a fait », parce qu'il y a aussi beaucoup ce terme qui revient. Ce n'est pas en terme de dire « j'ai cotisé et on me doit ». C'est ce corps qui effectivement a été abîmé par le travail et en plus par un travail qui l'a rendu autre que le sien. Aussi, quand vous parliez de co-résidence dans vos statistiques, c'était co-résidence culturelle par défaut et puis ce sont les enfants qui restent chez leurs parents, ou ce sont les parents qui vont chez leurs enfants. (Fatiha Bencharif, médecin généraliste)

Réponse - Concernant la co-résidence, il y a le problème de l'INSEE et du recensement qui est qu'on assimile une personne à une résidence. L'observation statistique de co-résidence, on peut la voir avec le recensement. On peut voir les catégories de ménage, on voit une certaine part de co-résidence, mais tous les co-résidents que l'on observe dans l'enquête « famille logement » montrent qu'il existe, pour au moins la moitié, des parents qui vivent chez leurs enfants, c'est-à-dire que les enfants ont le bail pour les locataires ou le statut de propriétaires. En revanche ce qui n'est pas simple à repérer du tout, ce sont les pratiques de circulation entre les résidences. Circulation entre le pays d'origine et la France, circulation entre les régions en France en particulier au sein de la descendance. On ne connait pas bien les pratiques résidentielles donc il faut des enquêtes spécifiques pour bien analyser ces pratiques résidentielles. (Christophe Imbert, chercheur INED Migrinter)

Réponse - Je serais d'accord avec vous quand vous dites que la revendication, c'est un procès qu'il faut faire à l'avance parce que c'est une procédure longue. Cette revendication continue toujours, car on veut acquérir ce droit à la citoyenneté. Il y a d'autres personnes qui viennent pour passer des diplômes universitaires qui passent une ou deux années en France après elles sont dénaturalisées, c'est cette différence catégorielle qui fait qu'on n'a pas pris en considération la présence de cette population. (Abdel-Halim Berretima, Maître de conférences en sociologie, Université A-M, Béjaïa (Algérie), Membre associé de l'IRIS, EHESS, Paris)

Le Couple mixte

Question - Juste pour savoir si on a fait des études sur le couple mixte.
(Henry-Daniel Talleyrand, Président de Migration Santé)

Réponse - Dans notre enquête, il y a un développement important des couples mixtes, de différentes origines. Il y a des études qualitatives qui ont été faites pour voir les spécificités des couples et il y a des études démographiques qui ont montré celles-ci. (Claudine Attias-Donfut, Centre Edgar Morin CNRS/EHESS)

La maladie d'Alzheimer

Réflexion - La maladie d'Alzheimer est une pathologie qui, du fait de l'espérance de vie, se manifeste et c'est important d'entendre qu'il y a une approche biomédicale. Mais il y a aussi le fait culturel, en tenir compte est très important, car les personnes, ce n'est parce qu'elles deviennent Alzheimer qu'elles oublient ce qu'elles sont. Le cas que vous venez de citer est très important parce que ces personnes continuent de cheminer dans leur tête, et axer le travail sur la personne, c'est très important, cela fait partie aussi du respect. Merci. (Awad Fouatih, anthropologue)

Question - Une question à propos de la maladie d'Alzheimer : je me demandais si les difficultés de prise en charge de la maladie ne venaient pas aussi entre autres d'une diabolisation de la maladie ? (Fatiha Bencharif, médecin généraliste)

Réflexion - Chez certaines familles dont un membre est atteint de la maladie d'Alzheimer, que je rencontre, que je soigne, elle est vécue comme une maladie honteuse. On avait le sida, le cancer, certaines maladies ne se disaient pas, en voici une nouvelle : la maladie d'Alzheimer.
Par exemple, depuis un an m'ont été confiés trois patients dont je n'étais pas initialement le médecin traitant. Ces trois patients étaient dans un état extrêmement avancé de la maladie. Ils avaient un médecin traitant avec un environnement aidant professionnel quasiment inexistant sous prétexte que : oui, il y a de la famille, elle va s'en occuper et cela va se faire. Je suis arrivée dans une situation déplorable, honteuse, lamentable. L'un des trois patients est décédé, il y avait pourtant un assistanat soignant autour de lui, mais sous prétexte qu'il était extrêmement violent, qu'il n'acceptait que les soins de sa femme, le soignant que je ne nommerai pas touchait l'argent et Madame faisant les gros travaux auprès de son mari. Il est décédé dans une situation dramatique, innommable et à la limite j'aurais volontiers poussé les gens à porter la chose au tribunal. Cette situation m'est parvenue par le bouche à oreilles : « Fatiha, il faut que tu ailles voir cette famille, la maman est épuisée, les enfants n'en peuvent plus ». J'ai découvert une histoire vraiment dramatique. Lorsque j'ai interrogé les autres personnes de son entourage, elles m'ont dit : « non, vous ne connaissez pas la situation, M. X, Il est vraiment très violent ». Effectivement, quand je suis arrivée dans sa chambre, ce monsieur était dans son lit, il était difficile de l'aborder, je suis restée d'abord un après-midi avec Madame, j'y suis revenue plusieurs fois, j'ai créé mon réseau à moi, avec des aidants, mon voisinage. Je crois que

parfois, je vous entends tous avec des grandes phrases et des grands mots, il y a le bon sens qui nous manque et qui nous échappe.
Autres situations qui me font dire qu'il faut dédiaboliser la maladie.
Il y a celle de ce monsieur atteint d'Alzheimer, dont je ne suis pas le médecin traitant, mais je suis devenue celui de son épouse qui est venue me voir en désespoir, me confier combien la tâche était difficile de s'occuper de son époux. Elle vit avec son fils, sa belle-fille et une petite-fille. Donc ils vivent tous ensemble et c'est le fils qui interdit à la mère de faire appel à une quelconque personne étrangère pour s'occuper du papa : « il ne mérite pas cela, avec tout ce qu'il a fait pour nous ». Voilà. Lui aussi il est dans un état d'Alzheimer très avancé et cette femme est rendue esclave par son propre fils : « il ne faut pas le dire, c'est la honte. ». Ce sont ces propos-là qui me sont tenus au cabinet. Donc ce n'est pas que l'on ne prendrait pas quelqu'un, mais c'est : « on s'en occupe ».C'est un vécu très particulier.
Autre situation auprès d'un malade d'Alzheimer. Tout se passe bien, la famille est très présente. Un jour, je suis arrivée à l'improviste le matin, juste pour dire bonjour. Et j'ai trouvé le monsieur attaché aux barrières du lit avec des foulards. Je n'ai pas prononcé le mot de maltraitance, cela aurait été mal perçu, j'ai fait valoir la maltraitance avec d'autres mots. Voilà c'est l'image que je retiens. C'est une famille qui veut s'en occuper, les membres s'estiment suffisants pour le faire. Et je les ai dirigés vers des systèmes d'aide aux aidants pour faire encore mieux que ce qu'ils font et ils le font très bien. (Fatiha Bencharif, médecin généraliste)

Question - Je connais un cas atteint d'Alzheimer qui était à l'hôpital. Un jour, il s'est jeté de la fenêtre de sa chambre. Est-ce qu'il était conscient ou pas ou s'est-il suicidé ?
Est-ce que la maladie d'Alzheimer n'amène pas à la folie ou au suicide ? Est-ce qu'il y a un caractère de conscience ? (Une intervenante)

Réponse - Concernant Alzheimer et suicide, je ne suis pas médecin, mais il me semble que dépression et Alzheimer sont fortement corrélées. Je ne pourrais pas en dire plus, ne connaissant pas la situation de cette personne.
Enfin, je suis tout à fait d'accord avec Madame le Dr. Bencharif. Il y a une grande forme de diabolisation. Je dirai que c'est une maladie qui a remplacé un petit peu dans l'imaginaire du grand public l'horreur la plus absolue. L'atteinte par cette pathologie a remplacé le cancer, puis le Sida. Maintenant je dirais que c'est l'une des maladies qui recueille le plus de métaphores négatives et sombres. Madame le disait. Du coup les gens arrivent souvent dans une situation très avancée, très tardivement, souvent en cas de crise ou d'urgence.
Je dirai que par rapport à cette diabolisation, malgré tout, moi je suis quand même assez nuancée. Je dirais que depuis l'avènement des thérapeutiques au milieu des années 90, il y a une grande évolution dans l'image de la maladie.

Maintenant les médecins ont quelque chose à proposer. Il y a des thérapeutiques même si elles ne sont que symptomatiques, elles ne ralentissent pas la maladie. Voilà. Je pense que les associations Alzheimer ont beaucoup œuvré dans le sens justement où le fait de reconnaître que ce n'est ni de la folie, donc cela ne relève pas de la psychiatrie, que ce n'est ni du vieillissement, donc cela ne relèverait pas tant que cela des gériatres, donc cette mise en avant que c'est une maladie organique avec des lésions du cerveau et que donc cela touche plutôt la neurologie. (Laétitia Ngatcha Ribert, Chargée d'études senior, Fondation Médéric Alzheimer)

Réflexion - Je voudrais quand même que l'on arrête de parler de l'Alzheimer comme signifiant toutes les démences. Le chapitre des démences n'est pas que l'Alzheimer. (Mohamed Zitouni, psychanalyste et ancien professeur de psychiatrie)

Réflexion - Les malades et les gens âgés ont beaucoup vécu d'expériences négatives, parfois pour la première fois, et leurs relations avec autrui sont changées. Je voudrais parler de l'identité négative.
Ce qui m'a frappé chez les personnes âgées, c'est cette émotion. Avec autrui, elles se sentent souvent inférieures, pas toujours, mais très souvent. Moi je pense que le problème de l'identité, de désillusion de sa propre personne, de l'idée que l'on se fait de ces possibilités et des possibilités d'autrui, cela change. Dans beaucoup de maladies psychiques, il y a ce problème d'identité négative, je voudrais bien que l'on en parle. (Hanna Malewska-Peyre, ancienne directrice de recherche)

Réponse - Je vais d'abord répondre à la première question concernant l'évaluation. Je voudrais aussi quand même dire qu'au début nous étions dans l'erreur, parce que nous avions d'abord produit un projet d'établissement et qu'après nous avions intégré les malades d'Alzheimer et l'on s'était complètement trompé. On a dû barrer ce projet (initial) d'établissement et regarder comment ils vivaient dans la structure pour produire ce projet d'établissement. Cela veut dire ce que cela veut dire. Effectivement, il ne faut pas que l'on tombe dans l'oubli, et il faut regarder à côté de nous ce qui se passe. Dans l'évaluation, nous avons une échelle d'évaluation qui n'est pas encore reconnue bien sûr par nos politiques vu que l'on sort complètement des clichés. C'est une évaluation que l'on fait à la prise en main du parent accueilli et un mois après on évalue de nouveau. Mais beaucoup de choses ont changé. Pourquoi ? Premièrement : la liberté. Dans un espace ouvert, nous n'avons pas le même comportement que dans un espace fermé. Deuxièmement, le fait de rééduquer ses gestes tous les jours, et bien c'est plus facile pour moi de les répéter. Troisièmement, le fait de travailler sur l'orientation avec des couleurs.

Sur le plan interculturel, oui c'est quelque chose qui peut se faire. Nous faisons du « tourisme Alzheimer ». C'est à dire que les personnes qui viennent ici en vacances et qui ont déjà commencé un projet d'accueil de jour ici, le poursuivent en Martinique, et pourtant ne sont pas Martiniquais. Ce qui veut dire que, ce sont des bases sur lesquelles nous avons travaillé, nous n'avons pas travaillé seulement sur la forme mais sur le fond, à la manière de vivre d'une espèce humaine avec tout ce que cela comporte, donc c'est un concept je dirais exportable, transportable. Je ne trouve pas les mots, je ne suis pas très scientifique, je suis une femme de terrain, pour vous dire que, oui parce que c'est à la manière de vivre d'une personne humaine. Quand j'arrive, je dis bonjour. Quand j'ai envie de parler, j'ai envie que l'on m'écoute. Quand je veux aller aux toilettes, je souhaite qu'il y est quelqu'un juste à côté qui me dise : oui c'est bien là le chemin, etc... Donc transportable en Guyane, en Métropole, je dirais dans n'importe quel pays, parce que la seule base sur laquelle nous nous sommes appuyés est : Qu'est-ce que l'on est en tant qu'être humain ?

Je voudrais simplement conclure en disant que nous n'avons plus de réserve d'exclusion ; alors, il est temps aujourd'hui que l'on puisse revenir à l'essentiel et de se dire que pour notre survie comment faire pour adapter les lieux de soins en lieux de vie. (Maryse Pompée, directrice de l'association Case Gran Moun, Martinique)

De l'exil : Situation / syndrome / approche freudienne

Question - Le syndrome de l'exil n'a-t-il pas développé le désir illusoire de partir ? Partir, ils ne partiront jamais. La question se pose, pourquoi ? Quand on fait l'étude de l'immigration, les Italiens, les Polonais, les Irlandais sont partis sur la côte Est des Etats Unis, ils se sont installés. Et quand on revient à l'immigration maghrébine ou africaine, il y a toujours ce désir de partir.

Réponse - Je n'ai jamais parlé du syndrome de l'exil. J'ai parlé de l'exil en tant que situation, situation existentielle. Il y a toujours l'idée de retour quand on part quelque part. On part en vacances deux semaines en Normandie, il y a une idée de retour. On part pour très longtemps, il y a toujours une idée de retour. Mais il y aurait adhésion de retour, les gens retourneraient chez eux. La question qui se pose, elle est autour du désir. C'est ce que je disais tout à l'heure. Il faut métaphoriser le manque chez ces gens-là : manque des origines, manque de la famille qui est restée là-bas et manque de la reconnaissance dans le pays d'emploi, je ne parlerai pas du pays d'accueil mais du pays d'emploi. Parce que c'est une force de travail. Il faut savoir que les gens qui ont aujourd'hui 80 ans dans les résidences sociales, sont toujours considérés comme des travailleurs immigrés alors qu'ils ne le sont plus, ce sont des retraités. Donc métaphoriser quelque part le manque du pays d'origine, la reconnaissance ici, c'est à ce niveau-là qu'il peut y avoir un désir de retour. Il y aurait un désir chez ces gens-là, ils retourneraient chez eux, il n'y a aucun problème. Par contre il y a toujours l'idée. (Jalil Nehas, Dr. en psychologie)

Question - Pourquoi avoir choisi l'approche freudienne pour parler de l'exil ? Parce que dans l'approche lacanienne, il y a l'absence de soins et la folie ? Je ne suis pas vraiment spécialiste de Freud, je suis sociologue, mais d'après mes connaissances, ne serait-il pas mieux de parler de l'approche lacanienne par rapport à l'exil, la mort, l'au-delà ? (un intervenant)

Réflexion - On peut dire que la rançon de l'exil, c'est une rente pour les deux pays. Pour le pays d'origine, c'est une rente non pas symbolique mais réelle, puisque cela représente une rente importante. Si l'on prend le cas du Maroc c'est 5 milliards, pour le Mali c'est 60% de l'aide au développement. Mais c'est aussi une rente pour le pays d'accueil, puisque ces personnes migrantes ont participé aux Trente glorieuses de ce pays. Par conséquent, lorsque tu as dit, il n'est pas supportable de vivre dans l'indifférence, je pense, qu'en relevant cela, on redonne une partie de dignité à ces exilés. Et j'aimerai ton retour là-dessus. (une intervenante)

La mémoire

Réflexion - Je suis moi-même immigrée, née en Algérie. Je fais partie de l'immigration post-coloniale comme on dit, mon père était ouvrier près de Lyon, dans les usines Berliet à l'époque. J'ai donc vécu cette expérience de la migration, de naître dans un pays et de venir dans un pays que l'on ne connaît pas, avec une langue que l'on apprend. Ce que je trouve intéressant quand l'on regarde ces dernières années, c'est que la représentation de l'immigration qui était d'abord une vision, celle d'une force de travail, l'immigré c'est celui qui vient pour travailler. Après il est invisible, on ne sait pas qui il est etc.... Il y a eu un deuxième moment dans l'histoire de l'immigration, tel que moi je l'ai vécu en tout cas, c'est l'émergence de la jeunesse de l'immigration, toutes les années 80, moi-même j'étais militante à Lyon dans les années 80, avec tous ces mouvements associatifs de la jeunesse. Et aujourd'hui l'on se rend compte qu'il y a une génération de vieux retraités et que cela pose des questions différentes encore de celle de la jeunesse. Je crois qu'il y a ces trois représentations de la migration.
Je trouve très intéressant ce que vous avez pu nous dire. Parmi les choses frappantes c'est que pendant longtemps il y avait l'idée que les immigrés venaient pour repartir, venaient pour donner leur force de travail et repartir. Bien sûr on est sorti de cette vision, on sait aujourd'hui que beaucoup vont rester, vont vieillir en France et donc cela change la vision et la donne. Je crois que lorsque l'on regarde l'immigration vieillissante, il y a deux situations : les immigrés célibataires dont les familles sont restés au Sud, et

l'immigration familiale. Ce sont des situations assez différentes, j'espère que dans les débats on pourra aborder la différence, en quoi le fait d'être en famille ou retraité célibataire change les choses. Je crois que la question de la solitude est importante, et qu'il faut réfléchir à cette question.

Je voudrais juste souligner l'importance des récits de vie. Il y a un besoin de reconnaissance, on a dit tout à l'heure que pendant longtemps on a eu une vision de « vieux » invisibles qui n'étaient pas représentés dans la société, le moment où on a la possibilité d'écrire sa vie, de la raconter, de la produire de manière concrète, cela peut être un film, un écrit, cela est un outil très important. Moi j'ai eu l'occasion de l'expérimenter, c'est un outil formidable qui pourrait jouer un rôle dans les relations intergénérationnelles. Cela pourrait être des jeunes qui accompagnent des anciens dans la rédaction, ou le fait de retracer la vie d'une personne retraitée. (Malika Benarab Attou, députée européenne)

Les femmes

Réflexion - Je me suis occupée de l'enquête sur les migrants âgés sur la région Rhône Alpes, j'ai fait des entretiens libres, j'ai pu avoir des réponses plus larges.

Je voulais faire une réponse par rapport aux femmes, sur la situation des femmes. On voit dans l'enquête qu'elles sont aussi nombreuses que les hommes, les femmes sont plus qu'invisibles dans la population des migrants âgés. J'ai rencontré des femmes d'Afrique subsaharienne, beaucoup de femmes seules qui avaient élevé des enfants seules, qui étaient venues aussi en France parce qu'elles voulaient justement vivre seules plutôt que sous la coupe de quelqu'un qu'elles n'avaient pas choisi, qui là espéraient pouvoir bénéficier de droits et de principes d'égalité homme femme, et se sont retrouvées dans des situations de non droit totalement désespérées. Il y a une femme qui m'a dit : « vous me demandez si je suis informée sur mes droits, moi mes droits je n'ai jamais rencontré mes droits dans la réalité depuis que je suis ici, donc que voulez-vous que je vous dise ? Cela est une réalité. »

La complexité de cette réalité, c'est qu'il y a énormément de femmes de l'immigration qui ont plus de 55 ans. Elles sont très fortement impliquées dans des associations interculturelles, dans de l'innovation sociale, on peut le dire et qui ne sont pas du tout dans la défense de l'identité culturelle mais dans une espèce de conscience que c'est en travaillant dans l'interculturel, et dans la solidarité, l'interaction avec des femmes de différentes origines qu'elles ont une chance de faire avancer les choses. Et parmi elles, il y a des femmes analphabètes. Juste un dernier mot sur la dignité par rapport à ces femmes. Très nettement je me suis rendue compte que les gens qui étaient le plus dans leur dignité, la santé, une forme d'épanouissement, c'étaient les gens qui pouvaient vivre des relations intergénérationnelles et qui s'occupaient de leurs petits-enfants. Cela était très net dans l'enquête. Tous ceux qui m'ont dit qu'ils allaient chercher leurs petits-enfants à l'école, qui les emmenaient en vacances, leur transmettaient quelque chose, n'étaient pas dans la détresse, ni dans l'affirmation de leur personnalité, donc dans leur dignité. (Manuelle Bornibus)

Les EHPAD

Réflexion - Je voulais quand même nuancer ce qui se dit par rapport aux EHPAD. D'abord, en Ile de France, pour en avoir visité plusieurs, il y a toutes sortes d'EHPAD, toutes sortes d'accueil. Je connais un EHPAD où ils sont particulièrement attentifs, où ils ont beaucoup de personnes forcément les réglementations sont très lourdes, il y a des problèmes de sécurité notamment pour la préparation des repas. Moi, je cherchais un endroit où la mère pouvait continuer à préparer son repas comme elle l'a fait toute sa vie, ce n'était pas possible pour des questions de sécurité. Donc vous, vous avez pu contourner cela et c'est vraiment super. En Ile de France, l'on n'arrive pas à trouver ça. Mais en même temps, il y a aussi pour avoir visité d'autres EHPAD dans d'autres contextes, il y a quand même une attention dans certains EHPAD aux personnes. L'on n'est pas sur la même dimension que la vôtre mais il ne faut pas non plus diaboliser tous les EHPAD. Il y a aussi beaucoup d'efforts faits dans certains gros EHPAD. Il y a des histoires d'argent, il y a des EHPAD lucratifs mais il y a aussi des EHPAD qui sont beaucoup plus attentifs aux personnes. (une intervenante)

Réponse - Je ne diabolise pas les EHPAD. Je dis que la prise en charge quelle qu'elle soit, que ce soit en EHPAD, en accueil de jour, ou même à domicile, devrait être celle qui est basée sur l'humain. Il est impossible pour quelqu'un qui a travaillé 70 ans ou 60 ans de sa vie à se lever à 5 heures du matin tous les jours, que quand elle a 84 ans qu'elle soit encore éveillée à 4 heures du matin parce que le système d'EHPAD dit que. C'est pas partout mais c'est très fréquent ce que je dis. Je suis issue moi-même d'un établissement et quand j'ai vu que je me perdais en tant qu'être humain, je suis sortie. Donc c'est pas une critique sur l'EHPAD sans l'avoir vécu, ce sont des choses que j'ai vécues et qui avec les années deviennent très très critiquées.
Nous avons des générations de soignants qui arrivent qui ne sont pas du tout basées sur l'humain. Parce qu'elles ont fait le tour et qu'à chaque fois qu'elles passaient dans un établissement elles avaient le code différent. Quand est-ce qu'on va arriver à se dire, que l'on est des intervenants autour d'un sujet qui est âgé et qu'il va falloir malgré tout apprendre sur l'humain comment faire. Parce qu'il y a une culture de la personne âgée. La personne âgée, je veux dire, il y en a qui se lèvent tôt, il y en a qui se lèvent tard. Il y en a qui souhaitent avoir leur liberté. Et quand j'ai lu le dernier *Nouvel Obs* Alzheimer avec la photo d'une artiste dessus qui est décédée de la maladie,

je me dis : mais où l'on va ? On nous dit aujourd'hui que cette maladie attaque ceux âgés de 30 ans et que finalement on s'était trompé au niveau du grand âge. On a cru que c'était la maladie d'Alzheimer mais ce n'est pas vraiment ça puisque c'est un peu mélangé avec le reste des pathologies, c'est à dire avec le vieillissement du corps humain. Aujourd'hui ceux qui arrivent à la trentaine à l'état pur de la maladie d'Alzheimer, si on n'arrive pas à changer les codes en face, On va vraiment les perturber. (Maryse Pompée, directrice de l'association Case Gran Moun, Martinique)

La CNAV

Réponse - Pour schématiser un petit peu, la retraite est une prestation contributive : on a travaillé pendant X années, on touche une pension qui n'est pas soumise à condition à résidence puisqu'on a cotisé. Dans cette situation, très clairement, on peut bénéficier d'une prestation de retraite et séjourner et vivre à l'étranger etc…

Après il existe des prestations non contributives soumises à condition de résidence, je pense notamment à l'ASPA. Je ne connais pas chaque situation individuelle et on ne va pas les traiter maintenant.

Mais de deux choses l'une : soit vous avez cotisé un certain nombre d'années et vous avez droit à une pension de retraite telle que définie par le Code de la Sécurité Sociale et par les critères réglementaires fixés par l'Assistance Publique notamment suite aux lois et réformes successives. Dans ce cas-là on est dans une situation très peu critique qui n'empêcherait pas les personnes d'aller séjourner dans un pays X ou Y qu'il soit leur pays d'origine ou pas. Soit on est dans la situation d'une personne qui touche un minimum non contributif et dans ce cas-là, c'est le cadre réglementaire qui a été fixé, cette prestation est soumise à condition de résidence. Par définition, vous ne résidez plus - on voit bien ce que ça peut engendrer au bout d'un moment. Si vous ne résidez pas sur le territoire français, vous ne pouvez pas prétendre à cette prestation. Et notre devoir est d'expliquer, d'en informer au maximum les personnes bénéficiaires, et les règles du jeu dépassent d'ailleurs le cadre de l'opérateur Caisse Nationale d'Assurance Vieillesse qui est déjà « limité » dans les lois et dispositifs réglementaires du système contributif.

Concernant le développement de structures dans les pays d'accueil / d'origine, la CNAV intervient sur les besoins au niveau du territoire français. Par définition, elle ne peut pas non plus développer des structures partout. En tout cas, ce n'est pas le choix, nous ne sommes pas fondés. Bien sûr, il y a certains pays qui ont moins de structures que d'autres. Mais nous n'avons pas une compétence internationale sur le sujet.

Sur la question de la barrière de la langue, c'est un sujet complexe. Je n'ai pas de réponse toute faite. Le travail d'explication, la manière de le faire vis-à-vis d'un assuré « lambda » et de quelqu'un qui a un problème de langage sans être non plus dans l'incompréhension totale, et le travail de sensibilisation sur ce que l'on va faire au niveau de nos équipes, vont être une des manières de répondre aux besoins.

Après, il y a tout ce qui est adaptation de supports. Le problème est de trouver le point d'équilibre entre la complexité de la norme qui nous échappe. Par exemple, Les conditions de résidence sur le bénéfice des prestations répondent à un cadre réglementaire. Mais comment le rendre intelligible et explicite ? Cela paraît faisable et envisageable. Faut-il utiliser des supports imagés, audio-visuels, etc… ? Oui, clairement, notamment sur les conseils de prévention, ce n'est pas forcément vrai sur l'accès aux droits à proprement parler, mais c'est une manière de faire. Une approche originale, c'est celle des cafés sociaux. L'ODAS, Observatoire De l'Action Sociale décentralisée s'inscrit dans cette démarche également. Et en lien avec la Direction de l'Accueil et de l'Intégration du Ministère de l'Intérieur, on a un certain nombre de sujets de fonds qui amènent vers le développement d'outils pédagogiques. Charge aux acteurs de ces activités de se les approprier. Donc nous, notre rôle est de concevoir ces outils et de penser leurs appropriations. Après, il faut aussi que chacune des personnes concernées s'approprie la démarche. Voilà je crois que j'ai répondu aux questions. (Antonin Blanckaert, directeur national de l'Action sociale, CNAV)

Témoignages d'acteurs

- Je suis éducateur spécialisé. Je suis psychologue. Je suis là depuis hier pour suivre ce colloque. Je trouve les intervenants extrêmement intéressants. Ils donnent une idée claire de ce qui se joue aujourd'hui pour les personnes âgées. J'ai une question qui me taraude. Nous assistons aujourd'hui à une montée des populismes, des questions liées aux immigrés et à ceux qui viennent de loin. En France en particulier, dans le pays des Droits de l'Homme, vous voyez monter en puissance un parti qui s'appelle le Front national. Alors je me pose des questions en perspective. Qu'en sera-t-il de ces personnes âgées immigrées, qui tout le monde l'a reconnu, ne sont pas dans le droit commun. Qu'en sera-t-il de cette catégorie de personnes face à cette montée des extrêmes ? (un intervenant)

- Bonjour, je suis assistante sociale dans un centre social de la ville de Paris. Je voulais juste attirer l'attention sur les conditions des personnes âgées dans les hôtels. Au quotidien, on est attiré par ces situations. L'on a évoqué celles dans les résidences, foyers Adoma. Je voudrais savoir s'il y a des études qui ont été faites sur les conditions de vie de ces personnes migrantes dans les hôtels, savoir également quelles sont les conditions de ces personnes âgées immigrées dans d'autres villes européennes. (une intervenante)

- J'ai commencé à travailler avec les migrants âgés grâce à notre hôte d'aujourd'hui Migrations Santé, où pendant trois ans et demi j'ai travaillé sur les foyers Sonacotra à l'époque, juste avant « le ravalement de façade », on peut en discuter je choisis ce mot exprès.
J'ai travaillé par la suite spécifiquement auprès des travailleurs migrants âgés en Languedoc Roussillon à Montpellier à Béziers. Je vous dis que vous avez tiré le bon ticket de pouvoir travailler dans les conditions que vous avez décrites. Je commence par la Carsat. A Montpellier où il y a une grosse communauté de travailleurs migrants surtout d'origine marocaine mais pas seulement, très âgés, plus de 70 % des résidents dans les deux foyers de Montpellier Centre sont à la retraite, on a fermé les deux bureaux d'accueil des retraités. Ils sont obligés de prendre le tramway jusqu'à la petite ville de Latte ou Pérols sur une demi-journée d'accueil pour les retraités, sachant toutes les difficultés qu'ils peuvent avoir pour se déplacer et s'exprimer. Pour moi cela est symptomatique du traitement un peu des migrants âgés tel qu'il est vécu. Parce que on a tous nos représentations, nos désirs de travail, d'amélioration, mais tel que cela est vécu par les retraités, c'est la fermeture, on tire le rideau : « vous nous posez trop de problème, vous nous avez mis en retard dans le traitement de nos dossiers. On est obligé de fermer deux jours par mois, ou une semaine tous les deux mois pour rattraper le temps perdu à cause de vous ».
Va-t-on continuer de faire confiance à ceux qui nous mènent petit à petit vers une impasse au niveau du traitement de questions aussi essentielles sur les personnes qui ont donné leur vie à travailler et qui sont réduites aujourd'hui au rôle d'invisible ? Est-ce qu'un organisme comme Adoma qui est respectable, qui pendant 50 ans a soi-disant travaillé à l'insertion par le logement, est habilité à mener des actions sociales ne serait-ce que par sous-traitance ? (Jamil Anouar)

- Je travaille pour un conseil général, je m'occupe de l'APA à domicile. Mais j'ai également des interventions dans des foyers. Donc ma question s'adresse à Adoma. Je souhaitais savoir si dans vos projets il y avait la possibilité d'aménager des espaces d'intimité dans les foyers pour nos vieux qui ont besoin d'aide à la toilette, de préparation de repas un peu spécifiques, pour faciliter l'intervention des aides à domiciles extérieures qui sont en grande partie des femmes alors que dans les foyers c'est une majorité d'hommes. Cela peut leur causer beaucoup de problèmes. Pour les migrants, qui sont dans une petite chambre ridicule, le fait d'être avec une tierce personne, de devoir aller dans des sanitaires collectifs pour montrer à tout le monde qu'ils ne sont plus en capacité de se laver, de s'habiller, en terme de respect de la dignité cela est compliqué à gérer. Donc je voulais savoir quelle était la politique d'Adoma dans ce sens-là. (une intervenante)

- Je suis désolé, je vais en rajouter une couche. J'ai travaillé pendant 20 ans dans les foyers. Ce que je veux dire, c'est que j'ai vu la situation des gens se dégrader en 20 ans. Adoma ex Sonacotra avait des intervenants sociaux, on a vu progressivement tout ce beau monde disparaître. Et on a vu en même temps les effets que cela a eu sur les résidents. C'est assez dommageable. Cela veut dire qu'aujourd'hui on est en train de vivre à mon avis les avatars de rendez-vous ratés, et principalement des droits à l'information. On a des situations extrêmement dégradées. On a des établissements qui ont eu certes des améliorations mais qui de fait deviennent des maisons de retraite, ce qu'ils ne sont pas. Puisqu'ils y a des gens qui y vivent et qui sont en situation de dépendance. Il faut le dire. Il y a des situations d'urgence. Ma question est celle-là : quand Adoma va-t-elle prendre de vraies décisions qui viennent réellement en aide à ces populations, parce qu'elles ont besoin d'aide, souvent d'aides urgentes. (Omar Hallouche, anthropologue, professionnel de santé)

- Je suis assistante sociale dans un hôpital psychiatrique. Adoma, société anonyme et d'économie mixte où l'Etat est majoritaire, auriez-vous imaginé un jour une maison de retraite, une maison de retraite Adoma ? (une Intervenante)

- Il a bien été dit que l'on a fait beaucoup d'expériences, qu'elles soient bénéfiques ou hasardeuses en matière de prise en charge des personnes âgées issues de l'immigration, on va dire Chibanis par simplicité, mais cela veut dire beaucoup plus que cela. Il serait certainement temps d'arrêter les expériences et de faire entrer les choses dans leur durée.
Ensuite, j'ai été très frappé par le fait que tout le monde a bien conscience du fait que le problème n'a pas été anticipé. Les Chibanis, quand on a construit toutes les structures actuelles, n'existaient pas, parce que personne n'imaginait que les immigrés allaient vieillir sur place. Or maintenant ça y est, c'est un fait, et l'on a un véritable problème d'adéquation de tout le système que nous avons en France pour les personnes âgées par rapport à ce public-là, parce que ce public-là ne rentre pas dans les cordes de ce dispositif. Pour preuve, le fait que l'on ne les voit pas dans les clubs de 3ème âge, qu'ils ont des difficultés d'accès aux soins et qu'ils ne bénéficient pas des structures de droit commun.
A partir de là, la question non résolue : est-ce qu'il faut multiplier les choses spécifiques ou bien faut-il au contraire que le système tel qu'il est à l'heure actuelle se mette au niveau de ces personnes-là ? Question à poser évidemment aux collectivités locales qui sont beaucoup à l'origine de ce genre de choses, et puis à Adoma auquel tout le monde a fait des reproches justifiés pour le passé, et qui semble avoir pris la mesure de la situation à l'heure actuelle, même si on peut avoir un certain nombre de réserves sur

l'intensité des moyens qui y sont mis. (Marc Wluczka, Médecin de santé publique, ancien directeur médical de l'OFII)

- Migrations Santé agit sur deux axes : un axe de revendications, comme cela est le cas lors d'échanges, et des actions sur le terrain pour agir au quotidien. Et dans ce cas, il faut proposer des projets, des actions, une équipe compétente. Et je dis ici merci à Adoma, non pas en jugeant sa structure, comment elle est composée, mais à ceux qui y travaillent, avec qui on mène quotidiennement des actions pour que les personnes âgées n'attendent pas qu'il y ait un changement qui n'arrivera peut-être pas, comme cela a été dit. Mais au quotidien que pouvons-nous faire ? Je pense que si chacun de nous, chaque association, si l'on se groupe ensemble pour mener des actions au quotidien, l'intelligence nous permettra de détourner toutes ces entraves. Je demande aux intervenants de nous guider, que l'on se retrouve là où on est, pour mener des actions efficaces au quotidien. Aux personnes, résidents, que l'on a amenés ici hier et qui ont témoigné, on ne va pas leur dire : « attendez ». Chacun a une situation personnelle sur laquelle on agit au quotidien soit pour l'accès aux droits, soit pour l'accès aux soins. C'est indispensable. Il faut insister, ce qui est essentiel, c'est le quotidien, le travail sur le terrain. La revendication ne peut être forte qu'au moment où l'on est renforcé dans nos actions et dans notre solidarité. (Mohamed El Moubaraki, directeur de Migrations Santé)

- Je voudrais intervenir sur un aspect. C'est bien, très intéressant de parler de la situation du vieillissement, du corps, de l'esprit. Mais Il y a un élément important. Nos chibanis, les Chibanis en général sont les héritiers d'un patrimoine qu'est la mémoire de la migration. Cela est très important, parce que chaque fois qu'un migrant meurt, et cela c'est pour paraphraser quelqu'un de célèbre en Afrique, c'est une bibliothèque qui meurt. C'est à dire que chaque fois qu'un chibani meurt, l'on a une partie de nous-même qui disparaît. C'est de cette manière-là et grâce à eux - les chibanis - que les enfants de la migration peuvent inscrire dans l'histoire de la France leur propre participation, parce qu'ils ont contribué à la fois historiquement et même par leur travail. Et cela c'est une sorte de négation. Il n'y a pas que le corps, je pense qu'il y a cette partie importante d'héritage, d'héritage pour nous et d'héritage pour le pays qui les a accueillis, peut-être parfois mal accueilli. (Awad Fouatih, anthropologue)

- Juste une précision par rapport à ce qu'a dit M. Chenchabi. Il y a un grand problème d'information chez les personnes âgées. Et ce problème d'information peut causer la perte de droits. Par exemple, il y a beaucoup d'accidentés qui ne connaissent pas leurs droits à cause du manque d'information, et du coup dépassent les délais et perdent leurs droits. (Abdel

Halim Berretima, Maître de conférences en sociologie, Université A-M, Béjaïa (Algérie), Membre associé de l'IRIS, EHESS, Paris)

- Voilà, j'ai entendu beaucoup de choses. Effectivement Adoma peut être critiquée. Par contre, on fait, on s'engage, c'est du quotidien. On intervient sur la gestion, la gestion dans un cadre légal, on accompagne les personnes. J'interviens à Adoma depuis plusieurs dizaines d'années. On a développé des postes opérationnels, des postes de développement social dans toutes les régions. On s'engage au quotidien sur l'accompagnement, la veille auprès des résidents, et dans le cadre de la mobilisation partenariale, on tend vers le droit commun. On est également sur du traitement patrimonial, -je ne l'ai pas abordé là dans la présentation- c'est à dire proposer de passer du petit logement en unités de vie à des logements plus adaptés, de meilleur confort, avec des adaptations spécifiques pour les personnes âgées, que ce soit en mobilier, en équipement au sein du logement. Mais tout cela ne se fait pas aussi radicalement que l'on souhaiterait. En tout cas il y a un engagement fort, patrimonial également, avec quelques tentatives d'aménagement d'unités de vie qui sont très concluantes par rapport à la qualité de vie, justement pour faire en sorte que des associations qui interviennent sur des maintiens à domicile puissent intervenir dans de bonnes conditions. Adoma, de par son engagement, et vous l'avez souligné, sur le principe de l'autorité de l'Etat, cela nous permet également d'alerter lorsqu'il y a des éléments à porter à connaissance de façon très significative. C'est le cas de figure dans le cadre des contrôles aux prestations où il y a eu des engagements de notre directeur général, des courriers pour alerter les autorités qui de droit, sur le contrôle aux prestations et de tenter avec chacun, que l'on soit association militante, bailleur du secteur du logement accompagné puisque c'est comme cela que l'on se définit, pour faire en sorte de faire évoluer les choses, c'est du quotidien. (Anne Sophie Mouillé, directrice ingénierie sociale, Adoma)

- Vous avez éteint mon rêve, mon rêve d'espaces adaptés pour ces publics. Je crois que c'est de l'ordre du possible. Si l'on prend l'histoire des foyers, les foyers ont été construits pour accueillir des travailleurs venus du Maghreb, d'Afrique, etc. Du coup, la notion d'espace habité par ces communautés-là n'a pas posé problème. Pourquoi aujourd'hui l'idée d'innover, de travailler sur la création d'espaces de vie adaptés pour ces migrants âgés poserait problème ? Je crois que le niveau européen peut nous donner des réponses. Et pour répondre à Mohamed El Moubaraki, je crois que les associations et peut-être Adoma, parce que je pense qu'il y a un état d'esprit qui a changé, peuvent commencer à réfléchir sur d'autres expérimentations. Et que l'on arrête de mettre systématiquement en doute la volonté à la fois de ces communautés de vivre ensemble, de trouver un cadre d'intervention qui tient compte de leur culture, pour qu'on puisse leur offrir des espaces de vie comme cela a été présenté au début, à la fois adaptés avec du personnel formé à la problématique et où l'on met réellement l'interculturalité, pour que l'interculturalité ne soit pas une histoire de salon, et que ce soit dans ces espaces-là que se développent des micro-projets un peu partout adaptés et novateurs. (Hedi Chenchabi, directeur de FIDE)

- Sur la mémoire, nous n'avons jamais vu les chibanis comme s'ils étaient nés chibanis. C'est certain qu'ils se trompent, on croit que le vieux il est né comme cela, mais il a tout un passé, un vécu, une trajectoire, un patrimoine, une famille. Il a tout un tas de choses qui doivent être prises en compte. Mais en attendant il y a l'urgence. Nous, nous ne souhaitons pas idéologiser. Il y a la vie de quelqu'un en jeu, un vieux qui a des envies. Pour vous en parler, voici l'exemple d'une dame trouvée morte dans la rue, elle portait un prénom et un nom arabes, mais les gens se demandaient si elle était vraiment arabe parce qu'elle avait été vue pendant une messe, est-ce qu'elle est musulmane ? Où l'enterre-t-on ? Nous en sommes encore à ces questions-là. (Boualam Azahoum, doctorant, militant associatif)

- Je voudrais simplement préciser la communication que nous avons improvisée hier. C'était en rapport avec l'action de médecin sur les foyers de travailleurs migrants, Moi je suis médecin coordonnateur de Renif, réseau de néphrologie Ile de France. Nous sommes une association financée par l'Agence régionale de santé d'Ile de France (ARS Idf), donc pas du tout financée par les laboratoires. Nous avons plusieurs axes d'actions. En particulier, nous faisons des actions sur les « foyers de travailleurs migrants ». A ce propos, je tiens à remercier énormément les intervenants sociaux sur ces foyers sans qui nos actions n'auraient pas la répercussion qu'elles ont. De 2009 à 2013, nous avons effectué 10 000 dépistages de la maladie rénale. Très rapidement, je vous explique comment cette action se passe. Nous nous déplaçons avec une équipe d'au minimum trois personnes : une assistante sociale, une secrétaire, une infirmière. Et un médecin, en général, c'est moi. Nous nous déplaçons sur les foyers à l'invitation des associations. Cela se fait ainsi : il y a un petit entretien, les prises de mesures. Cela se fait par dépistages de bandelettes urinaires, bien entendu, on a une très grande rigueur. On n'utilise pas de vieilles bandelettes qui donneraient des résultats faux, et la bandelette n'est pas lue à l'œil nu mais par un appareil, c'est une lecture électronique. Nos résultats sont validés par l'ARS. Et elle nous encourage à poursuivre. On fonctionne essentiellement sur l'Ile de France.
Simplement je voulais vous dire que nous avons fait une étude comparative pour le colloque. Nous avons extrait les gens de plus de 60 ans, et on a comparé les résultats entre Résidences sociales / foyers, et grand public (actions à l'invitation des mairies, d'associations)

Il y a des différences énormes. Ce qui veut dire simplement que dans les foyers, il y a une surveillance médicale nettement déficitaire par rapport au grand public.

J'insiste, la maladie rénale est extrêmement fréquente en France, il y a 3 millions de personnes touchées, elle coûte chère à la Sécurité Sociale parce que les gens arrivent trop tardivement, en insuffisance rénale terminale, c'est à dire en dialyse ou en greffe rénale. C'est pour cela que l'on fait des actions de dépistage, c'est pour cela que l'on est validé.

Voilà ce que je tenais à vous dire. C'est un peu confus, rapide. Mais retenez cela, la maladie rénale, c'est comme le diabète, c'est aussi fréquent que le diabète et il n'y a aucun signe clinique. Quand on diagnostique un diabète ou une maladie rénale, on estime que la maladie est présente depuis 5 à 10 ans.
(Dara Schahmaneche, médecin chef, RENIF)

TROISIEME PARTIE

ENQUETE SUR L'ETAT SOCIO-SANITAIRE DES PERSONNES AGEES IMMIGREES RESULTATS ET ANALYSE

Sous la direction de Mohamed EL MOUBARAKI, Directeur de Migrations Santé France et avec la collaboration de :

- l'ensemble de l'équipe de Migrations Santé France,
- les membres du Comité d'orientation scientifique
- nos partenaires conventionnés, Adoma, Coallia et Adef,
- nos partenaires institutionnels, l'Acsé, l'ARS-IDF, la DAAEN, le FEI

Présentation

Mohamed EL MOUBARAKI

Tout d'abord, j'aimerais signaler le travail de proximité qui a été nécessaire pour répondre au mieux aux questionnaires. Les personnes âgées immigrées (PAI) n'étant pas habituées à ce genre d'exercice, il a fallu, parfois, plusieurs séances pour effectuer les entretiens. C'étaient des moments privilégiés pour donner la parole à ces personnes, qui d'habitude ne la demandent pas. Certains ont bien voulu faire le déplacement pour assister à ce colloque et y témoigner et je les en remercie profondément.

J'en profite pour citer Meryem Safwate, la responsable du département Actions de Terrain qui n'a pas ménagé ses efforts pour le bon déroulement de cette enquête, Fatima Akkouche pour la première ébauche de l'analyse des résultats de l'enquête et Ali Ben Ameur qui m'a assisté dans le suivi des intervenants/enquêteurs dans les différentes régions de France :
- Jamil Anouar dans la région Languedoc-Roussillon,
- Zineb Doulfikar à Nice,
- Manuelle Bornibus dans la région Rhône-Alpes,
- Ghani Moussalli à Nantes,
- Zohra Darras et Salah El Manouzi en Picardie.

Le présent rapport est le résultat de l'enquête menée auprès des personnes âgées immigrées dans plusieurs régions de France. Cette enquête a été centrée sur l'état social, sanitaire et environnemental des personnes âgées immigrées. Elle a été réalisée durant le deuxième semestre de l'année 2013. Une première ébauche a été exposée lors de la journée d'étude du 3 décembre 2013. Ici nous présentons le rapport détaillé enrichi par le débat de la table ronde réservée à cet effet lors du colloque « Etat socio-sanitaire des personnes âgées immigrées » organisé par Migrations Santé les 19 et 20 mai 2014.

Le questionnaire semi-ouvert de base concernait six axes :
- La trajectoire de vie ;
- Le logement ;
- L'état de santé, incapacité et recours aux soins ;
- L'accès aux droits et aux soins ;
- Le projet de vie ;
- Les caractéristiques socio démographiques.

Les entretiens ont été réalisés pour la plupart dans la langue maternelle. 300 questionnaires ont été effectués. 26 questionnaires incomplets n'ont pas été comptabilisés. L'analyse de l'enquête s'est basée sur 274 questionnaires retenus qui concernent des personnes âgées de 55 à 93 ans, habitant différentes régions de France : Provence-Alpes-Côte d'Azur, Rhône-Alpes, Languedoc-Roussillon, Ile-de-France et Loire-Atlantique. C'est un échantillon de personnes âgées immigrées majoritairement originaires du Maghreb et d'Afrique subsaharienne. La majorité des personnes âgées immigrées interrogées habitent des foyers de travailleurs migrants ou des résidences sociales (FTM et RS). Les hommes représentent 69,3% et les femmes 30,3% des personnes touchées par l'échantillon retenu.

Pour appuyer les résultats de l'enquête, des entretiens semi-directifs avec des personnes âgées immigrantes, ainsi qu'avec des professionnels travaillant avec elles ont été effectués dans des FTM à Champigny-sur-Marne, Ivry-sur-Seine, et l'Haÿ-les-Roses.

Les objectifs de l'enquête étaient de :
- apporter un éclairage sur le vécu de certains migrants âgés ;
- donner la parole aux personnes âgées immigrées et faire entendre leurs témoignages et leurs attentes ;
- consolider des pistes de réflexion et d'actions de partenariat avec les institutions publiques en charge de cette problématique et les acteurs de terrain ;
- réaliser un état des lieux des conditions de vie, de l'état de santé et de l'accès aux soins des immigrés.

L'analyse a abordé plusieurs volets en rapport avec les six axes mentionnés ci-dessus, à savoir :

La connaissance des services selon le niveau d'instruction : les personnes ayant un niveau d'instruction supérieur (86,7%) ont plus tendance que les personnes ayant un niveau d'instruction primaire (78,2%), secondaire (57,1%), et non scolarisé (47%) à connaître les services à destination des personnes âgées.

La connaissance et l'utilisation des services : 29,7% de personnes déclarent connaître et utiliser les services d'aide aux personnes âgées. Les personnes qui déclarent connaître ces services sans toutefois y avoir recours représentent 70,3%. Les personnes non scolarisées (53%) ont plus tendance à ne pas connaître l'existence de ces services, que celles ayant un niveau d'instruction primaire (21,8%), secondaire (42,9%), supérieure (13,3%).

Le recours aux différents services concerne : les soins à domicile (27,7%), le portage de repas (20,2%) et l'aide-ménagère (22,7%). Les services les moins utilisés sont le club des personnes âgées (4,2%) et le lavage du linge (4,2%).

Le recours à une institution : les personnes ayant eu recours à un médiateur, institution ou autres professionnels pour le logement, l'ont fait majoritairement car elles ont trouvé que l'offre n'était pas assez adaptée (40%), parce qu'il y avait trop d'attente (42,9%) ou pour d'autres raisons (57,1%). Celles n'ayant pas fait appel à ce service sont majoritairement les personnes habitant en chambre meublée d'hôtel (100%), résidence sociale (84,4%).

L'accès aux soins : les personnes âgées ayant un médecin traitant (53,4%) ont plus tendance que celles n'ayant pas de médecin traitant (12,5%) à consulter un médecin spécialiste. Les personnes âgées disposant des indemnités chômage (78,6%), RSA (65,2%) ou salaire (63,6%) auront plus tendance que celles bénéficiant d'une allocation supplémentaire vieillesse (30,8%), pension de réversion (22,2%), pension d'invalidité civile ou militaire (27,3%) à ne pas consulter de médecin spécialiste.

La couverture médicale : la majorité des personnes ayant CMU + mutuelle complémentaire ou la CMU + CMU C sont celles touchant le RSA, pension de retraite ou préretraite (21%), allocation pour adulte handicapé (22,2%), allocation supplémentaire vieillesse (26,7%), pension de réversion (46,2%).

La perception de l'état de santé : les hommes (34,2%) ont plus tendance que les femmes (26,5%) à se déclarer être en bonne et très bonne santé. Les personnes non scolarisées (34,4%) ont plus tendance que les personnes ayant un niveau d'instruction primaire (14,3%), secondaire (24,5%), supérieur (26,7%) à se déclarer être en mauvaise ou très mauvaise santé.

Le logement : les PAI résidents dans les foyers (48,6%) sont plutôt insatisfaites de leur logement. que celles habitant en HLM (35,2%), ou dans une maison (12,5%).

L'arrivée en France : Les personnes arrivées en France entre 1957-1970 habitent majoritairement dans les résidences sociales (47,1%), et dans les foyers (23,5%).

Le niveau de satisfaction : Les personnes habitant dans une chambre meublée d'hôtel (66,7%). La tranche d'âge des 55-64 ans (45,4%) a plus tendance que la tranche d'âge des 65-74 ans (25,9%), 75-84 ans (10%) à déclarer être en très bonne ou bonne santé.

Les addictions : presque autant d'hommes (86%) que de femmes (90%) déclarent ne boire jamais d'alcool. Les femmes (87,8%) sont plus nombreuses que les hommes (57,9%) à déclarer ne jamais avoir fumé.

Le médecin traitant comme référence : Il ressort des entretiens semi directifs réalisés que le médecin traitant est la première personne vers qui se tournent les personnes âgées en cas de problème de santé. : *«Quand j'ai des douleurs la première personne à qui je fais appel c'est mon médecin traitant directement sinon quand c'est grave l'hôpital »* (Madame L. âgée de 60 ans sans emploi Camerounaise).

Un accès aux soins inégal : Les inégalités sociales de santé sont l'aboutissement de disparités liées aux ressources, logement, alimentation, emploi et travail, qui caractérisent l'état de justice sociale dans un pays ou un territoire à un moment de son histoire et de son développement économique. *« Oui si je n'ai pas les moyens avant j'avais la CMU C quand j'étais au chômage, car on avait des problèmes pour trouver du travail. Mais là c'est trop cher pour me payer une mutuelle. Je ne peux pas aller consulter des professionnels. Plusieurs fois j'ai voulu voir le médecin du digestif, car je ne digère pas beaucoup, mais comme c'est trop cher je ne peux pas le voir »* (Monsieur A. âgé de 70 ans retraité marocain).

Les freins à l'accès à une couverture médicale : souvent l'accès à la mutuelle complémentaire est difficile pour des raisons financières. *« J'ai une mutuelle qui coûte 80 euros c'est cher, mais c'est obligé »* (Monsieur M. âgé de 73 ans retraité algérien). « *Je suis venu me faire soigner d'urgence en France »* (Monsieur K. âgé de 65 ans retraité malien).

La prévention santé : à travers l'exemple du dépistage des maladies rénales mis en place par Migrations Santé, dans les FTM et RS, en partenariat avec le RENIF, on peut déduire que l'information sur la prévention ne suffit pas, il faut mobiliser les résidents en allant les chercher dans leur logement notamment les personnes isolées.

La maladie et la trajectoire migratoire : Certaines personnes par le biais d'une visite médicale en France apprennent qu'elles ont contracté une maladie dans leur pays d'origine. D'autres à l'inverse par une visite médicale dans leur pays d'origine, viennent se faire soigner en France. *« À Bamako en 2011 on a su que ma douleur venait des reins. Quand on m'a proposé le dépistage on se dit toujours oh c'est rien ça (rire) on se dit ça* *c'est de la connerie, mais quand Meryem[133] est venue elle nous a convaincus. Quand j'ai vu le papier du dépistage je me suis dit pff c'est de la publicité ça.* » (Monsieur A. âgé de 70 ans, retraité, Marocain).

L'accès aux soins des personnes âgées immigrées : Santé et trajectoire migratoire. La perception de l'état de santé des personnes âgées immigrées est une santé qu'on définit soi-même, en s'imposant une hygiène corporelle, de l'activité physique et un maintien des relations sociales. « *Ça dépend des personnes donc chacun pense la santé par rapport à lui* » (Monsieur M. âgé de 73 ans retraité algérien). « *Pour être en bonne santé, il faut avoir une bonne hygiène, il faut que tu sois propre, il faut que tu manges bien et il faut bouger, faire du sport* » (Monsieur A. âgé de 70 ans, retraité Marocain). « *Les conditions pour être en bonne santé, ne pas être malade c'est trop demandé. Mais avoir des contacts avec les gens, parler, sortir s'amuser, se rencontrer, ça c'est possible* » (Madame L. âgée de 60 ans, sans emploi, Camerounaise).

Une santé qui dépend de Dieu : « *On attend Dieu comme on le dit inchallah peut être il va me trouver un rein où je ne sais pas tous les jours, je pense, à ça. De toute façon nous, on a rien à faire. C'est Dieu qui décide, il y a Dieu et il y a les soignants.* » (Monsieur H. âgé de 65 ans, retraité, Algérien).

Une perception variable : la perception de leur état de santé est variable. Elle n'est pas vue dans sa globalité et s'identifie à une douleur ressentie ou à une pathologie. « *Il y a un jour où la santé est bien un jour où ce n'est pas bien* » (Monsieur M. âgé de 73 ans retraité algérien). « *Oh ça va c'est la vieillesse ! Un peu de douleur, mais ça va* » (Monsieur A. âgé de 70 ans, retraité, Marocain).

---

[133] Meryem Safwate, coordinatrice des Actions de Terrain, Migrations Santé

Les interventions des discutants [134]

Fatima AKKOUCHE [135]

Je tenais d'abord à remercier Monsieur le Directeur pour m'avoir accordé sa confiance pour la saisie et la participation à l'analyse des résultats d'enquête. En complément de la présentation de Monsieur El Moubaraki, je vais aborder de façon synthétique les entretiens semi-directifs menés avec les personnes âgées immigrées (PAI) dans le foyer Adoma de Champigny-Sur-Marne.

Les entretiens semi-directifs ont soulevé le phénomène de l'isolement de certaines personnes, surtout pour celles qui sont le moins entourées. Une dégradation de la santé liée également à l'éloignement de la famille restée au pays, aux conditions de vie (nuisance sonore, cloisonnement de ces personnes).

Concernant la couverture médicale complémentaire, les PAI qui en ont une trouvent que cela pèse lourd dans leur budget. Celles qui n'en ont pas ont tendance à ne pas faire appel aux médecins spécialistes, ce qui soulève la problématique de l'accès aux soins.

Par rapport à l'autonomie, comme le montrent les résultats qui vous ont été présentés en dernière partie, il y a une certaine autonomie dans les tâches de la vie quotidienne, ces personnes vivant seules en France depuis longtemps se sont adaptées aux conditions de leur vécu quotidien.

Concernant l'accès à des logements privés, la procédure est longue et fastidieuse, d'où le non recours à cette démarche et l'abandon par conséquent de ce droit. Mettre les personnes âgées immigrées en établissement spécialisé c'est « signer leur arrêt de mort ». Le fait de leur dire qu'ils ne sont plus capables de faire ceci ou cela, le fait de couper le lien qu'ils ont avec les autres résidents, de changer leurs habitudes, leur mode de vie, va les pousser à préférer rester dans le foyer au lieu d'aller dans un établissement spécialisé.

---

[134] Nous avons préféré introduire l'apport des discutants à ce niveau, au lieu de le laisser à la fin de l'analyse pour faciliter la lecture de l'enquête.
[135] Stagiaire à Migrations Santé, Master 2 Sciences de la Société Evaluation Sanitaire et Sociale, Paris Descartes-Sorbonne.

De même, on a constaté que la solidarité entre résidents maghrébins était moindre. Du fait qu'ils se considèrent être dans la même situation il y a peu d'entraide. Contrairement aux Africains subsahariens chez qui l'échange intergénérationnel et l'entraide font partie de la vie en foyer. Les aînés sont respectés et considérés comme des personnes importantes au sein de la communauté.

Les résultats quantitatifs de cette enquête ont soulevé différentes problématiques liées à l'accès aux soins et à la santé, au logement, aux relations sociales et au rapport aux institutions. De même nous avons relevé les problèmes liés à l'isolement, l'autonomie, les trajectoires migratoires, le non recours aux soins et les conditions de vie des migrants.

Concernant l'accès aux soins, avoir un médecin traitant a des effets sur la consultation d'un médecin spécialiste. Ceci s'explique d'une part par le fait que le médecin traitant aura plus tendance à diriger son patient vers des médecins spécialistes avec une lettre de prescription. D'autre part, le revenu conditionne le fait de consulter ou non un médecin spécialiste. Le non recours à un médecin spécialiste concerne les plus faibles revenus et ceux ne bénéficiant pas de couverture médicale prenant en charge certains soins. Le niveau d'instruction influe sur la perception de l'état de santé, plus le niveau d'instruction est élevé plus la personne se déclare être en bonne santé. Aussi, l'âge a un effet sur la perception de l'état de santé, les plus âgés ayant plus tendance à avoir une vision dégradée de leur propre santé.

En ce qui concerne le logement, il y a une insatisfaction du logement pour ceux résidants en foyer et en chambre meublée. Les personnes ayant fait appel à un médiateur, institution ou autres professionnels pour le logement, sont majoritairement celles habitant en foyer, en HLM. Les personnes qui se disent insatisfaites de leur logement ne sont pas celles qui ont le plus recours à des institutions pour l'aide à l'accès au logement. Les personnes âgées ne se sentent pas écoutées par la direction du foyer et leurs demandes ne sont, parfois, pas prises en considération.

Les conditions de vie de certaines personnes âgées peuvent avoir des conséquences sur leur état de santé. Ainsi on constate une mauvaise hygiène de vie, des nuisances sonores, des logements non adaptés. On entend souvent dire que les personnes âgées ne veulent pas quitter le foyer, mais certaines souhaitent accéder à des logements privés et ont fait des démarches de logement à la mairie sans recevoir de réponse alors qu'elles vivent des conditions de vie délétère pour leur santé et non adaptées à leur âge.

Concernant le rapport aux institutions d'aide, les personnes qui déclarent connaitre les services à destination des personnes âgées ne sont pas majoritairement celles qui les utilisent. Autrement dit, il ne suffit pas de connaître les dispositifs pour y faire appel. Les personnes ayant un niveau d'instruction satisfaisant, connaissent mieux les services à destination des personnes âgées. Par contre celles ayant un faible niveau d'instruction, elles en ignorent l'existence.

La barrière linguistique constitue un frein à l'accès aux droits communs et au système de santé pour les PAI. En matière d'aide médicale il existe, soit une méconnaissance des droits par les personnes concernées, soit, parfois, une crainte, une honte d'y avoir recours !

Concernant l'autonomie et l'isolement l'enquête a montré que les personnes les plus âgées sont les plus dépendantes pour accomplir certaines tâches de la vie quotidienne. Elles ont souvent besoin d'être accompagnées pour prendre les transports en commun par exemple. Par contre elles sont un peu plus autonomes pour effectuer les petites tâches domestiques. Il a également été relevé que plus la personne est âgée plus elle a tendance à déclarer son incontinence.

Le facteur isolement n'a pas été posé directement dans le questionnaire. La question a été nuancée pour savoir si la personne vit seul ou accompagnée. Beaucoup de personnes âgées déclarent vivre seules suite à un divorce ou un veuvage. Les résultats de l'enquête montrent que l'isolement touche surtout les résidents des FTM, aussi bien les plus âgées que les plus jeunes.

D'après les entretiens menés dans les foyers Adoma, il apparaît une solidarité intergénérationnelle chez les personnes âgées d'Afrique subsaharienne où le vieillard est respecté et gagne en hiérarchie. A contrario, pour les personnes âgées issues du Maghreb, il n'apparaît pas d'entraide entre les résidents qui s'identifient comme étant tous dans la même situation.

En ce qui relève du lien avec les proches du pays, il apparait que le contact avec les proches restés au pays est quotidien pour certains et reste le seul lien social. Le retraité, pour la famille restée au pays, est reconnu car il continue à être le nourricier, le soutien financier. Ce dernier se préoccupe des besoins de sa famille en premier quitte à négliger sa santé.

Concernant le projet de retour vers le pays d'origine, les personnes qui ont le projet d'aller vivre dans leur pays d'origine au cours des 12 derniers mois écoulés sont majoritairement les plus âgées. Aussi, ce sont les mêmes qui souhaitent être enterrées dans leur pays d'origine.

Rémi GALLOU [136]

Je vais proposer très rapidement une réaction « à chaud », cela tombe bien puisque les premiers résultats viennent de nous parvenir quasiment en direct et on attend le rapport final avec impatience.

J'ai trouvé très intéressantes la démarche et la méthode consistant à ne pas se cantonner aux migrants résidants des foyers mais de faire aussi l'effort d'aller voir ceux qui vivent dans « le diffus » par les témoignages. Il est important aussi d'aller interroger des femmes et pas seulement des hommes. C'est vrai que cela apporte beaucoup à la richesse du matériau. Sur le plan des axes traités, il est primordial de les envisager en posant des questions sur le passé, mais aussi sur les projets, c'est-à-dire, sur l'avenir. Car effectivement, si vous n'étudiez pas le vécu de la personne, son passé, ses expériences professionnelles, familiales, vous ne comprendrez que partiellement sa situation présente et le pourquoi de tel ou tel projet. Donc ça, je trouve que c'était un très bon point méthodologique.

Cette étude permet de pointer des choses comme la précarité des femmes, notamment. On voit apparaître comme, dans 90% des cas, que les bénéficiaires de pension de réversion sont des femmes et celles-ci sont apparemment détentrices d'une CMU dans 46% des cas, chiffre bien plus élevé que pour les autres catégories, c'est ce que j'ai noté dans vos résultats et c'est quand même un chiffre très important. Sur le décalage homme / femme de la perception de santé, on avait fait apparaître nous aussi dans une étude précédente qu'il y avait une surreprésentation de la bonne santé chez les hommes, parce que se déclarer être en mauvaise santé face à un enquêteur, c'est déjà avouer une certaine faiblesse. Pour certaines personnes, il est difficile de se déclarer en mauvaise santé.

Il y a aussi ce qu'on appelle l'effet de sélection : tout le monde n'a pas les capacités d'adaptation de vivre cette aventure-là, l'aventure migratoire. Donc sans doute, on a parmi les hommes de cette génération qui sont venus dans les années 50, une surreprésentation des hommes résistants, des hommes solides tant physiquement que psychologiquement. Il y a des choses que vous avez soulignées et que l'on a déjà rencontrées dans d'autres études, ce qui renforce la certitude des liens entre la position sociale, le niveau d'instruction et le niveau de santé par exemple. On sait que les comportements et les pratiques face à la santé et aux soins sont différents. Le rapport à la prévention quand on est malade ou les symptômes arrivant, peut varier selon plusieurs caractéristiques sociales.

---

[136] Chercheur à la CNAV, Paris.

La question sur l'utilisation de certains services d'aide et de l'information sur ces services relève que moins de 30% des personnes soient au courant des dispositifs d'aide à domicile, cela me semble encore constituer un chiffre très faible. Cela montre qu'il y a encore du travail à faire en termes d'information surtout.

Autre thème, le logement, on voit bien le blocage qui peut exister au sein de certaines zones du parc de logements : le parc HLM et celui du logement privé semblent inaccessibles pour les personnes interrogées. On peut penser que le logement privé est trop concurrentiel surtout dans les grandes villes. Pour accéder à ces logements, les immigrés âgés sont en concurrence avec d'autres publics, plus jeunes et plus aisés. De son côté le logement social est très cloisonné, il est de notoriété publique qu'il est très dur d'y entrer, que les listes d'attentes sont longues ce qui décourage de nombreux candidats. De la même façon, il est difficile aussi d'en sortir puisque certaines personnes, certains ménages savent qu'ils ne pourraient pas trouver à se loger ailleurs qu'en HLM. Certains chercheurs appellent cela une forme de « captivité » dans ces zones de logement, là il y a un point noir sur lequel il faudrait travailler. Il faudrait par endroit, par type de logement, par type de ménage, réintroduire un peu de fluidité de façon à ce que ceux qui le veulent puissent réaliser une mobilité résidentielle. De nombreux rapports ont souligné ce problème de mobilité résidentielle qui constitue en quelque sorte une atteinte à la liberté, en privant les individus d'une partie des territoires. On rejoint ici certaines analyses liées à la ségrégation spatiale et sociale.

Abdessalam KLEICHE [137]

Déconstruire nos grilles de lecture des chibanis migrants

Les collègues qui m'ont précédé ont apporté beaucoup d'éclairage sur la problématique qui nous réunit aujourd'hui à savoir : état des lieux de la situation des Chibanis.

Cependant, permettez-moi de revenir sur la présentation de l'enquête qualitative réalisée par Migrations Santé, pour souligner un terme qui en faisait le fil rouge. En effet ne perdons pas de vue que dans le cadre du parcours migratoire, les migrants accomplissent une performance.

S'arracher d'un espace géographique et socioculturel pour aller s'installer dans un autre, à priori culturellement différent est une démarche semée d'embûches. D'autant que ces migrants en plus de ne pas posséder les codes culturels de la société d'accueil, étaient souvent doublement analphabètes à la fois dans leur langue d'origine et dans la langue d'accueil.

---

[137] Enseignant-Chercheur, formateur à Migrations Santé.

Or cette performance migratoire, si elle est difficile produit un effet dynamique, car le migrant se projette, et étant dans le projet, cela lui permet de supporter les souffrances endurées dans la société d'accueil : mauvaises conditions, problèmes de santé, stigmatisations, invisibilité…

Le vieillissement est une période de transition, où le migrant quitte petit à petit, parfois brutalement la performance du projet migratoire pour entrer dans une phase de basse intensité. Et l'enquête réalisée par Migrations Santé souligne à quel point cette phase déclenche du stress, une perte de repères, un besoin de navette entre les espaces migratoires, la société de départ et le pays d'accueil. Donc la phase de vieillissement est aussi une nouvelle interrogation identitaire.

Le deuxième élément important qui ressort de cette enquête qualitative, est de rappeler que l'espace migratoire est plurilinguistique. L'enquête a permis aux chibanis de s'exprimer dans leur langue de migration qui est un lexique qui appartient à leur histoire et à leur groupe en tant que génération. Par là même, l'enquête a créé les conditions d'une expression aisée du ressenti de la phase de vieillissement. C'est aussi un des apports de Migrations Santé, par son expérience, sa proximité avec cette population qui lui permet une qualité d'écoute rare auprès des chibanis.

Or cette écoute a permis de révéler que si les chibanis peuvent être capable de brasser un flot d'informations, cela ne suffit pas en phase de transition. Non seulement, ils expriment le besoin d'être accompagnés pour traiter les informations qui peuvent être utiles, mais aussi que l'accès aux droits de santé nécessite un accompagnement encore plus spécifique.

Par conséquent il y a un travail important d'accompagnement qui doit être accompli pour à la fois informer les chibanis sur leurs droits, mais également former les prescripteurs qui sont en contact avec cette population pour les réorienter vers les bons circuits.

Et une réorientation de la part de la personne âgée, avec une pédagogie qui lui explique que l'accès à des droits c'est une condition nécessaire pour l'accès à la légalité des soins et donc à la citoyenneté. Cela aussi les personnes âgées immigrées le vivent de manière problématisée.

Un autre point qui ressort de cette enquête est la résistance des chibanis à aller dans les maisons de retraite. C'est une résistance liée au fait que l'espace migratoire a engendré des habitudes et donc un référent identitaire alimenté par une certaine liberté de mouvement. Or souvent les maisons de retraite provoquent un nouveau choc culturel, car elles ne sont pas adaptées interculturellement à accueillir des chibanis. Parfois, ces maisons peuvent même provoquer ou accélérer les maladies neurodégénératives, parce que les maisons de retraite apparaissent comme une fin du projet migratoire.

En conclusion, cette première enquête qualitative, confirme la nécessité d'innover en matière d'approche de l'accompagnement de la population chibanis en rénovant notre grille de lecture. Cela a été rappelé longuement par le député M. Jacquat.

L'un des apports majeurs de cette enquête est de nous inviter à raisonner en termes d'espace migratoire, d'espace de circulation des personnes âgées migrantes. Refuser la coupure drastique entre l'espace d'origine et l'espace d'accueil, c'est refuser d'introduire une césure dans l'imaginaire des chibanis qui est, non seulement dramatique pour leurs référents identitaires, mais se révèlent également facteurs aggravant de la détérioration de la santé des migrants.
C'est encore plus dramatique pour les personnes résidentes dans les foyers.

Migration Santé a, dans cette stratégie, ouvert une perspective que d'autres enquêtes pourront utilement compléter dans un travail collectif avec tous les partenaires qui font de la question des chibanis une question de santé publique et surtout une question de citoyenneté et d'égalité de droits.

I - Analyse quantitative des résultats de l'enquête

A - Données socio-démographiques

a1 - Le sexe : 3ème question

	Effectifs	%
1. Homme	191	69,7%
2. Femme	83	30,3%
Total	274	100,0%

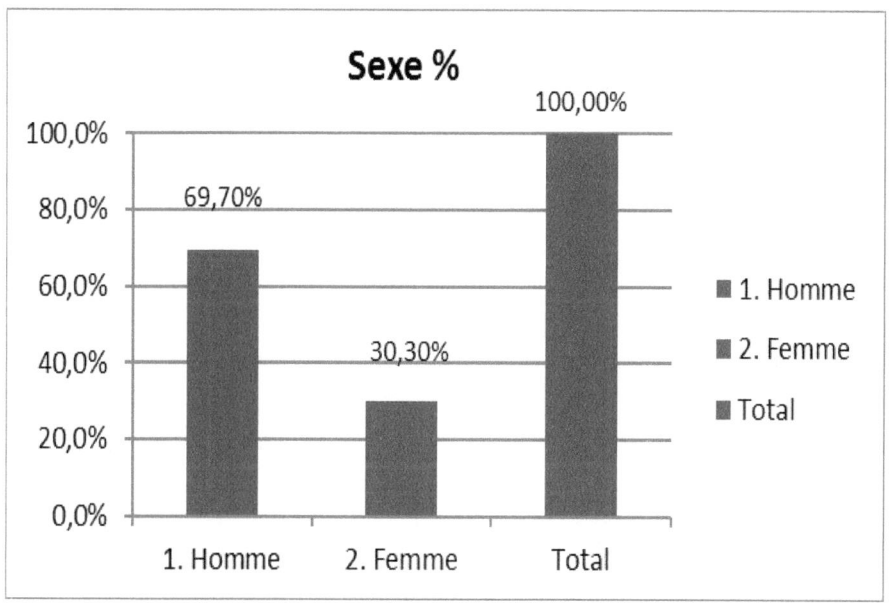

Tableau 1 :

Il montre un pourcentage d'homme de 69,7%. Les femmes représentent seulement 30,3%. Ce qui donne un ratio sexe H/F = 2,29. Le facteur relevant du sexe sera un référentiel pour l'ensemble des données analysées.

a2 – Âge : 146ème question.

	Effectifs	%
55-64 ans	119	43,4%
65-74 ans	109	39,8%
75- 84 ans	40	15,3%
85 et +	4	1,5%
Total	274	100,0%

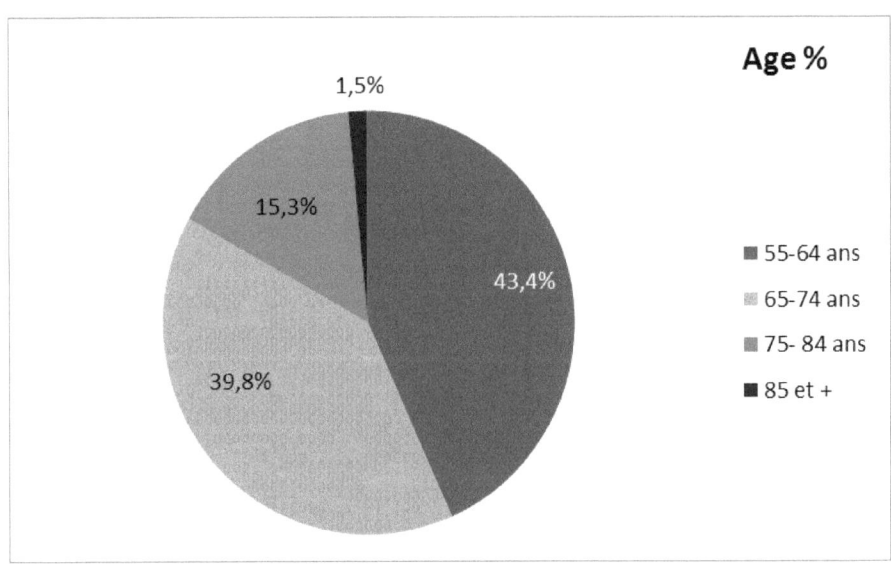

Tableau 2

L'âge moyen est de 67 ans. La proportion de personnes âgées de 75 à 84 ans représente 15,3% de notre échantillonnage.

a3 - Lieu de naissance (pays) : 6ème Question

	Effectifs	%
Algérie	84	30,7%
Bangladesh	1	0,4%
Bénin	1	0,4%
Bosnie	1	0,4%
Burkina Faso	1	0,4%
Cameroun	4	1,5%
Congo	1	0,4%
Côte d'Ivoire	1	0,4%
Égypte	2	0,7%
Espagne	1	0,4%
Ex Yougoslavie	1	0,4%
France	1	0,4%
Guinée	1	0,4%
Liban	1	0,4%
Madagascar	2	0,7%
Mali	32	11,7%
Maroc	104	37.6%
Niger	1	0,4%
Pakistan	1	0,4%

Polynésie	1	0,4%
Portugal	2	0,7%
Sénégal	6	2,2%
Taiwan	1	0,4%
Tchétchénie	2	0,7%
Tunisie	17	6,2%
Turquie	4	1,5%
Total	274	100,0%

Tableau 3

Les personnes interrogées sont majoritairement issues du Maroc (37,6%), d'Algérie (30,7%), du Mali (11,7%), de Tunisie (6,2%), étant donné que les questionnaires ont été distribués dans les foyers de travailleurs migrants et résidences sociales qui rassemblent les premiers travailleurs arrivés en masse des pays du Maghreb et d'Afrique subsaharienne.

Selon les données de l'INSEE de 2010, plus de 80% des immigrés de 55 ans ou plus sont originaires d'Europe ou d'un pays du Maghreb, cette majorité étant due à l'histoire migratoire de la France.

a4 - Lieu de réalisation des questionnaires : 148ème Question

	Effectifs	%
Non-réponse	2	0,7%
Provence Alpes Côte d'Azur	27	9,8%
Rhône-Alpes	73	26,6%
Ile-de-France	92	33,6%
Languedoc Roussillon	55	20,1%
Loire Atlantique	25	9,1%
Total	274	100%

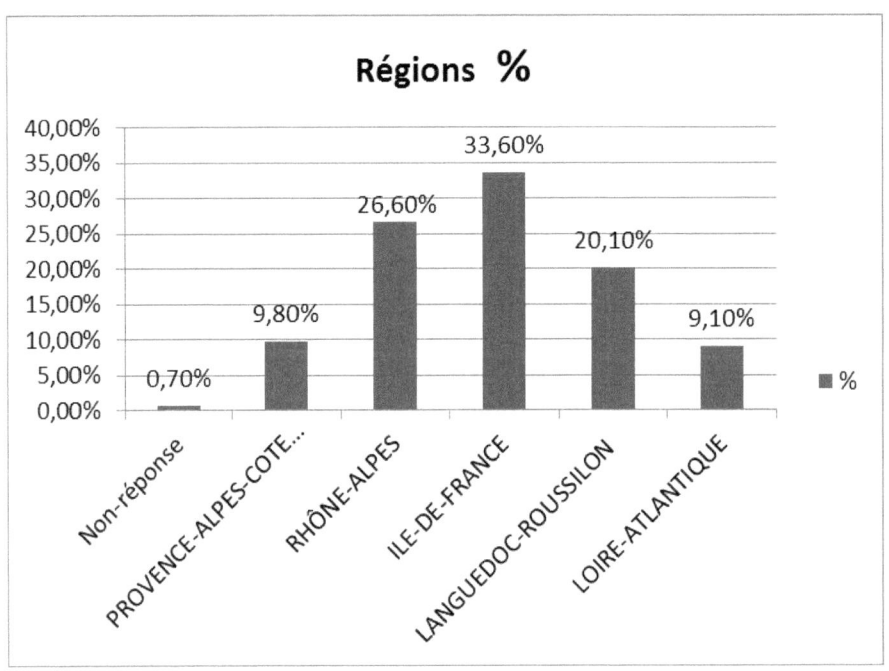

Tableau 4
La majorité des questionnaires a été remplie en Ile-de-France (33,6%), en Rhône-Alpes (26.6%), et en Languedoc-Roussillon (20,1%).

B - La santé des personnes immigrées âgées

1 - Accès aux soins

Hypothèses de départ :
- Les personnes âgées recourent plus à un médecin spécialiste lorsqu'elles ont un médecin traitant
- Plus le niveau de revenu est aisé plus les personnes interrogées déclarent consulter un médecin
- Plus la personne interrogée sera couverte (mutuelle) plus elle consultera un médecin spécialiste

a - Avez-vous un médecin traitant ? : Question 71.

	Oui	Non	Total %
1. Homme	97,4	2,6	100,0
2. Femme	96,3	3,7	100,0
Total	97,0	3,0	100,0

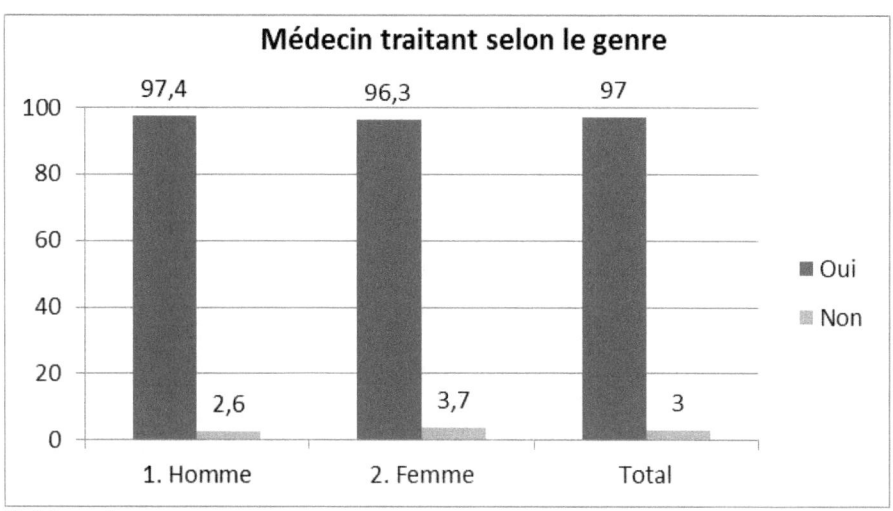

Tableau 1

On observe autant de femmes (96,3%) que d'hommes (97,4%) qui déclarent avoir un médecin traitant.

On constate qu'il n'y a pas d'effet de genre concernant la variable du médecin traitant.

b - Avez-vous un médecin traitant ? Question 71. /. **Êtes-vous allé chez un médecin spécialiste ?** Question 68

	Oui	Non	Total %
Oui	53,4	46,6	100,0
Non	12,5	87,5	100,0
Total	51,9	48,1	100,0

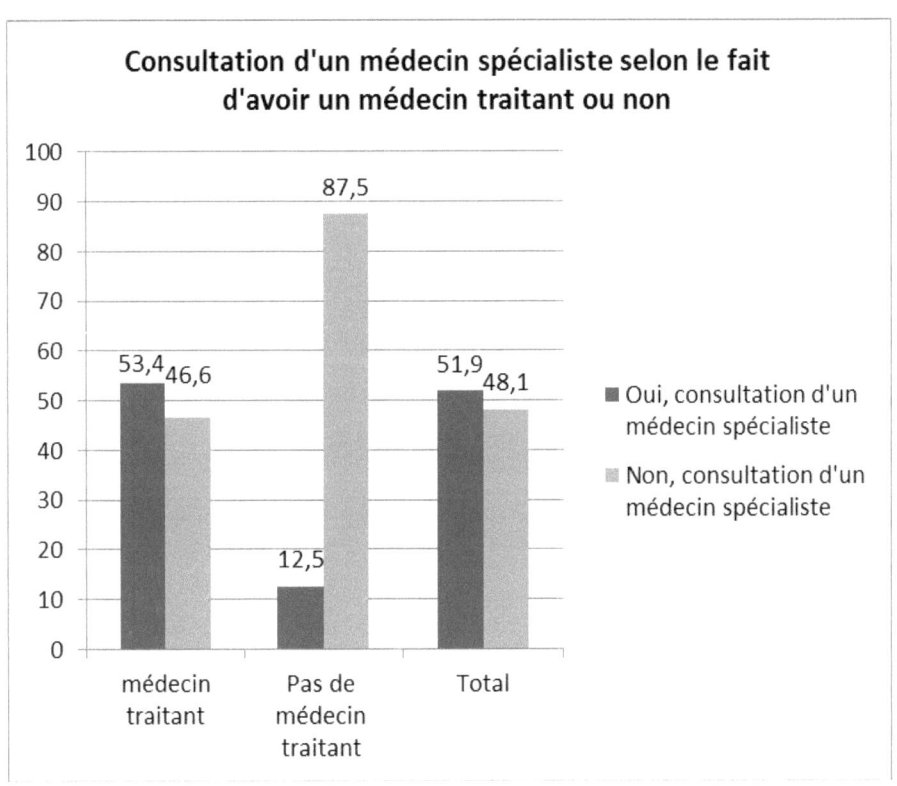

Tableau 2
Les personnes âgées ayant un médecin traitant (53,4%) ont plus recours que celles qui n'en ont pas (12,5%) à un médecin spécialiste. Autrement dit, avoir un médecin traitant a des effets sur la consultation d'un médecin spécialiste. Le médecin traitant dirige, dans le cadre du « parcours coordonné de santé », le patient vers le médecin spécialiste par le biais d'une lettre de prescription. Selon l'enquête de l'IRDES de 2009 sur le recours aux soins de ville des immigrés en France, les personnes immigrées ont un taux de recours à la médecine de ville, au généraliste comme au spécialiste, plus bas que le reste de la population française.

c – Revenus : Question 27. /. **Êtes-vous allé chez un médecin spécialiste ?** Question 68

	Oui	Non	Total %
Un salaire	36,4	63,6	100,0
Indemnités de chômage	21,4	78,6	100,0
RSA	34,8	65,2	100,0
Pension préretraite/retraite	62,0	38,0	100,0
APL	42,3	57,7	100,0
Allocations familiales	33,3	66,7	100,0
Allocations parents isolés			
Pension d'invalidité civile ou militaire	72,7	27,3	100,0
Allocation pour adulte handicapé	55,6	44,4	100,0
Fonds national de solidarité			
Allocation supplémentaire vieillesse	69,2	30,8	100,0
Prestation spécifique de dépendance	100,0		100,0
Revenus de rentes, loyers, bénéfices commerciaux			
Pension de réversion	77,8	22,2	100,0
Pension du pays d'origine			
Autre revenu	66,7	33,3	100,0
Aucun revenu	57,1	42,9	100,0
Total	50,8	49,2	100,0

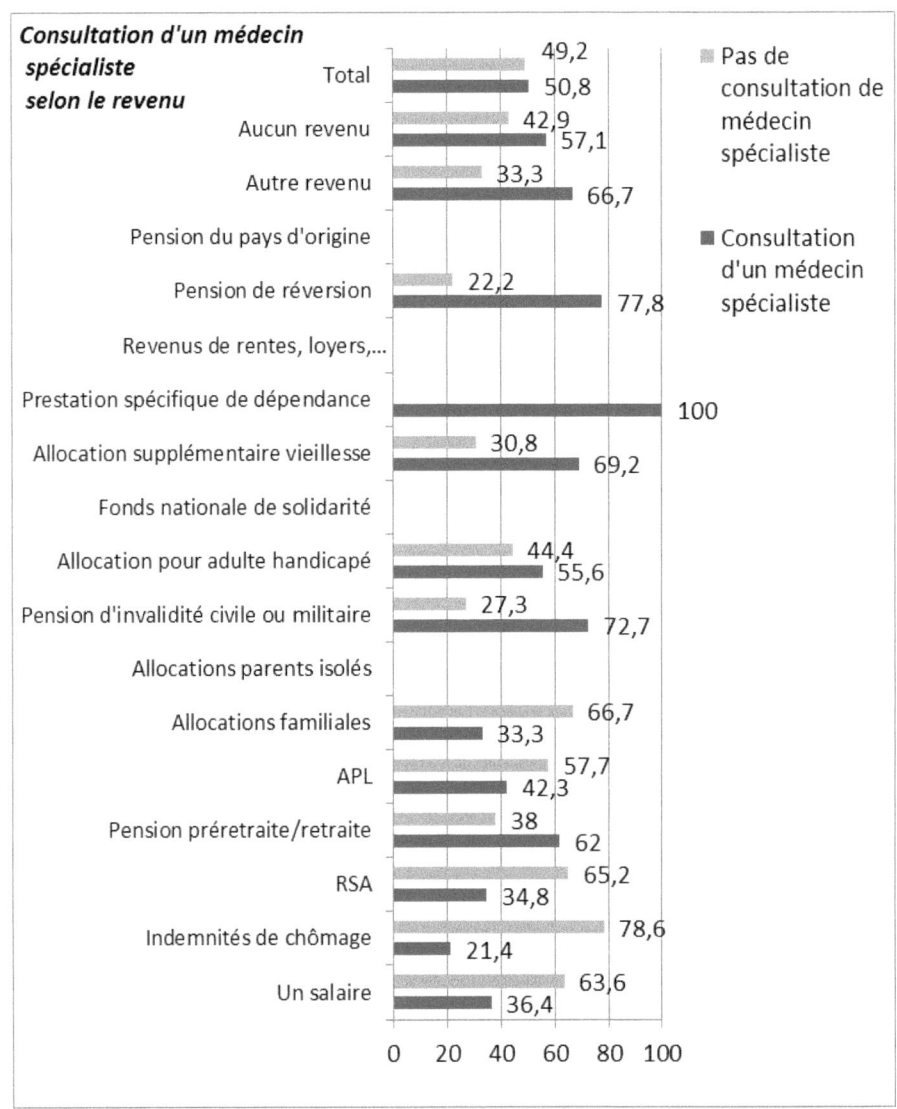

Tableau 3

Les personnes âgées touchant une prestation spécifique de dépendance (100%), une allocation supplémentaire vieillesse (69,2%), pension de réversion (77,8%), pension d'invalidité civile ou militaire (72,7%) ont plus tendance à consulter un médecin spécialiste que les personnes âgées touchant des indemnités chômage (21,4%), le RSA (34,8%), et un salaire (36,4%). Ainsi nous pouvons supposer que plus on a de revenus plus on est susceptible de consulter un médecin spécialiste. Le revenu conditionne le fait de consulter ou non un médecin spécialiste.

d - Quelle est votre couverture maladie actuelle ? : Question 116/ **Avez-vous eu des soins ?** Question 67.

	Soins infirmiers	Soins kinésithérapie	Soins dentaires	Recours à un psychologue	Autre paramédical	Total
Régime général	29,4	17,6	35,3	11,8	5,9	100,0
Régime général + mutuelle complémentaire	33,3	25,9	30,9	9,9	0	100,0
Régime général + CMU C	23,5	17,6	47,1	11,8	0	100,0
Aide médicale gratuite	16,7	33,3	50,0		0	100,0
Aide médicale gratuite + mutuelle complémentaire	0	0	0	0	0	0
CMU	24,0	24,0	52,0			100,0
CMU+ mutuelle complémentaire	37,5	25,0	12,5	12,5	12,5	100,0
CMU + CMU C	36,4	18,2	36,4	9,1	0	100,0
Aucune couverture sociale	25,0	25,0	50,0	0	0	100,0
Total	29,8	22,9	36,6	8,8	2,0	100,0

Tableau 4 : % lignes

Les soins infirmiers :
- 37,5%n de personnes bénéficient d'une CMU + mutuelle complémentaire et de la CMUC.
- 36,4% déclarent avoir plus recours aux soins infirmiers que celles bénéficiant du régime général.
- 29,4% ont un régime général, dont 23,5% ont en plus une CMU. et de l'aide.
- 16,7 ont une médicale gratuite

Les soins de kinésithérapie :
- 25% des personnes bénéficient d'une CMU + mutuelle complémentaire,
- 25,6 bénéficient d'un régime général+ mutuelle complémentaire (25,6%) et aide médicale gratuite (33,3%) ont plus recours aux soins de kinésithérapie que celles bénéficiant du régime général (17,6%), régime général+ CMU C (17,6%) et CMU+CMU C (18,2%).

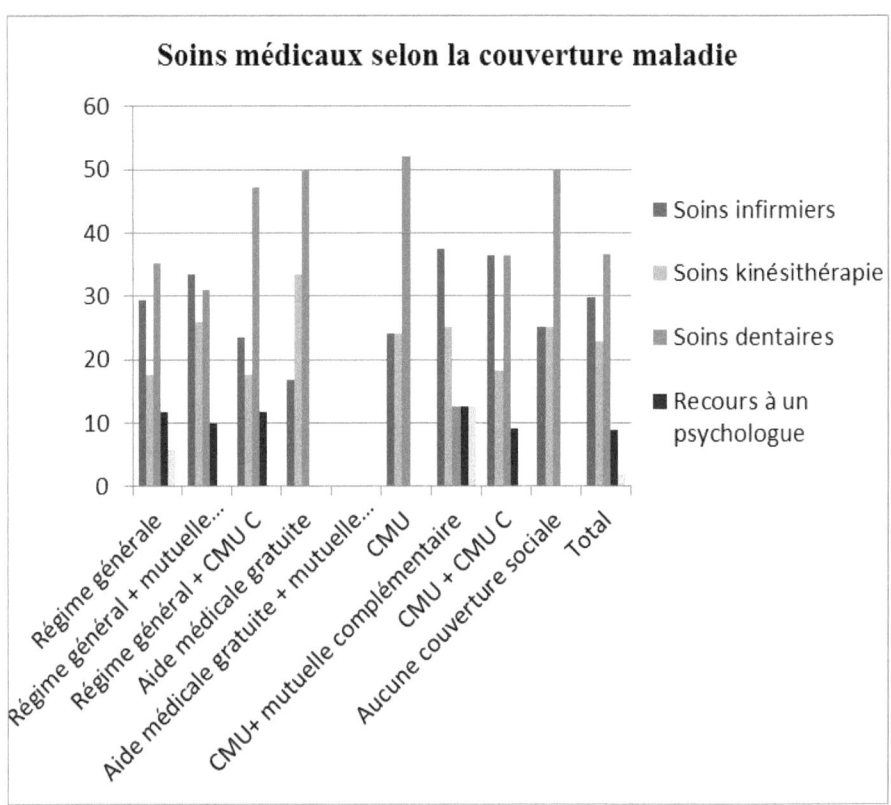

Tableau 4 (suite) : % lignes

Les soins dentaires :
- Les personnes bénéficiant d'une aide médicale gratuite (50%), CMU (52%), régime général + CMU C (47,1%) ont recours aux soins dentaires plus que celles bénéficiant d'un régime général (35,3%), régime général + mutuelle complémentaire (30,9%), CMU+ mutuelle complémentaire (12,5%).
- Celles ne bénéficiant d'aucune protection sociale déclarent avoir eu recours à des soins dentaires (50%).

Consultation de psychologue :
Les personnes bénéficiant d'un régime général (11,8%), plus mutuelle complémentaire (9,9%) ou CMU C (11,8%) sont presque autant à déclarer avoir eu recours à un psychologue que celles bénéficiant d'une CMU+ mutuelle complémentaire (12,5%) et CMU+CMU C (9,1%).

e - Revenu : Question 27. **Quelle est votre couverture maladie actuelle ? : Question** 16

Régime général /Régime général + mutuelle complémentaire /Régime général + CMU	Aide médicale gratuite / Aide médicale gratuite + mutuelle complémentaire	CMU /CMU+ mutuelle complémentaire / CMU + CMU C	Aucune couverture sociale	Total %
97,1	2,9			100,0
81,3	6,3	12,5		100,0
46,2	11,5	38,5	3,8	100,0
71,3	6,3	21,0	1,4	100,0
71,4	8,2	19,4	1,0	100,0
92,9		7,1		100,0
58,3	16,7	16,7	8,3	100,0
77,8		22,2		100,0
66,7	6,7	26,7		100,0
100,0				100,0
46,2	7,7	46,2		100,0
75,0		25,0		100,0
35,7	35,7	21,4	7,1	100,0
70,6	7,7	20,2	1,4	100,0

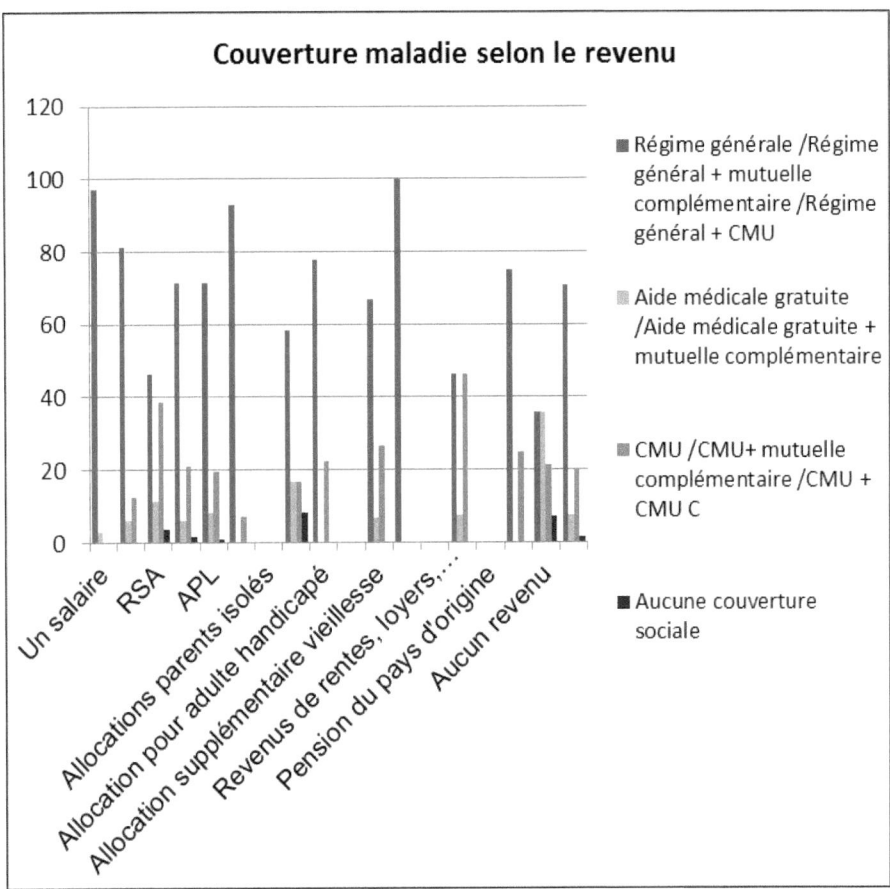

Tableau 5 : % Lignes.
- Régime général /Régime général + mutuelle complémentaire /Régime général + CMU :

Le revenu de la majorité des personnes ayant cette couverture médicale est soit un salaire (97,1%), une indemnité de chômage (81,3%), une pension de préretraite ou de retraite (71,3%), une allocation pour adulte handicapé (77,8%) ou une prestation spécifique de dépendance (100%).

- Aide médicale gratuite /Aide médicale gratuite + mutuelle complémentaire :

Elle concerne plus les personnes ayant une pension d'invalidité civile ou militaire (16,7%)

- CMU /CMU+ mutuelle complémentaire /CMU + CMU C :

La majorité des personnes ayant cette couverture médicale disposent de revenu provenant soit du RSA, de la pension de retraite ou préretraite (21%), de l'allocation pour adulte handicapé (22,2%), de l'allocation supplémentaire vieillesse (26,7%) ou de d'une pension de réversion (46,2%).

2- Perception de l'état de santé des personnes âgées migrantes

Hypothèses principales de départ :
- La perception du niveau de santé dépend du milieu d'origine
- Plus les personnes sont âgées plus elles ont une perception mauvaise de leur santé
- Les femmes ont plus tendance que les hommes à se percevoir en bonne santé
- Les hommes déclarent consommer de l'alcool ou du tabac plus que les femmes

a- Pouvez-vous dire que votre santé est : question 55. /. Sexe : question 3

	Très bonne / bonne	Moyenne	Mauvaise / très mauvaise	non-réponse	Total
1. Homme	34,2	38,9	26,3	0,5	100,0
2. Femme	26,5	42,2	28,9	2,4	100,0
Total	31,9	39,9	27,1	1,1	100,0

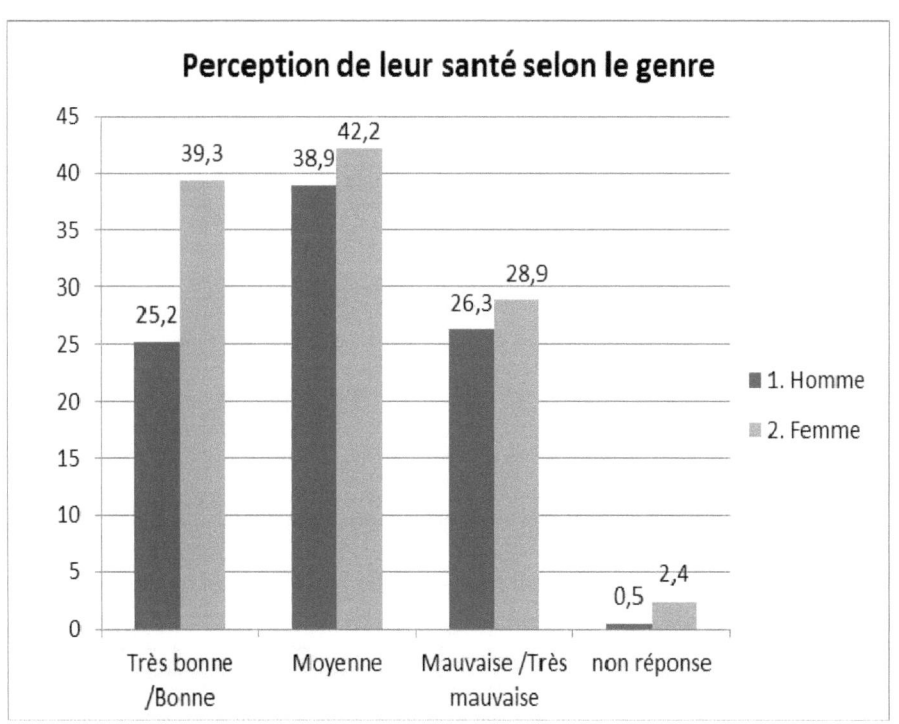

Tableau 6 : % Lignes

- 34,2% d'hommes déclarent être en bonne ou très bonne santé, contrairement aux femmes (26,5%)
- Les femmes (43,2%) comme les hommes (39,2%) estiment moyen leur état de santé
- Les femmes (28,9%) ont autant tendance que les hommes (26,3%) à se déclarer être en mauvaise voire très mauvaise santé.

b- Niveau d'instruction : Question14 / **Pouvez-vous dire que votre santé est :** Question 55

	Très bonne /bonne	Moyenne	Mauvaise /très mauvaise	Total %
Non scolarisé	25,2	40,4	34,4	100,0
Primaire	39,3	46,4	14,3	100,0
Secondaire	38,8	36,7	24,5	100,0
Supérieur	53,3	20	26,7	100,0
Total	39,2	35,9	24,9	100,0

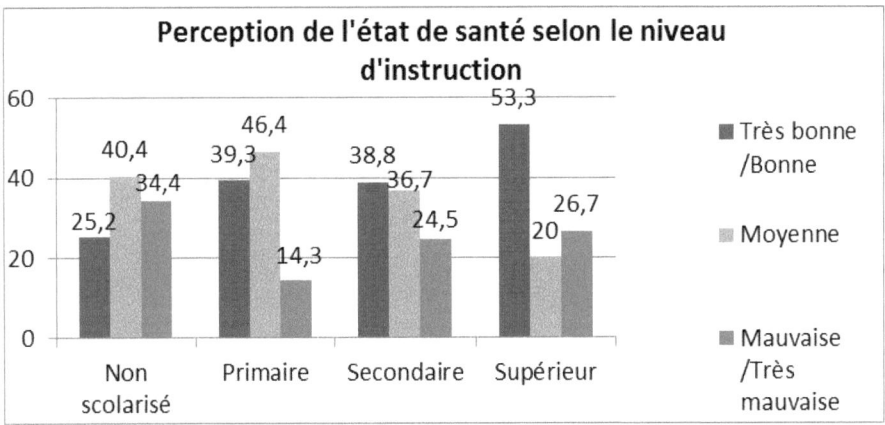

Tableau 7 : % Lignes.

Les personnes ayant un niveau d'instruction supérieur (53,3%) ont plus tendance que les personnes ayant un niveau d'instruction secondaire (38,8%) primaire (39,3%) et les non scolarisés (25,2%) à déclarer être en bonne ou très bonne santé.

Les personnes ayant un niveau d'instruction secondaire (38,8%) ont autant tendance à s'estimer être en bonne ou très bonne santé que les personnes ayant un diplôme de niveau primaire (39,3%).

Les personnes non scolarisées (25,2%) ont moins tendance à déclarer être en bonne ou très bonne santé que les autres.

Aussi, les personnes non scolarisées (34,4%) ont plus tendance que les personnes ayant un niveau d'instruction primaire (14,3%), secondaire (24,5%), supérieure (26,7%) à déclarer être en mauvaise ou très mauvaise santé.

Les personnes ayant un niveau d'instruction supérieur (20%) ont moins tendance à déclarer avoir une santé moyenne que les personnes ayant un niveau secondaire (36,7%), primaire (46,4%) et les non scolarisés (34,4%).

Les personnes ayant un niveau d'instruction secondaire (36,7%) ont moins tendance à déclarer avoir une santé moyenne que les personnes ayant un niveau primaire (46,4%) et les non scolarisés (34,4%).

Les personnes ayant un niveau d'instruction supérieure (26,7%) ont autant tendance que ceux ayant un niveau d'instruction secondaire (24,5%) à déclarer être en mauvaise ou très mauvaise santé.

Les personnes ayant un niveau d'instruction primaire ont moins tendance que les autres à déclarer être en mauvaise ou très mauvaise santé.

Plus le niveau d'instruction est élevé et plus la personne déclare être en bonne santé. Le niveau d'instruction influe donc sur la perception de son état de santé.

c- **Âge :** Question 146 / **Pouvez-vous dire que votre santé est :** Question 55.

	Très bonne /bonne	Moyenne	Mauvaise /très mauvaise	Total %
55-64 ans	45,4	36,1	18,5	100,0
65-74 ans	25,9	39,8	34,3	100,0
75- 84 ans	10,0	52,5	37,5	100,0
85 et +	50,0	50,0		100,0
Total	32,3	40,1	27,5	100,0

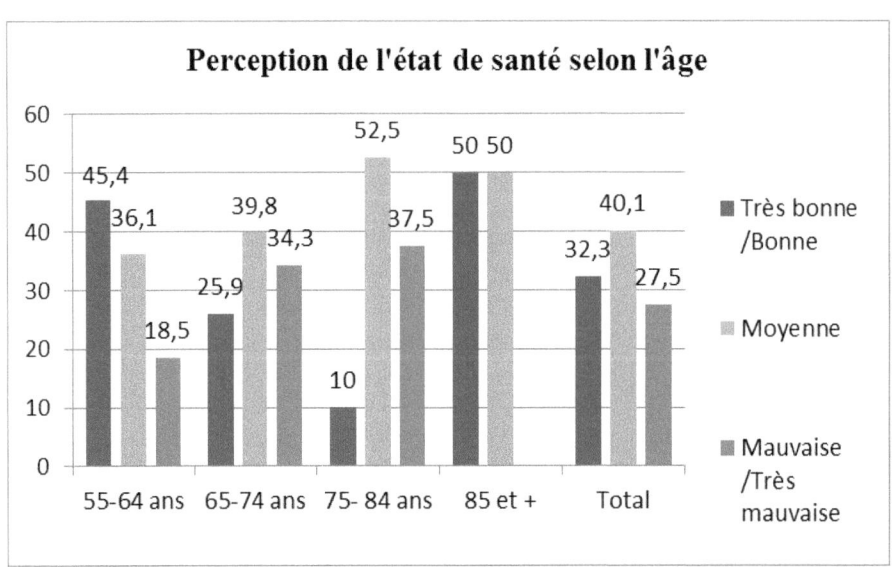

Tableau 8 : % Lignes

- 45,4% des personnes immigrées âgées de 55-64 ans se déclarent être en très bonne ou bonne santé,
- 25,9% des personnes âgées de 65-74 ans se déclarent de bonne santé, contre 10% de celles 75-85 ans.
- La tranche d'âge des 55-64 ans (36,1%) et 65-74 ans (39,8%) ont moins tendance que celle des 75-84 ans (52,5%), et les 85 ans et plus (50%) à déclarer être en moyenne santé.
- La tranche d'âge des 75-84 ans (37,5%) et les 65-74 ans ont plus tendance que les 55-64 ans (18,5%), et les 85 et plus (0%) à déclarer être en très mauvaise ou mauvaise santé.
- La tranche d'âge des 85 ans et plus ne déclare pas être en mauvaise santé. On peut alors supposer que plus on est jeune et moins on a tendance à se percevoir comme étant en mauvaise santé. Et au contraire plus on est vieux et plus notre vision de notre propre santé est dégradée.

L'âge a un effet sur la perception de l'état de santé.

d- Pouvez-vous dire que votre santé est : Question 16/ **Si oui, quelle profession ?** Question 55.

	Très bonne /bonne	Moyenne	Mauvaise /très mauvaise	Total
Agent d'accueil/Agent de service /Agent de surveillance /Secrétariat	60,0	20,0	20,0	100,0
Agent de tri /Agent de propreté /Agent technique de surface /Femme de ménage	33,3	66,7		100,0
Aide-cuisinier /Chef cuisinier /restauration	33,3	33,3	33,3	100,0
Assistante maternelle /Éducatrice /Garde d'enfants	75,0		25,0	100,0
Bâtiment/Manoeuvre/Ouvrier dans la métallurgie /Manutentionnaire	100,0			100,0
Boucher	100,0			100,0
Comptable/gestionnaire	100,0			100,0
Intermittent du spectacle		100,0		100,0
Livreur /Primeur/Vendeur	100,0			100,0
Peintre/Plâtrier	50,0	50,0		100,0
Total	69,4	22,2	8,3	100,0

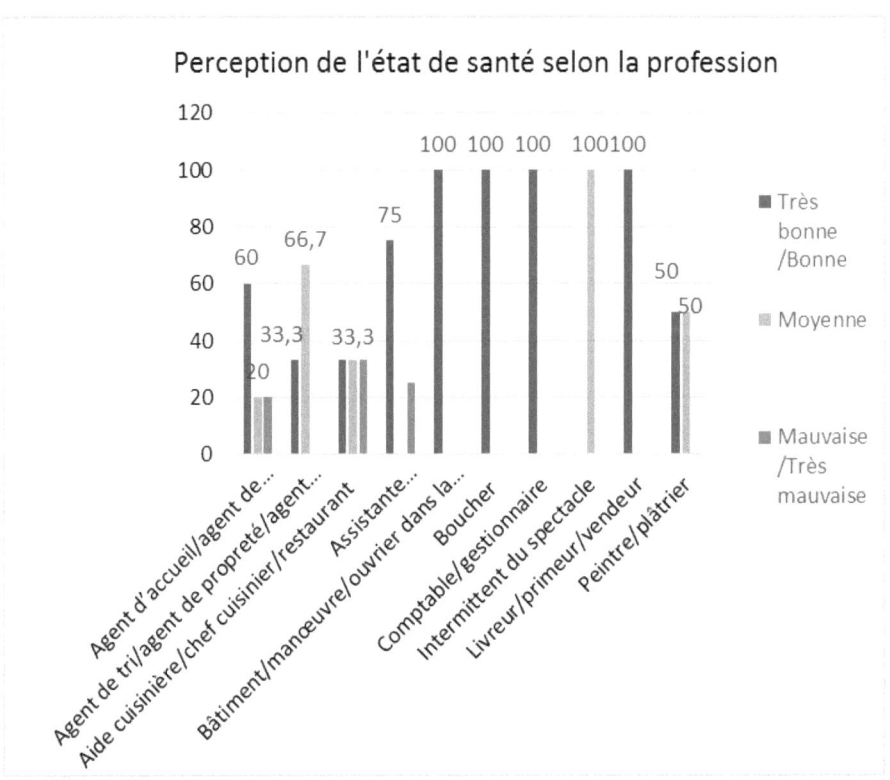

Tableau 9 : % Lignes.

- 100% des personnes travaillant dans le bâtiment, la boucherie, la comptabilité/gestion, livreur/ vendeur se déclarent être en très bonne ou bonne santé comparativement aux agents d'accueil (60%), agents de propreté (33,3%) et cuisinier (33,3%).
- Les personnes exerçant une profession en tant qu'agent d'accueil (20%), agent de propreté (66,7%), et cuisinier (33,3%) ont plus tendance que les autres à déclarer avoir une santé moyenne.
- Les personnes exerçant une profession en tant qu'agent d'accueil, cuisinier, et assistante maternelle ont plus tendance que les autres à se déclarer en mauvaise ou très mauvaise santé.

3- Addictions chez les personnes âgées immigrées

Hypothèse de départ :
Les hommes auront tendance à déclarer consommer de l'alcool ou du tabac plus que les femmes

Buvez-vous ? Question 105/**Sexe** / Question 3

	Tous les jours	Plusieurs fois par semaine	Occasionnellement	Jamais	Total
1. Homme	1,6	2,2	10,2	86,0	100,0
2. Femme	-	-	10,0	90,0	100,0
Total	1,1	1,5	10,2	87,2	100,0

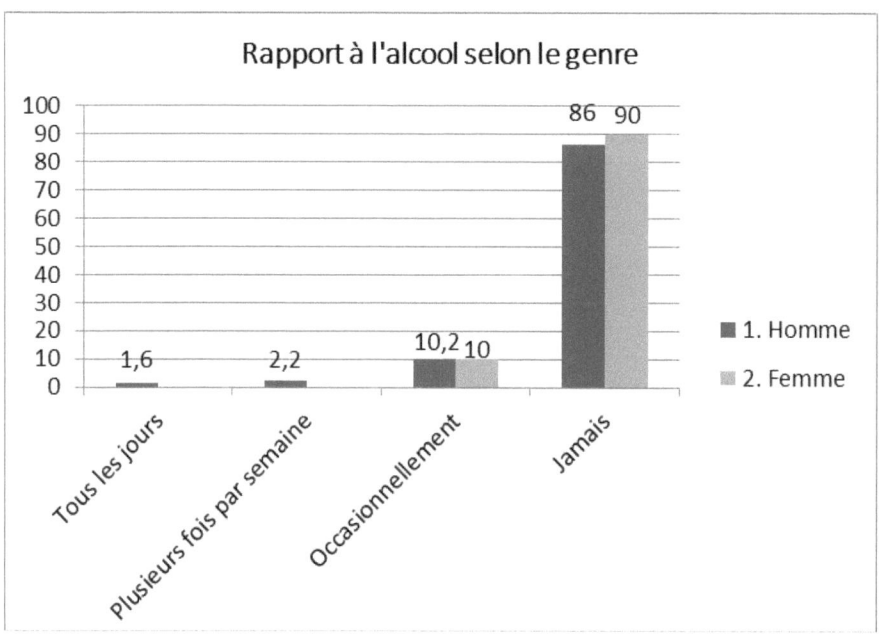

Tableau 10 : % Lignes
Presque autant d'hommes (86%) que de femmes (90%) ne consomment jamais d'alcool.

Il n'y a pas d'effet de genre pour la consommation d'alcool étant donné que les personnes interrogées déclarent systématiquement ne jamais consommer d'alcool. Elles sont majoritairement d'une confession religieuse où l'alcool est interdit.

Quelle situation vous correspond par rapport au tabac ? Question 102/ **Sexe :** Question 3.

	Vous n'avez jamais fumé	Vous avez fumé, mais vous ne fumez plus	Autres produits (pipe, chique...)	Je fume des cigarettes	Total %
1. Homme	57,9	25,8	5,3	11,1	100,0
2. Femme	87,8	6,1	1,2	4,9	100,0
Total	66,9	19,9	4,0	9,2	100,0

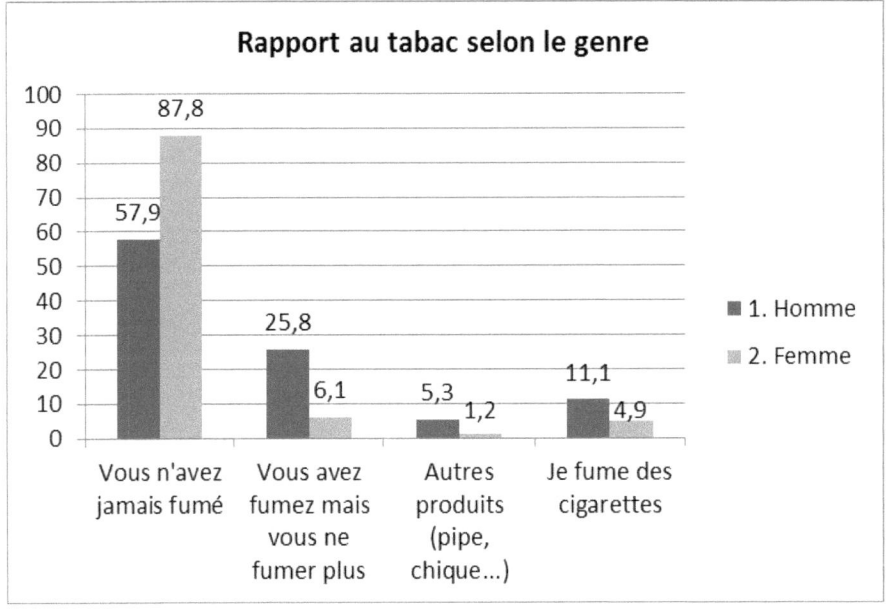

Tableau 11 : % Lignes

- Les femmes (87,8%) sont plus nombreuses que les hommes (57,9%) à déclarer ne jamais avoir fumé.
- Plus d'hommes (25,8%) que de femmes (6,1%) déclarent ne plus fumer.
- Les hommes (11,1%) déclarent fumer des cigarettes plus que les femmes (4,9%)

C - Logement et migrants

1- Lieu d'habitation selon l'année d'arrivée

Année d'arrivée dans l'adresse actuelle : Question 35 / **Lieu d'habitation :** Question 37.

	Foyer	Résidence sociale	Chambre meublée d'hôtel	Chambre appartement privé	HLM	Maison	Total
1957-1970	23,5	47,1		11,8	17,6		100,0
1971-1980	9,1	45,5	3,0	9,1	27,3	6,1	100,0
1981-1990	12,8	25,6		35,9	20,5	5,1	100,0
1991-1999	9,8	26,8		29,3	29,3	4,9	100,0
2000-2013	15,3	25,0	1,6	25,8	29,8	2,4	100,0
Total	13,8	29,5	1,2	24,8	27,2	3,5	100,0

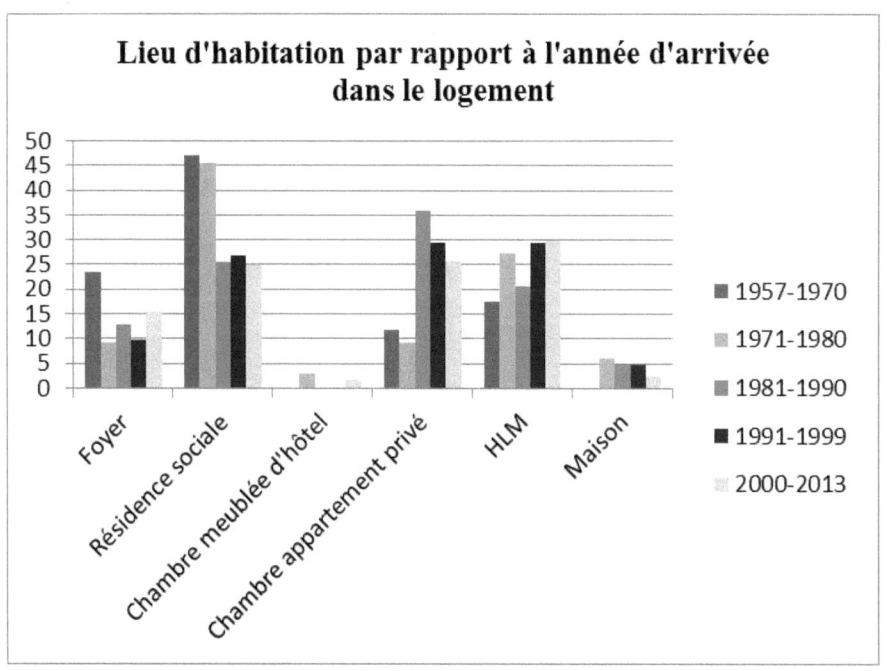

Tableau 1 : % Lignes.
Les personnes arrivées en France entre 1957-1970 habitent dans les résidences sociales (47,1%) et dans les foyers (23,5%).

Les personnes arrivées en France entre 1971-1980 habitent en résidence sociale (45,5%) ou en HLM (27,3%).
Les personnes arrivées en France entre 1981-1990 habitent dans des chambres/appartement privé (35,9%) ou dans des résidences sociales (25,6%).
Les personnes arrivées en France entre 1991-1999 et 2000-2013 habitent majoritairement dans des chambres/ appartement privé (29,3%), dans des résidences sociales (26,8%) et en HLM (29,3%)

2- Niveau de satisfaction par rapport au logement

Lieu d'habitation : Question 37 / **Êtes-vous satisfait de votre logement ?** Question 50.

	Oui	Non	Total %
Foyer	51,4	48,6	100,0
Résidence sociale	69,3	30,7	100,0
Chambre meublée d'hôtel	33,3	66,7	100,0
Chambre appartement privé	60,6	39,4	100,0
HLM	64,8	35,2	100,0
Maison	87,5	12,5	100,0
Autre	50,0	50,0	100,0
Total	63,4	36,6	100,0

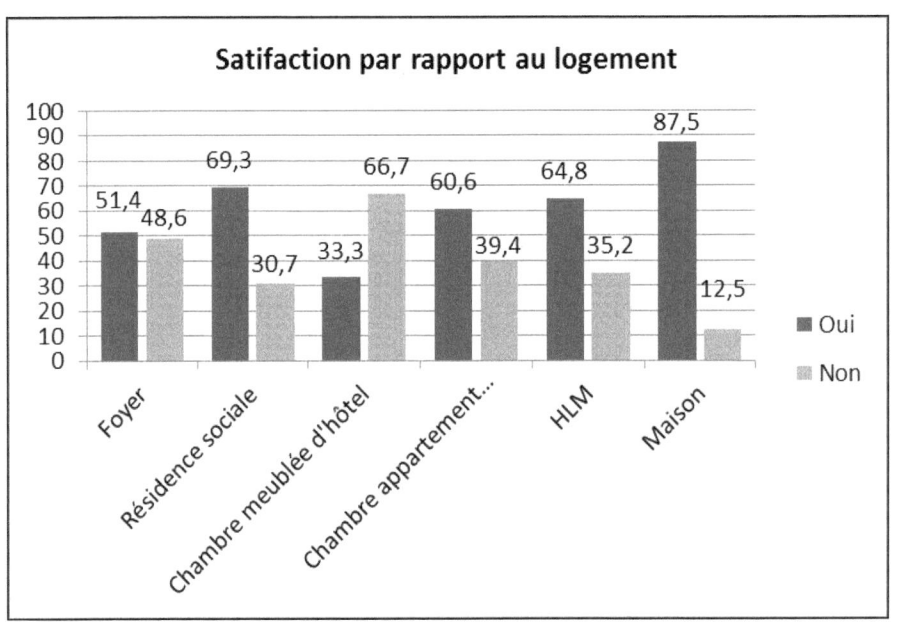

Tableau 2 : % Lignes.
- Les personnes habitant dans une chambre meublée d'hôtel (66,7%) et dans les foyers (48,6%) déclarent être plus insatisfaites de leur logement par rapport à celles habitant en HLM (35,2%) ou dans une maison individuelle (12,5%).
- 87,5% des personnes habitant dans une maison individuelle sont satisfaits de leur logement.
- Les personnes habitant dans une résidence sociale se déclarent satisfaites de leur logement (69,3%)
- Il y a presque autant de personnes habitant dans un foyer satisfaites (51,4%) de leur logement que de personnes insatisfaites (48,6%).
- Les personnes habitant en chambre/appartement privé (60,6%) sont presque autant satisfaites de leur logement que celles habitant en HLM (64,8%).

3 - Difficultés et logement

Difficultés rencontrées pour trouver le logement : Question 39 / **Intervention d'une institution, médiateur professionnel pour le logement** : Question 40.

	Oui	Non	Total %
Hostilité vis-à-vis des étrangers	20,7	79,3	100,0
Revenus insuffisants	23,1	76,9	100,0
feuilles de paie manquantes	12,5	87,5	100,0
Problème de caution	26,1	73,9	100,0
Pas d'offre adaptée	40,0	60,0	100,0
Aucune difficulté	12,9	87,1	100,0
Trop d'attente	42,9	57,1	100,0
Autre	57,1	42,9	100,0
Total	19,2	80,8	100,0

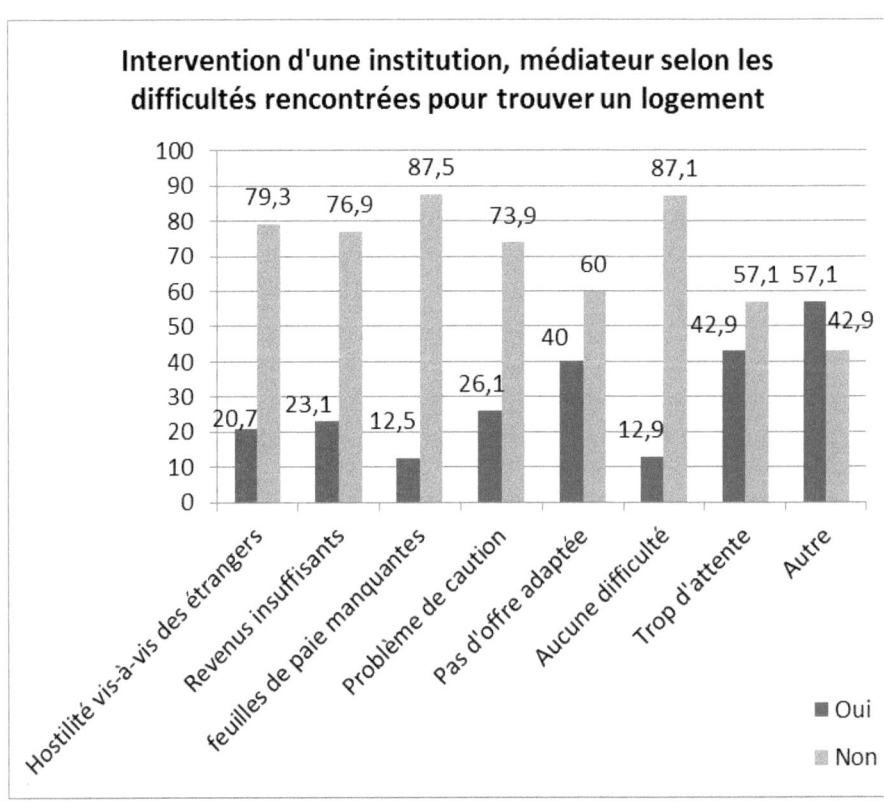

Tableau 3 : % Lignes.
- Les personnes ayant sollicité le recours d'un médiateur, institution ou autres professionnels pour l'obtention d'un logement, déclarent l'avoir fait parce que l'offre initiale n'était pas assez adaptée à leurs conditions (40%), parce qu'il y avait trop d'attente (42,9%) ou pour d'autres raisons (57,1%).
- Celles qui n'ont pas fait appel à un médiateur, institution ou autres professionnels l'expliquent en raison de manque de fiche de paie (87,5%), de revenus insuffisants (76,9%), d'aucune autre difficulté (87,1%) ou aucun sentiment d'hostilité éprouvé (79,3%).

Lieu d'habitation Question 37 / **Intervention d'institution, médiateur professionnel pour le logement** Question 40

	Oui	Non	Total
Foyer	32,4	67,6	100,0
Résidence sociale	15,6	84,4	100,0
Chambre meublée d'hôtel		100,0	100,0
Chambre appartement privé	16,4	83,6	100,0
HLM	29,2	70,8	100,0
Maison individuelle	11,1	88,9	100,0
Autre		100,0	100,0
Total	21,3	78,7	100,0

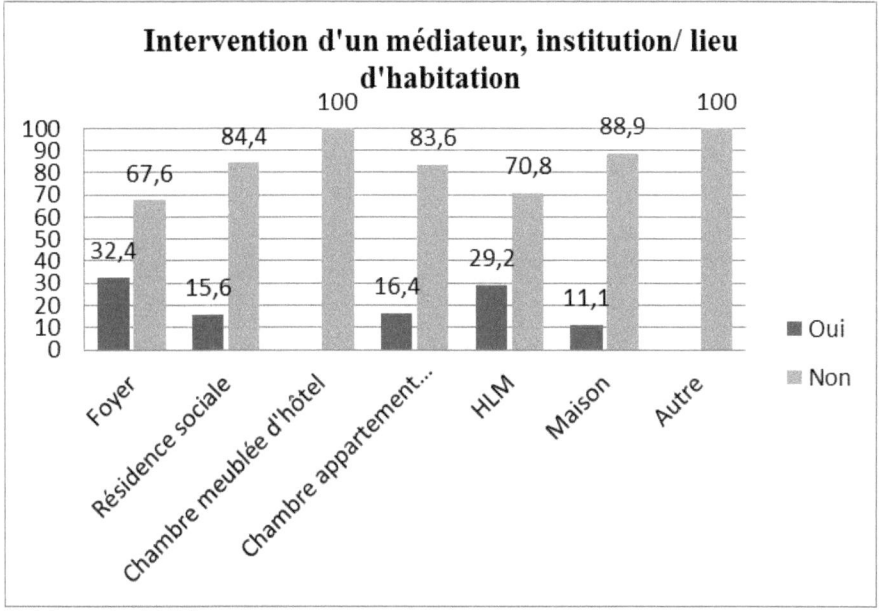

Tableau 4 : % Lignes.
- Les personnes ayant eu recours à un médiateur, institution ou autres professionnels pour le logement, sont celles qui habitent en foyer (32,4%) et en HLM (29,2%).
- Les personnes ayant eu le moins recours à un médiateur, institution ou autres professionnels pour le logement, sont celles habitant en résidence sociale (15,6%), chambre/appartement privé (16,4%) et en maison individuelle (11,1%).
- Les personnes n'ayant pas eu recours à un médiateur, institution ou autres professionnels pour le logement, sont celles habitant en chambre meublée d'hôtel (100%), résidence sociale (84,4%).

- Autant de personnes vivant en résidence sociale (84,4%) qu'en chambre/appartement privé (83,6%) n'ont pas eu recours à une aide quelconque concernant le logement.

D - Connaissance des services à la personne

1 - Connaissance et utilisation des services à destination des personnes âgées

Savez-vous qu'il existe des services pour faciliter la vie des personnes âgées ? Question 122/ **Si oui, en avez-vous déjà utilisé ?** Question 123.

	Oui	Non	Total
Oui	29,7	2,4	23,9
Non	70,3	97,6	76,1
Total	100,0	100,0	100,0

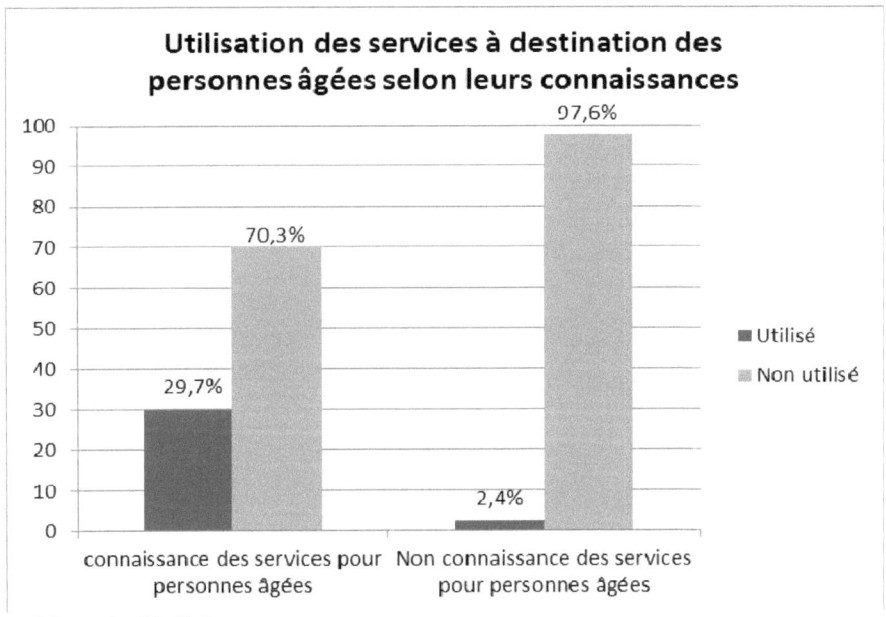

Tableau 1 : % Colonnes.
- 29,7% personnes déclarent connaître et avoir recours aux services à destination des personnes âgées.
- 70.3 % personnes déclarent connaître ces services mais n'y font pas appel.

Autrement dit, connaître ces dispositifs n'implique pas d'y avoir recours.

2 - Connaissance des services selon le niveau d'instruction

Niveau d'instruction Question 14 / **Savez-vous qu'il existe des services pour faciliter la vie des personnes âgées ?** Question 122

	Oui	Non	Total
Non scolarisé	47,0	53,0	100,0
Primaire	78,2	21,8	100,0
Secondaire	57,1	42,9	100,0
Supérieur	86,7	13,3	100,0
Total	57,5	42,5	100,0

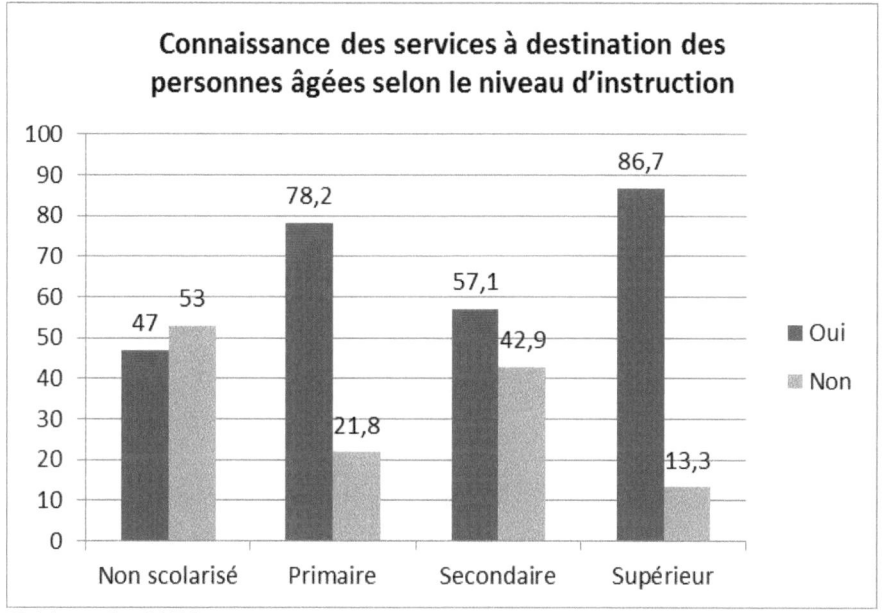

Tableau 2 : % Lignes
- 86,7% de personnes de niveau d'instruction supérieur, 78.2 % primaire, 57.1 % secondaire et 47% non scolarisées déclarent connaître les services spécifiques aux personnes âgées.
- Les personnes non scolarisées (53%) ont plus tendance que les personnes ayant un niveau d'instruction primaire (21,8%), secondaire (42,9%), supérieur (13,3%) à ne pas connaître les services à destination des personnes âgées.

On peut en déduire que plus le niveau d'instruction est élevé, plus les personnes ont tendance à connaître les services spécifiques destinés aux personnes âgées et plus il est faible, plus les personnes n'ont pas cette connaissance.

3 - Utilisations selon la connaissance des services

Savez-vous qu'il existe des services pour faciliter la vie des personnes âgées ? Question 122/ **Lesquels :** Question 124.

	Oui	non-réponse	Total
Soins à domicile	27,7		27,3
Portage de repas	20,2		19,8
Aide-ménagère	22,7		22,3
Club personnes âgées	4,2		4,1
Lavage du linge	4,2		4,1
Autre	4,2		4,1
non-réponse	16,8	100,0	18,2
Total	100,0	100,0	100,0

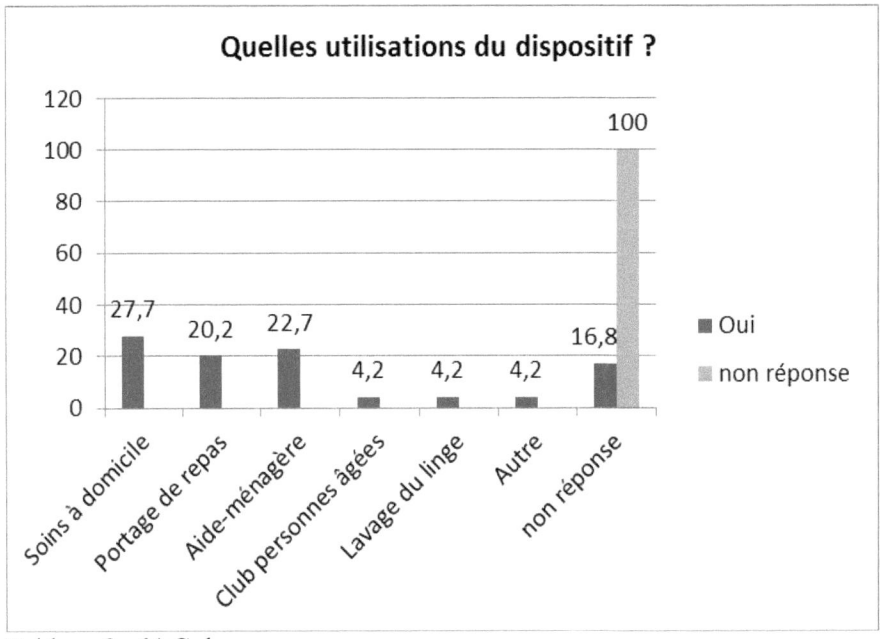

Tableau 3 : % Colonnes.
- Les services utilisés majoritairement par les personnes âgées sont les soins à domicile (27,7%), l'aide-ménagère (22,7%) et le portage de repas (20,2%).
- Les services peu utilisés sont autant le club des personnes âgées (4,2%) que le lavage du linge (4,2%) et autres services (4,2%).

E - Intégration et migration

Hypothèses de départ :
- Plus le niveau d'instruction est faible, plus les personnes auront des difficultés à parler le français
- Les personnes arrivées en France pour rechercher un travail auront tendance à déclarer vivre seules

1- L'apprentissage de la langue française comme processus d'intégration

Parlez-vous français ? Question 14 / **Niveau d'instruction** / Question 19

	Oui	Non	Avec difficultés	Total
Non scolarisé	31,1	18,5	50,3	100,0
Primaire	69,1	1,8	29,1	100,0
Secondaire	87,5		12,5	100,0
Supérieur	93,3		6,7	100,0

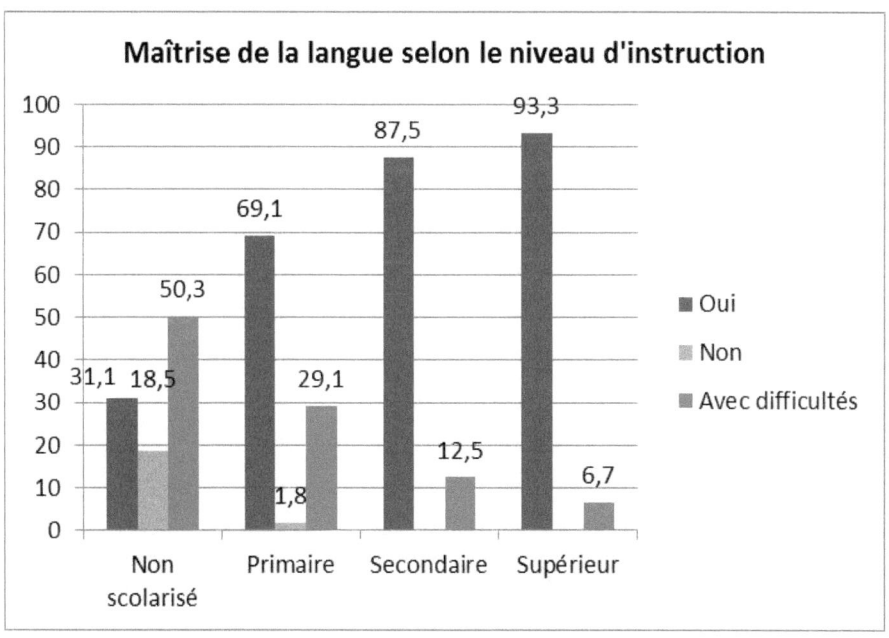

Tableau 1 : % Lignes
- 50.3 % de personnes non scolarisées, 29.1% de niveau d'instruction primaire, 12.5 % secondaire et 6.7 % supérieure déclarent parler le français avec difficultés.

- 18,5% des non scolarisées et 1.8 % de niveau d'instruction primaire déclarent ne pas parler le français.
- Les personnes de niveau d'instruction secondaire (87,5%), supérieure (93,3%), primaire (69,1%) et les non scolarisés (31,1%) déclarent parler le français sans difficultés.

Plus le niveau d'instruction est élevé et plus les personnes auront tendance à bien parler le français. En revanche, plus leur niveau d'instruction est faible et plus les personnes parleront le français avec difficultés.
Le niveau d'instruction initial a une influence sur l'apprentissage de la langue française.

2- Motif d'immigration et famille

Motifs de la venue en France : Question 29 / **Vit seul ?** Question 31

	Oui	Non	Total
Recherche d'un travail	73,3	45,9	65,5
Regroupement familial	17,6	29,7	21,1
Situation politique et sociale du pays d'origine	3,7	9,5	5,4
Autres motifs	5,3	14,9	8,0
Total	100,0	100,0	100,0

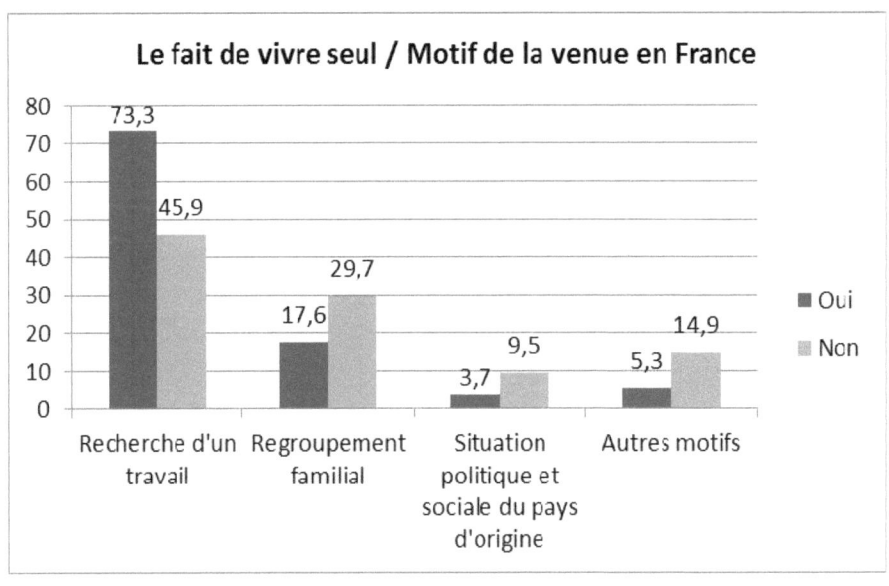

Tableau 2 : % Colonnes.
- 73,3% de personnes venues en France pour la recherche d'un travail déclarent vivre seules, 17.6 % parmi celles venues suite à un regroupement familial, 3.7 % en raison de situations politique et sociale du pays d'origine et 5.3 % pour d'autres motifs.
- 45.9 % des personnes venues en France pour la recherche d'un travail et 29.7 % suite à un regroupement familial déclarent ne pas vivre seules alors qu'elles ne représentent que 9.6 % et 14.9 % parmi celles, respectivement, venues en raison de mauvaise situation politique et sociale, ou pour d'autres motifs.

En règle générale les personnes arrivées en France pour la recherche d'un emploi sont celles qui font venir leur famille plus tard.

État civil : Question 10 / **Vit seul ?** Question 31.

	Oui	Non	Total
Célibataire	77,3	22,7	100,0
Marié	67,3	32,7	100,0
Veuf	72,5	27,5	100,0
Séparé	92,9	7,1	100,0
Divorcé	81,8	18,2	100,0

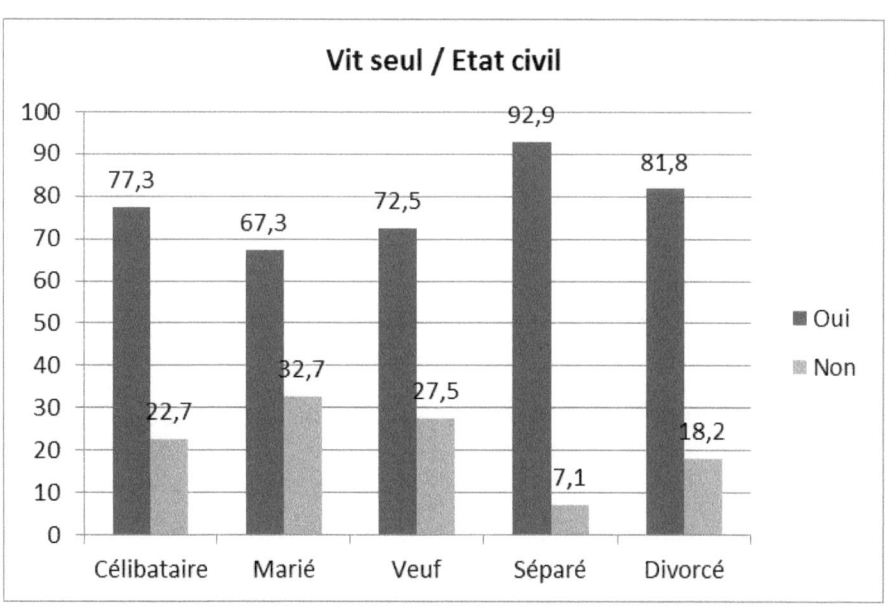

Tableau 3 : % Lignes.
- 67,3% des personnes mariées ont moins tendance que les personnes séparées (92,9%), divorcées (81,8%), veuves (72,5%) et célibataires (77,3%), à vivre seules.
- Les personnes mariées (32,7%) et les veuves (27,5%) ont plus tendance que les personnes célibataires (22,7%), veuves (27,5%), séparées (7,1%), divorcées (18,2%), à ne pas vivre seuls.
- Les personnes célibataires (77,3%), veuves (72,5%), séparées (92,9%), divorcées (81,8%) ont plus tendance que les personnes mariées (67,3%) et les veufs (72,5%), à vivre seul.

L'état civil des personnes questionnées a un effet sur leur état de vie.

F. Autonomie

1 - Activités de la vie quotidienne

Hypothèses :
- Il paraît logique qu'en vieillissant, les personnes perdent leur autonomie,
- On peut supposer que les femmes soient plus autonomes que les hommes car elles ont toujours été plus impliquées dans les tâches domestiques et cela est encore plus visible chez les personnes immigrées.

Activité de la vie quotidienne : Avez-vous besoin d'aide pour vous déplacer ? Question 96/ **Âge** Question 146

Tableau : %	Non	Oui juste pour les transports en commun	Je me fais toujours accompagner	Je ne sors pas de chez moi	Total
55-64 ANS	80,0	20,0			100,0
65-74 ANS	87,9	6,9	5,2		100,0
75-84 ANS	81,3	11,6	4,5	2,7	100,0
85 ET +	57,1	28,6	14,3		100,0
Total	80,7	11,9	6,3	1,1	100,0

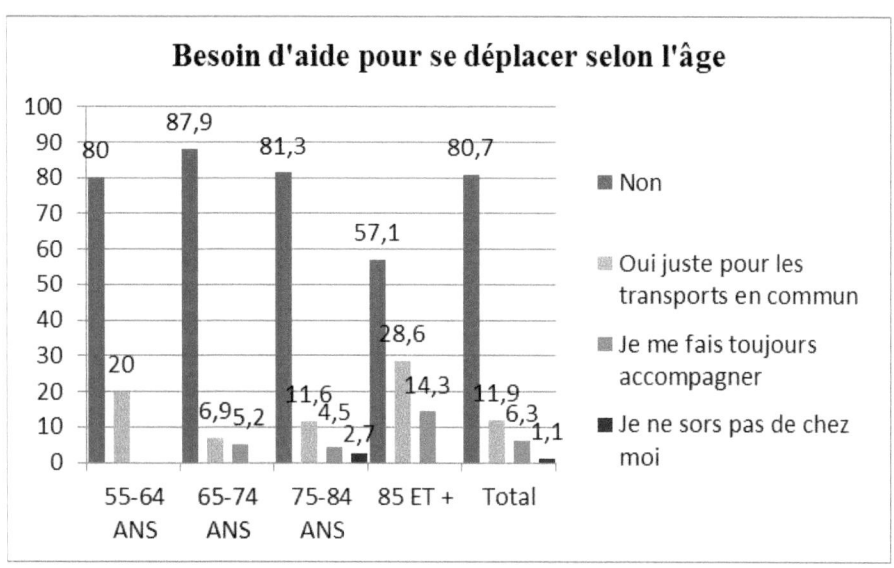

Tableau 1 : % Lignes.
- 14.3 % des personnes âgées de plus de 85 ans et plus, 4.5 % des 75-85 ans et 5.2 % des 65-75 ans déclarent se faire toujours accompagner.
- Les personnes âgées de 55-65 ans (80%), 65-75 ans (87,9%), 75-85 ans (81,3%) et 57.1 % de celles âgées de 85 ans et plus déclarent ne pas avoir besoin d'aide pour se déplacer.

Activité de la vie quotidienne : Avez-vous besoin d'aide pour le ménage ? Question 94 / **Sexe** Question 3.

	Non	Oui pour le gros ménage	oui pour les petites tâches ménagères	Je ne fais pas du tout les tâches ménagères	Total
1. Homme	81,4	14,9	1,6	2,1	100,0
2. Femme	67,5	20,0	5,0	7,5	100,0
Total	77,2	16,4	2,6	3,7	100,0

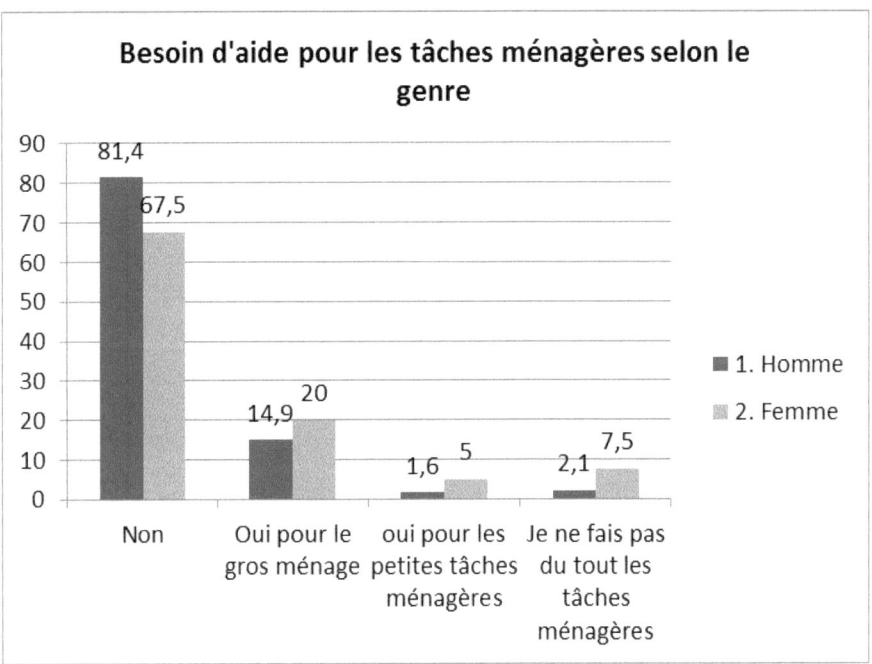

Tableau 2 : % Lignes.
- 81.4 % des hommes et 67.5 % de femmes déclarent ne pas avoir besoin d'aide pour les petites tâches ménagères.
- 20 % de femmes et seulement 14.9 % d'hommes déclarent ne pas à avoir besoin d'aide pour le gros ménage.
- Moins d'hommes (1,6%) que de femmes (5%) déclarent avoir besoin d'aide pour les petites tâches ménagères.
- Plus de femmes (7,5%) que d'hommes (2,1%) déclarent ne pas du tout faire de tâche ménagère.

Les femmes paraissent plus dépendantes que les hommes concernant les tâches ménagères.

2 - Incontinence

Âge Question 146R2 / **Incontinence** Question 88

	Oui	Non	Total
55-64 ans	2,6	97,4	100,0
65-74 ans	6,5	93,5	100,0
75- 84 ans	13,5	86,5	100,0
85 et +		100,0	100,0
Total	5,7	94,3	100,0

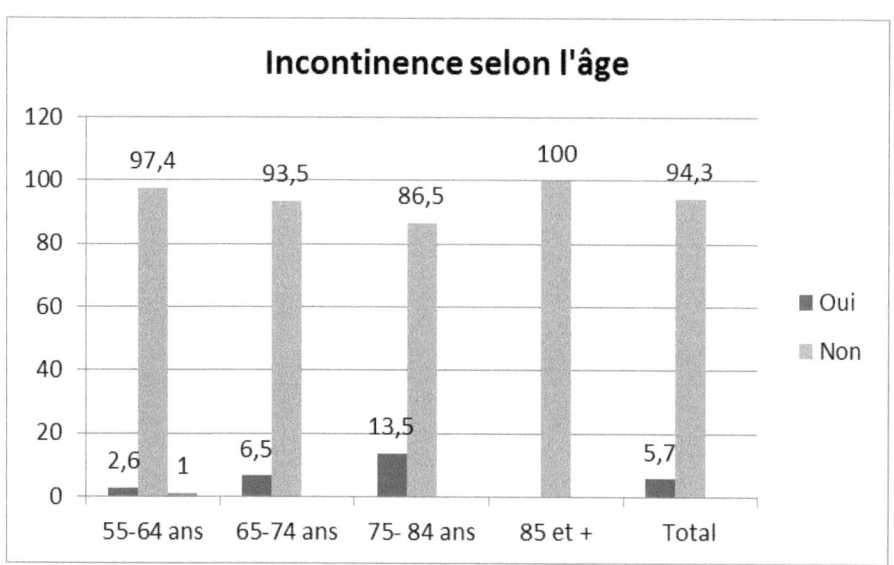

Tableau 3 : % Lignes.
100 % des personnes âgées de 85 ans et plus, 13,5% des 75-84 ans, 6,5% des 65-74 ans et 2,6% des 55-64 ans se déclarent incontinents.
Plus la personne est jeune, moins elle se déclare incontinente.

G - Lien avec le pays

1 – Contact avec le pays

Êtes-vous régulièrement en contact avec vos proches habitants au pays :
Question 136 / **Au téléphone :** Question 137

	Oui	Total
Tous les jours	19,6	19,6
Plusieurs fois par semaine	27,9	27,9
1 fois par semaine	38,3	38,3
Jamais	0,4	0,4
Autre	13,8	13,8
Total	100,0	100,0

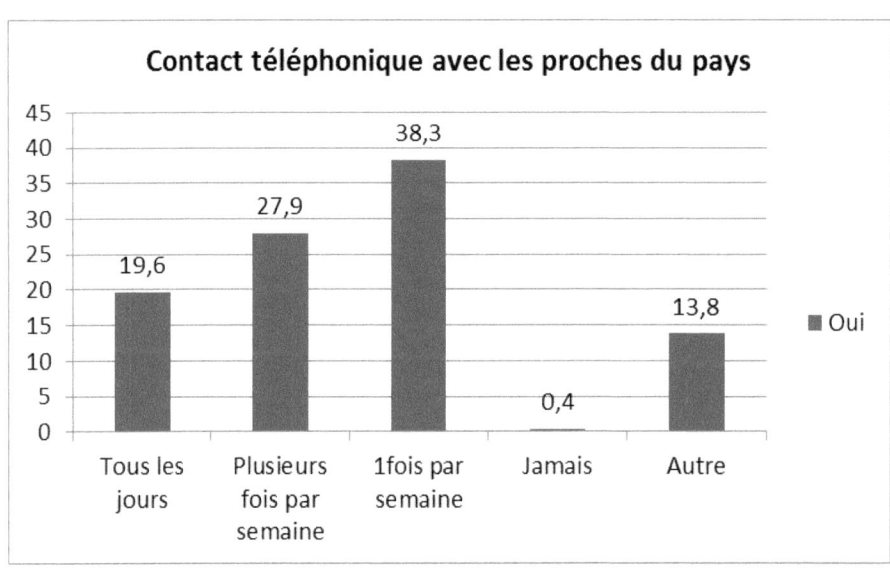

Tableau 1 : % Colonnes
- Les personnes en contact téléphonique au quotidien avec leurs proches habitants au pays représentent 19,6%.
- Les personnes étant régulièrement (plusieurs fois par semaine) en contact avec leurs proches habitants au pays représentent 27,9%.
- 38,3% des personnes déclarent être en contact téléphonique hebdomadaire avec leurs proches habitants au pays.

Nombre de visite par an / Question 139 / Êtes-vous régulièrement en contact avec vos proches habitants au pays ? Question 136

	Oui	Total
1 fois/ an	59,7	59,7
2 fois/ ans	18,1	18,1
Autre, non-réponse	22,3	22,3
Total	100,0	100,0

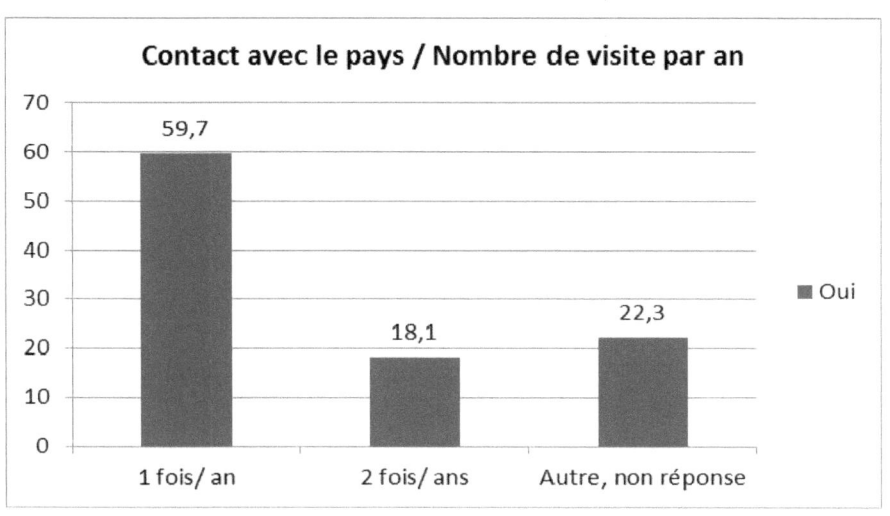

Tableau 2 : % Colonnes
59,7% des personnes régulièrement en contact avec les proches habitants le pays partent une fois par an dans leur pays d'origine et 18,1% partent deux fois par an.

2 - Solidarité en cas de coup dur

En cas de coup dur y a-t-il des gens sur qui vous pouvez compter : Question 140 / **Si oui, comment ?** Question 141

	Oui	non-réponse	Total
En vous hébergeant quelques jours	18,8		18,6
En vous prêtant de l'argent	30,3		29,9
En intervenant auprès des différents organismes en votre faveur	19,1		18,8
En vous soutenant moralement	30,5		30,2
autre	1,0		1,0
non-réponse	0,3	100,0	1,5
Total	100,0	100,0	100,0

Tableau 3 : % Colonnes
En cas de coup dur, 30,5 % des personnes âgées sont soutenues moralement et 30,3% se font prêter de l'argent.
Les personnes ont autant tendance à faire appel à quelqu'un pour les héberger (18,8%) que pour les solliciter à intervenir auprès de différents organismes en leur faveur (19,1%).

3 – Projet de vie

Hypothèses :
- Plus la personne sera âgée plus son désir de retourner dans son pays d'origine sera fort.
- Les personnes âgées immigrées ont plus tendance à vouloir être enterrées dans leurs pays d'origine.

Envisagez-vous d'aller vivre au pays d'origine au cours des 12 derniers mois ? Question 143 / **Âge :** Question 146

	Oui	Non	Total
55-64 ans	67,9	32,1	100,0
65-74 ans	58,5	41,5	100,0
75- 84 ans	62,2	37,8	100,0
85 et +	100,0		100,0
Total	63,4	36,6	100,0

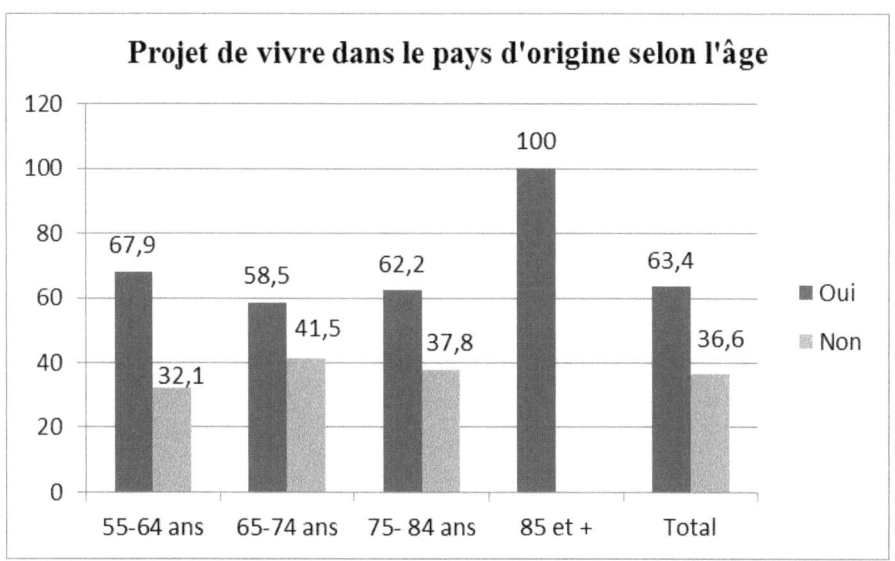

Tableau 1 : % Lignes.
- 67.9% des personnes âgées de 55-64 ans, 62,2% des 75-84 ans, 100% des 85 ans et plus et seulement 58.5 % des 65-74 ans ont déclaré leur projet d'aller vivre dans le pays d'origine.
- 41,5% des personnes âgées de 65-74 ans et 37.8 des 75-84 ans déclarent ne pas avoir le projet de vivre dans leurs pays d'origine.
- Les plus jeunes et les plus âgés sont plus nombreux à déclarer ce projet d'aller vivre dans leurs pays d'origine.

Où souhaiteriez-vous être enterré ? Question 145 / **âge** : Question 146

	En France	Dans votre pays	autre	Total
55-64 ans	16,3	81,5	2,2	100,0
65-74 ans	10,5	89,5		100,0
75- 84 ans	7,7	92,3		100,0
85 et +		100,0		100,0
Total	12,2	87,0	0,8	100,0

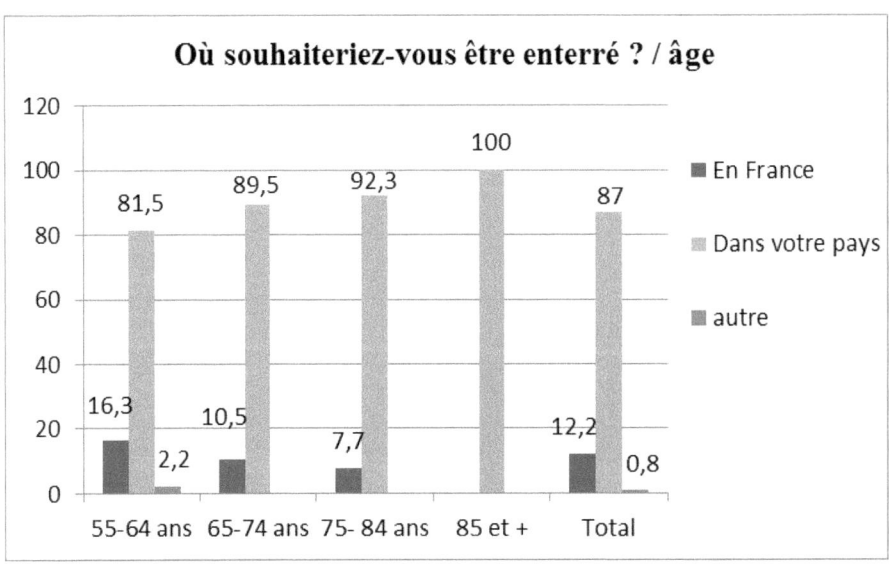

Tableau 2 : % Lignes.
- Les personnes âgées de 75-84 ans (92,3%) et celles de 85 ans et plus (100%) ont plus tendance que les 55-64 ans (81,5%) et les 65-4 ans (89,5%), à vouloir être enterrées dans leurs pays d'origine.
- Les personnes âgées de 55-64 ans (16,3%), ont plus tendance que celles âgées de 65-74 ans (10,5%), et de 75-84 ans (7,7%), à vouloir être enterrées en France.

Les plus âgés sont ceux qui souhaitent le plus être enterrés dans leurs pays d'origine.

II - Analyse qualitative des résultats d'entretiens semi-directifs

A - Entretiens avec des personnes âgées : Résidence Sociale (RS) Adoma à Champigny sur Marne et Coallia à Vitry sur Seine (Val de Marne)

Des entretiens semi-directifs ont été réalisés afin de développer l'analyse des résultats quantitatifs. Au total neuf entretiens semi-directifs avec des personnes immigrées âgées de 56 à 85 ans, dont une femme et huit hommes, cinq d'origine maghrébine et quatre d'Afrique subsaharienne. Pour les entretiens en arabe, l'enquêtrice parlant l'arabe, il n'y a pas eu besoin de traducteur alors que pour les entretiens avec les personnes d'origine malienne, la présence d'un traducteur était nécessaire pour faciliter l'échange et la compréhension des questions/réponses.

1 - Accès aux soins des personnes âgées immigrées

a- Le médecin traitant comme référence

Les résultats quantitatifs de la première partie ont montré que les personnes âgées ayant un médecin traitant (53,4%) consultent un médecin spécialiste, contrairement à celles qui n'en ont pas : (12,5%). L'orientation du médecin traitant se révèle être importante dans le parcours de soins et de prise en charge de la santé des personnes âgées immigrées.

Ce constat est confirmé dans les entretiens semi-directifs réalisés. Le médecin traitant est la première personne vers qui se tournent les personnes âgées en cas de problème de santé :

> « *Quand j'ai des douleurs la première personne à qui je fais appel c'est mon médecin traitant directement sinon quand c'est grave l'hôpital* » (Monsieur A. âgé de 70 ans retraité, Marocain)
>
> « *Quand j'ai des douleurs la première personne à qui je fais appel c'est le médecin traitant. Des fois même quand je n'ai pas pris de rendez-vous j'y vais et même s'il y a des gens je lui fais comprendre que je suis quand même là pour qu'il me consulte* » (Madame L. âgée de 60 ans, sans emplois, Camerounaise)

La consultation à l'hôpital reste nécessaire pour des examens plus approfondis, elle est utilisée en dernier recours :

> « *Je suis allé faire des examens pour le cœur* » (Monsieur M. âgé de 73 ans retraité, Algérien).
>
> « *Je vais à la clinique trois fois par semaine pour mon problème de rein.* » (Monsieur H. âgé de 65 ans, retraité, Algérien).

Certaines personnes âgées immigrées vont nouer des rapports privilégiés avec le médecin, par habitude ou du fait des liens qu'il y a avec leurs pays d'origine :

> « *Je continue avec ce rhumatologue parce que j'ai commencé avec lui et je me sens bien avec lui. Et c'est question d'habitude et je vois que ça va. Je peux changer un rhumatologue comme je peux changer un généraliste, mais je ne peux pas changer le médecin qui me soigne pour l'hépatite C et B et même pour ma tension et le diabète parce que je vois qu'avec eux ça va* » (Madame L. âgée de 60 ans, sans emplois, Camerounaise).
> « *Il y a deux médecins algériens que je vois et parfois je parle en arabe avec eux* » (Monsieur H. âgé de 65 ans, retraité, Algérien).

Aussi, les écarts culturels peuvent créer des blocages ou des malentendus en raison de la forme même du déroulement des entretiens. Des Difficultés à se faire comprendre ou à comprendre le diagnostic du médecin. La question du transfert d'informations de soignants à soignés et inversement doit être abordée. En plus de la considération sur le contenu du discours médical, la relation peut être déséquilibrée du fait des statuts respectifs confrontés dans la relation : d'un côté, le médecin, symbole de savoir au statut social valorisé ; de l'autre, le patient immigré âgé au statut social dévalorisé, socio sanitaire précaire et portant sur lui un regard négatif, avec peu de confiance en soi.

b- Un accès aux soins inégal

Pour Didier Fassin[138], médecin anthropologue, deux conditions sont nécessaires lorsqu'on parle d'inégalités sociales de santé, et non simplement de différences : Il doit s'agir d'un objet socialement valorisé (le bien-être…) et cet objet doit concerner des groupes sociaux hiérarchisés (classes sociales, catégories socioprofessionnelles…). Les inégalités sociales de santé sont l'aboutissement de disparités structurelles (ressources, logement, alimentation, emploi et travail), qui caractérisent l'état de la justice sociale dans un pays ou un territoire à un moment de son histoire et de son développement économique.

> «*Oui si je n'ai pas les moyens avant j'avais la CMU C quand j'étais au chômage, car on avait des problèmes pour trouver du travail. Mais là c'est trop cher pour me payer une mutuelle. Je ne peux pas aller consulter des professionnels. Plusieurs fois j'ai voulu voir le médecin du digestif, car je ne digère pas beaucoup, mais comme c'est trop cher je ne peux pas le voir*» (Monsieur A. âgé de 70 ans retraité Marocain)

---

[138] Didier Fassin. « L'origine et les fondements des inégalités sociales de santé » in Santé, le traitement de la différence. *Hommes et migrations*, n° 1225, mai - juin 2000.

« Là ça ne dépend pas de moi, car par exemple quand je voulais rencontrer mon rhumatologue dernièrement, mais arriver à Nation le train n'a pas continué. J'ai tout Fait pour arriver à Nation, mais descendre à Châtelet et reprendre de l'autre sens je n'ai pas pu j'étais fatiguée » (Madame L. âgée de 60 ans, sans emploi, Camerounaise).

« Oui parfois je ne vais pas chez le médecin, je prends des médicaments et tout ça et après ça passe. Si la douleur ne part pas je vais voir le médecin » (Monsieur R. âgé de 82 ans).

Par ailleurs, l'accès géographique ou les difficultés de déplacement font que certains reportent, voire renoncent aux soins. Aussi dans les conditions d'habitat des foyers, il est difficile de trouver des soignants qui acceptent de venir s'occuper des résidents sur place. Et pour cause : il n'est pas forcément facile de soigner quelqu'un dans une chambre aussi étroite que celles des structures Adoma.

c- Conseils et orientations vers des soins

Certains préfèrent ne pas demander conseil à leur famille et vont même jusqu'à cacher leur hospitalisation, comme nous a confié un enquêté :

«Je ne leur dis pas quand je suis malade même quand je rentre à l'hôpital, de toute façon ils peuvent rien faire» (Monsieur M. âgé de 73 ans retraité, Algérien)

Contrairement à ce que l'on peut penser les personnes âgées immigrées ne suivent pas les conseils de leurs entourages, mais se fient d'avantage aux ressentis de la douleur pour aller consulter un médecin. Ils ressentent le besoin d'avoir des conseils du médecin et se sentent ainsi dans l'obligation de les suivre.

« Je ne suis pas les conseils de mon amie, mais si je vois que j'ai mal que ça ne se calme pas je vais chez le médecin par ce que je ne peux pas demander les conseils de qui que ce soit surtout qu'elle ne connait rien sur la médecine. Je préfère aller voir directement le médecin » (Madame L. âgée de 60 ans sans emploi, Camerounaise).

« Il me donne des conseils pour gérer l'angoisse, la dépression » (Monsieur A. âgé de 70 ans, retraité Marocain).

« Oui je suis obligée de suivre les conseils du médecin sinon si j'ai le contraire je serai encore plus malade. » (Madame L. âgée de 60 an, sans emploi,Camerounaise).

d- Perception de l'état de santé des personnes âgées immigrées

Les personnes âgées et celles appartenant aux milieux défavorisés ont tendance à se montrer plus optimistes quant à leur état de santé que les plus jeunes et les plus favorisées.[139] Selon notre enquête les personnes ayant un niveau d'instruction supérieur (53,3%) se déclarent être en bonne ou très bonne santé plus que les personnes ayant un niveau secondaire (38,8%), primaire (39,3%) ou les non scolarisés (25,2%). À l'inverse, les femmes se montrent plus pessimistes que les hommes, parce qu'elles ont des normes de santé plus exigeantes. En effet les résultats quantitatifs que nous avons fournis montrent que les hommes (34,2%) déclarent être en bonne et très bonne santé plus que les femmes (26,5%).

Les personnes âgées ont une perception variable de leur état de santé. Elle n'est pas vue dans sa globalité et s'identifie à une douleur ressentie ou à une pathologie. De culture rurale pour la plupart, les migrants vieillissants ont une perception traditionnelle de la santé où s'alternent différentes visions : le bienfaisant et le malfaisant, l'équilibre et le déséquilibre, l'ordre et le désordre, le naturel et le surnaturel, le rationnel et l'irrationnel. L'individu n'est nullement responsable de ce qui lui arrive. Il vit sa maladie comme une fatalité subie car le dépassant, elle relève du registre de la prédestination. À côté de ces maladies dites de la malédiction, il y a les maladies dites de honte. Le mal est caché, occulté, d'où un discours moralisant, religieux qui oscille entre le pur et l'impur, le licite et l'illicite, le propre et le sale, le légitime et l'illégitime. La maladie déborde le champ individuel pour toucher le collectif :

« Il y a un jour où la santé est bien un jour où ce n'est pas bien » (Monsieur M. âgé de 73 ans, retraité, Algérien).
« Oh ça va c'est la vieillesse ! Un peu de douleur, mais ça va » (Monsieur A. âgé de 70 ans, retraité, Marocain).
« Je me dis qu'en ce moment ça va mieux, dernièrement j'étais voir mon hépatologue et ça va » (Madame L. âgée de 60 ans, sans emploi, Camerounaise).

Pour la plupart, leur état de santé dépend de la volonté de Dieu et les croyances religieuses subordonnent le fait d'être malade dans une position d'impuissance :

« On attend Dieu comme on le dit inchallah peut être il va me trouver un rein où je ne sais pas tous les jours, je pense, à ça. De toute façon nous on a rien à faire c'est Dieu qui décide, il y a Dieu et il y a les soignants » (Monsieur H. âgé de 65 ans, retraité, Algérien).
« Ma santé est relative par rapport aux autres et par rapport à soi quand on m'a découvert la maladie du rein, je devais marcher avec une canne et on devait m'accompagner aux toilettes. Mais mon état actuel par rapport à quand j'étais malade au Mali en 2011 je peux dire que je suis en bonne santé » (Monsieur V. 64 ans, retraité, Malien)

---

[139] L'enquête Trajectoires et origines, INED, http://teo.site.ined.fr

En règle générale la « bonne santé » décrite par les personnes âgées immigrées est une santé qu'on définit soi-même, en s'imposant une hygiène, de l'activité physique et un maintien des relations sociales.

« Ça dépend des personnes donc chacun pense la santé par rapport à lui» (Monsieur M. âgé de 73 ans, retraité, Algérien)

«Pour être en bonne santé, il faut avoir une bonne hygiène, il faut que tu sois propre, il faut que tu manges bien et il faut bouger, faire du sport» (Monsieur A. âgé de 70 ans, retraité, Marocain).

« Les conditions pour être en bonne santé, ne pas être malade c'est trop demandé. Mais avoir des contacts avec les gens, parler, sortir s'amuser, se rencontrer. La santé passe avant tout ça c'est ma conception. On a beau acheter des vêtements, des bijoux, mais quand on n'est pas en bonne santé on ne peut pas bien s'habiller, on ne peut pas bien manger. Aussi pour être en bonne santé il faut être propre d'abord, il faut aussi faire des petits mouvements pour l'activité physique » (Madame L. âgée de 60 ans, sans emploi, Camerounaise).

Le contexte migratoire est à prendre en compte. Aussi, de la situation socio-économique des migrants, de leur perception parfois différente de la santé, de leurs systèmes de valeurs et de référence peuvent découler des besoins spécifiques en matière de promotion de la santé. Beaucoup de résidents vieillissants se perçoivent comme des vieillards qui vont bientôt mourir. La priorité pour eux, est de faire vivre la famille restée au pays. Il y a ceux qui considèrent que la santé est primordiale, car sans la santé ils ne peuvent pas aider leur famille au pays ; et ceux qui font passer leur santé en seconde priorité, après l'envoi des mandats-cash, parce qu'ils estiment qu'il est plus important d'envoyer de l'argent à la famille plutôt que de l'utiliser à se soigner. Aussi, a été constaté un rapport au corps différent selon l'origine des résidents, les Africains subsahariens auraient tendance à remettre les soins à plus tard contrairement aux Magrébins.

e- Rapport à la prévention

Ce sont les personnes malades les plus sensibilisées aux actions de prévention.

« Je ne savais pas qu'il y avait le dépistage c'est vous qui êtes venue frapper à la porte pour me dire. Moi j'aime les trucs comme ça parce qu'on ne sait jamais et en plus je ne vais pas à l'hôpital pour le faire. À toutes les actions de prévention moi je viens et j'ai même pris des brochures sur les hépatites C et B. moi avant que j'attrape l'hépatite on ne m'avait jamais parlé de cette maladie c'est quand mon diabète a commencé à me déranger mon fils m'a ramené à l'hôpital et c'est là qu'on a découvert ma maladie. C'était la première fois que j'entendais parler de l'hépatite C je ne savais pas qu'il existait une maladie comme ça » (Madame L. âgée de 60 ans, sans emplois, Camerounaise).

La prévention ne peut se faire qu'en pensant la personne dans sa globalité, avec son corps, sa raison, son esprit et également son environnement familial et culturel. Cet aspect est d'autant plus important que la prise en charge est lourde ou longue et située dans un cadre non familier.

f- Pathologie et trajectoire migratoire

Certains de nos enquêtés ont de lourdes pathologies induisant une prise en charge et un traitement lourd qui nécessitent un apprentissage et une habitude de prendre en charge ces problèmes de santé.

> *« Je prends des médicaments pour le diabète et l'hépatite avant il était très lourd, mais maintenant ça va peut-être c'est parce que je suis habituée ça me dérange plus comme avant. Pour l'hépatite j'ai arrêté, je reprends, fin mai »* (Madame L. âgée de 60 ans, sans emploi, Camerounaise).

> *« Quand je fais la dialyse comme aujourd'hui je suis fatigué, mais le lendemain c'est bon »* (Monsieur H. âgé de 65 ans, retraité, Algérien).

C'est par le biais d'une visite médicale en France qu'on lui apprend qu'elle a contracté une maladie dans son pays d'origine et qu'elle est atteinte de l'hépatite C :

> *« Je ne peux pas condamner cette maladie, il y en a des personnes qui refusent de serrer la main de peur qu'on les contamine. Mais ils ne connaissent pas la maladie. Avant ça me dérangeait que les gens réagissent de cette façon-là et je ne pouvais même pas dire à une amie que j'avais l'hépatite C, car tout de suite elle va se retirer, mais maintenant je le dis à haute voix. Ce qui a changé c'est que je suis allée voir un médecin et j'ai forcé jusqu'à rencontrer un professeur et je lui ai demandé comment j'avais eu cette maladie alors que j'avais fait sept ans sans rapport sexuel. Moi je pense que ça se passe que par des rapports sexuels, mais il m'a dit que c'est par le sang aussi. Mais je sais qu'au Cameroun il fut un temps où il y avait trop de négligence et donc avec mon diabète on me prélevait souvent le sang. Je ne sais pas si les seringues qu'on utilise étaient stérilisées. C'est une maladie comme toutes les autres. Quand on a le cœur lourd et qu'on réfléchit par exemple avec ce que je vis là je crois que ça augmente aussi ma maladie »* (Madame L. âgée de 60 ans, sans emploi, Camerounaise).

> *« À Bamako en 2011 on a su que ma douleur venait des reins et je suis venu me faire soigner d'urgence en France »* (Monsieur K. âgé de 65 ans, retraité, Malien).

g- Système de santé différencié par rapport aux pays d'origine

L'emprunte culturelle pose sa marque dans le rapport entre soignants et soignés, mais aussi dans le rapport des patients avec le système de santé pris au sens global, institutionnel et impersonnel. La démarche de soins en elle-

même est rarement bien comprise. Pourquoi aller chez le médecin ou se soumettre à un acte médical quand on n'a mal nulle part :
« J'ai de la chance d'être dans un pays où je peux me faire soigner avec des soins de bonne qualité » (Monsieur K. âgé de 65 ans retraité, Malien)
« À Bamako ils sont bien équipés maintenant, sauf que c'est loin de chez moi » (Monsieur V. 64 ans retraité, Malien)

h- Quelques problématiques soulevées

→ **Les freins à l'accès à une couverture médicale**
Concernant la couverture médicale, souvent l'accès à la mutuelle complémentaire est difficile pour des raisons financières.
« J'ai une mutuelle qui coûte 80 euros c'est cher, mais c'est obligé » (Monsieur M. âgé de 73 ans retraité, Algérien).
« Avant j'avais la CMU C quand j'étais au chômage, car on avait des problèmes pour trouver du travail. Mais là c'est trop cher pour me payer une mutuelle » (Monsieur A. âgé de 70 ans retraité, Marocain).
«Moi je ne suis pas malade je n'ai pas besoin de complémentaire, envoyer de l'argent à la famille c'est ma priorité » (Monsieur S. âgé de 68 ans, Malien).

Certains sont couverts à 100% pour des pathologies de longue durée, et ceux qui ont les moyens prennent une mutuelle en complémentarité.
« J'ai la CMU C pour l'hépatite C et B, mais pour le reste j'ai une mutuelle » (Madame L. âgée de 60 ans, sans emploi, Camerounaise).
«Je suis à 100% pour les reins » (Monsieur H. âgé de 65 ans, retraité, Algérien).

→ **L'isolement des personnes âgées**
Sur les entretiens réalisés, cinq personnes déclarent être isolées et parmi ces personnes, certaines sont suivies par un psychologue pour des problèmes de dépression. Souvent leur isolement est lié à une rupture de lien brutale avec leurs proches qui conduit parfois à ne plus avoir d'autre lien social, même avec les résidents du foyer. Certaines, n'ont même plus la notion du temps tellement leur état psychique est dégradé. Si la faiblesse des ressources financières limite le recours des résidents des foyers aux services de santé, l'isolement géographique et social les en éloigne encore plus. Les difficultés en effet sont aggravées par la situation d'implantation des FTM dans des quartiers éloignés du cœur de la ville et souvent mal desservis par les moyens de transport. L'absence d'intégration urbaine des foyers renforce les problèmes d'insertion sociale des résidents. Et par effet de retour, ce phénomène contribue à la mise entre parenthèses des foyers.

> *« Ça m'arrive d'avoir le cafard j'en parle à mon amie qui habite à côté. Moi je suis toujours seule dans ma chambre, j'ai envie d'éviter l'isolement »* (Madame L. âgée de 60 ans, sans emploi Camerounaise).
> *« Je suis sous anxiolytique et je suis suivi par un psychologue régulièrement »* (Monsieur B. âgé de 56 ans, Tunisien).
> *« Les conditions ici sont trop dures par rapport à la solitude »* (Monsieur A. âgé de 70 ans, retraité, Marocain).
> *« Je sors un peu il faut bouger les jambes, car si tu restes enfermé ce n'est pas bien, j'ai une carte orange ».* (Monsieur S. âgé de 68 ans, retraité, Malien). (Le médiateur a fait exprès de laisser les papiers administratif dans l'enveloppe pour que le monsieur fasse la démarche d'aller à la poste pour l'envoyer, car c'est un monsieur qui reste souvent enfermé dans son logement).

Pour les personnes ayant une famille restée au pays, l'isolement est corrélé avec des états de dépression, et le vécu de l'isolement est très difficile.
> *« Oui tous les jours c'est très difficile madame et surtout je pense à mes enfants qui sont au Cameroun je me dis que je suis toute seule »* (Madame L. âgée de 60 ans, sans emploi, Camerounaise).

Un isolement accentué pour les personnes malades qui préfèrent ne pas sortir.
> *« Je n'ai pas le courage pour sortir je suis malade, il fait froid, et j'ai mal au pied »* (Monsieur S. âgé de 76 ans, retraité, Malien).

La vie en résidence n'épargne pas la détresse psychologique inhérente à leurs conditions d'existence. Ces migrants âgés contraints au célibat par l'exil sont liés à une solitude enracinée dans la précarité. Le migrant ne cesse d'être menacé : la maladie, l'accident de travail, le chômage, le rejet quotidien empêchent de construire l'équilibre nécessaire à une existence stable et intégrée. Ces facteurs contribuent à rendre les personnes concernées plus fragiles devant le risque sanitaire, suscitant des comportements d'auto dévalorisation et le développement de sentiments d'inutilité sociale et d'insécurité.

➔ Conditions et hygiène de vie : détérioration de l'état de santé
Des conditions de vie qui peuvent dégrader l'état de santé des personnes âgées : une mauvaise hygiène, nuisance sonore, logement non adapté pour des personnes âgées (pas d'ascenseur). Il est souvent dit que les personnes âgées ne veulent pas quitter le foyer mais certaines souhaitent accéder à des logements privés et ont fait des demandes à la Mairie sans avoir de réponse alors qu'elles sont dans des conditions de vie délétère à leur santé et non adaptées pour leur âge.

La représentation du corps dans la culture maghrébine ou africaine et dans la religion musulmane montre que soigner son corps, c'est respecter tout en honorant le divin. Le musulman doit respecter différentes règles religieuses d'hygiène (ablutions, pudeur…).

« J'ai un logement tout seul avec la douche les toilettes c'est propre, mais on a une cuisine collective » (Monsieur M. âgé de 73 ans, retraité, Algérien).

« Mon logement est toujours propre c'est important l'hygiène pour la santé » (Madame L. âgée de 60 ans, sans emploi, Camerounaise).

➔ Santé et travail

Ne pas travailler induit une négation de la personne immigrée, qui ne se sent plus valorisée par le travail :

«La santé par rapport au travail ce n'est pas la question, c'est la question de comment on est arrivé, au début on est venu parce qu'on n'avait pas le choix et le travail qu'on faisait c'était trop dur surtout dans le bâtiment. Mais jamais je n'étais malade dans le bâtiment, mais dans l'usine de chewing-gum c'est là avec les produits qu'on respire c'était dur !! » (Monsieur A. âgé de 70 ans, retraité, Marocain).

« Quand je suis venue en France je ne pouvais pas travailler, car même me lever c'était pratiquement impossible » (Madame L. âgée de 60 ans, sans emploi, Camerounaise).

« Peut-être que ça a eu des conséquences sur ma santé. » (Monsieur H. âgé de 65 ans, retraité, Algérien).

2- Logement : Conditions de vie et habitat

Il y a une corrélation entre l'état de santé et les conditions de logement. Le cas des résidents de foyers apporte la preuve de l'importance d'un logement décent pour permettre l'accès du personnel d'aide à domicile. Les nuisances sonores des voisins, les conditions d'hygiène, le cloisonnement dans une chambre font que certaines personnes âgées voient leur santé se dégrader. De plus, elles ont le sentiment que leurs demandes ne sont, parfois, pas prises en considération par les institutions. Des conditions difficiles auxquelles les personnes âgées immigrées doivent faire face dans leur vie quotidienne :

« Il y a trop de bruit les gens dorment la journée, car ils ne travaillent pas, mais la nuit ils font du bruit au 9e étage, à 8h du soir ils commencent à faire du bruit dans la cuisine et ils font du bruit avec la porte jusqu'à 10h du matin. Je ne peux pas dormir et ça fait que ma santé n'est pas bien. J'ai réclamé à la direction, mais ils s'en foutent ! » (Monsieur M. âgé de 73 ans, retraité, Algérien).

« Vous savez les conditions de vie ici sont très difficiles, mon fils ne peut ne pas venir me voir, ici je ne suis pas à l'aise vous savez ici c'est un foyer. On ne peut pas demander à quelqu'un d'aller décrocher la lune. Je

souffre sérieusement, je souffre énormément surtout que mon voisin qui est au 9e je ne sais pas, lui il a un truc qu'il pulvérise et je commence à saigner du nez. Une fois c'est l'eau qui coulait je suis allée voir la dame, mais ils n'ont rien fait. Je souffre beaucoup je peux passer une nuit entière sans dormir à cause du bruit, le matin très tôt parfois à 3h du matin. Ce bruit là ils le font exprès pour que je parte. J'en ai parlé à la responsable de la résidence, mais elle me dit souvent qu'elle leur a dit et ce qu'elle m'a proposé c'est de quitter la chambre et moi je ne veux pas, car là où je vais aller je ne sais pas qui je vais rencontrer ! Elle sait très bien que je suis malade ! Maintenant j'ai compris que ces gens me harcèlent pour que je quitte la chambre tellement elle est grande, mais c'est mon assistante sociale quand j'étais à Paris qui est venue chercher la chambre ici ! Pourquoi je vais la quitter, pour aller où ? Est-ce qu'elle est sûre que là où j'irai je n'aurais pas de problème ! » (Madame L. âgée de 60 ans, sans emploi, Camerounaise).

3- Lien avec l'institution et démarches administratives

a- Difficultés dans les démarches administratives / institutionnelles

L'immigré a tendance à se présenter aux institutions comme un assisté, voir comme une victime. Il y a une méfiance mutuelle, d'un côté l'usager et de l'autre l'institution. Elle révèle leurs différents rapports au corps. Par exemple, la sécurité sociale comprend le corps dans sa dimension fonctionnelle (dédommagement) alors que l'immigré le vit dans une dimension sociale d'intégration.

« Quand j'ai des papiers à remplir comme là pour les impôts, je donne à Abdel » (Monsieur T. 71 ans, Malien).

« Depuis 2005 j'ai fait une demande de logement, il faut envoyer encore et encore des lettres. Et vendredi je suis descendu à la mairie, mais elle me dit qu'il n'y a rien à faire alors je me suis disputé avec elle » (Monsieur M. âgé de 73 ans retraité algérien).

« Maintenant quand j'ai un problème je ne demande plus rien, car de toute façon ça ne change rien, la responsable du foyer ne fait rien alors qu'elle connait très bien ma situation, mais elle propose juste de déménager dans un autre appartement » (Madame L. âgée de 60 ans, sans emploi, Camerounaise).

« Quand il y a trop de démarche comme ça on abandonne même si on sait qu'on a le droit » (Monsieur K. 65 ans, Malien).

Les démarches administratives longues poussent certains à perdre espoir d'accéder à leurs droits.

b- Solidarité publique

Les personnes migrantes âgées ne demandent pas de l'aide, mais la reconnaissance de leurs droits, comme stipulés dans le droit français.

« Non je ne demande pas de l'aide j'aime bien me débrouiller tout seul » (Monsieur A. âgé de 70 ans retraité, Marocain).

« J'ai vu mon assistante sociale elle m'a conseillé d'attendre un peu et elle va voir pour le logement. » (Madame L. âgée de 60 ans, sans emploi, Camerounaise).

« J'ai une carte de handicapé, mais pour le moment je ne touche rien par rapport à ça, j'ai un rendez-vous à la CAF, mais je ne sais pas ce qu'il va me dire. Aussi une femme de la COTOREP m'a dit peut être on va vous aider avec une femme de ménage. J'ai fait la demande à la mairie pour qu'il me donne un F2 ou un F3 je n'ai pas eu de réponse pour le moment j'attends toujours. » (Monsieur H. âgé de 65 ans, retraité, Algérien).

c- Sentiment d'inégalité

Entamer une démarche administrative nécessite de s'adresser à une institution parmi la diversité proposée dans l'environnement direct de la personne. Un effet de disparité géographique observable dans la distribution des structures entraine souvent le non-recours et la personne âgée n'accède pas à ces droits.

« Ça fait depuis longtemps que je demande un logement pour les autres ils donnent, mais pas pour moi alors que je suis vieux » (Monsieur M. âgé de 73 ans, retraité, Algérien).

4- Lien social

a- Vie et lien familial

Souvent les personnes gardent un contact régulier avec la famille restée au pays comme seul fil qui permet de « rester debout ».

« J'ai cinq filles et trois qui sont en France et ma femme s'est remariée au bled. Mais il ne vient pas ici » (Monsieur M. âgé de 73 ans, retraité, Algérien).

« Je n'ai pas de famille ici je suis tout seul. J'ai une fille au bled qui a 22 ans qui est à l'université cette année elle va passer le DEUG et j'ai une petite fille de 4 ans qui est issue d'un deuxième mariage » (Monsieur A. âgé de 70 ans, retraité, Marocain)

« Je n'ai personne pour m'aider j'ai une fille ici, mais elle est loin elle habite dans le 77, ça fait trois mois que je ne suis pas allée. Elle a des enfants, elle ne peut pas venir au foyer me rendre visite. Sinon, toute ma famille est là-bas, j'ai des enfants qui ont une épicerie là-bas. Je téléphone presque tous les jours. » (Monsieur H. âgé de 65 ans, retraité, Algérien)

b- Lien social dans la résidence

La solitude n'est pas absolue. Ces hommes disent trouver dans les foyers la chaleur, le partage surtout dans les foyers à majorité malienne où existe une solidarité intergénérationnelle. Il ressort pourtant des entretiens et des travaux publiés sur cette question que vieillir en exil, c'est vieillir dans une société où, contrairement aux sociétés d'origine, l'expérience sociale et le vécu du « vieux » ne font l'objet d'aucun respect particulier et ne sont ni reconnus, ni valorisés socialement.

« Je n'ai pas de copain, j'en avais un, mais il est parti. Je ne parle pas beaucoup avec les gens ici. En plus, je ne veux pas c'est mon caractère même quand je vais au bled c'est pareil je reste dans mon coin » (Monsieur M. âgé de 73 ans, retraité, Algérien).

« Quand il fait beau on sort et on voit les gens on discute comme ça. Mais dans les appartements il n'y a pas beaucoup de personnes âgées. » (Monsieur A. âgé de 70 ans, retraité, Marocain).

« Maintenant les gens sont trop personnels chacun pour soi, je pense que c'est à cause du travail, car avant il y avait une bonne ambiance, on vivait bien, on mangeait tous le couscous. Maintenant chacun s'enferme et reste dans son appartement. Au contraire avec la crise chacun pour soi» (Monsieur A. âgé de 70 ans retraité, Marocain).

« Ici c'est chacun pour soi, il y en a qui me console il faut dire la vérité, mais le foyer c'est comme cela c'est comme ceci. Quand moi j'étais à Paris nous étions sept femmes chacune avait sa chambre et quand on ne voyait pas l'autre le matin on cherchait à savoir ce qui n'allait pas. Ici ce n'est pas comme ça c'est chacun pour soi et Dieu pour tous. Il y a un monsieur qui est mort là dernièrement, il est resté deux ans dans l'appartement et c'est les odeurs qui ont prouvé qu'il y avait quelqu'un de mort, c'était une personne âgée. » (Madame L. âgée de 60 ans sans emploi, Camerounaise)

« Des fois, on discute, des fois non ça dépend des fois, on s'amuse on joue aux dominos.» (Monsieur H. âgé de 65 ans, retraité, Algérien).

« Il y a beaucoup de Maliens, on est entre nous et on est entouré » (Monsieur K. 65 ans, retraité, Malien).

c- Solidarité privée

La stratification sociale chez les Soninkés fait que dans le clan des marabouts quand il y a un problème ceux du clan traditionnel peuvent subvenir au besoin d'une personne. C'est moins le cas aujourd'hui, mais ils peuvent consulter le chef du village pour solliciter une aide.

« Chez les Maliens les vieux sont respectés et les jeunes nous aident pour les courses, pour nous faire à manger. J'ai une petite retraite et mes charges sont assez élevées, je dois subvenir aux besoins de la famille au pays donc je fais appel à ma famille ici quand j'ai besoin d'aide. » (Monsieur K. 65 ans, retraité, Malien).

« C'est les autres résidents c'est les jeunes qui me font la cuisine. Quand je ne recevais pas la retraite, c'était les jeunes qui me prenaient en charge » (Monsieur S. âgé de 68 ans, retraité, Malien) ; le traducteur ajoute : « Il y a une solidarité intergénérationnelle. Les gens se regroupent ici par affinité, et parce qu'ils sont tous ressortissants d'un même village »

Aussi une solidarité inverse, avec des revenus amputés par les mandats envoyés à la famille restée au pays. Si les revenus des résidents âgés des foyers ne semblent pas suffire à justifier le renoncement aux soins, le transfert d'une somme conséquente (environ un quart des revenus), chaque mois, à la famille restée au pays, permet néanmoins de comprendre la contrainte budgétaire qui pèse sur ces anciens travailleurs. Il faut en effet rappeler le caractère central de la question des ressources pour la population immigrée isolée dont une partie de la famille est restée au pays : il est nécessaire non seulement de pouvoir se nourrir, se loger ici, mais aussi d'envoyer de l'argent au pays pour faire vivre la famille. Plus symboliquement, on peut considérer l'argent envoyé comme une forme de « rançon de l'exil, la raison de l'immigration et sa justification ».

« Parfois j'ai des dettes locatives, mais qu'est-ce que vous voulez si je n'envoie pas d'argent qui est-ce qui va les nourrir ! » (Monsieur H. âgé de 65 ans, retraité, Algérien)

5 - L'avenir

a- Des allers-retours entre la France et le pays d'origine
Les allers-retours qu'ils effectuent font qu'ils ne sont reconnus être chez eux, dans leurs pays d'origine, qu'à titre provisoire.

« Je vais là-bas je reste 3 mois et je reviens, mais c'est mieux de rester là-bas je vivrais bien avec 900 euros. Ca fait beaucoup en Algérie maintenant c'est développé » (Monsieur M. âgé de 73 ans, retraité, Algérien).

« Quand je suis en bonne santé, je rentre 3 ou 4 fois dans l'année. Mais là pendant 6 mois je n'ai pas pu partir à cause de mes problèmes de santé. » (Monsieur H. âgé de 65 ans, retraité, Algérien).

b- Un retour impossible
La grande majorité avant l'âge de la retraite, disent vouloir rentrer définitivement au pays au moment de la retraite. Or, pour des raisons liées aux problèmes de santé (performance du système de soins, remboursement des frais de santé) et à la perte de la pension retraite en cas d'une absence de plus de 6 mois, les personnes âgées immigrées se sentent contraintes de rester en France, pays où ils manquent de repères…

« Je ne veux pas pour l'instant, car j'ai la pension de retraite qui m'empêche, et aussi mes enfants alors que j'ai une maison là-bas je n'aurais pas à payer de loyer. Mais là inchallah je vais y aller » (Monsieur M. âgé de 73 ans, retraité, Algérien).

« Je compte retourner au pays inchallah parce que les loyers c'est trop cher, là-bas j'ai une maison donc j'espère inchallah y retourner à la fin de l'année. Aussi ils ont décidé pour les gens qui vont quitter la France définitivement il va donner la sécurité sociale de France transférer au Maroc » (Monsieur A. âgé de 70 ans retraité, Marocain).

« Tous mes enfants sont ici j'ai plus rien à faire au Cameroun » (Madame L. âgée de 60 ans, sans emploi, Camerounaise).

« Oui je voudrais bien retourner au pays c'est juste ma santé qui m'empêche de retourner. Ici il faut faire à manger, les affaires à laver il y a tout à faire » (Monsieur H. âgé de 65 ans, retraité, Algérien).

Un retour impossible par peur de perdre les avantages sociaux et sanitaires dans un environnement perçu comme rassurant. Retour impossible tant qu'ils ne peuvent pas bénéficier de ces mêmes avantages dans les pays d'origine. Et enfin, retour impossible en raison des contraintes administratives liées à l'obligation de présence sur le territoire national pour bénéficier de certains droits.

B- Entretiens avec des professionnels

Pour étayer l'analyse d'enquête, des entretiens semi-directifs avec des professionnels médico-sociaux ont été réalisés afin de mieux comprendre le phénomène du non-recours aux soins, le rapport à l'institution, et la spécificité de la population âgée immigrée. Ces entretiens ont été préparés par Meryem Safwate, coordinatrice du Département Actions de Terrain et réalisés par Manuelle Bornibus, socio-anthropologue et Fatima Akkouche, stagiaire à Migrations Santé.

1- Entretien avec un médecin, le Docteur Bouchou[140]

Selon le Dr Bouchou, les conséquences des spécificités de conditions de vie et de travail des migrants sur leur état de santé après 55 ans dépendent de plusieurs facteurs.

« Cela dépend beaucoup du type de population. Les conditions de vie et leurs répercussions sur l'état de santé sont différentes s'il s'agit de migrants qui ont effectivement une double résidence (en France et au

---

[140] Médecin interniste à Saint Chamond (Loire)

pays d'origine) et ceux qui n'ont pas de famille ni de logement propre en France (résidents dans des foyers). »

Ceci est encore plus net entre les migrants, parents et grands-parents d'enfants et petits-enfants vivant en France et ceux dont la famille, est restée dans le pays d'origine. Sauf exception, c'est dans cette dernière population que nous avons pu voir différentes formes de détresse au cours des entretiens.

Concernant la question de la citoyenneté française, les enfants et petits enfants d'immigrés grandissant en France sont amenés à considérer ce pays non plus comme un « pays d'accueil », mais comme celui où vivent et vivront leur descendance. Portés par ce projet à long terme, certains ont choisi la naturalisation. Ayant évoqué brièvement cette question du rapport à la citoyenneté française, le docteur Bouchon soulève que :

« Même ceux qui ont la citoyenneté française se trouvent être «fliqués» par la CAF. »

Il cite un cas où la CAF a demandé la restitution de sommes perçues parce qu'une personne a passé plus de 6 mois au Maghreb. Selon le Docteur Bouchou, ce traitement est perçu comme inégalitaire, à juste titre, puisque les citoyens français « de souche » qui ont les moyens de passer plus de six mois par an dans une résidence au Maroc ou ailleurs ne se privent pas de le faire et ne sont pas inquiétés pour autant. Le docteur Bouchou signale deux conséquences néfastes pour la santé de ses patients victimes de ce traitement inégalitaire.

Premièrement, un impact psychologique lourd. Les personnes se sentent à la fois humiliées par cette limitation à leur liberté qui ne s'explique que par leur origine étrangère puisqu'elles sont de nationalité française et harcelées par un système de contrôle omniprésent et infantilisant.

Deuxièmement, un impact sur le choix des traitements de leur maladie et soins de santé que celle-ci nécessite. En effet, dans certains cas de figure liés à des situations familiales particulières (question d'héritage qui ne peut se régler que lors d'un séjour ou de plusieurs séjours dépassant six mois par exemple, ou encore, accompagnement d'un parent souffrant), le patient peut choisir de perdre ses allocations pour répondre à des exigences nécessitant sa présence au pays d'origine. Auquel cas, il ne trouvera pas là-bas les traitements dont il a besoin et n'aura ni les moyens, ni la possibilité de les acheter en France pour continuer ses traitements durant son séjour au pays d'origine.

Par ailleurs, selon le médecin, la forte proportion de cas de diabète dans notre enquête s'explique par notre échantillon d'étude composé en majorité de personnes originaires du Maghreb.

« Des études ont montré une prédisposition génétique au diabète parmi les populations du Maghreb et du Moyen-Orient. Le mode de vie

moderne implique une alimentation trop grasse comprenant trop de féculents. Le stress est un phénomène aggravant en cas de diabète. Ces trois causes cumulent leurs effets et expliquent l'importance de la proportion de diabétiques parmi les personnes qui ont répondu au questionnaire. »

Sinon les problèmes spécifiques à la population des anciens résidents des foyers seraient les suivants :
- Le problème du relâchement des liens familiaux, la symbolique du Père en l'absence physique de celui-ci a été peu à peu remplacée par la symbolique de la Ressource. Autrement dit, le père structurant et référent quant aux liens sociaux est devenu un « père portefeuille ». Lorsque le migrant retourne au pays pour des durées trop courtes, il est durement confronté à la dégradation de sa position symbolique au sein de la famille.
- Le vécu, du moins celui que les personnes âgées ont dû assumer loin des leurs, est en France, mais qu'elles soient au chômage ou à la retraite, en l'absence de liens avec leurs camarades et les membres de leur famille, leur vie se réduit à la solitude et à la détresse. Pas de personnes ressources pour entendre leurs souffrances, psychique et physique.
- Le Dr Bouchou constate et regrette le manque de médiateurs qui puissent faire le lien entre ces personnes vieillissantes et les services hospitaliers. En effet, ces personnes se sentant abandonnés ne trouvent plus de motivation pour réagir et ne font plus attention à leur santé. Ce serait une des raisons pour laquelle ils arrivent à l'hôpital « moribond » dans un tel état qu'il n'y a plus d'espoir pour eux d'en ressortir vivant.
- Il précise que ces situations extrêmes sont d'autant plus inacceptables qu'elles sont dues le plus souvent au fait que les patients disposant de très faibles revenus ont dû faire le choix de se nourrir plutôt que celui d'entamer les processus de diagnostic et de soins relatifs aux maladies qui ne sont pas prises en charge à cent pour cent. Il insiste sur le manque de personnes relais pour expliquer les ordonnances, soutenir et accompagner les malades dans l'observance des traitements. Il souligne à ce propos combien il est injustifié et même inconvenant qu'il soit parfois reproché à cette population de migrants vieillissants privés d'accès aux soins pour les raisons qu'il vient d'expliciter, de rester en France pour « profiter du système de santé ».

Concernant l'évolution ou la régression des maladies graves liées aux conditions de vie telle que la tuberculose, le docteur Bouchou nous explique :
« Il n'y a pratiquement plus de cas de tuberculose en France parmi cette population, par contre, il note un net développement des maladies psychosomatiques et beaucoup de pathologies de la dénutrition, entre

autres, des problèmes dentaires et une aggravation des maladies cardiovasculaires. »

Les sujets âgés souffrent en silence puisque les souffrances de la vieillesse sont vécues comme une fatalité. Cette attitude liée à l'âge vient contredire le syndrome méditerranéen qui veut que pour une même maladie un patient méditerranéen exprime plus de souffrance qu'un autre. Le silence des vieux migrants concernant leurs symptômes est contre-productif au niveau des soins, car l'expression de la souffrance et la description des symptômes sont le préalable à la mise en place d'un processus de diagnostic, lui-même préalable à la mise en route de soins et traitement.

2- Entretien avec un anthropologue, le professeur Jacques Barou[141]

Jacques Barou rappelle tout d'abord la tradition de militantisme et de solidarité de Grenoble vis-à-vis des migrants. Il évoque les enquêtes qui ont été faites sur la santé des migrants âgés. Celle de 2000, financée par la Sonacotra souligne les difficultés relationnelles entre les pères qui ont émigré en France et leurs enfants, restés en Algérie. Certains pères ont pu aider leurs enfants à réussir leur vie, en Algérie ou en France même, quand les adolescents ont pu y faire leurs études. Ces derniers éprouvent beaucoup de gratitude envers leurs pères et ont conscience des sacrifices qu'ils ont faits pour leur réussite.
Certains adolescents algériens sont volontiers venus en France dans l'intention de soutenir leur père vieillissant et malade. Mais le décalage social et culturel a souvent été la cause de difficultés relationnelles insurmontables. Cet échec final dans la relation père-fils est très douloureux pour l'un comme pour l'autre.
Il évoque également, le problème des pères absents du foyer qui ne peuvent retrouver leur place et leur fonction durant les trop courts moments où ils sont de retour dans leur famille. Prenant alors conscience qu'ils n'existent plus pour les leurs que comme pourvoyeurs d'argent. Ils sont devenus « des pères portefeuilles », un constat également douloureux.
Aussi une enquête de 2007, commanditée par le ministère des Affaires sociales démontre que moins de 2% d'Algériens à la retraite émettent le désir de rentrer au pays à cause des problèmes de santé. Ceux-ci sont dus pour une grande part aux mauvaises conditions de travail (problèmes de surdité, de tassement de vertèbres...) de vie (habitat plus ou moins salubre, mauvaise alimentation) qui occasionnent des maladies du système digestif, etc.). Et d'autre part, Il y a une méfiance vis-à-vis de l'hôpital algérien.

---

[141] Anthropologue, chargé de recherche au CNRS (PACTE/IEP de Grenoble), il enseigne à l'Institut d'études politiques de Grenoble et à l'université Lyon 2.

Ces dernières années Jacques Barrou fait des recherches très spécifiques sur la population des pays d'Afrique de l'Ouest atteinte du SIDA, mais il reste néanmoins préoccupé par le sujet de cette enquête, ce pour quoi il nous a accordé cet entretien et fait part de ses préconisations : Il faudrait multiplier les initiatives qui visent à développer les liens sociaux et la solidarité, qui permettent d'accéder à une vie sociale valorisante. Il pense que les cafés sociaux devraient se multiplier, car il est essentiel pour les vieux migrants d'avoir facilement accès à des lieux de rencontres et de convivialité.

3- Entretien avec un acteur associatif, M. Boualam Azahoum [142]

Cet entretien a porté principalement sur l'évolution des foyers, anciennement SONACOTRA, puis Adoma, et ARALIS et ses conséquences sur les conditions de vie des Chibanis.

Au préalable, Monsieur Boualam Azahoum précise que les EHPAD (établissement d'hébergement pour personnes âgées dépendantes) ne sont pas accessibles aux Chibanis, il leur faudrait pour y bénéficier une allocation du Conseil général et il n'est pas certains qu'ils s'y trouvent bien.

Les anciens foyers SONACOTRA employaient des animateurs qui maintenaient un minimum de vie sociale et culturelle au sein des foyers. Cette compétence n'existe plus dans les foyers Adoma. Ces derniers ont changé de statut, ils hébergent désormais des étudiants, des réfugiés, des familles. Une partie de ces foyers est gérée par « Forum Réfugiés ». Si cette association est compétente pour l'accompagnement des réfugiés, cela se fait malheureusement au détriment du suivi médical et social des Chibanis. Ces derniers sont environ 1600 à avoir plus de 70 ans et à vivre dans les résidences Adoma de la région Rhône Alpes, mais ils sont devenus minoritaires dans ces résidences. Ceci a pour conséquences qu'ils n'ont plus la possibilité d'établir de manière consensuelle un mode de vie qui leur convient dans leur lieu d'habitation. Ils doivent supporter la gêne occasionnée par la présence de familles, de jeunes, d'étudiants. Or les personnes âgées ont besoin de calme, de voir respecter leur rythme spécifique et leurs habitudes de vie. Par ailleurs, ce besoin élémentaire n'est plus respecté en raison du renouvellement de la population accueillie dans les résidences autrefois réservées aux travailleurs étrangers et ce au-delà de leur passage à la retraite. Les désagréments occasionnés viennent aggraver le sentiment humiliant de ne pouvoir jouir du statut respectable de vieillard après toute une vie de travail et de sacrifices.

Par contre, une politique de réfection et même de reconstruction des résidences a été entreprise en Région Rhône-Alpes. L'architecture intérieure

---

[142] Membre de l'association El Ghorba à Lyon (Rhône), militant du collectif « Justice et dignité pour les Chibani-a-s »

et extérieure a été entièrement renouvelée et ces nouveaux foyers sont apparemment beaucoup plus agréables à vivre comme la nouvelle résidence de Saint-Fons et d'autres... etc. Mais ce nouveau statut et cette nouvelle gestion pensés uniquement en terme de rapport : espace locatif-bénéfice financier, a une conséquence néfaste qui a elle-même des effets négatifs. Lorsque les Chibanis partaient au pays, leur chambre était gardée en l'état. La pratique de cette tolérance qui a été générale est maintenant remise en cause, du moins ne dépend-elle plus que du bon vouloir du directeur. Vu la demande pressante d'hébergement d'urgence d'une part, et la politique de rentabilité des nouveaux gestionnaires des résidences d'autre part, il n'est plus rare qu'un contrôle ait lieu lors de l'absence d'un résident, absence due à un séjour prolongé au pays. Au retour son allocation logement est supprimée. Ceci entraîne une précarisation des Chibanis, qui sans cette allocation sont voués à rechercher un logement à très bas prix, et peuvent ainsi se retrouver dans un logement exigu, insalubre ou dans un quartier où ils n'ont aucun lien social. Lorsque ces vieillards se retrouvent ainsi dans un habitat diffus, il devient encore plus difficile de les aider dans l'accès aux droits et aux soins dont ils ont besoin.

Monsieur Boualam Azahoum pense que l'on est en train de passer du mythe du retour au mythe de l'aller et retour, car celui-ci devient de plus en plus difficile. Il précise que les tracasseries administratives, parfois lourdes de conséquences, subies par les migrants âgés sont d'autant plus humiliantes pour eux qu'ils savent que de nombreux retraités français qui en ont les moyens passent volontiers les mois d'hiver dans un pays du Maghreb (le Maroc par exemple) sans que l'État ne leur supprime aucun droit ni allocation.

4- Entretien avec un travailleur social

L'entretien a été effectué avec un assistant social de l'association Habinser qui intervient auprès du foyer de travailleurs migrants Adoma de l'Haÿ-les-Roses (Val de Marne).

L'association Habinser a pour mission l'accompagnement pour le relogement. Elle est mandatée par le Conseil général du Val-de-Marne pour le suivi de 30 situations.

Il ressort à travers cet entretien, que les personnes âgées immigrées n'ont pas l'impression d'être dans un logement temporaire. Le rôle de l'assistant social est de faire en sorte que chaque résident ait un dossier de demande de logement auprès de la mairie. L'objectif étant l'accompagnement social des personnes en besoin de logement dans le cadre de l'accès prioritaire au droit au logement (loi DALO). Il est rare qu'il y ait un relogement de la part de la municipalité.

Les missions du travailleur social sont les suivantes :

« On intervient, par exemple dans le cadre de la loi DALO. Du fait de leur résidence en logement temporaire depuis 18 mois, ils sont prioritaires. C'est important de leur faire le dossier sinon les personnes ne sont pas relogées. C'est une démarche incontournable pour sortir de la résidence. Mais ça marche je suis agréablement surpris que l'État reconnaisse ces personnes prioritaires. Mais on est amené à prendre en charge les personnes en dette locative. J'ai un rôle de médiateur pour les aider à faire valoir leur droit. Nous, on est sur place on est facilement sollicité par les personnes. »

Il y a une permanence concernant l'accès au logement tous les 15 jours, et l'assistant social est présent en semaine pour recevoir les cas prioritaires en entretien individuel.

Dans les foyers Adoma, anciennement foyer SONACOTRA, avec l'arrivée des primo-arrivants, il y a deux générations qui se retrouvent sous le même toit. Concernant l'adaptation partielle des foyers de travailleurs migrants :

« Déjà il y a eu pas mal de changement dans le foyer Adoma avec des ascenseurs pour les populations à mobilité réduite, mais après est-ce qu'il y a une réflexion pour ces populations là, ça je ne sais pas. Adoma anciennement SONACOTRA accueillait de façon historique les travailleurs migrants depuis des années et des années ; et depuis quelques années il y a toute une opération de réhabilitation de ces anciens foyers en résidence sociale, ce qui a amené, justement, une population nouvelle ».

Le travailleur social soulève les différentes problématiques que nous avons déjà soulignées à savoir, l'aller-retour au pays d'origine dû aux retraites et à un accès aux soins de qualité.

Les personnes âgées restent un soutien pour leurs familles. Certains cumulent des dettes locatives plus ou moins importantes, négligent les soins...

« Les plus anciens n'ont jamais eu la volonté de se fixer particulièrement en France, ils sont toujours ici dans le pays d'accueil où ils ont travaillé. Ils perçoivent leurs retraites ou sont toujours en activité professionnelle et restent ici aussi comme soutien de famille... Beaucoup ont des retraites qui sont de l'ordre du minimum vieillesse, de 600 à 700 euros par mois car souvent ils ont eu des activités professionnelles pas suivies. Le vieillissement des résidents est un sujet de préoccupation dans la résidence et je pense que ce n'est pas pour rien qu'il y a l'association Migrations Santé qui intervient ici et qui est en contact avec les personnes âgées ».

Les personnes mises sous tutelle ont du mal au départ à faire confiance et il est difficile d'intervenir dans le budget d'une personne puisque c'est quelque chose qui relève de l'intime. Il faut savoir rester neutre et ne pas porter de jugement sur les priorités qui sont différentes des nôtres.

« La communication n'est pas très fluide, pas seulement par rapport à la langue. C'est un monsieur qui s'exprime très difficilement, il a un problème d'élocution et peut avoir tendance à s'éparpiller un peu dans tous les sens et moi je suis obligé de recadrer. Je suis déjà allé dans son appartement prétextant chercher des papiers pour voir ses conditions de vie ».

Certaines personnes s'expriment comme ayant droit et ont du mal à comprendre lorsque leur demande est refusée. Tandis que celui qui se perçoit comme assisté est le plus souvent dans l'acceptation.

« Ce résident s'identifie plus comme ayant droit, il revendique certains droits après il va parfois de lui-même par exemple solliciter l'assurance retraite pour demander pourquoi je n'ai pas ceci pourquoi je n'ai pas cela. Après généralement ils reviennent me voir, car ils n'ont pas bien compris ou bien ils ont été envoyés un peu ailleurs. Donc moi généralement je rappelle derrière au téléphone pour voir un petit peu ce qu'ils n'ont pas compris »

Les maisons de retraite selon l'assistant social ne sont pas adaptées à leurs modes de vie, et ils refusent de vivre en établissement spécialisé.

« Comme la plupart de ces compatriotes ici c'est quelque chose qui va être très difficilement envisageable. C'est en gros signer leur arrêt de mort que de les envoyer en maison de retraite parce que ce n'est pas du tout adapté à leur histoire, à leur parcours et leurs vécus en France, ils s'y refusent totalement. Les foyers de travailleurs migrants c'est ce qu'ils ont connu depuis leur arrivée en France ça convient même s'ils sont isolés ils se retrouvent avec des personnes de la même origine. Mais dans beaucoup de foyers, les regroupements vont se faire par nationalité, j'imagine. Le foyer c'est peut être une solution faute d'autre chose, ça concerne une soixantaine de personnes qui ont de 70 à 80 ans et pour tout ce qui relève des tâches de la vie quotidienne ça va être très compliqué »

Le travailleur social pointe la difficulté à leur expliquer ce qui relève ou non du droit des immigrés. Il est souvent sollicité pour des demandes de mutuelle, ou de dossier APL (Aide Personnalisée au Logement).

Malgré tout, les personnes âgées migrantes restent autonomes dans les tâches de la vie quotidienne :

« Même les personnes en perte d'autonomie malgré tout vont rester autonomes. Le monsieur dont je parle arrive à se maintenir dans son lieu

de vie, dans son petit studio il se fait à manger. Mais pour ces gens de la même génération se posera la question de la dépendance et de ce qu'on fait de ces petits vieux de manière très affective. La crainte que je partage avec ma collègue c'est qu'on va les laisser disparaître petit à petit »

Concernant l'accès à une couverture médicale le constat part d'un exemple concret d'une personne âgée qui réside dans le foyer :
« C'est un monsieur qui n'a pas du tout de mutuelle complémentaire, il a des problèmes de santé, mais il passe beaucoup par le 100% pour sa pathologie et pour plein de trucs liés à cette pathologie-là. Mais par contre il n'a rien qui va couvrir d'autres problèmes de santé. »

Selon lui, le projet de soins à domicile n'a pas fonctionné, car cela relève de la sphère du privé, mais cela va devenir nécessaire vu le vieillissement des personnes âgées en foyer.
« On a parlé par exemple pour un résident de la question du portage de repas pour permettre une alimentation plus équilibrée. Par exemple, pour ce résident mes prédécesseurs avaient essayé de mettre en place une aide à domicile pour l'aider dans son quotidien, mais ça n'avait pas du tout marché car c'est faire rentrer en l'occurrence une dame dans son domicile, dans son cercle qui est très intime, c'est très compliqué. Même pour d'autres personnes âgées, j'imagine que c'est compliqué, mais après c'est une analyse trop rapide de dire que c'est à cause de représentations culturelles, mais ça va devenir nécessaire et il faudra creuser le problème. »

Les allers-retours des personnes âgées migrantes s'expriment de la façon suivante selon l'assistant social :
« Le fait de rester en France fait qu'ils ont un rôle, c'est-à-dire qu'ils touchent une retraite en France ils peuvent encore envoyer de l'argent comme quand ils travaillaient. Pourquoi retourner au pays où finalement ils ont été absents la moitié de leur vie et où peut-être ils n'auront pas une place s'ils y restent. Beaucoup pensent aussi à l'après : est-ce qu'on décède au pays où est-ce qu'on décède ici ? Est-ce que c'est préparé ? »

5- Entretien avec le responsable d'une résidence sociale[143]

Selon le responsable du foyer Adoma de l'Haÿ-les-Roses, le vieillissement des personnes résidentes va devenir problématique dans les années à venir.

---

[143] Entretien avec le responsable du foyer de travailleurs migrants Adoma à l'Haÿ-les-Roses (Val de Marne).

« C'est une question qui est soulevée depuis un moment ; voilà à Adoma, c'est un problème qui allait forcément se poser puisque des travailleurs sont arrivés dans les années 1940, 1950. À l'époque leurs présences étaient censées être temporaires, c'est des choses qu'on n'a pas appréhendées. Du coup, ce public reste là forcément. Ils sont présents depuis 30 ou 40 ans. Adoma et plus largement tous les bailleurs sont en réflexion. La problématique est la suivante : comment faire en sorte qu'ils soient dans un cadre qui prend en compte leur perte d'autonomie ? Mais dans un même temps, on n'a pas vocation à devenir une maison de retraite ou une structure médicalisée. On doit trouver le juste milieu, pour l'instant ce n'est pas fait. Mais déjà de faire appel à des associations notamment comme Migrations Santé, ça permet de voir ce qui peut être mis en place, comment les suivre, essayer d'ouvrir leurs droits, quel sont les dispositifs de droit commun qui pourraient être mis en place comme les aides à domicile. »

Les foyers de travailleurs migrants sont réhabilités sans prendre en compte l'aménagement adapté aux personnes vieillissantes résidant dans ces lieux d'habitation.

« La résidence a été réhabilitée en 2003, avant c'était un ancien foyer de travailleurs migrants. Donc du coup dans la résidence on a deux types de population, celle des travailleurs migrants, qui était là avant 2003 et qui eux ont la possibilité s'ils le souhaitent de rester autant qu'ils le veulent. Et ceux qui sont arrivés après 2004, c'est à vocation temporaire ici, donc ils sont soumis au régime de la résidence sociale. Du coup, il n'y a plus comme auparavant des unités de vie commune, il n'y a que des logements autonomes et ça créé un cloisonnement qui fait qu'il y a certaines choses qui sont plus difficiles à mettre en place. »

Non seulement l'idée de placement dans un établissement spécialisé n'est pas envisageable pour des raisons d'humilité, mais aussi pour des raisons d'habitude au lieu de vie.

« Il n'y a pas de demande de placement en hébergement spécialisé, c'est vraiment lié à Sonacotra et Adoma aujourd'hui, c'est leur histoire. Aussi, le déni parce que parfois ils ont du mal à accepter qu'ils sont en perte d'autonomie. Même parfois, plus que la France c'est le foyer, la résidence leur repère, et dès que vous parlez de maison de retraite à l'un d'entre eux vous ne lui en parlerez pas deux fois ! Après, l'idéal serait d'adapter le logement. La problématique est qu'on n'a pas vocation à le faire ; si l'Etat ou la collectivité nous donne les moyens oui ! Personne ne se voile la face, on est dans le tâtonnement alors qu'on est en plein dedans, moi j'ai des gens qui sont nés en 1932 et qui commencent vraiment à perdre de leur autonomie. Il y a certaines personnes qui retournent au pays mais on ne va pas pouvoir se baser sur ça. »

Concernant les actions de prévention, selon le responsable, pour qu'elles fonctionnent il faut informer en amont et prolonger en aval l'action.

« Juste les informer en leur mettant un prospectus ça n'a pas grand intérêt, mais si on a une information réelle avec un traducteur s'il le faut, une action bien ciblée là oui ! Mais une information générale avec un prospectus, autant ne rien faire. Quand on prend le temps de passer l'information, qu'on essaie de la relayer et qu'elle est suivie non seulement le jour de l'action, mais qu'on suit avant ou après bah ça va, ils comprennent. Par exemple pour le dépistage des maladies rénales que Migrations Santé a organisé ici avec le Rénif, on s'y était pris bien en avance. On a pu les sensibiliser sur le cholestérol, le diabète, donc avant l'action ils savaient de quoi il s'agissait. Ils posaient des questions au médecin et après il y a eu un suivi pour ceux présentant des symptômes alarmants. On les a suivis et ils ont pu en parler à leur médecin. »

Concernant la perception des résidents des institutions publiques, le responsable de la résidence la décrit de la manière suivante :

« Je ne peux pas vous dire comment les personnes âgées immigrées perçoivent les institutions, car je ne peux pas parler à leur place, mais je peux vous dire comment j'ai l'impression qu'elles voient les institutions. J'ai l'impression que ces personnes voient les institutions comme une énorme machine, un mur dans lequel elles reçoivent des courriers et elles ont l'impression de se dépatouiller contre et que c'est des machines qui mettent des lois pour les embêter en gros. Par exemple pour dire : je suis là, j'ai 80 ans pourquoi on m'embête à quitter le territoire pas plus que 4 mois ? Qu'est ce que je vais faire dans ma chambre de 13m^2 tout seul ! Pourquoi j'ai autant de papier pour la CNAV, la CAF avec l'impression d'être dans une grosse machine. C'est ce qu'on peut ressentir nous aussi, mais pour eux c'est encore plus dur ! Ça peut les décourager pour accéder à leurs droits, si c'était plus simple, là il y a des contraintes ! »

Les personnes âgées isolées sont assez bien identifiées par le responsable de la résidence, grâce entre autres aux interventions via les permanences de Migrations Santé qui fait remonter l'information.

« On les repère les personnes isolées assez facilement. Alors, isolée il faut nuancer le mot, Parmi les personnes âgées immigrées l'isolement complet n'existe pas, ici je ne fais pas de généralité. Bah, du fait qu'ils se connaissent tous et ils vont tous plus ou moins chez les uns et les autres. C'est un isolement dans la mesure où ils ont des difficultés de santé ou autres. Bien évidemment qu'ils ne peuvent pas faire appel au voisin qui est dans le même état qu'eux. Mais ils ont toujours quelqu'un et ce n'est pas un isolement au niveau social. »

6- Entretien avec une médiatrice santé[144]

Madame Samira Benkebbab a mis en place des permanences alternées sur les questions sociales et les questions de santé avec l'objectif de transmettre les informations concernant l'accès aux droits. Suite à des échanges conviviaux avec la population concernée, elle s'est rendu compte que des migrants âgés n'avaient pas d'ouverture aux droits à la sécurité sociale ni à une mutuelle alors qu'ils étaient atteints de pathologies très lourdes. Elle a donc interpellé la CPAM et mis en place une permanence pour l'aide à la constitution des dossiers ouvrants accès à la complémentaire santé. Mais cela n'a eu aucune conséquence, car les résidents du foyer Adoma envoient une partie de leurs revenus à leurs familles. Pour prendre en compte cette perte de revenus effectifs dans leur accès à la sécurité sociale, la CPAM demande des justificatifs de leur soutien à leurs familles dans le pays d'origine. Or, pour diverses raisons, ils ne disposaient pas de tels justificatifs. Elle a donc convaincu ses « ayants-droit potentiels » de garder les justificatifs de leurs envois d'argent à l'étranger. Cela a pu permettre l'ouverture de droits à la CMU, entre autres quand ils étaient bénéficiaires du RMI. S'agissant des retraités, ils devaient faire l'avance de leurs frais de santé. En conséquence, ils cessaient d'aller chez le médecin, qu'il s'agisse de leur médecin traitant ou d'un spécialiste. Elle a néanmoins maintenu ses permanences pendant 3 ans, avant d'obtenir la création avec le CCAS, d'un groupe de réflexion sur l'accès aux droits communs pour ces retraités migrants.

Cette réflexion a débouché sur la mise en place d'un binôme CCAS et Espace Créateur de Solidarités dont l'objectif était d'amener les résidents du foyer Adoma à entrer d'eux-mêmes dans le droit commun en s'adressant directement au CCAS ou à la MDR (Maison du Rhône). En 2011, les financements pour le fonctionnement de ce binôme ont cessé. Elle est arrivée néanmoins à maintenir ses permanences dans les quartiers et dans la résidence Adoma. Celles-ci étaient ouvertes aux non-résidents des quartiers.

Cette stratégie, pour éviter l'isolement des résidents et les intégrer dans les procédures de droit commun, a été mise en place en lien avec le responsable de la résidence. Petit à petit les résidents se sont mis à venir à ces autres permanences dans les quartiers. C'est au moins un objectif d'atteint, mais sur le fond, elle reste très insatisfaite par rapport à ses objectifs de départ. Elle regrette que la CPAM « ne joue pas le jeu » de

---

[144] Médiatrice santé, employée sur la base d'une convention tripartite entre le foyer Adoma (ville de Saint-Fons), la municipalité de Saint-Fons (Rhône) et l'association Espace créateur de Solidarités.

faciliter l'accès aux droits pour les migrants âgés pourtant atteints de pathologies multiples, conséquences pourtant avérées de leurs mauvaises conditions de vie et de travail en France.

EN GUISE DE CONCLUSION

Emile-Henri RIARD

Vice-président de Migrations Santé

Tenter de faire une conclusion des deux jours, particulièrement riches en analyses, réflexions, échanges, émotions, du colloque est nécessairement synthétique, sinon réduite et limitée. Rappelons que ce colloque avait pour but de permettre aux différents acteurs concernés, chercheurs, professionnels et acteurs de terrain d'échanger et de faire le point à partir de leurs l'expériences, analyses et observations sur l'état socio-sanitaires des personnes âgées immigrées. Il incluait également *l'enquête* menée par Migrations Santé, qui livre des données précises, objectives, originales, constituant ainsi une source incontestable de références pour maints travaux.

La question du devenir des chibanis, population majoritairement au cœur de ces deux journées bien que non exclusive, ces « invisibles », n'était ni nouvelle ni encore moins originale. Nul ne l'ignorait (cf. p.e. le colloque de 2002 organisé par Migrations Santé ou bien les différents numéros de sa revue). Mais bien qu'identifiés, leurs « problèmes » n'ont jamais eu de réponse véritablement significative. Ils devaient donc être de nouveau posés.

Le premier mérite de ce colloque a été d'avoir de nouveau attiré l'attention des pouvoirs publics sur une situation dont le fond est structuré par la dimension économique et (donc) par celle du politique et du juridique. Des réponses à consolider ont été proposées allant dans le sens d'une amélioration du vécu quotidien de ces personnes.

Son second mérite est, incontestablement, d'avoir placé l'humain au cœur des débats. Un humain omniprésent tissé -par la question de la *continuité / discontinuité* (avec soi-même, sa famille, son groupe d'appartenance, son pays de naissance), cette dimension organisatrice qui donne du sens à l'histoire de tout individu et de tout groupe et,- par ses implications. Question d'autant plus sensible lorsqu'il s'agit de ces femmes et de ces hommes confrontés à un changement qui, initialement volontaire, s'est transformé avec le temps en un mythe de retour irréalisable dont est ressorti un cortège de déceptions, de manques, d'absences, de ruptures jamais cautérisées. Durant ces deux jours, y compris dans les témoignages, il a été fortement souligné que ces femmes et ces hommes étaient désormais placés à un moment de leur vie qui les renvoie à des questions qui nécessitent rapidement de « vraies » réponses.

En effet, la précarité est encore souvent présente en dépit des mesures déjà prises. De même, leur accès aux soins tout comme leurs conditions de vie sont encore chargés en difficultés de tous ordres qui mettent à l'épreuve tant l'immense majorité de ces populations que les professionnels.

Par leur diversité, leurs implications et leur omniprésence dans les débats, les *relations* (la « bonne distance » à trouver avec soi et les autres) indispensables à l'équilibre de tout être humain, à plus forte raison dans ces situations « difficiles », ont constitué une entrée (souvent implicite) importante de ce colloque.

Conférences et débats les ont abordées *via* : le partage d'une vie entre deux pays ; le sentiment d'abandon ; les effets des maltraitances du corps par le travail et plus tard sur la retraite ; la dépression ; le vide de la vie entre quatre murs ; la maladie -dont celle d'Alzheimer- ; la mort : ses moment et lieu de survenue tout comme le devenir du corps... . Mais aussi la question de leur héritage, celle de la transmission de génération en génération avec parfois le sentiment qu'elle est impossible... ; ou encore la diversité des populations accueillies et les implications de ce pluralisme culturel sur les pratiques. Le genre s'est également invité pour révéler aussi souffrances, dignité, silence, mais également dynamisme à travers un sacrifice qui, consenti au départ par ces femmes et sans doute beaucoup plus conséquent qu'envisagé, a été porteur de dynamisme dont l'ampleur a permis dans certains cas des rebonds.

Face à ces questions qui bien qu'universelles pour certaines n'en appellent pas moins des réponses spécifiques pour ces populations, et aux réponses toujours insuffisantes, les professionnels constamment interpellés, tout comme ils se sont constamment saisis de ces questions, ne sont pas restés sans réponse. Au-delà de la crudité rapportée de certaines situations dramatiques, de leurs réponses, du travail accompli et à réaliser en direction de l'administration, ils ont partagé longuement -y compris en dehors des interventions- leurs expériences et ont projeté des collaborations d'amélioration de pratiques. Les interventions ont dans leur ensemble confirmé le caractère fondamental et incontournable des associations de terrain, du secteur de la prévention, et ont abordé la question des moyens propres à améliorer les prestations auprès de ces usagers.

L'objectif de faire le point sur l'état socio-sanitaire des populations immigrées a été pleinement rempli par son audience, la diversité professionnelle des intervenants et la qualité des échanges. Il constitue sans aucun doute un carrefour actuel majeur adapté d'apports, d'interrogations et de propositions de réponses en direction de ces populations.

Une manifestation qui en appelle d'autres.

LISTE DES INTERVENANTS

AKKOUCHE Fatima, *Master 2 Sciences de la Société, Evaluation Sanitaire et Sociale, Paris Descartes-Sorbonne, stagiaire à Migrations santé*
ALOUI Mohamed, *Chef de service de psychiatrie Hôpital de Saint-Brieuc*
ANOUAR Jamil, *Socio-économiste*
ATTIAS-DONFUT Claudine, *Directrice de recherche, centre E. Morin, EHESS*
AYIE Hassan, *Président du KMAN, Pays-Bas*
AZAHOUM Boualam, *Doctorant, membre de l'association El Ghorba, militant du collectif « Justice et dignité pour les Chibani-a-s »*
BA Aïssata, *socio-anthropologue*
BARILLER Sébastien, *Consultant sociologue*
BAROU Jacques, *Directeur de recherche Emérite, CNRS*
BEN AMEUR Ali, *Universitaire, formateur à Migrations Santé*
BENARAB-ATTOU Malika, *Députée européenne*
BERRETIMA Abdel-Halim, *M. Conférences, sociologue, U. A-M Béjaïa, Algérie*
BERTHIER Anne, *Chef de projet animation territoriale*
BLANCKAERT Antonin, *Directeur national de l'action sociale C.N.A.V.*
BOUZZINE Evelyne, *Directrice du CRPVE 91*
BORNIBUS Manuelle, *Socio-anthropologue*
CHAIB Yassine, *Sociologue*
CHENCHABI Hédi, *Directeur de FIDE*
CHERKAOUI Majda, *Psychologue clinicienne*
CROUVISIER Marie, *Afrik DHPE*
DIEBOLD Fabienne, *Coordinatrice Réseau Social ADOMA Rhône-Alpes*
DOULFIKAR Zineb, *Directrice de l'association Chibanis 06*
DOUYERE Mélanie, *Assistante sociale Carsat Normandie*
EL MANOUZI Salah, *directeur de l'AEFTI Picardie*
EL MOUBARAKI Mohamed, *Directeur de Migrations Santé*
ELOUAFA Jamal, *Pr. Psychologie clinique et sociale - Rabat (Maroc)*
FOUATIH Awad, *Anthropologue, ethnopsychiatre*
FRIBAULT Mathieu, *ethno-anthropologue*
GALLOU Rémi, *Chercheur à la CNAV, Paris*
HALLOUCHE Omar, *Anthropologue*
IMBERT Christophe, *Chercheur INED Migrinter.*
JACQUAT Denis, *Député, Président de la Mission d'information sur les immigrés âgés.*
KLEICHE Abdessalam, *Enseignant, Formateur à Migrations Santé*
KOSSI Laura, *Chargée de mission CRPVE 91*
LABIDI Moncef, *Directeur d'Ayyem Zamen*
LEFEVRE Hélène, *Intervenante sociale, association l'Abris, Evreux*

MAIZA Djamila, *Doctorante en sociologie*
MARTIN PAYEN Catherine, *réalisatrice*
MEZZOUJ Fatima, *Bureau Intégration territoriale à la DAAEN*
MIREMONT Irène, *Carsat Normandie*
MOUHIEDDINE Fatima, *Doctorante en psychologie*
MOUILLE Anne-Sophie, *Directrice ingénierie sociale Adoma*
NEHAS Jalil, Docteur en Psychologie
NGATCHA-RIBERT Laëtitia, *Chargée d'études senior, fondation Médéric Alzheimer*
POMPEE Maryse, *Directrice de l'Association Case Gran Moun, Martinique*
RIARD Emile-Henri, *Pr. Emérite, C.A.R.E.F., U. Picardie Jules Verne, France*
RICARDOU Rafaël, *G .R.D. R. Coordinateur Antenne Ile de France*
SAROT Adeline, *Psychologue clinicienne, Maison de Solenn*
SEDAS Jorge, *conseiller technique en droit des étrangers, formateur à Migrations Santé*
SOUHAIR Abel, *Avocat, formateur à Migrations Santé*
TALLEYRAND Henry-Daniel, *Président de Migrations Santé*
TOURAINE Marisol, *Ministre des Affaires sociales et de la Santé*
WLUCZKA Marc, *Médecin de santé publique*
YOK Sophea, *Assistante sociale Carsat Normandie*
ZITOUNI Mohamed, *Psychiatre-psychanalyste*

ANNEXES

1 - QUESTIONNAIRE DE L'ENQUETE SUR LA SANTE DES MIGRANTS AGES

2 - TABLEAUX DU TRI A PLAT DE L'ENQUETE

3 - GUIDE D'ENTRETIEN PERSONNES AGEES IMMIGREES

4 - GUIDE D'ENTRETIEN SEMI-DIRECTIF, PROFESSIONNELS

5 - BIBLIOGRAPHIE SELECTIVE

1 - QUESTIONNAIRE D'ENQUETE SUR LA SANTE DES MIGRANTS AGES

I - CARACTÉRISTIQUES SOCIODÉMOGRAPHIQUES

Nom :
Prénom :
Sexe : H F ☐
Date de naissance : |__|__|__|__|
Lieu de naissance (région, ville) : ……….. (Pays) : ………..
Langue maternelle *:* ……….
Titulaire d'une carte de séjour temporaire ☐ vie privée familiale ☐ salarié ☐ autre ☐ préciser :………..
Naturalisation Oui ☐   Non ☐

État Civil :
Célibataire Marié ☐ Veuf ☐ Séparé ☐ divorcé ☐ autre
Avez-vous des enfants ? oui ☐   non ☐
Si marié votre conjoint est-il avec vous ? au pays ? oui ☐ non ☐
Vous arrive-t-il de rendre visite, recevoir ou sortir avec vos enfants ?
le weekend pendant les vacances ☐   jamais ☐
Autres (préciser)

Niveau d'instruction
Non scolarisé ☐ Primaire ☐ Secondaire Supérieur ☐

Êtes-vous en activité ? oui ☐   non ☐
Si oui, quelle profession ?
Si non, depuis combien de temps?
Quelle est la dernière profession exercée ?

Parlez-vous ?
Français oui ☐ non ☐   avec difficultés ☐
Le lisez-vous? oui ☐ non ☐ avec difficultés ☐
Savez vous écrire le français ? oui ☐ non ☐
Comment avez-vous appris le français?
1- à l'école au pays ☐ 2- en cours d'alphabétisation en France ☐ 3- à l'école en France ☐
4-autres (préciser) ……….

Connaissez-vous La langue officielle de votre pays oui ☐ non ☐
L'écrivez vous ? oui ☐   non ☐

Avez-vous eu une formation professionnelle ? oui ☐   non ☐
SI oui laquelle ……….

Vos revenus : vous touchez :
Un Salaire ☐ Indemnités chômage ☐ RSA ☐ Pension préretraite/retraite ☐ APL ☐ Allocations familiales ☐ Allocations parents isolés ☐ Pension d'invalidité civile ou militaire ☐ allocation pour adulte handicapé ☐ Fonds national de solidarité ☐ Allocation supplémentaire vieillesse ☐ Prestation spécifique dépendance ☐ Revenus de rentes, loyers, bénéfices commerciaux ☐ Pension de réversion ☐ Pension du pays d'origine ☐ Aucun revenu ☐ Autres (préciser) ……….

II - PARCOURS DE VIE

Année d'arrivée en France : ……….

Motifs de la venue en France (une seule réponse) :

Recherche d'un travail Regroupement familial ☐ Situation politique et sociale du pays d'origine ☐ Autres motifs *(précisez)*…………

Conditions d'arrivée en France :
Seul(e) ☐ Avec votre conjoint ☐ En famille (conjoint + enfants) ☐ (regroupement Familial) ☐
Vit seul : **Oui** ☐ **Non** ☐
Si oui, depuis combien d'années : ……….

III - LOGEMENT

Ville :………………….. **Département :** /___/
Année d'arrivée dans l'adresse actuelle :

Logement actuel et date d'arrivée dans ce logement :
mois ____ année ____

Foyer ☐ (Si oui passer à la question suivante) Résidence sociale ☐ Chambre meublée d'hôtel ☐ Chambre/appartement privé ☐ HLM ☐ Maison ☐ Autre *(précisez)* ……….
Locataire ☐ Propriétaire ☐ Hébergé gratuitement ☐ Institution ☐

Quelles difficultés avez-vous rencontré pour trouver ce logement ? *(plusieurs réponses possibles)* :
Hostilité vis-à-vis des étrangers ☐ Revenus insuffisants ☐ Feuilles de paie manquantes ☐ Problème de caution ☐ Pas d'offre adaptée ☐ Aucune difficulté ☐
Autre *(précisez)* ……….

Intervention d'un service, institution, médiateur professionnel pour obtenir un logement :

Oui ☐   Non ☐ Si oui, lequel, laquelle : ....
Montant du loyer /mois : ………..
***Conditions d'habitat* :**
Nombre de pièces *(hors cuisine et sanitaires)* : ………...
Eau chaude   Oui ☐   Non ☐
Salle d'eau indépendante - combiné WC / douche ☐
Chauffage collectif : oui ☐   non ☐   Ascenseur : Oui ☐   Non   ☐

Proximité des services (commerces, pharmacie, annexe Mairie, Poste, …)
Oui ☐   Non ☐

Votre quartier est-il bien desservi par les transports en commun ?
Oui ☐   Non ☐

Êtes-vous satisfait de votre logement si oui ou non pourquoi ?
Oui ☐   Non ☐   Pourquoi ? ………

IV - ETAT DE SANTÉ - INCAPACITÉ - RECOURS AUX SOINS

Est-ce que vous sortez de chez vous ? oui ☐ non ☐ *Pourquoi ?*..........
Avez-vous un handicap reconnu par votre organisme de sécurité sociale ou la MDPH ? Oui ☐ Non ☐
Pouvez-vous dire que votre santé est :
Très bonne ☐   Bonne ☐   Moyenne   Mauvaise ☐   Très mauvaise
Etre en bonne santé pour vous : C'est être en forme oui ☐   non ☐
C'est pouvoir travailler ou accomplir des tâches quotidiennes oui ☐   Non ☐
C'est ne pas être malade oui ☐   non ☐
C'est être bien suivi par son médecin traitant   oui ☐   non ☐
Souffrez-vous d'une ou plusieurs maladies ? Oui Non ☐
Si oui, lesquelles : ……….
Etes- vous pris en charge à 100% (ALD) Oui ☐   Non ☐
Depuis quand ? ………. Et pourquoi ? ……….

Actuellement, prenez- vous des médicaments prescrits par le médecin ?
Oui   Non ☐   Si oui, depuis combien de temps ?
Jours |____| Mois |____| Années |____|

Avez-vous des soins infirmiers ? ☐ Avez-vous des soins de kinésithérapie ? ☐
Avez-vous des soins dentaires ? ☐ Avez-vous recours à un psychologue ? ☐
Autre paramédical ? Êtes-vous allé chez un médecin spécialiste ? Si oui, lequel ?

Pour vous faire soigner, à qui vous adressez-vous en premier ? (1 seul choix)
1. Au médecin généraliste 2. Au médecin spécialiste (*préciser*) 3. À l'hôpital directement 4. Au pharmacien. 5. À l'infirmière. 6. Au guérisseur ? Marabout ? 7. Autre *(à préciser).*

Avez-vous un médecin traitant ? Oui ☐ Non ☐
Si oui, combien de fois l'avez-vous consulté au cours des 12 derniers mois ? …………

Votre médecin vous le choisissez pour son origine ?
 Son cabinet est-il dans votre quartier ? Oui ☐   Non ☐
 Vous rend-t-il visite à votre domicile ? Oui ☐   Non ☐

Si au cours des 12 derniers mois, vous n'êtes pas allé consulter un médecin (plusieurs possibles) ? C'est pour les raisons suivantes :
 Difficultés financières ☐   Difficultés à contacter un médecin ☐
Difficultés pour se rendre à la consultation ☐ Difficultés pour se faire accompagner par quelqu'un ☐ Autre (préciser) ………..

Au cours des 12 derniers mois : Avez-vous eu des soins infirmiers ? Avez-vous eu des soins de kinésithérapie ? ☐ Avez-vous eu des soins dentaires ? ☐ Avez-vous eu recours à un psychologue ? ☐
Autre paramédical ? ☐ Êtes-vous allé chez un médecin spécialiste ? Si oui, lequel ?

A votre avis, lors des consultations, le médecin vous donne-t-il suffisamment d'informations sur :
Le problème de santé que vous présentez Oui ☐ Non ☐ sans opinion ☐
Le traitement médical, les analyses ou les examens qu'il prescrit Oui ☐ Non sans opinion ☐

Au cours des 12 derniers mois, avez-vous été hospitalisé(e) au moins une nuit ?
Oui ☐ Non ☐ Pour un accident du travail ☐   de circulation ☐
domestique (chute, brûlure) ☐   pour un contrôle ☐
pour une maladie ☐   (Précisez de quelle nature) ……….

Si vous exercez une activité professionnelle, avez-vous bénéficié au cours des 12 derniers mois d'un arrêt de travail pour raison de santé ?
Oui ☐ Non ☐

Activités de la vie quotidienne : Avez-vous besoin d'aide pour :

Votre toilette (lavabo, bain, douche) Aucun besoin d'aide ☐ Besoin d'aide sur une partie du corps (dos ou jambe) ☐ Besoin d'aide pour la toilette de plusieurs parties du corps, ou toilette impossible ☐

Vous habiller :
Aucun besoin d'aide ☐ Besoin d'une aide uniquement pour lacer les chaussures ☐ Besoin d'aide pour prendre ses vêtements ou s'habiller ☐ ou reste complètement ou partiellement déshabillé(e) ☐
Aller au WC : Besoin d'aide Oui ☐ Non ☐
Vous déplacer : Oui ☐ Non ☐
Manger : Besoin d'aide Oui ☐ Non Besoin d'aide pour couper la viande ou beurrer le pain Oui ☐ Non ☐ Besoin d'aide complète ☐
Continence
Incontinence Oui ☐ Non ☐ Besoin d'aide partielle : fuites accidentelles Oui ☐ Non ☐ Besoin d'aide accidents fréquents Oui ☐ non ☐

Activités de la vie quotidienne : Avez-vous besoin d'aide pour :

a- Téléphoner :
Non ☐ 0   Je réponds au téléphone, mais je n'appelle pas ☐ 1
Je n'utilise pas le téléphone du tout ☐ 2   Je n'ai pas de téléphone ☐ 3
b- Faire les courses :
Non ☐ 0 Oui, mais je me débrouille seul pour les petits achats ☐1
Oui, il faut qu'on m'accompagne ☐ 2   Je ne fais pas du tout les courses ☐ 3
c- Préparer les repas :
Non ☐ 0 Non,   si on me fournit les ingrédients ☐ 1
Oui, il faut me préparer les repas ☐ 2
d- Les tâches ménagères :
Non 0   Oui, pour le gros ménage ☐ 1
Oui, pour les petites tâches ménagères ☐ 2
Je ne fais pas du tout de tâches ménagères ☐ 3
e- La lessive : Non ☐ 0 Oui ☐ 1
f- Vous déplacer en dehors de chez vous :
Non ☐ 0, non, mais je ne prends pas les transports en commun tout seul ☐ 1
Je me fais toujours accompagner ☐ 2   Je ne sors pas de chez moi ☐ 3
g- Prendre vos médicaments :
Non ☐ 0   Oui, il faut me les préparer dans un pilulier ☐ 1
Oui, il faut me les donner ☐ 2
h- Gérer vos finances :
Non ☐ 0 oui, pour les grosses sommes, les impôts, …☐1
Oui, quelle que soit la somme ☐ 2

Utilisez-vous une canne pour vous déplacer ?
Non ☐ 0 Oui, mais seulement pour sortir de chez moi ☐ 1
Oui, tout le temps (à l'intérieur aussi) ☐ 2

Vous est-il arrivé de tomber au cours des 12 derniers mois ?
Oui ☐ 1   Non ☐ 0 *Si oui, où* : ……….

Quelle situation vous correspond par rapport au tabac ?
1-Vous n'avez jamais fumé |____|
2-Vous fumez |____| cigarettes par jour *(préciser combien)*
3-Vous avez fumé, mais vous ne fumez plus |____|
4- Dans les deux cas, depuis combien d'années ? |____| ans
5- Autres produits (pipe, chique, tabac à priser, …) : |____|
(préciser la fréquence)

Buvez-vous du vin, de la bière, ou autre alcool :
Tous les jours ☐ 4   Plusieurs fois par semaine ☐ 3
Occasionnellement ☐ 2 Jamais ☐ 1

Avez-vous des problèmes dentaires ?
Oui ☐ 1   Non ☐ 0

Etes-vous gêné pour manger à cause de vos problèmes dentaires ?
Oui 1   Non ☐ 0

Portez-vous un appareil dentaire ?   Oui 1 Non ☐ 0

Vous faites-vous soigner les dents ? Oui ☐ 1 Non 0
Si non, pourquoi ? (plusieurs réponses possibles)
1. C'est cher   ☐   2. Pas de prise en charge des frais par la mutuelle ☐
3. Par manque de temps ☐ 4. Ne sait pas à qui s'adresser 5. Difficile de se faire comprendre par le médecin ☐ 6. C'est comme ça, il n'y a rien à faire ☐

Avez-vous des problèmes pour entendre ? Oui ☐1 Non ☐ 0
Avez- vous un appareil auditif ? Oui ☐1 Non ☐

Avez-vous des problèmes de vue ? Oui ☐1 Non ☐ 0

Portez-vous des lunettes ? Oui ☐ 1 Non ☐ 0

Etes-vous allé voir un médecin spécialiste pour votre vue ?
Oui ☐ 1 Non ☐ 0
Si non, pourquoi ? (plusieurs réponses possibles) C'est cher Pas de prise en charge des frais par la mutuelle ☐ Ne sait pas à qui s'adresser ☐. Difficile de se faire comprendre par le médecin ☐ C'est comme ça, il n'y a rien à faire ☐

V- ACCÈS AUX DROITS, AUX SOINS

Quelle est votre couverture maladie actuelle ?
Régime de base : (une seule réponse)
Régime général ☐ CMU (couverture maladie universelle) ☐ Aide médicale gratuite ☐
Aucune couverture sociale ☐ depuis combien de temps : …………

Régime complémentaire : (une seule réponse)   Mutuelle complémentaire ☐
Couverture médicale universelle complémentaire(CMUC)   ☐
Aucune mutuelle ☐

Pensez-vous être suffisamment informé de vos droits ? (plusieurs réponses possibles)
En matière de santé Oui ☐ Non   En matière de logement Oui ☐ Non ☐
En matière d'emploi Oui ☐ Non

Au cours des 6 derniers mois, avez-vous rencontré les difficultés suivantes : (plusieurs réponses)

a - Difficultés financières à assurer l'achat de nourriture, de vêtements ☐
b - Difficultés dans les démarches administratives (comprendre, remplir un formulaire) ☐
c - Manque d'informations sur vos droits ☐
d - Difficultés avec un organisme payeur (sécurité sociale, CAF, MSA, ASSEDIC) ☐
e - Difficultés avec les services de la Préfecture (renouvellement de titre de séjour, …) ☐
f - Difficultés avec un organisme public ou privé (EDF/GDF, impôts, hôpital, …) ☐
g - Difficultés avec la justice (tribunal, huissier, …) ☐
h - Rupture de droits, liée à un problème de titre de séjour (délai de renouvellement) ☐

VI -VIE QUOTIDIENNE

Savez-vous qu'il existe des services destinés à faciliter la vie des personnes qui vieillissent ?
Oui ☐1 Non ☐ 0   *Si oui*, en avez vous déjà utilisé : Oui ☐1 Non ☐0

Lesquels ? : (plusieurs réponses possibles)
Soins à domicile ☐ Portage de repas ☐Aide ménagère ☐ Club personnes âgées ☐ Lavage du linge ☐ Autre ☐

Vous a-t-on prescrit un régime ? Oui ☐ Non ☐
Si oui, lequel ? ………..
Le suivez-vous ? Oui ☐ Non ☐
Si non, pourquoi ? ………..

D'où proviennent habituellement les aliments que vous consommez ?
(plusieurs réponses possibles)   Du marché ☐   Du supermarché

Parmi ces activités, quelles sont celles que vous pratiquez ?
Ecouter les infos radio, TV ☐ Lecture magazines, livres ☐ Sport, gymnastique ☐ Ecouter de la musique ☐ Lecture du journal ☐Discuter avec des voisins ☐ Faire les magasins ☐Jouer aux cartes, aux dominos ☐ Aller au cinéma ☐Aller au café ☐ Jouer au tiercé ou au loto ☐ Aller au stade ☐ Jouer à la pétanque ☐ Aller au club des retraités Tricot, couture, cuisine ☐ Jardinage, bricolage ☐
Autres (*préciser*) ……….

Avez-vous régulièrement l'occasion de :

☐ Rendre visite, recevoir ou sortir avec des ami(e)s du pays ou des parents ?
Tous les jours ☐3 plusieurs */semaine ☐2 le Week-end ☐1 jamais ☐0
Autre (préciser) ………..

☐ Rendre visite, recevoir ou sortir avec des ami(e)s non originaires du pays ?
TLJ ☐3 plusieurs */semaine ☐2 le WE ☐1 jamais ☐0
Autre (préciser) ……….

Etes-vous membre d'une ou plusieurs associations ? Oui ☐ 1 Non ☐ 0
Si oui, y exercez-vous des responsabilités? (président, secrétaire, etc…)
……….

L'une de ces associations a-t-elle un rapport avec votre religion, votre culture, votre pays d'origine ?   Oui ☐1   Non ☐ 0

Etes-vous régulièrement en contact (courrier, téléphone, vacances) avec des membres de votre famille ou des amis habitant au pays ?   Oui ☐ Non ☐

Au téléphone : TLJ ☐3 plusieurs */semaine ☐2 1 fois/semaine ☐1 jamais ☐ 0
Courrier Oui ☐ Non ☐
Autre (préciser) ……….
Visite par an : 1 fois/an ☐   2 fois ☐
Autre (préciser) ……….

En cas de coup dur (financier, familial ou autre) y a-t-il dans votre entourage des gens sur qui vous pouvez compter pour vous aider ?
Oui ☐ Non ☐

Si oui, comment ?
En vous hébergeant quelques jours ☐ En vous prêtant de l'argent   ☐
En intervenant auprès de différents organismes en votre faveur (courrier, téléphone, visite accompagnement...) En vous soutenant moralement ☐

VII - PROJET DE VIE

Êtes-vous rentré au pays au cours des 12 derniers mois ?   Oui ☐ Non ☐

Envisagez-vous de vivre :
dans votre pays ? oui ☐ Non ☐ avec la famille ☐,
en maison de retraite au pays ☐ ou en France ☐
vivre chez vos enfants en France ☐
rester à domicile le plus longtemps possible ☐

Souhaiteriez-vous être enterré : en France ☐ ou dans votre pays ☐

2 – TABLEAUX DU TRI A PLAT DE L'ENQUETE

3. Sexe

	Effectifs	%
Non-réponse	1	0,4%
1. Homme	190	69,3%
2. Femme	83	30,3%
Total	274	100,0%

4R1. Date de naissance (Date -> Unique)

	Effectifs	%
01/01/20	1	0.4 %
01/01/25	2	0,7%
01/01/28	1	0.4 %
01/01/29	1	0.4 %
01/01/30	2	0,7%
01/01/31	5	1,8%
01/01/32	4	1,5%
01/01/33	4	1,5%
01/01/34	7	2,6%
01/01/36	6	2,2%
01/01/37	6	2,2%
01/01/38	7	2,6%
01/01/39	9	3.3%
01/01/40	12	4,4%
01/01/41	6	2,2%
01/01/42	9	3,3%
01/01/43	18	6,6%
01/01/44	12	4,4%
01/01/45	12	4,4%
01/01/46	14	5,1%
01/01/47	7	2,6%
01/01/48	10	3,6%
01/01/49	10	3.6%
01/01/50	23	8,4%
01/01/51	12	4,4%
01/01/52	9	3,3%
01/01/53	12	4,4%

01/01/54	21	7.7%
01/01/55	10	3,6%
01/01/56	10	3,6%
01/01/57	5	1,8%
01/01/58	7	2,6%
Total	274	100,0%

146R1. âge (auto)

	Effectifs	%
55-64 ans	119	43,4%
65-74 ans	109	39,8%
75- 84 ans	42	15,3%
85 et +	4	1,5%
Total	274	100,0%

5R1. Lieu de naissance (région, ville) (auto)

	Effectifs	%
Non-réponse	1	0,4%
Oran	1	0,4%
Abidjan	1	0,4%
Asfi	1	0,4%
Agadez	1	0,4%
Agadir	2	0,7%
Ain Lahlaj	1	0,4%
Aït Atta	1	0,4%
Akadameni	1	0,4%
Alger	9	3,3%
Ankara	1	0,4%
Annaba	1	0,4%
Arekour	1	0,4%
Aumale	1	0,4%
Aye Aourou	1	0,4%
Bamako	4	1,5%
Batna	1	0,4%
Bejaia	3	1,1%
Beni Mellal	1	0,4%
Beni Ouazzan	1	0,4%
Benidrar	1	0,4%
Benijlil	1	0,4%
Berkhane	5	1,9%
Beyrouth	1	0,4%

Boujaad	1	0,4%
Bourgoin Jallieu	1	0,4%
Caire	1	0,4%
Casablanca	9	3,3%
Casamance	1	0,4%
Chiadma	1	0,4%
Constantine	4	1,5%
Dakar	4	1,5%
Dellys	1	0,4%
Demnate	1	0,4%
Denizil	1	0,4%
Diagadorma	1	0,4%
Diakong	1	0,4%
Diongaga	3	1,1%
Dizangue	1	0,4%
Djougou	1	0,4%
Douala	2	0,7%
Douz	1	0,4%
Dra El Mizan	2	0,8%
El Afroun	1	0,4%
El Jadida	2	0,8%
El Kelaa Mgouna	1	0,4%
EL Madina Relizane	1	0,4%
Errachidia	2	0,8%
Fès	6	2,2%
Foumzrid	1	0,4%
Foussana	1	0,4%
Gabès	1	0,4%
Gafour	1	0,4%
Garoun	1	0,4%
Gharbia	1	0,4%
Grozny	2	0,7%
Guelmime	1	0,4%
Guerouaou	1	0,4%
Ibnziad	1	0,4%
Iflilt	1	0,4%
Ihourra	1	0,4%
Jijel	2	0,8%
Kayes	6	2,9%
Kef	1	0,4%
Kenchela	1	0,4%
Kenitra	1	0,4%

Kersignane	1	0,4%
khouribga	1	0,4%
KIibili	1	0,4%
Kirsehir	1	0,4%
Klemset	1	0,4%
Komodinde	1	0,4%
Conakry	1	0,4%
Lardjem	1	0,4%
Lekaf	1	0,4%
Lumoumba	1	0,4%
Makana	1	0,4%
Makaness	1	0,4%
Mareth	1	0,4%
Marrakech	1	0,4%
Meknès	7	2,6%
Mekue	1	0,4%
Messahaba Azezia	1	0,4%
Misaken	1	0,4%
Misaren	1	0,4%
Mitidja	1	0,4%
Moustaganem	1	0,4%
Nedroma	1	0,4%
Non renseigné	25	9,1%
Nirouméra	1	0,4%
Oled Nja	1	0,4%
Oran	7	2,6%
Ouagadougou	1	0,4%
Ouarzazate	3	1,1%
Oued Aouf Ain Touat	1	0,4%
Oued Athmenia	1	0,4%
Oued El Kheir	1	0,8%
Oued Zem	1	0,4%
Oued Zenati	1	0,4%
Oujda	5	1,8%
Ouled Fares	1	0,4%
Oueld Saasza	1	0,4%
Oultana	1	0,8%
Pontval	1	0,4%
Port Sbata	1	0,4%
Rabat	5	1,8%
Setif	7	2,6%
Sidi Benour	1	0,4%

Sidi Mbareck	1	0,4%
Sidi Mohamed Ben Ali	1	0,4%
Sidi Merouan	1	0,4%
Sidi Kerouan	1	0,4%
Sliet	1	0,4%
Souss	1	0,4%
Sylhet	1	0,4%
Taroudant	2	0,8%
Tafeniait	1	0,4%
Taghia	1	0,4%
Tahiti	1	0,4%
Taipei	1	0,4%
Taomasina	1	0,4%
Taouinekht	1	0,4%
Tasamet	1	0,4%
Tata	1	0,4%
Taza	11	4,0%
Taznakht	1	0,4%
Tbassa	1	0,4%
Tétouan	1	0,4%
Tiflet	1	0,4%
Tinghir	8	3,0%
Tinjdad	1	0,4%
Tizi Ouzou	3	1,1%
Tiznit	2	0,7%
Tlemecen	2	0,8%
Toul	1	0,4%
Trentimob	1	0,4%
Tunis	4	1,5%
Valencia Cullera	1	0,4%
Vohemara	1	0,4%
Zamoura	1	0,4%
Zavidovici	1	0,4%
Total	274	100,0%

6R2. Lieu de naissance (pays) (auto) (Recodage)

	Effectifs	%
Algérie	84	30,7%
Bangladesh	1	0,4%
Bénin	1	0,4%
Bosnie	1	0,4%
Burkina Faso	1	0,4%
Cameroun	4	1,5%
Congo	1	0,4%
Côte d'Ivoire	1	0,4%
Égypte	2	0,7%
Espagne	1	0,4%
Ex Yougoslavie	1	0,4%
France	1	0,4%
Guinée	1	0,4%
Liban	1	0,4%
Madagascar	2	0,7%
Mali	32	11,7%
Maroc	104	38%
Niger	1	0,4%
Pakistan	1	0,4%
Polynésie	1	0,4%
Portugal	2	0,7%
Sénégal	6	2,2%
Taiwan	1	0,4%
Tchetchénie	2	0,7%
Tunisie	17	6,2%
Turquie	4	1,5%
Total	274	100,0%

7R2. Langue maternelle (auto) (Recodage)

	Effectifs	%
Anglais	1	0,4%
Arabe	168	61,3%
Arménien	1	0,4%
Afrique Subsaharienne, langue officielle et dialectes	40	14,6%
Berbère, Tamazight, Tachlhit	41	15,0%
Espagnol	1	0,4%
Français	9	3,3%
Asie	2	0,7%
Malgache	1	0,4%
Ourdou	1	0,4%
Portugais	1	0,4%
Serbo-croate	1	0,4%
Tahitien	1	0,4%
Tchétchène	2	0,7%
Turque	4	1,5%
Non renseigné	3	1,1%
Total / répondants	274	

8. Titulaire d'une carte de séjour temporaire

	Effectifs	%
Non-réponse	1	
Vie privée familiale	27	9,9%
Salarié	103	37,6%
Carte de résidence	36	13,1%
Autre	59	21,5%
non-réponse	12	4,4%
Titulaire d'une carte de séjour temporaire	36	13,1%
Total / interrogés	274	

9. Naturalisation

	Effectifs	%
Oui	66	24,1%
Non	203	74,1%
non-réponse	5	1,8%
Total	274	100,0%

10. État civil

	Effectifs	%
Célibataire	22	8,0%
Marié	173	63,1%
Veuf	41	15,0%
Séparé	16	5,8%
Divorcé	22	8,0%
Total / répondants	274	

11. Avez-vous des enfants ?

	Effectifs	%
Oui	246	89,8%
Non	25	9,1%
non-réponse	3	1%
Total	274	100,0%

12. Si marié votre conjoint est-il avec vous ?

	Effectifs	%
Oui au pays	130	60,5%
Oui en France	49	22,8%
Non	3	1,4%
non-réponse	33	15,3%
Total	215	100,0%

13. Vous arrive-t-il de rendre visite, recevoir ou sortir avec vos enfants ?

	Effectifs	%
Les week-ends	69	24,7%
Pendant les vacances	103	36,9%
Jamais	57	20,4%
Autre	34	12,2%
Non-réponse	16	5,7%
Total / réponses	279	100,0%

Interrogés : 274 / Répondants : 251 / Réponses : 279
Pourcentages calculés sur la base des réponses

14. Niveau d'instruction

	Effectifs	%
Non scolarisé	151	55,1%
Primaire	56	20,4%
Secondaire	49	17,9%
Supérieur	15	5,5%
non-réponse	3	1,1%
Total	274	100,0%

15. Êtes-vous en activité ?

	Effectifs	%
Oui	36	13,1%
Non	237	86,5%
non-réponse	1	0,4%
Total	274	100,0%

16R3. Si oui, quelle profession ? (auto) (Recodage) (Recodage)

	Effectifs	%
Agent d'accueil/agent de service/agent de surveillance/secrétariat	5	1,8%
Agent de tri/agent de propreté/agent technique de surface/femme de ménage	6	2,2%
Aide cuisinier/chef cuisinier/restauration	3	1,1%
Assistance maternelle/éducatrice/garde d'enfants/assistance maternelle	5	1,8%
Bâtiment/manœuvre/ouvrier dans la métallurgie/ouvrier/manutentionnaire	8	3,0%
Boucher	2	0,7%
Comptable/gestionnaire	2	0,7%
Intermittent de spectacle	1	0,4%
Livreur/primeur/vendeur	3	1,1%
Peintre/plâtrier	2	0,7%
Non concerné	219	80,8%
Non renseigné	11	4,1%
Autres	4	1,5%
Total / réponses	271	100,0%

Interrogés : 274 / Répondants : 269 / Réponses : 271
Pourcentages calculés sur la base des réponses

17R2. Si non, depuis combien de temps (Recodage)

	Effectifs	%
1-10 ans	50	18,7%
10-20 ans	16	6,0%
20-30 ans	6	2,2%
40 ans	2	0,7%
Non concerné	46	17,2%
Non renseigné	147	55,1%
Total	267	100,0%

18R2. Si non, quelle est la dernière profession exercée ? (auto) (Recodage)

	Effectifs	%
Autres : assistante de vie/attaché commercial/boucher/brodeuse à domicile	11	4,0%
Agent de propreté/tri sélectif	22	8,1%
Agent municipal/fonctionnaire	2	0,7%
Agriculteur/bâtiment/boiseur/BTP/carreleur/carrossier	88	32,4%
Caissière/commerçant/magasinier	3	1,1%
Chauffeur	3	1,1%
Cuisinier/restauration/hôtellerie/pâtissier/plongeur/serveur	9	3,3%
Femme au foyer	2	0,7%
Militaire	4	1,5%
Non concerné	45	16,5%
Non renseigné	83	30,5%
Total / réponses	272	100,0%

Interrogés : 274 / Répondants : 271 / Réponses : 272
Pourcentages calculés sur la base des réponses

19. Parlez-vous français ?

	Effectifs	%
Non-réponse	2	0,7%
Oui	143	52,2%
Non	29	10,6%
Avec difficultés	100	36,5%
Total	274	100,0%

20. Le lisez-vous ?

	Effectifs	%
Non-réponse	1	0,4%
Oui	92	33,6%
Non	127	46,4%
Avec difficultés	54	19,7%
Total	274	100,0%

21. Savez-vous écrire le français ?

	Effectifs	%
Oui	87	32,0%
Non	182	66,9%
non-réponse	5	1,8%
Total	272	100,0%

22. Comment avez-vous appris le français ?

	Effectifs	%
À l'école au pays	92	37,7%
En cours d'alphabétisation en France	41	16,8%
À l'école en France	6	2,5%
Autres	72	29,5%
non-réponse	33	13,5%
Total / réponses	244	100,0%

Interrogés : 274 / Répondants : 241 / Réponses : 244
Pourcentages calculés sur la base des réponses

23. Connaissez-vous la langue officielle de votre pays ?

	Effectifs	%
Oui	243	89,0%
Non	29	10,6%
non-réponse	2	0,8%
Total	273	100,0%

24. L'écrivez-vous ?

	Effectifs	%
Oui	108	39,7%
Non	161	59,2%
non-réponse	5	1,8%
Total	272	100,0%

25. Avez-vous une formation professionnelle ?

	Effectifs	%
Oui	64	23,4%
Non	208	75,9%
non-réponse	2	0,7%
Total	274	100,0%

26R2. Si oui (auto) (Recodage)

	Effectifs	%
de service hôspitalier/aide soignante/assistance de vie	3	1,1%
Aide ménagère/repasseuse	3	1,1%
Assistant de direction/attaché d'administration	2	0,7%
Assistante maternelle/petite enfance	2	0,7%
Bâtiment/maçon/monteur câbleur/plâtrier/plombier	14	5,2%
Boulanger	1	0,4%
Brodeuse/couturière à domicile	3	1,1%
BTP ouvrier/ouvrier qualifié/voirie réseau	2	0,7%
CAP métallurgie/CAP soudeur/ tourneur	2	0,7%
Cariste / Caces	3	1,1%
Chaudronnerie, mécanicien auto/conducteurs d'engins	4	1,5%
Comptabilité/accueil du public	2	0,7%
cuisinier	2	0,7%
Création d'entreprise	1	0,4%
Dactylographie/sténo dactylo	3	1,1%
Ecole d'hôtellerie	2	0,7%
Educatrice spécialisée	2	0,7%
Electronique/ingénierie/informatique	4	1,5%
Enseignement technique/professeur des écoles	2	0,7%
Militaire	6	2,2%
Non renseigné	4	1,5%
Non concerné	197	73,8%
Secrétariat	3	1,1%
Total / réponses	267	100,0%

Interrogés : 274 / Répondants : 266 / Réponses : 267
Pourcentages calculés sur la base des réponses

27. Revenus

	Effectifs	%
Salaire	35	8,4%
Indemnités de chômage	16	3,8%
RSA (revenu de solidarité active)	26	6,3%
Pension préretraite/retraite	144	34,6%
APL (aide personnalisée au logement)	98	23,6%
Allocations familiales	14	3,4%
Pension d'invalidité civile ou militaire	12	2,9%
Allocation pour adulte handicapé	9	2,2%
Allocation supplémentaire vieillesse	30	7,2%
Prestation spécifique de dépendance	1	0,2%
Pension de réversion	13	3,1%
Autre revenu	4	1,0%
Aucun revenu	14	3,4%
Total / réponses	416	100,0%

Interrogés : 274 / Répondants : 274 / Réponses : 416
Pourcentages calculés sur la base des réponses

28R1. Arrivée en France (Date -> Unique)

	Effectifs	%
Non-réponse	9	3,3%
01/01/52	1	0,4%
01/01/54	1	0,4%
01/01/55	2	0,7%
01/01/56	4	1,5%
01/01/57	5	1,8%
01/01/59	1	0,4%
01/01/60	3	1,1%
01/01/61	4	1,5%
01/01/62	10	3,6%
01/01/63	7	2,6%
01/01/64	9	3,3%
01/01/65	5	1,8%
01/01/66	3	1,1%
01/01/67	1	0,4%
01/01/68	6	2,2%
01/01/69	9	3,3%
01/01/70	19	6,9%
01/01/71	8	2,9%
01/01/72	13	4,7%
01/01/73	10	3,6%

01/01/74	20	7,3%
01/01/75	9	3,3%
01/01/76	7	2,6%
01/01/77	4	1,5%
01/01/78	12	4,4%
01/01/79	9	3,3%
01/01/80	13	4,7%
01/11/80	1	0,4%
01/01/81	5	1,8%
01/01/82	7	2,6%
01/01/83	5	1,8%
01/01/84	3	1,1%
01/01/85	2	0,7%
01/01/86	3	1,1%
01/01/87	3	1,1%
01/01/88	1	0,4%
01/01/89	3	1,1%
01/01/90	6	2,2%
01/01/91	2	0,7%
01/01/92	1	0,4%
01/01/93	1	0,4%
01/01/97	3	1,1%
01/01/99	4	1,5%
01/01/00	5	1,8%
01/01/01	5	1,8%
01/01/02	1	0,4%
01/01/03	1	0,4%
01/01/06	1	0,4%
01/01/08	1	0,4%
01/01/10	3	1,1%
01/01/11	2	0,7%
01/01/12	1	0,4%
Total	274	100,0%

29. Motifs de la venue en France

	Effectifs	%
Recherche d'un travail	176	64,2%
Regroupement familial	57	20,8%
Situation politique et sociale du pays d'origine	15	5,5%
Autres motifs	22	8,0%
non-réponse	4	1,5%
Total	274	100,0%

30. Condition d'arrivée en France

	Effectifs	%
Seul(e)	206	75,2%
Avec votre conjoint(e)	13	4,7%
En famille (conjoint + enfants)	4	1,5%
regroupement familial	47	17,2%
non-réponse	4	1,5%
Total	274	100,0%

31. Vit seul (e) ?

	Effectifs	%
Oui	188	68,6%
Non	75	27,4%
non-réponse	11	4,0%
Total	274	100,0%

32R3. Si oui, depuis combien d'années ? (auto) (Recodage)

	Effectifs	%
1-20 ans	55	20,1%
20-30 ans	12	4,4%
30-40 ans	41	15,0%
40-50 ans	43	15,7%
+50 ans	14	5,1%
Non concerné	75	27,4
Non renseigné	49	12,4%
Total / interrogés	274	100.0%

33R2. Logement ville (auto) (Recodage)

	Effectifs	%
Amiens	3	1,1%
Béziers	22	8,0%
Boulogne	17	6,2%
Bron	1	0,4%
Champigny S/Marne	8	2,9%
Créteil	2	0,7%
Ecully	1	0,4%
Ferney-Voltaire	1	0,4%
Firminy	3	1,1%
Francheville	1	0,4%
Givors	2	0,7%
Grenoble	5	1,8%
Ivry sur Seine	2	0,7%
L'Haÿ les Roses	2	0,7%
Le Coteau	1	0,4%
Lyon	13	4,7%
Montpellier	31	11,3%
Nantes	23	8,4%
Neuville	1	0,4%
Nice	27	9,8%
Paris	5	1,8%
Rives de Giers	2	0,7%
Roanne	8	2,9%
Saint Chamond	2	0,7%
Saint Etienne	5	1,8%
Saint Fons	6	1,8%
Saint-Denis	10	3,6%
Saint Nazaire	2	0,7%
Sale	1	0,4%
Sevran	26	9,5%
Thiais	6	2,2%
Vaulx en Velin	14	5,1%
Vitry sur Seine	16	5,8%
Vénissieux	2	0,7%
Villeurbanne	4	1,5%
Total / réponses	275	100,0%

Interrogés : 274 / Répondants : 274 / Réponses : 275
Pourcentages calculés sur la base des réponses

34R2. Logement département (auto) (Recodage)

	Effectifs	%
Non-réponse	3	1,1%
01	1	0,4%
06	27	9,9%
34	52	19,0%
38	3	1,1%
42	23	8,4%
43	1	0,4%
44	25	9,1%
69	43	15,7%
75	3	1,1%
78	2	0,7%
80	2	0,7%
92	18	6,6%
93	36	13,1%
94	35	12,8%
Total	274	100,0%

35R2. Année d'arrivée dans l'adresse actuelle (auto) (Recodage)

	Effectifs	%
Non-réponse	3	1,1%
1957-1970	17	6,2%
1971-1980	33	12,0%
1981-1990	40	14,6%
1991-1999	44	16,1%
2000-2013	124	45,3%
Non renseigné	13	4,7%
Total	274	100,0%

36R1. Logement actuel et date d'arrivée dans ce logement (Date -> Unique)

	Effectifs	%
Non-réponse	7	2,6%
01/01/57	1	0,4%
01/01/63	1	0,4%
01/01/64	1	0,4%
01/01/68	3	1,1%
01/01/69	3	1,1%
01/01/70	6	2,2%
01/01/71	6	2,2%

01/01/72	3	1,1%
01/01/73	1	0,4%
01/01/74	5	1,8%
01/01/75	1	0,4%
01/01/76	1	0,4%
01/01/77	2	0,7%
01/01/78	1	0,4%
01/01/79	5	1,8%
01/01/80	8	2,9%
01/01/81	1	0,4%
01/01/82	3	1,1%
01/01/83	5	1,8%
01/01/84	4	1,5%
01/01/85	6	2,2%
01/01/86	5	1,8%
01/01/87	3	1,1%
01/01/88	5	1,8%
01/01/89	3	1,1%
01/01/90	7	2,6%
01/01/91	1	0,4%
01/01/92	5	1,8%
01/01/93	3	1,1%
01/05/93	1	0,4%
01/01/94	5	1,8%
01/01/95	3	1,1%
01/01/96	7	2,6%
01/01/97	4	1,5%
01/01/98	14	5,1%
01/01/99	7	2,6%
01/01/00	11	4,0%
01/02/00	1	0,4%
01/01/01	12	4,4%
01/05/01	1	0,4%
01/01/02	8	2,9%
01/01/03	9	3,3%
01/06/03	1	0,4%
01/01/04	7	2,6%
01/01/05	6	2,2%
01/01/06	9	3,3%
01/05/06	1	0,4%
01/01/07	7	2,6%
01/10/07	1	0,4%

01/01/08	11	4,0%
01/06/08	1	0,4%
01/01/09	6	2,2%
01/01/10	8	2,9%
01/03/10	1	0,4%
01/06/10	1	0,4%
01/01/11	12	4,4%
01/01/12	6	2,2%
01/05/12	1	0,4%
01/06/12	1	0,4%
01/01/13	5	1,9%
Total	274	100,0%

37. Lieu d'habitation

	Effectifs	%
Foyer	37	13,6%
Résidence sociale	77	28,2%
Chambre meublée d'hôtel	3	1,1%
Chambre appartement privé	69	25,3%
HLM	74	27,1%
Maison	9	3,3%
Autre	2	0,7%
non-réponse	3	1,1%
Total	274	100,0%

38. Statut hébergement

	Effectifs	%
Locataire	240	87,6%
Propriétaire	15	5,5%
Hébergé gratuitement	8	2,9%
Institution	1	0,4%
non-réponse	10	3,6%
Total	274	100,0%

39. Difficultés rencontrées pour trouver le logement

	Effectifs	%
Hostilité vis-à-vis des étrangers	29	9,5%
Revenus insuffisants	65	21,2%
feuilles de paie manquantes	17	5,6%
Problème de caution	23	7,5%

	Effectifs	%
Pas d'offre adaptée	5	1,6%
Aucune difficulté	142	46,4%
Trop d'attente	7	2,3%
Autre	8	2,6%
non-réponse	10	3,3%
Total / réponses	306	100,0%

Interrogés : 274 / Répondants : 272 / Réponses : 306
Pourcentages calculés sur la base des réponses

42R2. Montant du loyer par mois (auto) (Recodage)

	Effectifs	%
100-250 €	13	4,7%
300-400 €	81	29,6%
400-500 €	31	11,3%
500-600 €	11	4,0%
600-780 €	6	2,2%
Non concerné	16	5,8%
Non renseigné	116	42,3%
Total	274	100,0%

43. Conditions habitat/ Nombre de pièces

	Effectifs	%
Non-réponse	3	1,1%
= 1	150	54,7%
= 2	29	10,6%
= 3	38	13,9%
= 4	43	15,7%
= 5	9	3,3%
= 6	2	0,7%
Total	274	100,0%

Minimum=1   Maximum=6   Somme=551   Moyenne=2,03   Ecart-type=1,32   Valeurs différentes inventoriées : 6

44. Conditions habitat / Eau chaude

	Effectifs	%
Oui	266	97,0%
Non	4	1,5%
non-réponse	4	1,5%
Total	274	100,0%

45. Salle d'eau indépendante

	Effectifs	%
Oui	226	82,8%
Non	37	13,6%
non-réponse	11	4,1%
Total	274	100,0%

46. Conditions habitat / chauffage collectif

	Effectifs	%
Oui	207	75,5%
Non	59	21,5%
non-réponse	8	3%
Total	274	100,0%

47. Ascenseur

	Effectifs	%
Oui	145	53,3%
Non	112	41,2%
non-réponse	17	6,2%
Total	274	100,0%

48. Proximité des services

	Effectifs	%
Oui	231	84,3%
Non	37	13,5%
non-réponse	6	2,2%
Total	274	100,0%

49. Proximité des transports en commun

	Effectifs	%
Oui	252	92,3%
Non	20	7,3%
non-réponse	2	0,8%
Total	274	100,0%

50. Êtes-vous satisfait de votre logement ?

	Effectifs	%
Oui	167	61,4%
Non	96	35,3%
non-réponse	11	4%
Total	274	100,0%

51R2. Si oui ou non pourquoi ? (auto) (Recodage)

	Effectifs	%
logement mal adapté	4	1,3%
Aucun problème de voisinage	7	2,3%
Problème de voisinage/bruits/violence	10	3,4%
Logement sans ascenseur	7	2,3%
Appartement spacieux/logement indépendant/pratique	13	4,4%
Logement tranquille/calme/situé dans un quartier calme	9	3,0%
Sont gentils Bon état/neuf/l'appartement a été remis à neuf/neuf et propre/les voisins sont gentils	17	5,7%
son appartement/seul dans chambre/confortable/se sent bien dans son appartement et en sécurité	17	5,7%
Contact avec les résidents et le personnel	19	6,4%
Ne se plaint pas parce qu'il y au moins un toit	9	3,0%
Moins chers/pas chers	7	2,3%
Centre ville/services de proximité/navette	17	5,7%
Bruyant	5	1,7%
Trop cher	7	2,3%
Logement mal adapté/insalubre/trop d'interventions, de travaux	5	1,7%
Trop petit	45	15,1%
Sale/insalubre/trop froid/la réponse est oui et non	12	4,0%
Trop éloigné du centre ville/mal desservi	3	1,0%
Mon fils est sans papiers et il lui faut une chambre/elle habite chez son fils	4	1,3%
Autres	4	1,3%
Non concerné	16	5,4%
Non renseigné	61	20,5%
Total / réponses	298	100,0%

Interrogés : 274 / Répondants : 267 / Réponses : 298
Pourcentages calculés sur la base des réponses

52. Est-ce que vous sortez de chez vous ?

	Effectifs	%
Non-réponse	2	0,7%
Oui	256	93,4%
Non	16	5,8%
Total	274	100,0%

53R2. Si oui ou non pourquoi ? (auto) (Recodage)

	Effectifs	%
Courses/Acheter des affaires	86	23,6%
Démarche administrative	9	2,5%
Aller au café/aller au restaurant/vie sociale	56	15,4%
Aller au travail	25	6,9%
Soins/visites médicales	7	1,9%
Garder/chercher les petits enfants	4	1,1%
Loisirs culturels/visite culturelles/activités culturelles	8	2,2%
Recherche d'emplois	5	1,4%
Difficulté pour marcher/difficulté pour se déplacer/vieux/malade	8	2,2%
Marche à pied/promenade	48	13,2%
Mosquée	8	2,2%
Solitude/pour ne pas penser aux problèmes	4	1,1%
Non concerné	7	1,9%
Non renseigné	87	23,9%
Autres	2	0,5%
Total / réponses	364	100,0%

Interrogés : 274 / Répondants : 269 / Réponses : 364
Pourcentages calculés sur la base des réponses

54. Avez-vous un handicap reconnu par la sécurité sociale ou la MDPH ?

	Effectifs	%
Oui	72	26,3%
Non	199	72,6%
non-réponse	3	1%
Total	274	100,0%

55. Pouvez-vous dire que votre santé est :

	Effectifs	%
Très bonne	21	7,7%
Bonne	67	24,5%
Moyenne	109	39,8%
Mauvaise	55	20,1%
Très mauvaise	19	6,9%
non-réponse	3	1,1%
Total	274	100,0%

56. Etre en bonne santé pour vous : C'est être en forme

	Effectifs	%
Oui	204	74,5%
Non	28	10,2%
non-réponse	42	15,3%
Total	274	100,0%

57. Etre en bonne santé pour vous : C'est pouvoir travailler ou accomplir des tâches

	Effectifs	%
Oui	208	75,9%
Non	28	10,2%
non-réponse	38	13,9%
Total	274	100,0%

58. Etre en bonne santé pour vous, c'est ne pas être malade

	Effectifs	%
Oui	219	79,9%
Non	26	9,5%
non-réponse	29	10,6%
Total	274	100,0%

59. Etre en bonne santé, c'est être bien suivi par son médecin traitant

	Effectifs	%
Non-réponse	2	0,7%
Oui	187	68,2%
Non	34	12,4%
non-réponse	53	19,3%
Total	274	100,0%

60. Souffrez-vous d'une ou de plusieurs maladies ?

61R2. Lesquelles ? (autos) (Recodage)

	Effectifs	%
Cancers /cancer de la gorge /cancer de la thyroïde	7	2,0%
	Effectifs	%
Oui	148	54,2%
Non	118	43,2%
non-réponse	8	3,1%
Total	274	100,0%
Problèmes d'estomac - Brûlure d'estomac /rein Ablation d'un rein / rate / pancréas	19	5,6%
Alzheimer / Parkinson	6	1,8%
Problème cardiaque /AVC	36	10,5%
Douleur dorsale /hernie discale /mal de dos /rhumatisme	24	7,0%
Asthme /bronchite /bronchite chronique / maladie des poumons	11	3,2%
Cholestérol	5	1,5%
Dépression /isolement /souffrance psychique	6	1,8%
Diabète	52	15,2%
Hypertension/tension	26	7,6%
Thyroïde	3	0,9%
non renseigné	30	8,8%
non concerné	106	31,0%
autres	11	3,2%
Total / réponses	342	100,0%

Interrogés : 274 / Répondants : 268 / Réponses : 342
Pourcentages calculés sur la base des réponses

Si oui, 62. Êtes-vous pris en charge à 100% (ALD) ?

	Effectifs	%
Oui	103	37,6%
Non	151	55,1%
non-réponse	20	7,3%
Total	274	100,0%

63R1. Depuis quand ? (Date -> Unique)

	Effectifs	%
Non-réponse	178	65,0%
01/01/74	1	0,4%
01/01/77	1	0,4%
01/01/79	1	0,4%
01/01/80	2	0,7%
01/01/83	1	0,4%
01/01/87	1	0,4%
01/01/89	1	0,4%
01/01/90	6	2,2%
01/01/91	1	0,4%
01/01/92	1	0,4%
01/01/93	1	0,4%
01/01/94	4	1,5%
01/01/96	4	1,5%
01/01/97	1	0,4%
01/01/98	3	1,1%
01/01/99	2	0,7%
01/01/00	2	0,7%
01/01/01	5	1,8%
01/01/02	1	0,4%
01/01/03	4	1,5%
01/01/04	9	3,3%
01/01/05	3	1,1%
01/01/06	7	2,6%
01/01/07	1	0,4%
01/01/08	5	1,8%
01/01/09	5	1,8%
01/01/10	5	1,8%
01/01/11	9	3,3%
01/01/12	4	1,5%
01/01/13	5	1,8%
Total	274	100,0%

64R2. Pourquoi ? (auto) (Recodage)

	Effectifs	%
Accident de la route	4	1,4%
Diabète	38	13,7%
Autres	15	5,4%
Ablation d'un rein/dialyse	2	0,7%
Accident de travail/reconnaissance d'une maladie professionnelle	4	1,4%
Affection pulmonaire/infection pulmonaire/inflammation de la prostate/pancréas	6	2,2%
Alzheimer/parkinson/dépression	3	1,1%
Asthme/bronchite chronique/a travaillé dans l'amiante et a été contaminé	4	1,4%
Cancer/cancer de la gorge/cancer de la thyroïde	4	1,4%
Douleurs dorsales	3	1,1%
Hypertension/problème cardiaque	20	7,2%
Maladie de dos	2	0,7%
Non concerné	145	52,2%
Non renseigné	28	10,1%
Total / réponses	278	100,0%

Interrogés : 274 / Répondants : 264 / Réponses : 278
Pourcentages calculés sur la base des réponses

65. Actuellement prenez-vous des médicaments prescrits par le médecin ?

	Effectifs	%
Oui	153	55,8%
Non	96	35,0%
non-réponse	25	9,1%
Total	274	100,0%

66R1. Si oui, depuis combien de temps ? (Date -> Unique)

	Effectifs	%
Non concerné	134	48,9%
01/01/70	1	0,4%
01/01/73	1	0,4%
01/01/80	3	1,1%
01/01/83	2	0,7%
01/01/84	3	1,1%
01/01/89	1	0,4%
01/01/90	8	2,9%
01/01/91	1	0,4%

01/01/93	2	0,7%
01/01/94	6	2,2%
01/01/95	1	0,4%
01/01/96	4	1,5%
01/01/98	3	1,1%
01/01/99	2	0,7%
01/01/00	9	3,3%
01/01/01	6	2,2%
01/06/01	1	0,4%
01/01/02	5	1,8%
01/01/03	6	2,2%
01/01/04	13	4,7%
01/01/05	7	2,6%
01/01/06	10	3,6%
01/01/07	3	1,1%
01/01/08	9	3,3%
01/01/09	9	3,3%
01/01/10	6	2,2%
01/01/11	5	1,8%
01/01/12	8	2,9%
01/01/13	4	1,5%
01/02/14	1	0,4%
Total	274	100,0%

67. Avez-vous des soins ?

	Effectifs	%
Soins infirmiers	61	22,5%
Soins kinésithérapie	47	17,3%
Soins dentaires	75	27,7%
Recours à un psychologue	18	6,6%
Autre paramédical	4	1,5%
non-réponse	69	30,4%
Total / réponses	274	100,0%

68. Êtes-vous allez chez un médecin spécialiste ?

	Effectifs	%
Oui	111	40,5%
Non	106	38,7%
non-réponse	57	20,8%
Total	274	100,0%

69R2. Si oui, lequel ? (auto) (Recodage)
Interrogés : 274 / Répondants : 267 / Réponses : 277

	Effectifs	%
Psychiatre/psychologue	4	1,4%
Endocrinologue	2	0,7%
Cancérologue	6	2,2%
Cardiologue	24	8,7%
Chirurgien	1	0,4%
Dentiste	1	0,4%
Dermatologue	2	0,7%
Diabétologue	5	1,8%
Oncologue/Endocrinologue	2	0,7%
Gastroentérologue	2	0,7%
Gynécologue	2	0,7%
Hépatologue	1	0,4%
Kinésithérapeute	3	1,1%
Néphrologue/neurologue/neuropsychiatre	6	2,2%
Ophtalmologue	7	2,5%
Orthopédie	1	0,4%
Pneumologue	2	0,7%
Podologue	1	0,4%
Rhumatologue	12	4,3%
Traumatologue	1	0,4%
Urologue	8	2,9%
Non concerné	137	49,5%
Non renseigné	47	17,0%
Total / réponses	277	100,0%

Pourcentages calculés sur la base des réponses

70. Pour vous faire soigner, à qui vous vous adressez en premier ?

	Effectifs	%
Médecin généraliste	258	94,2%
Médecin spécialiste	5	1,8%
À l'hôpital directement	6	2,2%
Au pharmacien	1	0,4%
Autres	2	0,7%
non-réponse	2	0,7%
Total	274	100,0%

71. Avez-vous un médecin traitant ?

	Effectifs	%
Oui	263	96,0%
Non	8	2,9%
non-réponse	3	1%
Total	274	100,0%

72R1. Si oui, combien de fois l'avez-vous consulté au cours des 12 derniers mois

	Effectifs	%
Non-réponse	43	15,7%
Moins de 2	26	9,5%
de 2 à moins de 3	36	13,1%
de 3 à moins de 4	30	10,9%
de 4 à moins de 5	34	12,4%
de 5 à moins de 6	25	9,1%
6 et plus	80	29,2%
Total	274	100,0%

73. Votre médecin vous le choisissez pour son origine ?

	Effectifs	%
Oui	28	10,2%
Non	237	86,5%
non-réponse	9	3,3%
Total	274	100,0%

74. Son cabinet est-il dans votre quartier ?

	Effectifs	%
Oui	157	57,3%
Non	109	39,8%
non-réponse	8	3%
Total	274	100,0%

75. Vous rend-il visite à votre domicile ?

	Effectifs	%
Oui	42	15,3%
Non	222	81,0%
non-réponse	10	3,7%
Total	274	100,0%

76. Au cours des 12 derniers mois, êtes-vous allé consulter un médecin ?

	Effectifs	%
Oui	232	84,7%
non	39	14,2%
non-réponse	3	1,1%
Total / réponses	274	100,0%

77. Si non, pour quelles raisons ?

	Effectifs	%
Difficultés financières	14	5,1%
Difficultés pour se faire accompagner par quelqu'un	1	0,4%
Autre	20	7,3%
Non-réponse	239	87,2%
Total	274	100,0%

78. Votre médecin vous donne-t-il assez d'information sur votre problème de santé ?

	Effectifs	%
Oui	206	75,2%
Non	19	6,9%
Sans opinion	46	16,8%
non-réponse	3	1,1%
Total	274	100,0%

79. Votre médecin vous donne-t-il assez d'information sur votre prescription, examen

	Effectifs	%
Oui	182	66,4%
Non	19	6,9%
Sans opinion	66	24,1%
non-réponse	7	2,6%
Total	274	100,0%

80. Au cours des 12 derniers mois avez-vous été hospitalisé au moins une nuit ?

	Effectifs	%
Oui	61	22,3%
Non	205	74,8%
non-réponse	8	2,9%
Total	274	100,0%

81. Si oui, pour quelle raison ?

	Effectifs	%
Pour un accident de travail	1	0,4%
Pour un accident de la circulation	3	1,1%
Pour un contrôle	11	4,0%
Pour une maladie	43	15,7%
Autres	5	1,8%
non-réponse	211	77%
Total	274	100,0%

82. Avez-vous bénéficié durant les 12 derniers mois d'un arrêt de travail/maladie ?

	Effectifs	%
Oui	16	5,8%
Non	83	30,3%
non-réponse	175	63,9%
Total	274	100,0%

83. Avez-vous besoin d'aide pour votre toilette

	Effectifs	%
Aucun besoin d'aide	243	88,7%
Besoin d'aide sur une partie du corps	13	4,7%
Besoin d'aide pour la toilette de plusieurs parties du corps	8	2,9%
toilette impossible	1	0,4%
Autre	1	0,4%
non-réponse	8	2,9%
Total	274	100,0%

84. Avez-vous besoin d'aide pour vous habiller

	Effectifs	%
Aucun besoin d'aide	248	90,5%
Besoin d'une aide uniquement pour lacer les chaussures	18	6,6%
besoin d'aide pour prendre ses vêtement ou s'habiller ou reste complètement ou p	5	1,8%
non-réponse	3	1,1%
Total	274	100,0%

85. Avez-vous besoin d'aide pour aller au WC, vous déplacer

	Effectifs	%
Non-réponse	4	1,5%
Oui	15	5,5%
Non	255	93,1%
Total	274	100,0%

86. Avez-vous besoin d'aide pour manger ?

	Effectifs	%
Oui	12	4,4%
Non	256	93,4%
non-réponse	6	2,2%
Total	274	100,0%

87. Besoin d'aide pour couper la viande ou beurrer le pain ?

	Effectifs	%
Oui	10	3,6%
Non	248	90,5%
Besoin d'aide complète	11	4,0%
non-réponse	5	1,8%
Total	274	100,0%

88. Incontinence

	Effectifs	%
Oui	20	7,3%
Non	246	89,8%
non-réponse	8	2,9%
Total	274	100,0%

89. Besoin d'aide partielle : fuites accidentelles

	Effectifs	%
Oui	15	5,5%
Non	249	90,9%
non-réponse	10	3,6%
Total	274	100,0%

90. Besoin d'aide accidents fréquents

	Effectifs	%
Oui	7	2,6%
Non	258	94,2%
non-réponse	9	3,3%
Total	274	100,0%

91. Activité de la vie quotidienne : Avez-vous besoin d'aide pour téléphoner

	Effectifs	%
Non	234	85,4%
Oui, Je réponds au téléphone, mais je n'appelle pas	28	10,2%
Je n'utilise pas le téléphone du tout	4	1,5%
Je n'ai pas de téléphone	3	1,1%
non-réponse	5	1,9%
Total	274	100,0%

92. Activité de la vie quotidienne : Avez-vous besoin d'aide pour faire les courses ?

	Effectifs	%
Non	218	79,6%
Oui, mais je me débrouille seul pour les petits achats	33	12,0%
Oui il faut que l'on m'accompagne	14	5,1%
Je ne fais pas du tout les courses, non-réponse	9	3,3%
Total	274	100,0%

93. Activité de la vie quotidienne : Avez-vous besoin d'aide pour préparer le repas ?

	Effectifs	%
Non	242	88,3%
Non si on me fournit les ingrédients	8	2,9%
Oui il faut me préparer les repas	21	7,7%
non-réponse	3	1,1%
Total	274	100,0%

94. Activité de la vie quotidienne : Avez-vous besoin d'aide pour le ménage

	Effectifs	%
Non	208	75,9%
Oui pour le gros ménage	44	16,1%
oui pour les petites tâches ménagères	7	2,6%
Je ne fais pas du tout les tâches ménagères	10	3,6%
non-réponse	5	1,8%
Total	274	100,0%

95. Activité de la vie quotidienne : Avez-vous besoin d'aide pour la lessive ?

	Effectifs	%
Non-réponse	5	1,8%
Oui	44	16,1%
Non	225	82,1%
Total	274	100,0%

96. Activité de la vie quotidienne : Avez-vous besoin d'aide pour vous déplacer ?

	Effectifs	%
Non-réponse	2	0,7%
Non	220	80,3%
Non, mais je ne prends pas les transports en commun tout seul	32	11,7%
Je me fais toujours accompagner	17	6,2%
Je ne sors pas de chez moi	3	1,1%
Total	274	100,0%

97. Activité de la vie quotidienne : Avez-vous besoin d'aide pour vos médicaments ?

	Effectifs	%
Non	244	89,1%
Oui il faut me les préparer dans un pilulier	23	8,4%
Oui il faut me les donner	4	1,5%
non-réponse	3	1,1%
Total	274	100,0%

98. Activité de la vie quotidienne : Avez-vous besoin d'aide pour gérer vos finances ?

	Effectifs	%
Non	238	86,9%
Oui pour les grosses sommes, les impôts...	15	5,5%
Oui quelle que soit la somme	14	5,1%
non-réponse	7	2,5%
Total	274	100,0%

99. Utilisez-vous une canne pour vous déplacer ?

	Effectifs	%
Non	222	81,0%
Oui, mais seulement pour sortir de chez moi	44	16,1%
Oui tout le temps	6	2,2%
non-réponse	2	0,8%
Total	274	100,0%

100. Vous est-il arrivé de tomber durant les 12 derniers mois ?

	Effectifs	%
Oui	45	16,4%
Non	218	79,6%
non-réponse	11	4,0%
Total	274	100,0%

101R2. Si oui, où ? (auto) (Recodage)

	Effectifs	%
En dehors du domicile	13	4,7%
Au domicile	20	7,3%
Au travail	1	0,4%
Non concerné	208	75,9%
Non renseigné	32	11,7%
Total / réponses	274	100,0%

102. Quelle situation vous correspond par rapport au tabac ?

	Effectifs	%
Vous n'avez jamais fumé	183	66,8%
Vous avez fumé mais vous ne fumez plus	54	19,7%
Autres produits (pipe, chique...)	11	4,0%
Je fume des cigarettes	25	9,1%
non-réponse	1	0,4%
Total	274	100,0%

103. Combien de cigarette vous fumez par jour ?

	Effectifs	%
Non-réponse	239	87,2%
= 2	3	1,1%
= 3	2	0,7%
= 4	2	0,7%
= 5	4	1,5%
= 10	10	3,6%
= 15	14	5,1%
Total	274	100,0%

Minimum=2 Maximum=15 Somme=350 Moyenne=10 Ecart-type=4,89
Valeurs différentes inventoriées : 6

104R2. Depuis combien d'année ? (auto) (Recodage)

	Effectifs	%
4 mois	1	0,4%
6 mois	1	0,4%
1 an	2	0,7%
2 ans	1	0,4%
3 ans	2	0,7%
10 ans	5	1,8%
14 ans	1	0,4%
15 ans	5	1,8%
18 ans	1	0,4%
22 ans /20 ans	6	2,2%
25 ans	1	0,4%
30 ans/29 ans	6	2,2%
31 ans	1	0,4%
34 ans	2	0,7%
35 ans	2	0,7%
36 ans	1	0,4%
40 ans	6	2,2%
44 ans	2	0,7%
49 ans	1	0,4%
50 ans	1	0,4%
non concerné	181	66,1%
Non renseigné	45	16.4%
Total	274	100,0%

105. Buvez-vous ?

	Effectifs	%
Tous les jours	3	1,1%
Plusieurs fois par semaine	4	1,5%
Occasionnellement	27	9,9%
Jamais	233	85,0%
non-réponse	7	1,1%
Total	274	100,0%

106. Avez-vous des problèmes dentaires ?

	Effectifs	%
Oui	140	51,1%
Non	132	48,2%
non-réponse	2	0,7%
Total	274	100,0%

107. Êtes-vous gêné pour manger à cause de vos problèmes dentaires

	Effectifs	%
Oui	95	34,7%
Non	172	62,8%
non-réponse	7	2,5%
Total	274	100,0%

108. Vous faites-vous soigner les dents ?

	Effectifs	%
Oui	92	33,6%
Non	165	60,2%
non-réponse	17	6,2%
Total	274	100,0%

109. Si non, pourquoi ?

	Effectifs	%
C'est cher	74	27,0%
Pas de prise en charge des frais par la mutuelle	20	7,3%
Par manque de temps	1	0,4%
C'est comme ça il n'y a rien à faire	44	16,0%
autres	16	5,8%
non-réponse	119	43,4%
Total / réponses	274	100,0%

110. Avez-vous des problèmes pour entendre ?

	Effectifs	%
Oui	58	21,2%
Non	213	77,7%
non-réponse	3	1,1%
Total	274	100,0%

111. Avez-vous un appareil auditif ?

	Effectifs	%
Oui	8	2,9%
Non	262	95,6%
non-réponse	4	1,5%
Total	274	100,0%

112. Avez-vous des problèmes de vue ?

	Effectifs	%
Oui	147	53,6%
Non	122	44,5%
non-réponse	5	1,9%
Total	274	100,0%

113. Portez-vous des lunettes ?

	Effectifs	%
Oui	130	47,4%
Non	137	50,0%
non-réponse	7	2,6%
Total	274	100,0%

114. Êtes-vous allé voir un médecin spécialiste pour votre vue ?

	Effectifs	%
Oui	142	51,8%
Non	105	38,3%
non-réponse	27	9,9%
Total	274	100,0%

115. Si non, pourquoi ?

	Effectifs	%
C'est cher	56	20,4%
Pas de prise en charge des frais par la mutuelle	13	4,7%
Par manque de temps	1	0,4%
Ne sait pas à qui s'adresser	6	2,2%
Difficile de se faire comprendre par le médecin	3	1,1%
C'est comme ça il n'y a rien à faire	26	9,5%
autre	11	4,0%
non-réponse	158	57,7%
Total / réponses	274	100,0%

116. Quelle est votre couverture maladie actuelle ?

	Effectifs	%
Régime général	95	34,7%
Régime général + mutuelle complémentaire	78	28,5%
Régime général + CMU C	23	8,4%
Aide médicale gratuite	13	4,7%
Aide médicale gratuite + mutuelle complémentaire	5	1,8%
CMU	32	11,7%
CMU+ mutuelle complémentaire	7	2,6%
CMU + CMU C	15	5,5%
Aucune couverture sociale	5	1,8%
non-réponse	1	0,4%
Total	274	100,0%

117R2. Si aucune couverture médicale depuis combien de temps ? (auto) (Recodage)

	Effectifs	%
Non-réponse	20	7,3%
2-15 ANS	17	6,2%
+15 ANS	4	1,5%
Non concerné	231	84,3%
Non renseigné	2	0,7%
Total	274	100,0%

118. Pensez-vous être suffisamment informé de vos droits en matière de santé ?

	Effectifs	%
Oui	136	49,6%
Non	127	46,4%
non-réponse	11	4,0%
Total	274	100,0%

119. Pensez-vous être suffisamment informé de vos droits en matière de logement ?

	Effectifs	%
Oui	109	39,8%
Non	141	51,5%
non-réponse	24	8,8%
Total	274	100,0%

120. Pensez-vous être suffisamment informé de vos droits en matière d'emploi ?

	Effectifs	%
Oui	88	32,1%
Non	105	38,3%
non-réponse	81	29,6%
Total	274	100,0%

121. Au cours des 6 derniers mois avez-vous rencontré les difficultés suivantes

	Effectifs	%
Difficultés financières à assurer l'achat de nourriture, de vêtements	79	15,1%
Difficultés dans les démarches administratives	142	27,2%
Manque d'information sur vos droits	111	21,2%
Difficultés avec un organisme payeur (CAF...)	109	20,8%
Difficultés avec les services de la Préfecture	19	3,6%
Difficultés avec un organisme public ou privé	21	4,0%
Difficultés avec la justice	4	0,8%
Rupture de droits, liée à un problème de titre de séjour	6	1,1%
autre	2	0,4%
non-réponse	67	20,8%
Total / réponses	523	100,0%

Interrogés : 274 / Répondants : 237 / Réponses : 523
Pourcentages calculés sur la base des réponses

122. Savez-vous qu'il existe des services pour faciliter la vie des personnes âgées ?

	Effectifs	%
Oui	155	56,6%
Non	116	42,3%
non-réponse	3	1,1%
Total	274	100,0%

123. Si oui, en avez-vous déjà utilisé ?

	Effectifs	%
Oui	47	17,2%
Non	150	54,7%
non-réponse	77	28,1%
Total	274	100,0%

124. Lesquels ?

	Effectifs	%
Soins à domicile	33	22,8%
Portage de repas	25	17,2%
Aide-ménagère	28	19,3%
Club personnes âgées	6	4,1%
Lavage du linge	6	4,1%
Autres	7	4,8%
non-réponse	40	27,6%
Total / réponses	145	100,0%

Interrogés : 274 / Répondants : 89 / Réponses : 145
Pourcentages calculés sur la base des réponses

125. Vous a-t-on prescrit un régime ?

	Effectifs	%
Oui	65	23,7%
Non	199	72,6%
non-réponse	10	3,7%
Total	274	100,0%

126R2. Si oui, lequel ? (auto) (Recodage)

	Effectifs	%
Non-réponse	9	
Boire de l'eau	1	0,4%
Hypo cholestérol	7	2,6%
Hypoglycémie / sans sucre	31	11,7%
Ne manger que des légumes	1	0,4%
Régime sans sel	6	2,3%
Régime sans fibre	1	0,4%
Non concerné	198	74,4%
Non renseigné	21	7,9%
Total / réponses	266	100,0%

Interrogés : 274 / Répondants : 265 / Réponses : 266
Pourcentages calculés sur la base des réponses

127. Le suivez-vous ?

	Effectifs	%
Non concerné	169	61,7%
Oui	52	19,0%
Non	18	6,6%
non-réponse	35	12,8%
Total	274	100,0%

128R3. Si non, pourquoi ? (auto) (Recodage)

	Effectifs	%
Fait la cuisine pour toute la famille, ne prend pas le temps de se préparer autre chose	1	0,4%
Grignote quand déprime	1	0,4%
N'a pas compris son régime	1	0,4%
Habituée à manger avec du piment	1	0,4%
Trop gourmand	1	0,4%
Non renseigné	23	8,4%
Non concerné	246	89,8%
Total	274	100,0%

129. D'où proviennent habituellement les produits que vous consommez ?

	Effectifs	%
Du marché	223	53,7%
Du supermarché	175	42,2%
autre	6	1,4%
non-réponse	12	2,7%
Total / réponses	415	100,0%

Interrogés : 274 / Répondants : 273 / Réponses : 415
Pourcentages calculés sur la base des réponses

130R1. Parmi ces activités, quelles sont celles que vous pratiquez ? (Recodage)

	Effectifs	%
Ecouter les infos radio, TV /Ecouter de la musique	244	39,0%
Lectures magazines, livres /Lecture du journal	48	7,7%
Sport /Aller au stade	13	2,1%
Discuter avec des voisins	114	18,2%
Faire les magasins	27	4,3%
jeux	52	8,3%
Aller au cinéma	7	1,1%
Aller au café	77	12,3%
Tricot, couture, cuisine /Jardin, bricolage	19	3,0%
activité religieuse	9	1,4%
Autre	7	1,1%
non-réponse	9	1,4%
Total / réponses	626	100,0%

Interrogés : 274 / Répondants : 273 / Réponses : 626
Pourcentages calculés sur la base des réponses

131. Avez régulièrement l'occasion de voir des proches de votre pays d'origine ?

	Effectifs	%
Tous les jours	77	28,1%
Plusieurs fois par semaine	56	20,4%
Le week-end	59	21,5%
Jamais	47	17,2%
Autre	16	5,8%
non-réponse	19	7,0%
Total	274	100,0%

132. Avez-vous régulièrement l'occasion de voir vos proches non originaire du pays ?

	Effectifs	%
Tous les jours	26	9,5%
Plusieurs fois par semaine	43	15,7%
Le week-end	50	18,2%
Jamais	78	28,5%
Autre	50	18,2%
non-réponse	27	9,9%
Total	274	100,0%

133. Êtes-vous membre d'une ou de plusieurs associations

	Effectifs	%
Oui	63	23,0%
Non	206	75,2%
non-réponse	5	1,8%
Total	274	100,0%

134R2. Si oui, exercez-vous des responsabilités et à quel titre ? (auto) (Recodage)

	Effectifs	%
Adhérent	2	0,7%
Bénévole	8	2,9%
Vice-président/président de l'association	3	1,1%
Secrétaire	4	1,5%
Non renseigné	32	11,7%
Non concerné	225	82,1%
Total	274	100,0%

135. L'une de ces associations a-t-elle un rapport avec votre religion, culture, pays ?

	Effectifs	%
Oui	31	11,3%
Non	42	15,3%
non-réponse	201	73,4%
Total	274	100,0%

136. Êtes-vous régulièrement en contact avec vos proches habitants au pays?

	Effectifs	%
Oui	242	88,3%
Non	23	8,4%
non-réponse	9	3,3%
Total	274	100,0%

137. Au téléphone

	Effectifs	%
Tous les jours	48	17,5%
Plusieurs fois par semaine	67	24,5%
1fois par semaine	95	34,7%
Jamais	11	4,0%
Autre	36	13,1%
non-réponse	17	6,2%
Total	274	100,0%

138. Par courrier

	Effectifs	%
Oui	12	4,4%
Non	209	76,3%
Autre	3	1,1%
non-réponse	50	18,3%
Total	274	100,0%

139. Nombre de visite par an ?

	Effectifs	%
Non-réponse	7	2,6%
1 fois/ an	142	51,8%
2 fois/ ans	46	16,8%
Autre	79	28,8%
Total	274	100,0%

140. En cas de coup dur y a-t-il des gens sur qui vous pouvez compter pour vous aider

	Effectifs	%
Oui	174	63,5%
Non	94	34,3%
non-réponse	6	2,2%
Total	274	100,0%

141. Si oui, comment ?

	Effectifs	%
En vous hébergeant quelques jours	75	15,1%
En vous prêtant de l'argent	120	24,1%
En intervenant auprès des différents organismes en votre faveur	77	15,5%
En vous soutenant moralement	122	24,5%
autres	5	1,0%
non-réponse	98	19,7%
Total / réponses	497	100,0%

Interrogés : 274 / Répondants : 205 / Réponses : 497
Pourcentages calculés sur la base des réponses

142. Êtes-vous rentré au pays au cours des 12 derniers mois ?

	Effectifs	%
Oui	187	68,2%
Non	78	28,5%
non-réponse	9	3,3%
Total	274	100,0%

143. Envisagez-vous d'aller vivre au pays au cours des 12 derniers mois ?

	Effectifs	%
Oui	164	59,9%
Non	95	34,7%
non-réponse	15	5,5%
Total	274	100,0%

144. Si oui, avec qui ?

	Effectifs	%
Avec la famille	129	47,1%
En maison de retraite au pays	1	0,4%
En maison de retraite en France	2	0,7%
Vivre chez vos enfants en France	11	4,0%
Rester à domicile le plus longtemps possible	48	17,5%
autre	7	2,6%
non-réponse	76	27,7%
Total	274	100,0%

145. Où souhaiteriez-vous être enterré

	Effectifs	%
En France	29	10,6%
Dans votre pays	209	76,3%
autre	2	0,7%
non-réponse	32	12,4%
Total	274	100,0%

146R2. âge (auto) (Recodage)

	Effectifs	%
Non-réponse	2	0,7%
55-64 ans	59	21,5%
65-74 ans	112	40,9%
75-84 ans	82	29,9%
85 et +	19	5,1%
Total	274	100,0%

148R2. lieu de distribution des questionnaires (auto) (Recodage)

	Effectifs	%
Non-réponse	2	0,7%
Provence-Alpes Côte d'Azur	27	2,9%
Rhône-Alpes	73	26,6%
Ile-de-France	92	33,6%
Languedoc-Roussillon	55	20,1%
Loire-Atlantique	25	9,1%
Total	274	100,0%

3 - Guide d'entretien personnes agees immigrees

L'objectif de ce guide d'entretien est d'établir un diagnostic sur l'état de santé et les méthodes préventives des personnes âgées migrantes, permettant ainsi de voir ainsi la perception qu'elles auraient de leur état de santé. De même, il s'agit de d'appréhender l'influence des acteurs socio-sanitaires sur l'accès à l'information, la sensibilisation et la démarche préventive des bénéficiaires. Enfin, ce guide permettra de voir dans quelle mesure les conditions de vie influent sur l'état de santé et sa perception.

État de santé
Avez-vous des problèmes de santé ? Lesquels ?
Vous arrive-t-il de reporter des soins à plus tard ? Pourquoi (raison financière, manque de temps…) ?
Est-ce qu'au cours des huit derniers jours, vous avez dû rester chez vous ou faire un séjour en clinique ou à l'hôpital pour raison de santé (maladie ou accident) ?
Actuellement, une douleur (physique) vous empêche-t-elle de faire ce que vous avez à faire ?
Un traitement médical vous est-il nécessaire dans votre vie de tous les jours?
À quelle occasion vous rendez-vous chez un médecin généraliste ?
La semaine dernière combien de fois vous êtes-vous rendu à une consultation médicale et quelles en étaient les raisons ?
Avez-vous des craintes pour votre santé future ?
Avez-vous facilement accès aux soins (médicaux) dont vous avez besoin ?

Comportement de santé
Avez-vous des comportements nocifs à votre santé ? Quand cela est-il survenu et pourquoi ?
Avez-vous pensé à arrêter de (fumer, boire), pour quelles raisons ?
Quelle est votre situation actuelle vis-à-vis des produits du tabac (cigarettes, tabac à rouler…) ?
Si vous fumez tous les jours, combien de cigarettes (cigarettes classiques ou roulées) fumez-vous par jours ?
Au cours des douze derniers mois, avez-vous bu une boisson alcoolisée ?
Que faites-vous lorsque vous êtes malades ?
Vous arrive-t-il d'avoir des rapports sexuels non protégés ? Pourquoi ?
Quelle est votre hygiène alimentaire, activité physique ?

Perception de l'état de santé
Comment estimez-vous votre état de santé ?
Pour vous qu'est-ce qu'être en bonne santé ?
Qu'est-ce qui passe en premier, pour vous ?

Y a-t-il des raisons qui font que vous vous rendiez plus fréquemment chez le médecin qu'auparavant ?
Quelle est pour vous l'importance que vous accordez à la santé dans votre vie ?

Perception du système de santé
Êtes-vous sensible aux campagnes d'information de prévention ? Pourquoi ?
Selon vous quels sont pour vous les bons comportements à avoir pour être en bonne santé ?
Comment évaluez-vous votre niveau de prise en charge dans les hôpitaux ? Chez les spécialistes ? Chez votre médecin traitant ?
Quel rôle a votre médecin traitant ? (simplement soigner, rôle de prévention…)
Selon vous quel rôle à l'état ?
Pour vous quelle solution faudrait-il pour améliorer votre santé ?
Comment prenez-vous les conseils des médecins ?
Quels sont les principaux dangers pour la santé dans votre vie quotidienne ?
Quels sont les comportements liés à l'alimentation que vous voudriez changer ?
Avez-vous le sentiment d'être assez informé pour faire face à la vie de tous les jours ?

Conseils de santé privilégiés
À qui en premier posez-vous des questions en cas de doute pour votre santé? Pourquoi ?
Quels sont les conseils que vous privilégiez ?
Quels sont les conseils que vous suivez ?
À qui faites-vous appel en premier quand vous êtes malades ?
Avez-vous déjà consulté des forums ou magazine pour une question de santé ? Cela vous apporte quoi ? (Rassure, conseil…)
Suivez-vous les recommandations des *cinq fruits et légumes par jour* ?Pourquoi ?
Quels sont les moyens dont vous disposez pour faire des activités sportives ? Qu'est-ce que cela représente pour vous ?
Quelles sont les questions que vous n'hésitez pas à poser à votre médecin ? Pour quelles raisons ?

Connaissance de l'accès à la santé
Quelles sont les informations que vous avez sur les méthodes de prévention?
Quelles sont les animations de prévention que vous aimeriez voir développer?
Que représente pour vous l'association Migrations Santé ?
Que pensez-vous des brochures de prévention qui sont distribuées ?

Êtes-vous suffisamment informé sur les méthodes de prévention lorsque vous vous rendez au dépistage, chez le médecin ?
Avez-vous déjà participé à une animation proposée par le service santé de la ville ?
Avez-vous déjà entendu parler des programmes d'activités pour personnes âgées ?
Quelles sont vos principales sources d'information sur la prévention ?
Qu'est-ce qui selon vous permettrait d'améliorer l'accès à l'information et vous donnerait envie de participer à des activités de prévention ?
Comment percevez- vous ces informations ? Dans quelles situations vous êtes- vous senti concerné ?
Avez-vous déjà participé à des consultations de prévention gratuite avant aujourd'hui ? Dépistage…
Avez-vous facilement accès aux soins (médicaux) dont vous avez besoin ?
Pour quelles raisons venez-vous faire le dépistage aujourd'hui ?
Avez-vous déjà participé à des discussions autour de la santé ? Pour quelle raison ? (alcoolique anonyme) ? À quel endroit ?

Couverture de protection sociale
Quelle est votre couverture de protection sociale ?
Avez-vous eu des difficultés d'accès à la CMU ou à l'AME ? Pourquoi ?
Qui vous est venu en aide ?
Quelles sont les difficultés administratives que vous avez rencontrées dans la constitution d'un dossier ?
Quels sont vos moyens pour accéder aux soins ?
Avez-vous reçu une prise en charge de votre examen (c'est-à-dire un formulaire vous assurant la gratuité de l'examen) ?

Conditions de vie
Quelles sont pour vous les conditions optimales pour une bonne hygiène de vie ? Diriez-vous que vous avez ou pas une bonne hygiène de vie ? Pourquoi ?
Que faites-vous pour vous détendre ? Vous arrive-t-il d'être stressé, pour quelles raisons ?
En quoi votre travail affecte-t-il votre santé ?
Vous arrive-t-il qu'il vous soit impossible de respecter à la fois la qualité et les délais imposés dans votre travail ?
Les gens utilisent différentes façons de faire face au stress. Pouvez-vous me dire comment personnellement vous y faites face ?
Comment trouvez-vous votre qualité de vie ?
Votre environnement est-il sain du point de vue de la pollution, du bruit, de la salubrité, logement ?
Vos revenus vous permettent-ils de satisfaire vos besoins ou non ?
Vos croyances personnelles influencent-elles vos comportements ?

Vous arrive-t-il souvent d'avoir des sentiments négatifs comme le cafard, le désespoir, l'anxiété ou la dépression ? Pour quelles raisons ?
Avez-vous la possibilité d'avoir des activités de loisirs ? Lesquelles ?
En général, combien de temps avez-vous passé à pratiquer des activités intenses au cours de l'un de ces jours ?

Pour finir
Quel est votre âge ?
Votre statut matrimonial ?
Lieu d'habitation ? (seul…)
PCS ? (professions et catégories socio professionnelles)

4 - GUIDE D'ENTRETIEN SEMI-DIRECTIF, PROFESSIONNELS

Structure
Pouvez-vous décrire brièvement votre travail et votre domaine de responsabilités ?
Quel rôle avez-vous dans la structure ?
Comment votre structure est-elle organisée ?
L'aménagement et l'adaptation des résidents
Comment est conduite l'adaptation des foyers pour faire face à leurs transformations pour partie en lieu de vie pour personnes âgées ?
Quels sont les aménagements dans les appartements pour des personnes en perte d'autonomie ?
Quelles politiques d'attribution sont menées : les gestionnaires concentrent-ils les personnes vieillissantes dans certains foyers ou favorisent-ils une mixité ?
Comment les résidents ont-ils accès aux services gérontologiques de droit commun dans le cadre du maintien à domicile ?
Comment ceux-ci sont-ils adaptés aux particularités des résidents : soins infirmiers, aides ménagères, portage de repas ?
Mais au-delà de l'adaptation des services, il est essentiel de repérer dans le même temps les limites du maintien à domicile :
Comment orienter les personnes en perte d'autonomie vers des établissements adaptés qui prendront en compte leurs particularités ?
Des concertations avec les établissements concernés, l'adaptation de leur accueil aux publics concernés sont-elles menées ?
L'inscription de la problématique des immigrés vieillissants dans les schémas gérontologiques est-elle faite ?
Au-delà de la seule approche sociale, il est nécessaire de ne plus considérer ces résidents comme uniquement des "travailleurs immigrés", mais comme des hommes à part entière avec leur histoire, leurs savoir-faire et leurs savoirs-être, de considérer l'ensemble des liens qui les unissent à leur pays d'origine et à la France :
Comment les gestionnaires et leurs partenaires intègrent-ils ce regard nouveau sur les personnes ?
Comment les résidents sont-ils impliqués dans des projets culturels, des actions locales dans le domaine des loisirs, de participation à des événements locaux ?
Comment augmenter l'offre de logement bon marché pour des publics à faibles ressources ?
Sans la réponse à cette question, le recours à l'hébergement transitoire n'est-il pas illusoire et sans issue ?

Autonomie
Comment les personnes âgées appréhendent-elles leurs pertes d'autonomie ?

Envisagent-elles d'elles-mêmes le placement en établissement spécialisé (maison de retraite…) ?

Pour celles qui ne l'envisagent pas, quelles en sont les raisons et les solutions ?

Expriment-elles leur volonté de retourner un jour dans leurs pays d'origine ? Pour ceux qui ne le veulent ou ne peuvent pas quelles sont leurs explications?

Structure et intégration

Qu'est-ce qui fait que les résidents se sentent bien au foyer ?

Les personnes âgées résidentes chez vous sont-elles complètement intégrées avec la structure et avec les autres résidents ?

Avez-vous recensé des cas de personnes isolées ? Comment procédez-vous pour que cette personne puisse s'intégrer ?

Y a-t-il des échanges interculturels entre les résidents ou restent-t-ils avec des personnes issues de la même origine ?

Quelles sont les activités permettant ces échanges interculturels ?

Y a-t-il une solidarité intergénérationnelle et interculturelle ?

Accompagnement et accès aux droits des résidents

Comment les gestionnaires et les partenaires locaux prennent-ils en compte l'accès aux droits des personnes : anticiper le départ à la retraite dans la reconstitution des carrières, permettre l'accès au minimum vieillesse, la couverture médicale universelle ?

De quel accès aux droits les personnes disposent-elles dans le va-et-vient entre le pays d'origine et la France ?

Comment les foyers sont-ils pris en compte en matière d'accès aux services de proximité (transports urbains, commerces, services sociaux) ? Comment les résidents peuvent-ils avoir accès au logement social ?

Comment les projets d'accompagnement social sont-ils financés ? Comment un diagnostic partagé avec les partenaires locaux, des plans d'action concertés sont-ils élaborés ?

Pourquoi des migrants âgés demeurent-ils comme assignés à résidence dans ces foyers plutôt que d'être orientés vers des structures gérontologiques ou des logements de droit commun ? Quels sont les dispositifs mis en place dans votre structure concernant l'accès aux soins ? Au logement ? À l'emploi ?

Quelle est la problématique la plus prédominante des personnes âgées migrantes ?

Quels sont les besoins primordiaux énoncés par les personnes âgées migrantes ?

Comment recensez-vous les maladies des migrants ?

Quelle est la spécificité de ce public ?

Ces problématiques de santé sont-elles liées à l'activité professionnelle exercée durant leur vie professionnelle ?

Quel sujet de discussion est tabou et avec lequel vous avez du mal à communiquer avec les personnes âgées migrantes ?

Quelle est l'action la plus difficile à mettre en place pour ce public ?

Les personnes âgées migrantes vous parlent-elles de leurs parcours de vie et de leurs histoires avec la migration ?

De quelle façon êtes-vous amené à informer les résidents sur leurs droits ?

Quels sont leurs rapports à l'administratif ? Y a-t-il un accompagnement vers les structures publiques ?

Quel rapport les personnes âgées immigrantes ont avec les institutions d'aides publiques ?

Quelle vision les personnes âgées migrantes ont-elles du recours à l'aide publique ? Est-ce honteux ou au contraire normal de faire valoir pour elles leurs droits ?

Quelles sont les difficultés rencontrées ?

Selon vous les personnes âgées sont-elles au courant de leurs droits ? Y a-t-il un manque d'information ou plutôt un manque d'accompagnement dans les démarches administratives ?

Vers qui se tournent en premier ces populations pour une demande d'aide financière par exemple ?

Font-elles appel à des solidarités privées et dans quel cas ?

Selon vous, les informations données par les travailleurs sociaux sur les droits des migrants suffisent-elles à contribuer à l'ouverture de leurs droits où est-ce plus complexe que cela ?

Pensez-vous que la démarche administrative parfois longue et fastidieuse décourage et freine l'accès aux droits communs pour cette population-là ?

5 - BIBLIOGRAPHIE SELECTIVE

VIEILLESSE ET MIGRATION

Centre ressources de Migrations Santé

Références éditées par Migrations Santé

Bitatsi, Françoise, Cormier Jean (collab.). Les Africains de l'Ouest vieillissant en foyer de travailleurs migrants. Exemple sur le 19ème arrondissement de Paris. *Migrations Santé*, n° 142/143, 2011, pp. 97-110

Chaib, Yassine. Vieillissement et fins de vie. Vivre vieux et vivre mieux dans la migration. *Migrations Santé*, n°131, 2007, pp. 83-92

Cherkaoui, Majda, Chapuis Lucciani Nicole (dir.). Quelles perspectives pour les femmes immigrées vieillissantes issues de la communauté marocaines et vivant seules en région parisienne et bruxelloise ? *Migrations Santé*, n° 143, 2011, pp. 83-96

El Moubaraki Mohamed, (sous la dir.). Enquête sur la santé des migrants. Migrations Santé, 2014, 4 p.

La retraite dans la trajectoire migratoire. *Migrations Santé*, n°99/100, 1999, 160 p.

Le vieillissement des personnes migrantes. *Migrations Santé*, n° 127/128, 2007, 214 p.

Maroufi, Abdellatif. Vieillesse de l'immigration marocaine à Amsterdam. La santé des migrants : états des lieux et prospectives. *Migrations Santé*, hors série n° 1, 2003, pp. 163-174

Ridez, Simone, et al. Conditions de vie et état de santé des immigrés isolés âgés en Languedoc-Roussillon. La santé des migrants : états des lieux et prospectives. *Migrations Santé*, hors série n° 1, 2003, pp. 175-182

Samaoli, 0. L'immigration en France et le vieillissement. La santé des migrants : états des lieux et prospectives. *Migrations Santé*, hors série n° 1, 2003, pp. 153-162

Vivre vieux et vivre mieux dans la migration en Picardie, *Migrations Santé*, n° 134/135, 2008, 148 p.

Autres références

APUR. *Les migrants âgés à Paris. Diagnostic, évolution et préconisation.* Paris, mars 2006,74 p.
http://www.apur.org/sites/default/files/documents/205.pdf

ASAMLA. *Prise en compte des immigrés vieillissants et Les migrants âgés de la région nantaise au prisme du regard des professionnels.* Etudes réalisées dans le cadre du Programme régional d'insertion des populations immigrées des pays de Loire 2005-2007 (PRIPI). Enquêtes auprès des migrants vieillissants et des professionnels de la santé et du social de l'agglomération nantaise. Nantes, 2007.
http://www.resovilles.com/media/downloads/docs/181012etude_asamla.pdf

ASSFAM. *Accompagner les migrants âgés vers l'accès au droit et à la santé.* Fiches d'expériences et bonnes pratiques de l'ASSFAM, mai – juin 2012. http://www.assfam.org/IMG/pdf/Livret_Migrants_ages_2012.pdf

Attias Donfut, Claudine. (sous la dir.). *L'enracinement. Enquête sur le vieillissement des immigrés en France.* Paris : Armand Colin, 2006

Bartkowiak, Nadège. *L'accueil des immigrés vieillissants en institution.* Presses de l'EHESP, 2008

Bas-Theron F., Michel M. *Rapport sur les immigrés vieillissants.* Inspection Générale des Affaires Sociales (IGAS), Paris, novembre 2002
 http://www.ladocumentationfrancaise.fr/var/storage/rapports-publics/034000107/0000.pdf

Brun Stéphanie. *La prise en compte des travailleurs migrants vieillissants dans les résidences sociales du Rhône. Evaluation et préconisations.* Mémoire de l'ENSP, Rennes, 2001
http://fulltext.bdsp.ehesp.fr/Ensp/Memoires/2001/iass/brun.pdf

Carbonnelle, Sylvie. Les politiques à l'égard des migrants âgés : la construction d'un nouveau risque social ?. *L'Observatoire*, n° 61, juin 2009

Centre ressources politique de la ville Bretagne Pays de Loire. *La situation des personnes âgées dans les quartiers prioritaires de la ville en Bretagne.* Nantes, REsovilles. mai 2013, 55 p.

Centre ressources politique de la ville Bretagne Pays de Loire. Le vieillissement des populations immigrées. Nantes, ResoVilles, mars 2014
www.resovilles.com/media/.../ressourcesdoc/publication_daic.pdf

Centre de ressources politique de la ville en Essonne. Femmes immigrées. *L'entrée dans la vieillesse. Etude sur le vieillissement des femmes immigrées dans les quartiers en politiques de la ville.* Evry, CRPVE 91, mars 2014
www.crpve91.fr/Publications/Vieillesse_femmes_immigrees.pdf

Cherkaoui, Majda, *L'intégration des immigrées marocaines vieillissant seules en France et en Belgique. : Quelle perception ont-elles de leur vie et de leur avenir, au regard des politiques publiques mises en œuvre dans les deux pays d'accueil* ? Thèse de doctorat en anthropologie bioculturelle, Université Aix Marseille 2, 2011

Comité national des retraités et personnes âgées. *Enquête sur les immigrés vieillissants.* Paris, CNRPA, février 2008, 31p. http://www.travail-solidarite.gouv.fr/espaces/personnes-agees/776.htm

Conditions de vie et état de santé des immigrés isolés de 50 ans et plus en Languedoc-Roussillon, Rapport de 1ère phase, recensement de la population d'enquête. Montpellier : CESAM Migrations Santé, ORS Languedoc Roussillon, mars 2002

Conditions de vie et état de santé des immigrés isolés de 50 ans et plus en Languedoc-Roussillon, Rapport 2ème phase : méthodologie d'enquête. Montpellier : CESAM Migrations Santé, ORS Languedoc Roussillon, octobre 2002. http://cesam.ms.free.fr/Viesmethodo.pdf

Conditions de vie et état de santé des immigrés isolés de 50 ans et plus en Languedoc Roussillon : Rapport 2ème phase, enquête en population. Montpellier : CESAM Migrations Santé, ORS Languedoc Roussillon, octobre 2003. http://cesam.ms.free.fr/rapportVIES2003.pdf

Culture et santé. *Le vieillissement des migrants*, dossier thématique. mai 2013. http://www.cultures-sante.be/nos-outils/dossiers-thematiques/257-vieillissement-des-migrants.html

Des itinéraires de migrants algériens vieillissants. *Cahiers de l'Observatoire régional de l'intégration et de la ville* - ORIV Alsace, n°35, 2002

Dourgnon, Paul, Jusot, Florence, Sermet, Catherine, Siva, Jérôme. Le recours aux soins de ville des immigrés en France. *Question d'Economie de la santé*, n° 146, septembre 2009.
http://www.irdes.fr/Publications/Qes/Qes146.pdf

FASILD, Gallou Rémi, Rozenkier, A. *La vieillesse des immigrés, isolés ou inactifs en France.* Paris, La documentation française, 2007

Florent (Louise). *Un foyer de travailleurs migrants à l'épreuve du vieillissement de ses résidents : Elaborer des réponses adaptées*. Mémoire de l'ENSP, Rennes, 2001.
http://documentation.ehesp.fr/memoires/2001/cafdes/louise.pdf

Gallou, Rémi. *Le vieillissement des immigrés en France : état de la question*. Paris : Caisse nationale d'assurance vieillesse, juin 2001

Gallou, Rémi. Le vieillissement des immigrés en France. Le cas paroxystique des résidants des foyers. *Politix,* 2005/4 (n°72), pp. 57-77
https://www.cairn.info/revue-politix-2005-4-page-57.htm

Gallou, Rémi. Le vieillissement des immigrés vivant seuls en France. Les différences entre hommes et femmes. *Les annales de la recherche urbaines,* n° 100, 2006, pp.121-128
http://www.annalesdelarechercheurbaine.fr/IMG/pdf/18_gallou-2.pdf

Haut Conseil à l'intégration (HCI). *La condition sociale des travailleurs immigrés âgés : avis à Monsieur le Premier Ministre*. Paris, mars 2005, 58 p.

Inspection générale des Affaires sociales (IGAS). *Les foyers de travailleurs migrants à Paris*. (Rapport n° 2004-136). Paris, novembre 2004, 19 p.

Jacquat Denis, Bachelay, Alexis. *Rapport d'information fait au nom de la Mission d'information sur les immigrés âgés*. Assemblée Nationale, juillet 2013. n° 1214, 613 p.
http://www.assemblee-nationale.fr/14/dossiers/immigres_ages.asp

Jovelin, Emmanuel, Mezzouj, Fatima. *Sociologie des immigrés âgés. D'une présence (im)possible au retour (im)possible*. Paris, Ed. Du Cygne, 2010

Le troisième âge de l'immigration. *Écarts d'identité*, n° spécial 87, 1998, 80p.

Le vieillir ensemble. Des femmes maghrébines dans la cité. *Ecarts d'identité*, n°117, 2011, 110 p.

Le vieillissement des immigrés. Retraite et Société, n°44, janvier 2005, 292p.

Les immigrés ont osé vieillir... Quelles actions en direction des immigré-e-s vieillisant-e-s ? Séminaire régional organisé par la direction régionale de l'Acsé Nord Pas de Calais et la ville de Roubaix, 11 octobre 2007, ENSAIT, Roubaix (livre + cd)

Madelin Bénédicte, Gential Dominique, Goyaux Nathalie, Ambrosini Isabelle. *Refonder la politique d'intégration*. Rapport du groupe Protection sociale, 29 octobre 2013, 42 p. http://www.ladocumentationfrancaise.fr/var/storage/rapportspublics/134000759/0000.pdf

Marchand Catherine. *Quand vieillir en immigration se conjugue au féminin. Un regard sur la vieillesse des femmes immigrées de l'agglomération ouest de Nantes*. Mémoires UFR de psychologie. Université de Nantes, octobre 2008. http://cediasbibli.org/opac/doc_num.php?explnum_id=1440

Martin Payen, Catherine. *Les Z'ainé du Val Fourré*. Film. Coproduction : Téléssonne, avec le soutien de L'Acsé, Images pour la diversité, La Procirep/Angoa, le CNC et la Collaboration du Collectif des Aînés. 52 mn, 2010. https://catherinemartinpayen.wordpress.com/les-films/les-zaines-du-val-fourre/

Mays S. Le vieillissement: un problème spécifique aux travailleurs migrants. *Écarts d'identité*, n°94, 2000/2001

Migrants : isolement et vieillissement. Quelle aide à domicile possible ? *Les cahiers de la CRAM Rhône-Alpes*, n°10, 2001, 62p.

Migrations, familles et vieillissement. Défis et enjeux pour la Martinique, *AntianEchos*, n° 20, septembre 2012

Migration, famille et vieillissement. Défis et enjeux pour la Guadeloupe, *antianEchos*, n° 19, septembre 2012
http://www.insee.fr/fr/insee_regions/guadeloupe/themes/antiane_echos/aechos19/aechos19_ga.pdf

Monsot, Olivier, Gleizes François. Langues, diplômes : des enjeux pour l'accès des immigrés au marché du travail. *INSEE premières*, n° 1269, novembre 2009, avec données complémentaires issues de : INSEE. *Enquête Emploi et module complémentaire sur la situation professionnelle des personnes nées à l'étranger*, 2008.
http://www.insee.fr/fr/themes/document.asp?ref_id=ip1262

Moukouta, Charlemagne Simplice. *Vieillissement et migration en France : approches psychopathologique et interculturelle*. Paris, l'Harmattan, 2010

ORSmip. *Les personnes immigrées vieillissantes en Midi-Pyrénées : conditions d'accès aux soins et aux services*, 2011, dossier. octobre 2012, 8 p. http://www.orsmip.org/tlc/documents/migrantsjanv2013.pdf

OSLIM, DRJSCS. Les personnes âgées immigrées en Limousin. Rapport final, octobre 2012

Paublan, Edouard. *La prise en charge sanitaire de la population vieillissante dans les foyers de travailleurs migrants*. Mémoire de l'ENSP, Rennes, 2003. http://www.bdsp.ehesp.fr/Base/285050/

Penet (M). Migrants, isolement et vieillissement : quelle aide à domicile possible ? *Écarts d'identité*, n°94, 2000/2001

Programme régional d'intégration des populations immigrées en Rhône-Alpes. *Étude sur les problématiques d'accès à la santé et aux soins des personnes immigrées*. IREPS Rhônes Alpes, ISM Corum, Septembre 2012, 68 p. http://education-sante-ra.org/publications/2012/acces_sante_immig.pdf

Ridez, S., Favier F., Colvez, A. *Précarité des Maghrébins vieillissant dans les foyers Sonacotra. Précarisation, risque et santé*. Paris : Editions Inserm, 2001 (Questions en santé publique)

Rahal Mohammedi, Houria. *Les migrants isolés âgés dans les foyers*. Quelles perspectives ? Mémoire de l'ENSP, Rennes, 2002
http://fulltext.bdsp.ehesp.fr/Ensp/Memoires/2002/iass/rahal_mohammedi.pdf

Résovilles. Le vieillissement des populations immigrées. mars 2014, 94 p. http://www.resovilles.com/media/downloads/ressourcesdoc/publication_daic.pdf

Retraite : les immigrés vieillissent aussi. Dossier radiophonique, EPRA, 2013
http://archives.gip-epra.fr/dossier/retraite-les-immigres-vieillissent-aussi

Saighi, A. La transformation des FTM en résidences sociales : à l'écoute des immigrés âgés. *Écarts d'identité*, n°94, 2000/2001

Samaoli, 0. *Retraite et vieillesse des immigrés en France*. Paris, l'Harmattan, 2007

Samaoli 0, Linblad P., Amstrup K., et al. *Vieillesse, Démence et Immigration. Pour une prise en charge adaptée des personnes âgées migrantes en France, au Danemark et au Royaume-Uni*. Paris : l'Harmattan, 2000, 249 p. (Minorités & Sociétés)

Sautreuil L. *L'accompagnement des migrants vieillissants dans un foyer d'hébergement : une priorité*. Mémoire de l'ENSP, Rennes, 2000
http://fulltext.bdsp.ehesp.fr/Ensp/Memoires/2000/cafdes/sautreuil.pdf

Tailhades Bernard. *Les immigrés âgés en Languedoc Roussillon : des situations hétérogènes, des fragilités différentes*. INSEE repères synthèses, n° 9, novembre 2013

UNAFO. Le guide du retraité étranger. Paris, 2014

UNAFO. Précarité sociale et vieillissement. Guide de bonnes pratiques. Paris, 2010

UNAFO. L'adaptation des foyers de travailleurs migrants au vieillissement des résidents. Paris, 2002, 10 p.

Vieillir en émigration. Dossier. *Migrations Société*, vol. 12, n° 68, mars avril 2000, pp. 35-105

Une vieillesse illégitime. *Plein droit*, n° 39, 1998

Vieillesse immigrée, vieillesse harcelée. *Plein droit*, n° 93, juin 2012

Vieillesse, Migrations et cultures. *Gérontologie et société. Cahiers de la Fondation nationale de gérontologie*, 1999, n°91, 205 p.

Vieillir dans l'immigration : une vieillesse à part ? *Vie sociale*, n° 3, 2005, 107 p.

Santé et Médecine
aux éditions L'Harmattan

Dernières parutions

LES CRISES DE SANTÉ PUBLIQUE
Entre incompétence et compromissions
Furone Antonio
On regroupe, sous le même vocable de crise sanitaire, aussi bien de minables arrangements que d'affreuses tragédies avec deux constantes : incompétence et compromissions. Experts et médias agitent le spectre d'un désastre : la crise survient, avec ou sans malades. Les responsables politiques homologuent cette fable et achètent avec largesse le médicament miraculeux. Gouvernement et industriels nous présentent la note...
(Coll. Questions contemporaines, 16.00 euros, 162 p.)
ISBN : 978-2-343-05018-8, ISBN EBOOK : 978-2-336-36753-8

L'EUTHANASIE ADMISE EN SOINS PALLIATIFS
Défis humains pour les médecins
Nkulu Kabamba Olivier
Face aux euthanasies admises en Soins palliatifs, quels sont les défis humains auxquels est confronté le médecin qui accepte de les pratiquer ? L'auteur, spécialiste en éthique clinique, dévoile ces défis par l'intermédiaire de nombreux échanges épistolaires et verbaux qu'il a entretenus avec le docteur Karl, médecin belge qui accepte de pratiquer ces euthanasies dans le service des Soins palliatifs de l'hôpital où il travaille.
(13.00 euros, 124 p.)
ISBN : 978-2-343-04798-0, ISBN EBOOK : 978-2-336-36512-1

LA LOUCHE, LA BALANCE ET LA PIPE (CANCER : L'ABÉCÉDAIRE)
Vennin Philippe
Médecin, oncologue réputé, chercheur, généticien, philosophe, Philippe Vennin a déjà un cancer lorsqu'il se met à écrire cet Abécédaire. Cet ouvrage, facile de lecture, où le vocabulaire que nous utilisons au quotidien est le fil conducteur, reflète parfaitement les questionnements de l'auteur et sa réflexion basée sur la science et la philosophie.
(20.00 euros, 220 p.)
ISBN : 978-2-343-04617-4, ISBN EBOOK : 978-2-336-36573-2

LA FORCE VITALE AU CŒUR DES PRINCIPES DE LA CHIROPRAXIE
Une méthode dans l'histoire des idées et des sociétés
Jolliot Chantal - Préface de Pierre Erny
Les principes fondamentaux de la chiropraxie, méthode surtout connue pour le traitement du «mal de dos» grâce à des interventions manuelles, font référence aux fonctions articulaires, neurologiques et à la notion de force vitale. Cette notion ancienne, aujourd'hui fréquemment dénommées «énergie», est en vogue. Elle participe aux manières de penser des sociétés contemporaines où elle contribue à une compréhension symbolique de la personne dans son environnement.
(10.50 euros, 74 p.)
ISBN : 978-2-343-04939-7, ISBN EBOOK : 978-2-336-36703-3

ANTHROPOLOGIE DU MÉDICAMENT AU SUD
La pharmaceuticalisation à ses marges
Sous la direction d'Alice Desclaux et Marc Ergot
Cet ouvrage examine de multiples situations de déploiement de la pharmaceuticalisation, dans plusieurs domaines : la valeur et le paiement, l'approvisionnement, l'usage thérapeutique et l'intervention médicale. Les analyses du recours à une diversité de médicaments en Afrique et en Asie du Sud-Est montrent les effets sociaux et les effets de sens de ces extensions à la marge et permettent de mieux comprendre les rapports entre médicalisation et pharmaceuticalisation.
(Coll. Anthropologies et Médecines, 29.00 euros, 282 p.)
ISBN : 978-2-343-05253-3, ISBN EBOOK : 978-2-336-36776-7

OCULARISTES ET YEUX ARTIFICIELS
De l'Antiquité au XXe siècle
Martin Jean-Pierre - Préface du Docteur Xavier Riaud
Depuis l'Antiquité, les hommes ont cherché à compenser le handicap esthétique qu'est la perte d'un œil, à l'aide de prothèses en matériaux divers. À la Renaissance la maîtrise du travail du verre, puis de l'émail a permis de fabriquer des yeux dont le réalisme était trompeur. Ainsi cet ouvrage retrace l'évolution des yeux artificiels, et celle des ocularistes, artisans spécialisés dans leur fabrication. Une liste présentant les principaux artisans français avant 1900 complète cette monographie.
(Coll. Médecine à travers les siècles, 12.50 euros, 112 p.)
ISBN : 978-2-343-05112-3, ISBN EBOOK : 978-2-336-36787-3

ACCOMPAGNEMENT (L') DU PATIENT HOSPITALISÉ DANS L'EXERCICE DE SA SEXUALITÉ
Pour que le patient «sexe prime»
Aurrens Arnaud
Cet ouvrage interroge le rôle de l'infirmier et son évolution face à un besoin fondamental des patients, qu'est la sexualité et dont l'intimité est fragilisée par une hospitalisation longue ou régulière. Au travers d'une enquête auprès de l'ensemble de la profession soignante et d'entretiens recueillis auprès de professionnels, il tente d'éclaircir le malaise de la profession infirmière sur la thématique sexuelle.
(14.00 euros, 136 p.)
ISBN : 978-2-343-04884-0, ISBN EBOOK : 978-2-336-36463-6

NOUVELLES (LES) FIGURES DU PATIENT
Pour une autre philosophie
Tanti-Hardouin Nicolas - Préface de Jean-Robert Harlé
De la figure emblématique de l'*homo medicus* chère aux économistes de la santé, aux malades en fin de vie en soins palliatifs, en passant par les malades mentaux, la figure du patient s'est nettement transformée sous les aspirations de multiples secteurs du monde biomédical, de la santé publique et de la société elle-même. Les mutations sociales impactent fortement les mondes du soin, le regard et les représentations qu'on a du patient et la pratique clinique elle-même.
(Coll. Éthique et pratique médicales, 18.00 euros, 184 p.)
ISBN : 978-2-343-04760-7, ISBN EBOOK : 978-2-336-36427-8

STATIQUE (LA) ET SES SECRETS À L'USAGE DES OSTÉOPATHES
Bertora René
Cet ouvrage offre un regard unique et original sur la statique vertébrale et permet d'effectuer un diagnostic vrai sur tous ses déséquilibres (hernies discales, gonalgies chroniques, lumbagos, ...) Il s'agit d'une méthode exclusive qui parle de points fixes, de points mobiles, de bras de leviers; d'autant de principes mécaniques qui existent sur terre dont le corps humain est le représentant. La compréhension des principes énoncés peut servir de référence à toute thérapeutique axée sur l'harmonie et l'équilibre du corps. (Nombreux schémas et illustrations en couleur.)
(20.00 euros, 168 p., Quadrichromie)
ISBN : 978-2-343-04735-5, ISBN EBOOK : 978-2-336-36300-4

« AGATHE EST DANS LES FLEURS »
Accompagner et soutenir les parents et leurs familles dans le deuil périnatal
Lavroff-Teissiere Erika

À travers une perspective d'espoir et de réelle solidarité, ce livre nous convie à partager avec respect et dignité l'intimité du deuil de parents, ainsi que l'accompagnement humain de professionnels de santé, autour de la mort d'un enfant. Plus qu'un manuel de psychologie, cet ouvrage cherche à rendre hommage à ces enfants décédés et à leurs parents, ainsi qu'à faire reconnaître aux familles et à la société la réalité de cette douleur si profonde de la perte d'un enfant.
(19.00 euros, 196 p.)
ISBN : 978-2-343-04253-4, ISBN EBOOK : 978-2-336-36355-4

TÊTE (LA) EN DÉSORDRE
L'exposition prénatale à l'alcool
Dartiguenave Catherine, Toutain Stéphanie

Comment accueillir un enfant porteur de troubles liés à une alcoolisation pendant la grossesse ? Quatre familles racontent leur histoire : elles ont dû faire preuve de trésors d'inventivité et ont dû puiser dans leurs ressources intérieures tout en recherchant de l'aide, pour relever ce défi. Un dernier chapitre, davantage théorique, s'adresse plus particulièrement aux professionnels de l'enfance qui souhaitent approfondir leurs connaissances sur le sujet.
(25.00 euros, 240 p.)
ISBN : 978-2-343-04792-8, ISBN EBOOK : 978-2-336-36409-4

QUESTIONS DE MIGRATIONS ET DE SANTÉ EN AFRIQUE SUBSAHARIENNE
Sous la direction d'Yves Charbit et Teiko Mishima

Des experts français et japonais, spécialistes des migrations internationales ou de la santé en Afrique subsaharienne, se sont réunis en 2014 à Osaka pour faire le bilan de leurs recherches. Ils y associent en particulier démographie, épidémiologie, anthropologie, géographie, droit et science politique. Si leurs recherches convergent, les spécificités des contextes mettent en évidence la nécessité de contextualiser les analyses des comportements des individus migrants.
(Coll. Populations, 25.00 euros, 242 p.)
ISBN : 978-2-343-04674-7, ISBN EBOOK : 978-2-336-36344-8

ÉCRITS ÉPISTÉMOLOGIQUES SUR L'ANATOMIE DU XVIe AU XIXe SIÈCLE
Gros Gilles

Partant de l'héritage anatomique de l'Antiquité et du Moyen Âge, l'auteur nous invite à découvrir l'effervescence épistémologique dont l'anatomie fut l'objet du XVIe au XIXe siècle, accédant ainsi à un statut de science souveraine. Il nous révèle combien l'anatomie a marqué de son influence toutes les sphères de la connaissance et des arts, marquant de son sceau la civilisation occidentale.
(Coll. Acteurs de la Science, 35.00 euros, 344 p.)
ISBN : 978-2-343-05094-2, ISBN EBOOK : 978-2-336-36435-3

MONDE (LE) DES MICROBES
Fascinant, redoutable, rebelle
Eben-Moussi Emmanuel

Cet ouvrage retrace l'histoire de la découverte des microbes et de certaines maladies infectieuses. Puis, l'auteur questionne les Sociétés du Vivant et en particulier l'Homme dans la cogestion de son environnement et donc ses comportements à cet égard. Il analyse les difficultés de la lutte contre les différents visages du péril infectieux. Voici l'étude d'un monde fascinant, redoutable et rebelle, trop souvent réduit à une des plus grandes peurs de l'Humanité.
(24.50 euros, 248 p.)
ISBN : 978-2-343-04560-3, ISBN EBOOK : 978-2-336-36223-6

CARACTÉRISTIQUES DENTO-CRÂNIO-FACIALES DES HOMININÉS
Combes Fruitet Elsa

Ce livre décrit les caractéristiques crâniennes, faciales et dentaires des Homininés jusqu'à Homo Sapiens, en soumettant des hypothèses d'évolution en fonction du climat, de l'alimentation

ou encore de l'apparition de la culture et établit des comparaisons entre différents Homininés. L'auteur, chirurgien-dentiste, crée une corrélation entre l'héritage de certains caractères ancestraux et la pratique clinique de l'odontologie.
(Coll. Médecine à travers les siècles, 11.50 euros, 94 p., Illustré en noir et blanc)
ISBN : 978-2-343-04532-0, ISBN EBOOK : 978-2-336-36056-0

À L'ÉPREUVE DU HANDICAP, NOUVEAU REGARD SUR LA VIE
Témoignage
Rebillard Cécile
« J'ai beaucoup mûri en plus de devenir plus responsable. Je vois les choses autrement. » (…) « Accepter la maladie et le handicap a reprogrammé mon cerveau à voir la réalité en face. » Ces réflexions de l'auteur, au fil du récit, sont troublantes tant elles mêlent le sentiment intime au collectif. Comme dans *Numéro 9* (L'Harmattan, 2013) et par-delà le quotidien peu ordinaire de son enfant, Cécile Rebillard lève le voile sur le tabou qui existe encore de nos jours à propos du handicap.
(Coll. Récits de vie, série Santé et Maladie, 14.50 euros, 138 p.)
ISBN : 978-2-343-04455-2, ISBN EBOOK : 978-2-336-36074-4

MORT (LA) DANS L'ÂME
Le travail du Tré-Pas en Soins Palliatifs
Quitaud Gérald - Préface Roland Gori
Accompagner la fin de vie ne se résume pas à proposer aux sujets une escorte médicale exemplaire et compétente. Dans la promiscuité de la mort et la vieillesse rien ne peut se substituer à une certaine éthique de la rencontre pour tenter de résorber l'écart existant entre la conscience des mourants et celle des survivants. Ainsi, cette nouvelle approche de relation d'aide se propose de recourir au processus du « Très-pas ». Le but est de repérer dans l'expérience trois pas distincts et associés, permettant à certains d'accomplir leurs vies et à d'autres de se rassembler autour de ce rite initiatique.
(Coll. La gérontologie en actes, 23.00 euros, 228 p.)
ISBN : 978-2-343-03245-0, ISBN EBOOK : 978-2-336-36012-6

GUIDE DES SIGLES ET AUTRES ACRONYMES
Giroux Laurent
Les sigles, notamment dans le secteur social et médico-social, initialement fait pour faciliter la compréhension, la compliquent aujourd'hui, de par leur très grand nombre. Afin de faciliter la tâche des étudiants, des salariés des établissements et services sociaux, des bénévoles des associations, des élus, du personnel des administrations du service public et du public en général, ce guide rassemble plus de 6100 sigles.
(Coll. Défis, 20.00 euros, 278 p.)
ISBN : 978-2-343-04682-2, ISBN EBOOK : 978-2-336-36158-1

MAL DE MÈRE ET MAUX D'ENFANTS
Robert Jacques - Préface d'Olivier Revol
S'appuyant sur quarante ans d'expériences cliniques, Jacques Robert, pédiatre, décortique ici les maladies les plus fréquentes du petit enfant. Son but est d'accompagner les mères pour une prise en charge de l'enfant, quand celui-ci n'est pas comme d'habitude : - Pourquoi mon bébé pleure-t-il ? - L'éruption dentaire est-elle responsable de pathologie ? Faut-il diversifier précocement l'alimentation ? Que faire avant de consulter le médecin si mon enfant tousse, a de la fièvre, mal au ventre… ?
(Coll. Éthique et pratique médicales, 17.00 euros, 172 p.)
ISBN : 978-2-343-04066-0, ISBN EBOOK : 978-2-336-35927-4

L'HARMATTAN ITALIA
Via Degli Artisti 15; 10124 Torino
harmattan.italia@gmail.com

L'HARMATTAN HONGRIE
Könyvesbolt ; Kossuth L. u. 14-16
1053 Budapest

L'HARMATTAN KINSHASA
185, avenue Nyangwe
Commune de Lingwala
Kinshasa, R.D. Congo
(00243) 998697603 ou (00243) 999229662

L'HARMATTAN CONGO
67, av. E. P. Lumumba
Bât. – Congo Pharmacie (Bib. Nat.)
BP2874 Brazzaville
harmattan.congo@yahoo.fr

L'HARMATTAN GUINÉE
Almamya Rue KA 028, en face
du restaurant Le Cèdre
OKB agency BP 3470 Conakry
(00224) 657 20 85 08 / 664 28 91 96
harmattanguinee@yahoo.fr

L'HARMATTAN MALI
Rue 73, Porte 536, Niamakoro,
Cité Unicef, Bamako
Tél. 00 (223) 20205724 / +(223) 76378082
poudiougopaul@yahoo.fr
pp.harmattan@gmail.com

L'HARMATTAN CAMEROUN
BP 11486
Face à la SNI, immeuble Don Bosco
Yaoundé
(00237) 99 76 61 66
harmattancam@yahoo.fr

L'HARMATTAN CÔTE D'IVOIRE
Résidence Karl / cité des arts
Abidjan-Cocody 03 BP 1588 Abidjan 03
(00225) 05 77 87 31
etien_nda@yahoo.fr

L'HARMATTAN BURKINA
Penou Achille Some
Ouagadougou
(+226) 70 26 88 27

L'HARMATTAN SÉNÉGAL
10 VDN en face Mermoz, après le pont de Fann
BP 45034 Dakar Fann
33 825 98 58 / 33 860 9858
senharmattan@gmail.com / senlibraire@gmail.com
www.harmattansenegal.com

L'HARMATTAN BÉNIN
ISOR-BENIN
01 BP 359 COTONOU-RP
Quartier Gbèdjromèdé,
Rue Agbélenco, Lot 1247 I
Tél : 00 229 21 32 53 79
christian_dablaka123@yahoo.fr

Achevé d'imprimer par Corlet Numérique - 14110 Condé-sur-Noireau
N° d'Imprimeur : 126318 - Dépôt légal : février 2016 - *Imprimé en France*